Reinhard Wagner/Klaus Kindermann

# Meisterschule Digitale Fotografie

Reinhard Wagner
Klaus Kindermann

# Meisterschule
# Digitale Fotografie

Mit 431 Abbildungen

FRANZIS

**Bibliografische Information der Deutschen Bibliothek**

Die Deutsche Bibliothek verzeichnet diese Publikation in der Deutschen Nationalbibliografie;
detaillierte Daten sind im Internet über http://dnb.ddb.de abrufbar.



**Herrausgeber:** Ulrich Dorn
**Satz & Layout:** G&U Language & Publishing Services GmbH, Flensburg
**art & design:** www.ideehoch2.de
**Druck:** Himmer AG, Augsburg
Printed in Germany

ISBN 978-3-645-**60088-0**

# Vorwort

Um die Informationen für dieses Buch zusammenzutragen, habe ich Datenblätter gewälzt, Patentanmeldungen durchgesehen und die Cheftechniker der deutschen Kamerahersteller gelöchert. Es ist ein Buch geworden, wie es so noch nie geschrieben wurde, ein Buch, das dem Digitalfotografen als Nachschlagewerk und Referenz dienen kann.

Dieses Buch ist für Fotografen gedacht, die mehr wissen wollen, als sie in Internetforen erfahren, die wirklich interessiert, wie Ihre Kamera funktioniert, und für die Bildqualität oberstes Gebot ist.

Ich habe zusammen mit Herrn Kindermann dieses Buch geschrieben, weil ich jedem interessierten Fotografen ein Handwerkszeug zur Verfügung stellen will, mit dem er bessere Bildern macht, einfach weil er versteht, wie das alles funktioniert. „Die Energie des Verstehens" hat Stefan Münz das einst genannt.

Ich wünsche mir, dass auch Sie nach der Lektüre dieses Buchs beginnen zu verstehen und so zu besseren Ergebnissen kommen, egal welche Kamera Sie verwenden und egal welche Objektive Sie nutzen.

Lassen Sie sich nicht davon abschrecken, wenn Ihnen irgendjemand „Das geht nicht!" oder „Das hat noch nie jemand so gemacht!" einreden will. Probieren Sie es aus. Es kann zwar scheitern - und wenn Sie versuchen, die Physik zu überlisten, wird die Physik sogar ziemlich sicher gewinnen -, aber Sie werden dabei Erfahrungen sammeln und neue Ideen entwickeln. Und nur das bringt die Fotografie und Sie selbst weiter. Dieses Buch wird Ihnen auf diesem Weg ein treuer Begleiter sein.

Ich wünsche Ihnen immer genug Licht und volle Akkus.

Reinhard Wagner

Im November 2010

# INHALT

# INHALT

# [1] DIE KAMERA WIRKLICH VERSTEHEN

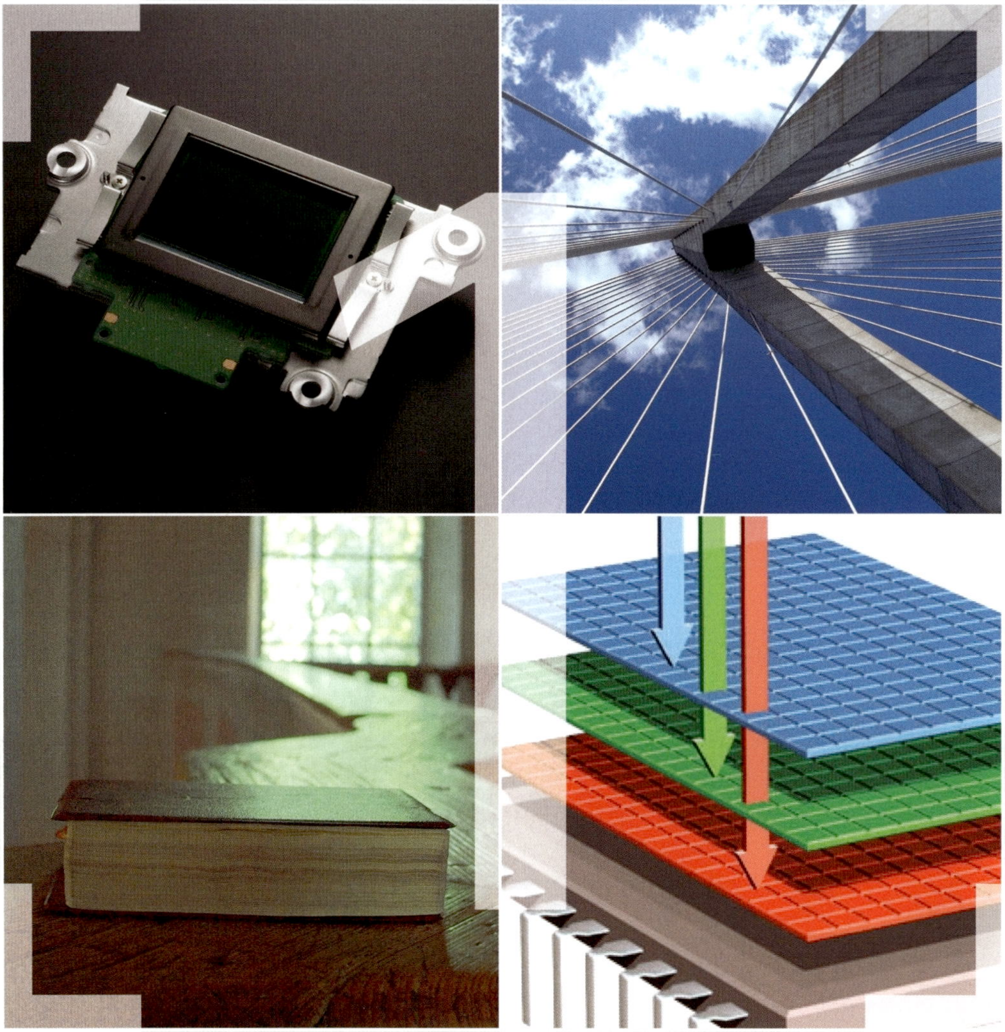

# Die Kamera wirklich verstehen

*Bei diesem Röntgenbild einer Olympus DSLR-Kamera mit Objektv sieht man deutlich den Ring des Ultraschallantriebs in der Mitte des Objektivs.*

# 1 Die Kamera wirklich verstehen

*Digitale Kameras unterscheiden sich von analogen Kameras in einem Punkt ganz wesentlich: Selbst wenn man vermeintlich alle Automatiken ausschaltet und die Kamera umfassend im manuellen Modus betreibt, arbeiten im Hintergrund ganze Heerscharen von Assistenten und Prozessoren am endgültigen Bild. Das muss gar nicht so offensichtlich sein wie bei der Consumerkamera Panasonic G2, bei der die elektronischen Helferlein schier allgegenwärtig sind. Selbst bei Profimodellen wie der Nikon D3X bestimmt die Elektronik ganz wesentlich das Bildergebnis. Um moderne Kameras gezielt einsetzen zu können, kommt man um ein tieferes Verständnis der Technik nicht herum. Nur wenn man weiß, wie die eigene Kamera tickt und welche Effekte die Grenzen der Technik haben, kann man auch das Optimum aus der Technik herausholen.*

*Die komplette Sensoreinheit der Nikon D3x.*

## Herzstück jeder Kamera: der Sensor

■ Das Herzstück jeder digitalen Kamera ist der Sensor. Auch wenn man durch die Werbung suggeriert bekommt, der Sensor habe einfach nur eine gewisse Anzahl von Megapixeln und damit seien alle Unterschiede erklärt, ist die Sache - wie immer - deutlich komplexer. Der Sensor ist eigentlich eine integrierte Schaltung, bei der lichtempfindliche Dioden an der Oberfläche liegen und die pro Diode noch einen Farbfilter und eine Mikrolinse spendiert bekommen hat. Eine integrierte Schaltung wiederum ist nichts weiter als eine extrem miniaturisierte elektronische Schaltung, wie sie etwa in Computern, Radios oder Spülmaschinen ihren Dienst tun.

### Verschiedene Sensortypen

Es gibt nun im Wesentlichen vier verschiedene Arten von Kamerasensoren auf dem Markt: CCD, CMOS, NMOS und den Foveon-Sensor. Alle Sensoren haben bestimmte Eigenschaften, die es ermöglichen, gewisse technische Anwendungen damit zu realisieren. Live-View oder Film ist beispielsweise nur bei Sensoren möglich, die schnell genug ausgelesen werden können, um das Live-View-Bild halbwegs verzögerungsfrei zu erzeugen.

*CMOS-Sensor der Canon EOS 60D.*

Alle Sensoren von Bedeutung im Massenmarkt haben derzeit ein sogenanntes Bayer-Pattern (nach Bryce E. Bayer, der 1975 das Patent dafür einreichte). Dieses besteht aus einem Raster aus jeweils zwei grünen, einem blauen und einem roten Pixel, deren Werte

| SENSORTYPEN | MATRIX | LIVE-VIEW | FILM |
|---|---|---|---|
| **CCD** | Bayer | - | - |
| **CMOS** | Bayer | ja | ja |
| **NMOS** | Bayer | ja | ja |
| **Foveon** | - | - | - |

nach der Belichtung mathematisch so ausgewertet werden, dass für jedes einzelne Pixel eine Dreifarbeninformation resultiert. Oft wird deshalb behauptet, die wirkliche Auflösung der Kameras läge nicht etwa bei 10 Megapixeln, sondern bei gerade 2,5. Und nur der Foveon-Sensor, der diese Matrix nicht besitzt, hätte eine echte Auflösung.

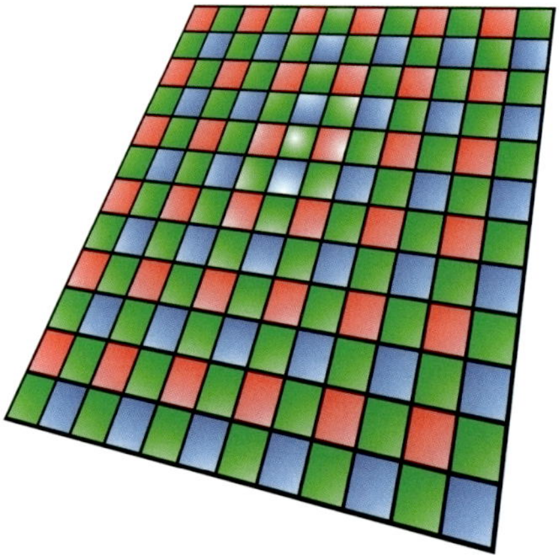

*Schematische Darstellung des Bayer-Pattern.*

So einfach ist das jedoch nicht. Der Bayer-Sensor besitzt nämlich tatsächlich die volle Auflösung – allerdings nur in Graustufen, die noch dazu jeweils durch den entsprechenden Farbfilter beeinflusst sind. Die Detailauflösung selbst ist aber da, es muss lediglich die Farbauflösung interpoliert werden.

Einige Sensoren, z. B. die NMOS-Sensoren von Panasonic, besitzen zudem zwei unterschiedliche Grünpixel. Dadurch steigt die Farbauflösung dieser Sensoren gerade im wichtigen Grünbereich nochmals an.

CCD-Sensoren sind trotz der prinzipiellen Vorteile mittlerweile vom Massenmarkt verschwunden. Im Gegensatz zu CMOS- und NMOS-Sensoren besitzen sie keine Verstärkerelektronik auf dem Chip selbst und sind deshalb auf eine langsame „Eimerketten"-Signalweitergabe angewiesen. Je größer die Sensoren werden, desto langsamer funktioniert diese Art des Signaltransports, bei der eine Ladung so lange von Kondensator zu Kondensator weitergegeben wird, bis das Signal endlich außerhalb des Sensors abgenommen werden kann. Man versteht, dass damit kein Echtzeitsignal zu übermitteln ist. Der schnellste CCD, den Kodak derzeit im Angebot oberhalb von 5 Megapixeln hat, erreicht gerade 2,9 Bilder pro Sekunde. Bei CMOS- und NMOS-Sensoren kann man dagegen einzelne Pixel jederzeit abgreifen und so ohne Probleme ein echtzeitfähiges Signal in verminderter Auflösung produzieren. Dieses Feature bedeutete das Aus für die CCD-Sensoren, die eigentlich bezüglich der Dynamik durchaus in der Spitzenklasse mitspielen können. Derzeit haben nur noch Mittelformatkameras und die Leica S einen CCD-Sensor.

Auch der Foveon-Sensor ist vom Markt nahezu verschwunden, obwohl Sigma die DP15 herausgebracht hat. Auflösung, Geschwindigkeit und Ausstattung der Kamera sind aber beim angepeilten Verkaufspreis nur schwer vermittelbar.

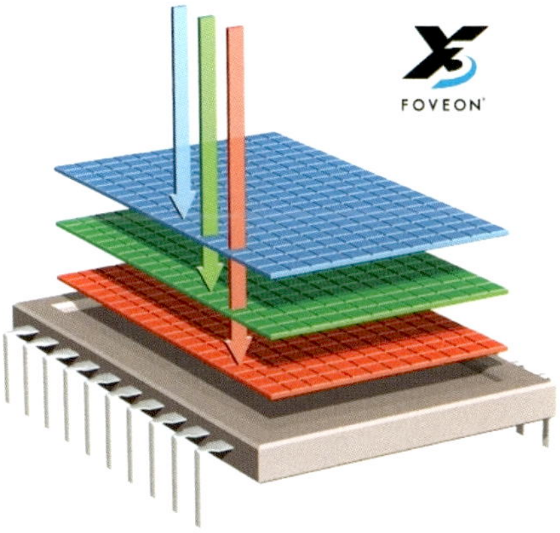


*Schematische Darstellung des Foveon-Sensors.*

Ein zusätzliches Feature der CMOS-Sensoren ist die Möglichkeit der „On-Chip-Entrauschung". Dadurch, dass direkter Zugriff auf jedes einzelne Pixel gegeben ist, kann bereits vor der Erstellung der RAW-Datei entrauscht werden. Dabei wird nach der Belichtung mit geschlossenem Verschluss ein zweiter Auslesevorgang des Pixels unternommen und der dabei ausgelesene Wert, der natürlich ausschließlich Dunkelrauschen enthält, vom vorher ausgelesenen Nutzsignal abgezogen.

Um diesen Vorgang zu verstehen, muss man sich dabei von der Vorstellung verabschieden, dass in den Pixeln Rauschen in Form der bekannten bunten Pixel zu finden sei. Das Pixel enthält nichts weiter als eine gewisse Anzahl Elektronen, eine elektrische Ladung – wie Wasser in einem Eimer. Stellen Sie sich nun zur Verdeutlichung Folgendes vor: Diese ganzen Eimer stehen in einem lichten Wald, in dem es regnet. Die Aufgabe ist, den direkten Regen aufzufangen, nicht aber die Tropfen, die von den Blättern herunterfallen. Der Trick besteht nun also darin, zu warten, bis der Regen aufgehört hat, dann die Eimer noch mal aufzustellen und das ganze „Nachgetröpfel" aufzufangen, auszumessen und von der vorher aufgefangenen Menge abzuziehen.

Und genau wie im Wald ist diese Methode auch bei einem Sensor nicht wirklich genau. Das Verfahren, das sich CDS (Correlated Double Sampling) nennt, ist nicht perfekt, weil es absolut keine Garantie gibt, dass das „Nachgetröpfel" genau die gleiche Menge hat wie das, was während des Regens von den Blättern gefallen ist. Das kann mehr sein oder auch weniger. Insgesamt wird durch das Verfahren das Rauschen reduziert, aber es werden eben auch Nutzinformationen entfernt.

Panasonic dagegen baut quasi Regenrinnen an die Blätter, um die falschen Tropfen abzuleiten – in Silizium gegossen bedeutet das, dass die Fotodioden etwas tiefer verbaut werden, sodass die auf der Oberfläche des Sensors frei beweglichen Ladungen – die einen Hauptteil der Störungen verursachen – nicht bis zur Fotodiode finden. Jede Firma hat also eigene Methoden, um Störladungen zu verhindern und zu eliminieren, alle haben Vor- und Nachteile, und in Summe sind sie auch dafür verantwortlich, dass verschiedene Sensoren unterschiedliche Charakteristika aufweisen.

Egal wie die Ladungen von den lichtempfindlichen Dioden zum Analog-Digital-Wandler transportiert werden und egal ob da nun drei, vier oder fünf Transistoren beteiligt sind (was vor allem Einfluss auf die lichtempfindliche Fläche des Sensors hat) – zuerst ist es wichtig, dass das Licht die Fotodioden des Sensors überhaupt erreicht. Das ist nicht so einfach, wie man denken mag: Die Fotodioden sind nämlich etwas versenkt untergebracht, damit die Dioden etwas besser voneinander getrennt sind. Um nun andererseits die lichtempfindliche Fläche der recht winzigen Dioden zu vergrößern, werden auf die Fotodioden winzige Sammellinsen aufgebracht, die auch die Photonen aus der näheren Umgebung auf die Diode lenken sollen.

Dieser Trick hat aber seine Grenzen: Der Wirkungsgrad der Mikrolinsen ist am besten bei senkrecht einfallenden Photonen – und selbst diese werden nur dann vollständig „verwertet", wenn sie auf die Mitte der Mikrolinse auftreffen. Licht, das am Rand der Mikrolinse auftrifft, wird zwar auf die Fotodiode geleitet, trägt dort aber lediglich mit dem senkrechten Energievektor zur Gesamtladung bei, der Anteil, der auf den waagerechten Vektor entfällt, verpufft ungenutzt. Falls bei Ihnen die Vektoraddition aus der Schule nicht mehr wirklich abrufbar ist: Man kann die Energie, die ein Photon besitzt, in zwei Bewegungsvektoren aufteilen: senkrecht zur Auftrefffläche und in einen Quervektor. Je schräger das Photon auftrifft, desto größer ist der Quervektor und desto kleiner der senkrechte Vektor.

Noch ein konstruktives Merkmal verhindert, dass das ganze Licht, das den Sensor trifft, auch in Ladung umgewandelt wird: Hinter jeder Mikrolinse befindet sich ein Farbfilter, der noch mal gut zwei Drittel des Lichts aussperrt.

Ist das Licht durch Mikrolinse und Farbfilter endlich auf der Diode gelandet, erzeugt es dort eine Ladung. Prinzipiell steigt die Ladung der Fotodioden mit der Anzahl der eingefangenen Elektronen linear an. Leider sorgen Störladungen bereits ohne Belichtung für eine gewisse Sockelladung, und bei einigen Sensoren flacht die lineare Kennlinie am oberen Ende ab – sprich, ein Mehr an Elektronen führt nicht mehr dazu, dass die Ladung linear ansteigt, sondern nur noch um Bruchteile der erhaltenen Ladung.

Das oft unterschätzte Problem dabei: Unsere Helligkeitswahrnehmung ist nicht, wie die Empfindlichkeit der Dioden, linear, sondern logarithmisch. Das bedeutet, dass wir eine Steigerung der Helligkeit um einen Lichtwert (1 EV) gerade eben so wahrnehmen. Tatsächlich verdoppelt sich aber die Anzahl der

i

## EV

**EV ist die Abkürzung von „Exposure Value" und bezeichnet den Lichtwert. 1 EV mehr entspricht der jeweils doppelten Lichtmenge oder eben einer Blendenstufe. Ein Lichtwert von 0 steht für eine Blendenzahl von 1 bei 1 Sekunde Belichtungszeit bei ISO 100. Die genaue Definition lautet: EV = Zweierlogarithmus vom Quotienten aus dem Quadrat der Blendenzahl dividiert durch die Belichtungszeit.**

## EXKURS ZUR DYNAMIK-DISKUSSION

**Für Industrieanwendungen gibt es längst sogenannte WDR-Sensoren (Wide Dynamic Range), deren Kennlinie durch partielle Resets verbogen wird. Beim partiellen Reset wird die Fotodiode während der Belichtung gelöscht und erneut belichtet. Aus der Anzahl der Löschungen kann dann ein Gesamtpegel errechnet werden. In der Praxis haben sich fünf Resets als optimal erwiesen, die erzielbare Dynamiksteigerung liegt dadurch bei etwa 2,5 EV. Auch Sensoren mit logarithmischer Kennlinie sind bereits erhältlich, sie sind jedoch bei wenig Licht unbrauchbar.**

Photonen dabei. Das hat zur Folge, dass die komplette obere Hälfte der Diodenkennlinie nur für einen einzigen Lichtwert verantwortlich ist, die untere Hälfte für die restlichen neun oder zehn Lichtwerte des Dynamikumfangs. Der untere Bereich der Kennlinie, die untersten 1/128, sind noch ein ganzer Lichtwert, in dem wir in der Natur sehr viel wahrnehmen, da unser Auge darauf trainiert ist, auch in Schatten sehr viele Details wahrzunehmen – der gefährliche Tiger saß immer im Schatten –, während die Empfindlichkeit des Auges in der Helligkeit stark nachlässt. Genau dort, wo also das Auge besonders empfindlich ist, löst der Sensor prinzipbedingt besonders schlecht auf.

Die linearen Bilder, die der Sensor liefert, sehen, gelinde gesagt, merkwürdig aus: Es zeigen sich extreme Kontraste und völlig verschobene Helligkeiten. Auch hier liegt der Grund darin, dass unsere Wahrnehmung logarithmisch ist, der Sensor aber linear. Um nun das lineare Bild so darzustellen, dass es dem Gehirn „richtig“ erscheint, muss es gammakorrigiert werden – sprich, es wird eine Gammalinie auf die Werte angewandt, die aus dem linearen Bild ein für unsere Sehgewohnheiten brauchbares Bild zurechtbastelt und dabei die Schatten aufhellt und die Lichter komprimiert.

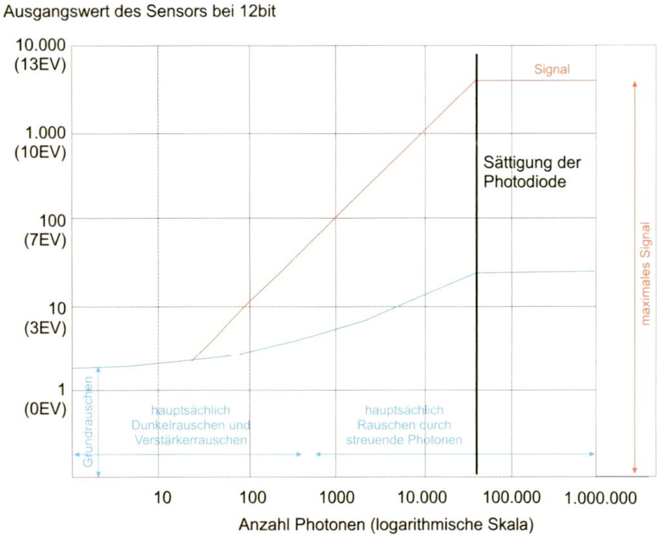


*Eine beispielhafte Sensorkennlinie mit logarithmischem Maßstab. Durch den Maßstab hat das Rauschen optisch ein starkes Übergewicht. Durch einen linearen Maßstab wäre das Rauschen aber nicht mehr darstellbar gering. Jede Verdopplung der Empfindlichkeit schneidet quasi am oberen Ende 1 EV der Sensorkennlinie ab. ISO 400 würde etwa im Bereich der 10-EV-Linie liegen, die 7-EV-Linie zeigt an, wo ungefähr ISO 3200 begrenzen würde. Diese genauen Linien sind jedoch bei jedem Sensor anders.*

Bei normalen Sensoren ist die erzielbare Dynamik eine konstruktive Größe, die mit den physikalischen Eigenschaften der Fotodiode zusammenhängt. Die Dynamik kann man näherungsweise durch die Wurzel aus der Sättigungsladung der Fotodiode berechnen. Diese liegt bei CCDs bei etwa 65.000 Elektronen, bei CMOS-Sensoren gleicher Größe bei etwa 250.000 Elektronen. Letzteres entspricht etwa 500 Grauwerten, also 9 Bit oder auch 9 Lichtwerten Dynamik. Deutlich höhere Dynamikwerte sind konstruktiv nur dann möglich, wenn die Fotodiode selbst vergrößert wird, was der Packungsdichte und den Megapixeln bei Sensoren eine klare Grenze setzt.

Da der maximale Ladungspegel der Diode durch die Kennlinie definiert wird, kann man den maximal erreichbaren Pegel nun als 100 % setzen und den Rest bis null bzw. bis zum Sockelrauschen in beliebig viele digitale Werte aufteilen. Üblich sind heute 4.096 verschiedene Werte (12 Bit), einige Kameras können auch 16.384 (14 Bit) verschiedene Werte pro Diode vergeben.

Dabei ist immer zu bedenken: Der Pegel der Diode bleibt gleich, nur die Genauigkeit, mit der der Pegel digitalisiert wird, ändert sich. Während es eine geringe Rolle spielt, ob man den obersten Lichtwert mit 2.048 oder 8.192 Werten digitalisiert, liegt der Vorteil der höheren Bittiefe in den Schatten verborgen. Eine Tabelle soll das deutlich machen – dabei ist der oberste Wert der hellste darstellbare Lichtwert, bevor die Diode gesättigt ist, die darunterliegenden Lichtwerte sind dann jeweils eins tiefer.

| LICHTWERT | 12 BIT | 14 BIT |
|---|---|---|
| 0 EV | 2.048 Werte | 8.192 Werte |
| -1 EV | 1.024 Werte | 4.096 Werte |
| -2 EV | 512 Werte | 2.048 Werte |
| -3 EV | 256 Werte | 1.024 Werte |
| -4 EV | 128 Werte | 512 Werte |
| -5 EV | 64 Werte | 256 Werte |
| -6 EV | 32 Werte | 128 Werte |
| -7 EV | 16 Werte | 64 Werte |
| -8 EV | 8 Werte | 32 Werte |

Wie man sieht, liegt der Vorteil des 14-Bit-Wandlers vor allem im Bereich zwischen -5 EV und -7 EV. Hier stehen deutlich mehr Abstufungen zur Verfügung als bei 12 Bit. Eine beliebig hohe digitale Auflösung ist dabei gar nicht wünschenswert, da entsprechend große Mengen an Daten weder notwendig noch verarbeitbar sind. Man könnte nun denken, eine 14-Bit-Wandlung würde auch einen höheren Kontrastumfang verarbeiten können. Im Prinzip stimmt das – nur muss der Sensor diesen Kontrastumfang erst einmal liefern. Einer der besten Sensoren, der Sensor in der Nikon D3, erreicht lediglich eine Dynamik von knapp über 12 EV.

**Ultraviolett- und Infrarotsperrfilter**

Vor dem Sensor sitzt bei fast allen Digitalkameras ein sogenannter Tiefpassfilter – das ist ein Stück Glas, das Ultraviolett ausfiltert. Der Sensor selbst verarbeitet nämlich sowohl Infrarot als auch Ultraviolett, was ausgesprochen unerwünscht ist, da dadurch das Bild auf dem Sensor völlig durcheinanderkommen würde, weil der Sensor nicht erkennen kann, ob das Licht, das durch den Farbfilter kommt, nun blau, ultraviolett oder infrarot ist. Er erkennt einfach nur Licht – und davon zu viel. Die Bildwirkung ist verheerend: Der Kontrast der Bilder geht in die Knie, und da Ultraviolett und Infrarot bei den meisten Optiken nicht korrigiert werden und deshalb außerhalb der Schärfeebene liegen, wird es auch noch unscharf.

Hinter dem Ultraviolettsperrfilter (dem Tiefpass) liegt auch noch ein Infrarotsperrfilter, der alles über einer Wellenlänge von 780 nm (Nanometer) aussperrt.

Die beiden Sperrfilter sind in einem etwa drei Millimeter dicken Glaspaket zusammengefasst. Hochpass- (IR-Sperrfilter) und UV-Sperrfilter geben zusammen einen Bandpass. Und nur damit kann im Bereich des sichtbaren Lichts sauber fotografiert werden. Der Filter hat aber noch eine zweite Funktion: Er wirkt als Anti-Aliasing-Filter. Das klingt sehr technisch, bedeutet aber nichts anderes, als dass der Filter absichtlich das Bild weichzeichnet, um Farbmoirés zu verhindern.

Durch die Digitalisierung eines analogen Signals – unsere Welt ist nach wie vor analog und damit auch das Bild in der Kamera – entstehen aufgrund der begrenzten Auflösung des Sensors (der begrenzten Abtastrate) Treppen bei der Digitalisierung. Befinden sich nun im Bild enge parallele Linien, die leicht schräg zu den Pixelreihen des Sensors liegen, überlagern sich die beiden Linienmuster, und es entsteht ein Moirémuster. Um genau das zu verhindern, zeichnet der Anti-Aliasing-Filter das Bild etwas unschärfer.

Die allerneuesten Kameras können auf diesen AA-Filter nahezu verzichten, da sie bei der RAW-Erzeugung einen Software-AA-Filter einsetzen, der die Moirés herausrechnet. Der dadurch bewirkte Auflösungsgewinn liegt bei etwa 50%. Die Olympus E-5, die mit dieser neuen Technologie arbeitet, erreicht eine effektive Detailauflösung wie andere Kameras erst bei 18 Megapixeln.

Dieses Glaspaket, das vor dem Sensor liegt, ist das, was man bei normalen Kameras putzt, wenn Schmutz auf dem Sensor ist, und das ausgebaut wird, wenn man eine Kamera in eine Infrarotkamera umbaut. Eine Ausnahme bilden hier FourThirds-Kameras von Olympus und Panasonic, die vor dem Filter noch eine Glasplatte, den SSWF (Super Sonic Wave Filter), besitzen. Gelegentlich bauen Fotografen zur Steigerung der Bildschärfe die Anti-Aliasing-Filter komplett aus und ersetzen sie durch eigene UV- und IR-Filter vor dem Objektiv.

Auch Leica hat bei einer Kamera diesen Weg beschritten und liefert einen entsprechenden Filter mit. Solange man keine Stoffe fotografieren muss oder im Zweifelsfall auf ein Backup-System zurückgreifen kann, ist das sicher ein gangbarer Weg, relativ preiswert die Bildschärfe sichtbar zu erhöhen, allerdings verändern Filter vor dem Objektiv wieder die optischen Eigenschaften des Systems, und das Entfernen des Filters vor dem Sensor sorgt dafür, dass die Sensorreinigung nahezu unmöglich wird, weil man dann direkt auf den Mikrolinsen herumputzen muss. Dass die Garantie blitzartig erlischt, ist ein weiteres Thema.

### DIN/ISO und Basisempfindlichkeit

Dass DIN/ISO in diesem Zusammenhang ein Wert für die Empfindlichkeit ist, bedarf keiner weiteren Erklärung. Stattdessen lohnt sich die Betrachtung, wie die verschiedenen Werte zustande kommen. Der Sensor selbst bleibt ja gleich, egal was man am ISO-Regler für Werte einstellt. Es wird lediglich der Verstärkungsfaktor des nach dem Sensor geschalteten Verstärkers erhöht. In diesem Zusammenhang muss noch schnell der Begriff der Basisempfindlichkeit geklärt werden. Jeder Sensor hat ab Fertigung eine gewisse Lichtempfindlichkeit, die ausreicht, um die Kennlinie voll auszufahren. Einen Überblick über einige Sensoren und ihre Basisempfindlichkeiten bietet die Tabelle (Quelle: DXOMark):

**SENSOREN UND IHRE BASISEMPFINDLICHKEIT**

| Nikon D300s | Canon 7D | Olympus E-P2 | Sony Alpha 500 | Pentax K20D |
|---|---|---|---|---|
| ISO 120 | ISO 100 | ISO 125 | ISO 160 | ISO 90 |

Wird nun der Sensor bei einer Empfindlichkeit betrieben, die unterhalb der Basisempfindlichkeit liegt, passiert nichts anderes, als dass der Sensor überbelichtet wird – überzählige Photonen landen in der Sättigung. Wird die ISO-Empfindlichkeit hochgedreht, also verstärkt, erkennt das die Kameraelektronik und belichtet – bei gleicher Umgebungshelligkeit – entsprechend kürzer. Also steigt auch der Photonenpegel geringer an. Um nun trotzdem ein sichtbares Bild zu erhalten, wird pro ISO-Stufe die Verstärkung verdoppelt.

Angenommen, der Sensor hat eine Basisempfindlichkeit von ISO 200, dann wird bei ISO 400 nur die untere Hälfte der Kennlinie zur Bildermittlung herangezogen, bei ISO 800 das unterste Viertel, bei ISO 1600 das unterste Achtel und bei ISO 3200 das unterste Sechzehntel. Sieht man sich dann an, was da alles verstärkt wird, wird klar, warum der Rauschpegel bei höheren ISO-Werten so heftig ansteigt und welch dramatische Auswirkungen ein auch nur geringfügig reduziertes Grundrauschen hat.

Ein anderer Trick, das Rauschen zu reduzieren, besteht darin, nur den verlässlich linearen Teil der Kennlinie zu betrachten und die Struktur in den verrauschten, dunklen Bereichen unter den Tisch fallen zu lassen. Das geht zwar auf Kosten der Dynamik in den Schatten, sorgt aber für vergleichsweise rauscharme Bilder.

### Lichter bei höheren ISO-Werten

Damit vor allem bei höheren ISO-Werten die Lichter nicht ausfressen, verwenden die meisten Kameras noch einen Trick: Sie stellen die tatsächliche Verstärkung des Sensorsignals niedriger ein, als es eigentlich der ISO-Empfindlichkeit entsprechen würde. Die Bilder werden also eigentlich zu dunkel und damit unterbelichtet. Nun wird aber das Bild über den Bildprozessor aufgehellt, womit der Bildprozessor ausreichend Spielraum hat, ausgefressene Lichter auszugleichen.

Auch diese Eigenschaft der Kameras ist der häufigen Kritik der Fotografen geschuldet, die sich beschwerten, dass Lichter zu schnell ausfressen. Besonders berüchtigt dafür war die Olympus E-3, die als eine der wenigen Kameras auf dem Markt bei der ISO-Verstärkung punktgenau und bei ISO 100 sogar etwas empfindlicher eingestellt war. Die Nachfolgekameras wurden, wie auch die Modelle fast aller anderen Hersteller, so eingestellt, dass sie 0,3 EV unterbelichteten – und schon waren die Anwender zufrieden.

Wenn man das weiß, wird auch klar, warum ein Unterbelichten bei schlechten Lichtverhältnissen das Rauschen nicht reduziert – im Gegenteil.

### Entstehung der RAW-Daten

RAW-Daten werden immer wieder als direkte Sensordaten bezeichnet. Das ist aber nicht der Fall. Bevor die Daten im RAW landen, werden sie erst verarbeitet. Wie bereits erwähnt, werden unter Umständen nur Teile der Ladung überhaupt verwendet. Dann wird eine Chromamaske über das Bild gelegt, die den Farbeinfluss des Tiefpassfilters ausgleicht. Dieser Filter hat nämlich nicht nur die Eigenschaft, Infrarot und Ultraviolett auszufiltern, sondern auch, je nach Auftreffwinkel der Lichtstrahlen, eine Farbverschiebung nach Grün bzw. Magenta hervorzurufen.

Das kann man gut sehen, wenn man einmal bei hochgeklapptem Spiegel in die Kamera hineinsieht, je nach Winkel ändert der Sensor – hier natürlich der Tiefpassfilter – seine Farbe. Diese Chromamaske, die je nach Objektiv unterschiedlich ausfällt, wird noch vor der Erstellung des RAW ausgeglichen – und auch der Effekt des Anti-Aliasing-Filters wird durch eine Scharfzeichnung wieder etwas ausgeglichen, bevor das RAW geschrieben wird. Bei Kameras ohne oder mit nur sehr dünnem AA-Filter wird auch das Moiré durch den Bildprozessor bereits vor dem RAW entfernt.

Das RAW-Bild selbst besteht schließlich aus einem Graustufenwert für jedes einzelne Pixel zusammen mit einem Marker, der sagt, ob es sich um ein grünes, blaues oder rotes Pixel handelt. Da die meisten RAWs nichts anderes sind als TIFF-Container, kann man sich RAW-Bilder mit geeigneten Programmen auch durchaus anzeigen lassen, indem man etwa das RAW-Bild in ein BMP-Bild umwandelt. Je nachdem, ob man das Graustufenbild anzeigen lässt oder über das Graustufenbild bereits das Bayer-Muster legt, sieht man ein etwas fleckiges Schwarz-Weiß-Bild oder eine Art buntes Schachbrettmuster.

Alle weiteren Schritte obliegen dann dem Bildprozessor oder einem RAW-Konverter, der aus dem RAW- ein JPEG- oder TIFF-Bild macht. Der wesentliche Schritt dabei ist das sogenannte Demosaicing – das Ermitteln der Farben aus dem Bayer-Muster. Das ist sozusagen die Kernkompetenz der Kamerahersteller, da hier über die Brillanz, die Leuchtkraft und die Farbtreue der Bilder entschieden wird. Dabei handelt es sich beim Demosaicing um nichts anderes als um begründetes Raten aufgrund von Erfahrungswerten. Jeder RAW-Konverter rät anders, und so passiert es, dass ein und dasselbe RAW, mit verschiedenen RAW-Konvertern entwickelt, unterschiedlich aussieht.

Neben der Berechnung der Farben passiert in modernen Kameras noch mehr: Es werden Objektivfehler herausgerechnet. Die Kameras besitzen eingebaute Datenbanken über die Abbildungsfehler der Objektive. Diese werden dann bereits durch den Bildprozessor ausgeglichen – egal ob es sich dabei um Vignettierungen, chromatische Aberrationen oder um Tonnen- und Kissenverzerrungen handelt.

Was geht, wird digital optimiert. Dazu wird auch Auflösung geopfert. Die RAWs der Kameras sind nämlich meistens größer als die resultierenden JPEGs. Das kann bisweilen durchaus 10 % mehr Auflösung ausmachen. Die herstellereigenen RAW-Konverter und auch die Konverter, die mit den Herstellerdaten arbeiten, zeigen diesen Rand nicht an, weil sie ihn zur Verzerrungskorrektur benötigen. Fremdkonverter kennen diese Korrekturen aber nicht und zeigen nicht nur das ganze RAW, sondern auch alle Objektivfehler an.

Einen wesentlichen Umstand bei der RAW- und JPEG-Erstellung sollte man niemals vergessen: Nichts davon sind unbeeinflusste Rohdaten. Das geht so weit, dass einige Kamerahersteller bereits in der Firmware ihrer Kamera die üblichen Testmuster berücksichtigen, sodass die Kameras beim Fotografieren eines Siemenssterns besonders hohe Auflösungen simulieren, die bei anderen Testmustern nicht erreicht werden. Bedenken Sie immer: Testzeitschriften fotografieren seit Jahren ihre immer gleichen Testmuster, und ihre Ergebnisse entscheiden über Erfolg oder Misserfolg einer Kamera. Diese Testmuster sind darauf ausgerichtet, Fehler von Objektiven und Sensoren aufzudecken, nicht aber, besonders gute Bildqualität zu zeigen. Einige Kamerahersteller haben sich mittlerweile auf diese Testverfahren eingerichtet.

Testergebnisse aus Kamerazeitschriften sollten für Sie also niemals Gesetz sein – es sei denn, Sie planen, hauptsächlich Testcharts zu fotografieren. Wesentlicher sollte für Sie das sein, was bei der Anwendung am Ende herauskommt. Wenn Sie überwiegend Bilder für das Web produzieren, benötigen Sie eine andere Bildqualität als für den Druck in Büchern. Wenn Sie Architektur fotografieren, brauchen Sie eine andere Charakteristik als bei Stoffstrukturen. Es gibt keine Eier legende Wollmilchsau. Und wenn Sie Zweifel haben, ob Ihre Kamera die richtige ist: Vergleichen Sie nicht Testcharts, sondern Aufnahmen des Motivs, das Sie interessiert. Und vergleichen Sie nur Bilder, die garantiert unbearbeitet direkt aus der Kamera kommen.

Was auch sehr gern vergessen wird: vergleichen Sie die Bilder im Ausgabeformat. Lassen Sie jeweils eine Ausbelichtung machen, einen Print, oder sehen Sie sich die Bilder skaliert im Netz an. Die natürlichsten Farben helfen Ihnen nichts, wenn Sie fürs Netz übersättigtes, überschärftes Eye-Candy benötigen. Wenn Sie die Fotos professionell einsetzen: Lassen Sie Ihren Auftraggeber draufschauen. Auch wenn es seltsam klingt: Für die Weiterverarbeitung ist die Datenqualität von entscheidender Bedeutung. Es gibt Bilder, die durch den Bildprozessor bereits überoptimiert sind,

i

## KORREKTUR VON OBJEKTIVFEHLERN

**Man sollte sich nicht täuschen lassen: Die digitale Korrektur von Objektivfehlern ist nicht besser als eine entsprechende Korrektur in der Bildbearbeitung. In den neueren Programmen werden mittlerweile ebensolche Korrekturdaten mitgeliefert, sodass man mit den JPEGs, die direkt aus der Kamera geliefert werden, mithalten kann. Die optimale Lösung ist aber immer: bessere Objektive verwenden. Keine digitale Korrektur ist so gut wie gute Daten aus einem guten Objektiv.**

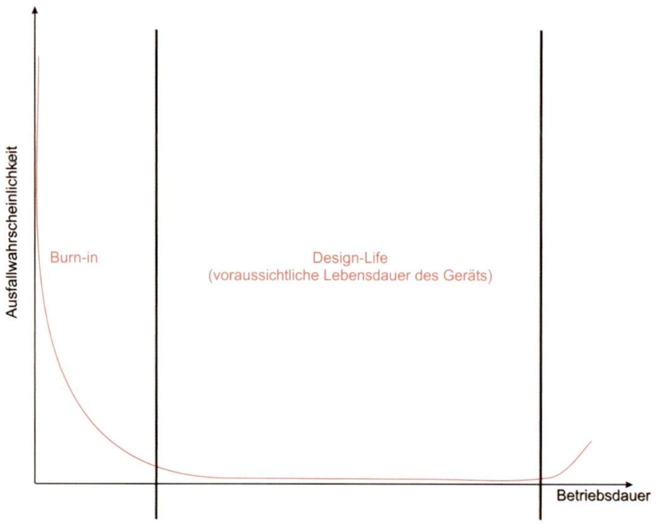


*Die „Badewannenkurve" der Lebensdauer von Halbleitern. Direkt nach der Fertigung fallen Halbleiter besonders häufig aus. Das wird durch „Burn-in"-Tests provoziert, und nur die Halbleiter, die dieses Verfahren überstehen, werden in Produktivgeräte eingebaut. Nach einer gewissen Zeitdauer, in der die Ausfälle sehr gering sind, steigt dann der natürliche Ausfall wieder an. Diese Zeitdauer bis zum erneuten Anstieg wird bereits durch die Qualität der Produktion festgelegt und als „Design-Life" bezeichnet. Dieses Design-Life ist je nach Produkt unterschiedlich festgelegt und kann von wenigen Jahren bis zu Jahrzehnten gehen.*

Pixel hell, im anderen dunkel. Man spricht dann auch von Hot Pixel und Dead Pixel, wobei meistens ja nicht das Pixel selbst tot ist, sondern lediglich die Verstärkungstransistoren streiken.

Solchen Fehlern ist mit einer kamerainternen Überprüfung beizukommen, die diese kaputten Pixelteile ermittelt und den Bildprozessor anweist, die Pixel bei zukünftigen RAWs durch einen mathematischen Mittelwert aus den Nachbarpixeln zu ersetzen. Diese Überprüfung lässt man dann laufen, wenn ein entsprechendes Pixel aufgefallen ist. Kommt das häufiger vor, sollte man es im Auge behalten.

Denn Halbleiter altern. Sie haben eine sogenannte Badewannenausfallkurve (siehe Grafik). Die höchste Ausfallrate direkt nach Fertigung wird durch Burn-in-Tests aufgefangen, der größte Schwung danach durch die zweijährige Garantiezeit. Ab diesem Zeitpunkt ist der Ausfall relativ gering. Nach etwa zehn Jahren steigt die Ausfallquote langsam wieder an. Das betrifft aber nur die Sensoren und die Elektronik. Kameras bestehen immer noch zu einem großen Teil aus Mechanik – und diese altert wesentlich schneller.

Kunststoffe verspröden, mechanisch bewegte Teile nutzen sich ab, Verschlüsse klemmen, Elektromotoren brennen durch. Wenigstens sind die Belichtungszeiten mittlerweile elektronisch gesteuert, das ewige Verharzen der Federwerke, das mechanische Kameras unabhängig von der Benutzung alle zehn Jahre zum Service zwang, ist somit Geschichte. Moderne Kameras besitzen auch keine verschleißenden Pufferakkus mehr, um die Kameraeinstellungen zu behalten, mittlerweile werden dafür spezielle Kondensatoren verwendet, die verschleißfrei arbeiten.

### JPEG-Kompressionsmethoden

JPG ist die „Drei-Buchstaben-Dateinamenserweiterungsabkürzung" von JPEG, was wiederum die Abkürzung von Joint Photographic Experts Group ist. Im weiteren Verlauf des Buchs nutzen wir die Schreibweise JPEG. Festgelegt ist das, was allgemein als JPEG bezeichnet wird, in der Norm ISO/IEC 10918-1, die viele verschiedene Kompressionsmethoden beschreibt – nicht nur die verlustbehafteten. Verbreitet ist jedoch lediglich das 8-Bit-Huffmann-codierte JPEG.

JPEG ist kein RGB-Farbmodell, sondern ein YCbCr-Farbmodell, das also nicht auf den Rot-Grün-Blau-Komponenten eines Pixels basiert, sondern auf Grundhelligkeit, Abweichung von Grau in Richtung Blau oder Gelb und Abweichung in Richtung Rot oder Türkis.

Nach der Umrechnung von RGB in YCbCr werden die beiden Kanäle Cb und Cr komprimiert, was den ersten verlustbehafteten Schritt bedeutet. Das geschieht durch „Downsampling", das heißt, es wird nur noch jede Farbänderung gespeichert. Bis hierhin wird die Helligkeit des einzelnen Pixels nicht angetastet. Die Helligkeit des Pixels entspricht also noch dem Ursprungsbild, die Farbe des Pixels in einem Farbverlauf jedoch nur noch mit jedem zweiten Pixel. Bei einer 4.4.2.-Codierung geschieht das lediglich in waagerechter Richtung, bei 4.2.2 waagerecht und senkrecht.

Anschließend wird das JPEG-Bild in Blocks mit 8x8 Pixeln geteilt, und diese Blocks werden nun „quantisiert" - grob gesagt, bei maximaler Komprimierung legt das Pixel links oben die Farbe und Helligkeit des gesamten Blocks fest. JPEG verwendet eine festgelegte Matrix je nach Kompressionsgrad. Dabei wird innerhalb dieses Blocks - entsprechend der Matrix - die Farbe jedes zweiten oder jedes dritten oder achten Pixels maßgeblich für den jeweiligen Rest der Pixel. Da diese Matrix innerhalb der 8 x 8 Pixel starr ist, kommt es bei größeren Kompressionen zu den typischen JPEG-Artefakten mit scharfen Kanten an den Blockgrenzen.

JPEG wurde für natürliche Bilder entwickelt. Für Abbildungen im technischen Bereich, einen Siemensstern oder irgendwelche Fokus-Testcharts, ist JPEG ungeeignet, da speziell im kritischen Bereich auf Pixelebene die scharfen Schwarz-Weiß-Kontraste ausgeglichen werden. Für Bilder in freier Natur dagegen ist JPEG sehr gut geeignet. Hier ist der Verlust durch die Kompression bis zu einer Rate von 1:10 nicht zu sehen. Eine Ausnahme hiervon sind die neuen Kameras ohne AA-Filter, soweit sie an hoch qualitativen Objektiven betrieben werden. Hier sind bereits Kompressionen von mehr als 1:5 deutlich zu sehen, der Detailverlust ist dramatisch. Je hochwertiger das optische System ist, desto geringer sollte die Kompression sein.

JPEG hat drei Verarbeitungsschritte, die grundsätzlich verlustbehaftet sind: Die Umrechnung von RGB in YCbCr erzeugt Rundungsfehler, das Downsampling gleicht scharfe Kontraste aus, die Quantisierung ersetzt die tatsächlich vorhandene Pixelstruktur durch eine Matrix. Selbst bei höchster Qualitätseinstellung bedeutet also eine mehrfache Speicherung eines JPEG grundsätzlich einen Qualitätsverlust. Daher sollten die JPEGs aus der Kamera grundsätzlich unbearbeitet bleiben. Weiterbearbeitete Bilder sollten grundsätzlich in einem verlustfreien Bildformat gespeichert werden.

### Aufgaben des Bildprozessors

Für die Erstellung des JPEG ist der Bildprozessor zuständig. Der hat je nach Hersteller recht fantasievolle Namen und stellt eine Rechenleistung bereit, über die man sich erst bewusst wird, wenn man sich überlegt, dass der Bildprozessor mancher Kameras bis zu zehn RAWs pro Sekunde in JPEGs umwandeln kann. Da hat so mancher gestandene Desktop-PC Probleme. Im TruePic V+ von Olympus werkeln mittlerweile drei Prozessorkerne.

| FIRMA | BILDPROZESSOR |
|---|---|
| Nikon | EXPEED |
| Canon | DIGIC |
| Pentax | Prime |
| Sony | BIONZ |
| Olympus | TruePic |
| Panasonic | Venus Engine |
| Sigma | True |

Der Bildprozessor ist nicht nur dafür zuständig, aus den RAW-Daten die Farbinformationen zu berechnen und das JPEG zu erstellen, er ist mittlerweile zu einer Art Allround-Bildverarbeitung geworden, die in der Kamera längst wichtiger ist als alle anderen Komponenten. Neben dem Demosaicing – also dem Berechnen der Farben – muss er Objektivfehler korrigieren, digitale Farbfilter und Effekte berücksichtigen und Schattenbereiche auf Wunsch aufhellen. Natürlich ist er auch zuständig für die Rauschunterdrückung und den Weißabgleich.

## Abbildungsfehler am Sensor

Prinzipbedingt gibt es ein paar Abbildungsfehler, die am Sensor entstehen und die nur in sehr begrenztem Maß oder gar nicht durch die Verwendung höherwertiger Optiken zu beheben sind. Sofern man die Entstehung dieser Fehler aber versteht, ist es möglich, sie weitgehend zu vermeiden.

### *Das Rotproblem*

Das Rotproblem, und auch in geringerem Umfang das Blauproblem, besteht darin, dass knallig rote Farben einer bestimmten Wellenlänge unscharf sind, obwohl grüne Teile in der gleichen Schärfeebene scharf erscheinen. Der Grund für dieses Problem hat mehrere Ursachen. Zuerst einmal ist die Farbauflösung des Bayer-Sensors für Blau und Rot geringer als für Grün. Durch die notwendige Interpolation bei reinroten Flächen – hervorgerufen durch rote Beleuchtung oder beispielsweise bei roten Rosen – wird das Bild unscharf. Zudem haben Objektive, die für chromatische Aberrationen (CAs) anfällig sind, die Eigenschaft, tiefrote Punkte in der Schärfeebene hinter den Sensor zu legen, die verschiedenen Frequenzen werden im Glas unterschiedlich gebrochen. Auch das fördert Unschärfe.

Ein zweites Problem: Schärfe wird, wie bekannt, subjektiv nicht durch Detailauflösung erzeugt, sondern durch Kantenkontraste. Wird nun auf einer Bühne monochromatisches Licht verwendet, beschränkt sich der von der Kamera abbildbare maximal mögliche Kontrast auf die 256 Helligkeitsstufen, die das Auge unterscheiden kann. Jeder Farbkontrast fällt aus. Der reale Kontrast beschränkt sich auf wenige Lichtwerte, und damit wirkt das Bild unscharf – Strukturen, die man aufgrund von Farbkontrasten normalerweise deutlich unterscheiden kann, verschwinden auf einmal im Einheitslicht. Das Bild wirkt matschig und damit unscharf. Besonders anfällig für solche Effekte sind Bühnenbeleuchtungen mit modernen LED-Scheinwerfern. LEDs emittieren prinzipbedingt nur Licht mit einem sehr engen Spektrum.

### *Rolling-Shutter-Effekt*

Ein letzter Effekt, der mit dem prinzipiellen Aufbau der Sensoren zusammenhängt, war eigentlich mit den Kleinbildkameras und den modernen, schnellen Verschlüssen nahezu ausgerottet: der Rolling-Shutter-Effekt. Er entsteht dadurch, dass sich ein Motiv während des Ablaufens des Verschlusses bei kurzer Belichtungszeit weiterbewegt. Dazu ist ein kurzer Exkurs über die Funktionsweise eines Schlitzverschlusses notwendig. Außer einigen Mittelformatkameras von Hasselblad haben alle aktuellen Digitalkameras Schlitzverschlüsse.

Ein Schlitzverschluss besteht aus zwei Vorhängen, die heutzutage entlang der kurzen Seite des Sensors öffnen und schließen. Früher waren die Verschlüsse tatsächlich aus Tuch, da war das Wort Vorhang sehr passend. Die Tuchvorhänge der Exas liefen entlang der langen Seite, da der Stoff sonst eine zu große Spannweite gehabt hätte.

Zuerst legt der 1. Vorhang den Sensor frei, der 2. Vorhang schließt dieses Fenster dann wieder. Das funktioniert so weit wunderbar, bis die sogenannte Synchronzeit erreicht ist. Die liegt bei den meisten modernen Kameras um die 1/180 Sekunde, bei Profimodellen bei etwa 1/250 Sekunde oder noch kürzer, bei Mittelformatkameras ist die Zeit länger, da der Verschluss einen längeren Weg zurücklegen muss. Während dieser Zeit liegt der Sensor zu einem bestimmten Zeitpunkt ganz offen. Diese Zeit nennt man auch Blitzsynchronzeit, weil bis zu dieser Zeit ein Blitz noch den ganzen Sensor beleuchten kann.

Wird nun die Belichtungszeit kürzer, läuft der 2. Vorhang bereits los, bevor der 1. Vorhang fertig ist. Jetzt ist der Ausdruck Schlitzverschluss angebracht, weil eben der Schlitz zwischen den beiden Vorhängen, durch den die Belichtung stattfindet, umso schmaler wird, je kürzer die Belichtungszeit ist.

Da nun nicht mehr das ganze Bild, sondern nur noch ein Ausschnitt des Bilds erfasst wird, wird das Motiv quasi streifenweise erfasst. Das ist so lange kein Problem, wie es um ein ruhendes Motiv geht. Bewegt es sich aber, kommt es zu mehr oder weniger starken Verzerrungen. Ein vorbeifahrendes Auto legt während des Ablaufs des Schlitzverschlusses einen halben Meter zurück. Das Dach des Fahrzeugs auf der Abbildung wurde am Anfang dieser Zeit ausgelesen, die Räder am Ende der Zeit - dabei haben sich die Räder aber bereits einen halben Meter gegenüber dem Dach weiterbewegt. Das Dach wird übrigens zuerst eingelesen, weil das Bild am Sensor auf dem Kopf steht - es wird nur durch die intelligente Elektronik wieder auf die Räder gestellt. Die resultierenden Bilder sehen durchaus rasant aus, sind aber oft so nicht gewünscht.

*Standbild aus einer Videoaufnahme: Fahrzeug mit etwa 100 km/h, Belichtungszeit ca. 1/50 s*

Man kann schnell ausrechnen, dass sich ein Fahrzeug, das die oben dargestellte Verzerrung bei einer Belichtungszeit von 1/2000 Sekunde aufweist, mit etwa zweifacher Schallgeschwindigkeit an der Kamera vorbeirasen müsste. Der Effekt wird also nicht durch den Schlitzverschluss hervorgerufen, sondern durch den sogenannten elektronischen Verschluss, der bei Videoaufnahmen mit DSLRs zum Einsatz kommt.

Der elektronische Verschluss wird dadurch realisiert, dass die Ladungen der Fotodioden gelöscht und nach Ablauf der „Belichtungszeit" ausgelesen werden. Dabei gibt es ein prinzipielles Problem: Bis alle Zeilen des Sensors ausgelesen sind, dauert es eine gewisse Zeit. Deshalb wird nicht der komplette Verschluss en bloc gelöscht, sondern zeilenweise von unten nach oben. Je nach Sensor dauert dieser Verschlusslauf für den ganzen Sensor zwischen 1/30 und 1/60 Sekunde.

Wie bereits gesagt, haben die resultierenden Bilder durchaus eine rasante Wirkung, die aber oft so nicht gewünscht ist. Ähnliche Effekte erhält man, wenn sich nicht das Motiv bewegt, sondern die Kamera. Bei einem schnellen Schwenk scheinen feste Häuser auf einmal wie Gräser im Wind zu schwanken.

Durch eine Verkürzung der Belichtungszeit wird dieser Effekt nicht gemildert, das Bild wird nur schärfer. Während man die Verzerrung von schnell vorbeifahrenden Autos noch tolerieren kann und schnelle Schwenks filmisch sowieso vermeiden sollte, gibt es Situationen, in denen der Rolling-Shutter-Effekt ausgesprochen störend zuschlägt: etwa wenn Sie auf instabilem Untergrund stehen und Landschaft freihändig filmen, beispielsweise von einem Boot aus.

Das Verwackeln kann vom internen Stabilisator nicht ausgeglichen werden, und was Sie filmen, sind im Endeffekt lauter kleine, schnelle Schwenks, um das Motiv im Bild zu halten. Wenn Sie dann eine Bergkette filmen, scheinen diese Berge auf einmal wie Pudding hin- und herzuschwanken. Einzige Abhilfe: ein Stativ. Durch Nachbearbeitung am Computer ist das Problem nicht zu lösen.

Wer vom Digitalvideo kommt, wird über den Effekt erstaunt sein, er muss aber, solange die DSLRs noch mit elektronischem Verschluss arbeiten und die Sensoren nicht um Größenordnungen schneller geworden sind, damit leben – und lernen, ihn zu vermeiden.

Mittlerweile gibt es Systeme, die versuchen, den Rolling-Shutter-Effekt digital zu bekämpfen. Besiegt ist er noch lange nicht, im Gegenteil: Die im Kompakt- und Bridge-Bereich im Vormarsch befindlichen sogenannten „High-Speed-Kameras", wie etwa einige Kameras von Casio, verzichten bei diesen Hochgeschwindigkeitsserien ebenfalls auf den mechanischen Verschluss und produzieren deshalb heftige Rolling-Shutter-Effekte.

**Rauschen und die Ursachen**

Rauschen ist ein Störsignal, das normalerweise einen geringeren Pegel hat als das Nutzsignal. Den Abstand zwischen Störung und Nutzsignal bezeichnet man als Störabstand. Über die Entstehung und Bekämpfung von Rauschen wurde bereits im Abschnitt über den Sensor etwas gesagt. Prinzipiell hat aber das Rauschen seine Ursache nicht nur in auf der Sensoroberfläche vagabundierenden Elektronen, sondern auch in Unterschieden der einzelnen Fotodioden, Leckströmen, Übersprechungen zwischen den Leitungen auf dem Sensor und dann natürlich im prinzipiellen Rauschen der Verstärkerstufen.

Ein kleines Rechenbeispiel: Bei einer Fotodiode mit einer Sättigungsladung von 250.000 Elektronen bei einer Basisempfindlichkeit von ISO 100 sind bei ISO 3200 nur noch weniger als 8.000 Photonen für den gesamten Bereich zuständig. Der übliche Dynamikbereich eines ISO 3200-Bilds liegt bei 7 EV, die unterste EV-Stufe in den Schatten wird also nur noch von 120 Photonen gebildet. Wenn das statt 120 Photonen eben 125 sind, ist diese Abweichung bereits als Farbabweichung – Rauschen – sichtbar.

Je länger Sie nun belichten, umso wahrscheinlicher wird es, dass sich auf dem Sensor irgendwelche Elektronen verirren. Die direkte Folgerung daraus ist, dass hohe ISO-Werte, die dazu benutzt werden, bei vergleichsweise gutem Licht nur die Belichtungszeiten zu reduzieren – etwa beim Hallensport –, oft verblüffend gute Ergebnisse erzielen, während die gleichen Werte bei längeren Belichtungszeiten in dunklen Räumen unerträgliche Sprenkelmuster produzieren.

Rauschen kann einerseits durch die interne Rauschunterdrückung der Kamera bekämpft werden, deren Algorithmen aber höchst unterschiedlich brauchbar sind, und andererseits im Nachhinein durch eine Rauschunterdrückung am PC. Welcher Weg im eigenen Fall der beste ist, muss man selbst von Fall zu Fall entscheiden. Während etwa die Rauschunterdrückungsalgorithmen der Nikon D90 eher kontraproduktiv sind, arbeitet die Rauschunterdrückung bei der Olympus E-PL1 hervorragend und bei der E-5 vom gleichen Hersteller desaströs. Falls Sie also bei höheren ISO-Werten und aktivierter Rauschunterdrückung ausgelaufene Farbflecken und vermatschte Details erhalten, empfiehlt es sich, die RAWs mit einer externen Rauschunterdrückung zu bearbeiten. Einige der Programme haben auch einen intelligenten Lernmodus und erzielen damit mit der Zeit hervorragende Ergebnisse.

Es gibt im Internet Tests, die bei einem Dunkelbild bei höheren Sensortemperaturen extrem starkes rotes Rauschen zeigen. Dabei handelt es sich um Bilder, bei denen das Dunkelrauschen extrem verstärkt wurde. Einen ähnlichen Effekt können Sie auch mit Ihrer Kamera erzeugen. Tauschen Sie das Objektiv gegen die mit der Kamera mitgelieferte Bajonettabdeckung aus, stellen Sie auf *M*, manuellen Fokus und Bulb und schalten Sie alle Rauschunterdrückungsmechanismen aus. Nach einer Belichtung von 30 Sekunden erhalten Sie ein schwarzes Bild. Wenn Sie nun maximalen Kontrast einstellen und das Bild zusätzlich stark aufhellen, bekommen Sie bei 60 Sekunden ein rötliches Bild, und je länger Sie belichten, desto blasser wird das Ergebnis.

Bei 30 Minuten entsteht ein schwarz-weiß gesprenkeltes Bild, bei dem Sie unter Umständen einzelne Strukturen erkennen können, die auf Verkabelung innerhalb der Kamera schließen lassen. Wunder? Nein. Nach einer halben Stunde gleicht sich das Farbrauschen innerhalb des Sensors aus, und das seltsame Klötzchenmuster, das Sie auf einmal auf Ihrem Bildschirm sehen - bei maximalem Kontrast und extrem aufgehellt -, ist nichts anderes als das Ergebnis, das Sie erhalten, wenn Sie weißes Rauschen durch einen Bayer-Pattern schicken. Von Relevanz für die Fotografie ist das eher weniger. Es kommt selten vor, dass Sie eine halbe Stunde lang die Innenseite eines Objektivdeckels fotografieren.

*Bildausschnitt: Hier wurde 30 Minuten ein Objektivdeckel belichtet. Der Kontrast wurde maximiert und aufgehellt. Das Ursprungsbild war schlicht schwarz.*

## Funktionsweise des Belichtungssystems

Eine Kamera ohne eingebaute Belichtungsautomatik ist heute nicht mehr denkbar. Es scheint nahezu unglaublich, dass über hundert Jahre Kameras ohne automatisch gesteuerte Blenden und Belichtungszeiten auskamen. Erst 1959 kam mit der Agfa Optima die erste Belichtungsautomatik in eine Sucherkamera, die erste Spiegelreflexkamera mit Blendenautomatik war die Konica Autoreflex T von 1971, gefolgt 1972 von der Pentax Electro Spotmatic mit Zeitautomatik, und erst 1978 erhielt die Canon A1 die heute übliche Dreiteilung Blendenautomatik, Zeitautomatik und Programmautomatik. Damit man versteht, wie moderne Belichtungssysteme funktionieren, ist wieder ein kleiner Exkurs notwendig. Um die Lichtmenge zu messen, die auf den Sensor oder

Müssen aus irgendwelchen Gründen die Bilder jedoch zu 100 % passen und Fehlbelichtungen ausgeschlossen werden, ist ein guter Handbelichtungsmesser immer noch unentbehrlich. Nur mit einem Handbelichtungsmesser mit weißer Kugelkalotte kann man eine Lichtmessung durchführen. Dabei wird nicht etwa das vom Motiv reflektierte Licht gemessen, wie bei der TTL-Belichtungsmessung, die eine Objektmessung ist, sondern das auf das Motiv gerichtete Licht.

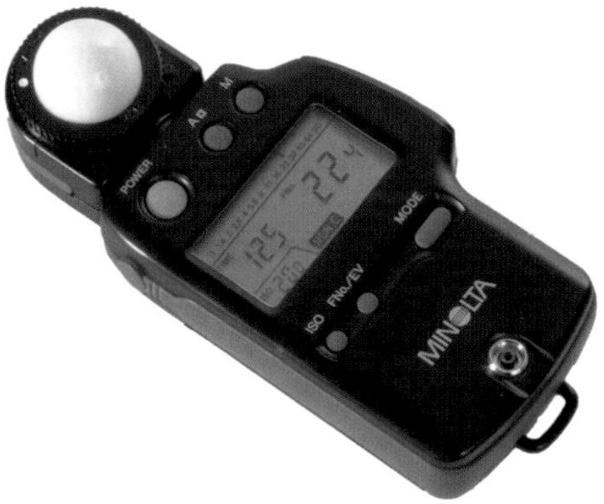


*Handbelichtungsmesser mit Diffusorkalotte. Ein Handmessgerät mit Diffusorkalotte ermöglicht eine besondere Messmethode, die mit der Kamera nicht möglich ist: die Lichtmessung. Dabei wird der Belichtungsmesser vom Motiv aus in Richtung Kamera gehalten. Durch das einfallende und durch die Diffusorkalotte gestreute Licht wird die erforderliche Belichtungseinstellung ermittelt.*

*Spotmeter zum punktgenauen Ausmessen eines Bildmotivs.*

Man stellt sich dabei mit dem Belichtungsmesser ins Motiv und richtet ihn auf die Lichtquelle mit einer leichten Neigung zur Kamera. Der Vorteil der Lichtmessung liegt darin, dass der Belichtungsmesser nicht durch den Reflexionsgrad des Motivs irritiert wird. Der klassische Pianist mit schwarzem Anzug schluckt sehr viel Licht, und wird nun das Bild gemäß Objektmessung belichtet, ist das Ganze bis zu zwei Blenden zu hell. Die Lichtmessung bringt dagegen den korrekten Lichtwert und damit auch eine korrekte Belichtung, da belichtet wird, als bestünde das Motiv nur aus neutralgrauen 18-%-Reflektoren.

Durch die Lichtmessung erreicht man in fast allen Fällen auf Anhieb korrekte Belichtungswerte. Besitzt man keinen Belichtungsmesser, will die Vorteile der Lichtmessung aber trotzdem nutzen, benötigt man einen großen 18-%-Neutralgrau-Karton. Diesen muss dann im Motiv jemand entsprechend so halten, dass er das Licht der Lichtquelle in das Objektiv reflektiert, wo Sie es dann mit Spotmessung ausmessen können.

**Expose to the right**

Es gibt noch eine Belichtungsmethode, die nicht über den Belichtungsmesser arbeitet, sondern über das kamerainterne Histogramm, und die Belichtungsmessung lediglich als groben Anhaltspunkt nutzt. Diese Methode „Expose to the right", deutsch so viel wie „reichlich belichten", macht sich die Eigenschaften des Sensors zunutze, der in den Lichtern wesentlich mehr Details unterscheiden kann und bei dem das Rauschen prinzipbedingt hauptsächlich in den Schatten auftritt.

Beim Expose to the right wird durch eine systematische Überbelichtung das Histogramm so lange nach rechts - „to the right" - verschoben, bis die hellsten Stellen gerade eben nicht ausfressen. Je nach Dynamikumfang des Bilds können das durchaus bis zu eineinhalb Lichtwerte sein. Dabei wird zwar die Belichtungszeit verlängert, die vorhandene Zeichnung im Bild nimmt aber stärker zu als das Rauschen. Da das Bild natürlich erheblich überbelichtet ist, muss anschließend im RAW-Konverter die Belichtung wieder nach links korrigiert werden. Bei kontrastarmen Motiven, bei denen eine längere Belichtungszeit möglich ist, kann durch Expose to the right eine Rauschreduzierung und damit Qualitätsverbesserung um eine ganze Blendenstufe erzielt werden.

Das Gegenteil, nämlich die systematische Unterbelichtung bei schlechtem Licht mit anschließender Aufhellung, führt dagegen grundsätzlich zu höheren Rauschwerten und sollte nur praktiziert werden, wenn entsprechend kurze Belichtungszeiten nicht anders zu realisieren sind.

## Autofokussysteme auf dem Prüfstand

Auch wenn der Autofokus mittlerweile eines der wichtigsten Features für Digitalkameras ist - so lange gibt es ihn noch gar nicht. Der erste Prototyp eines TTL-Autofokus wurde erst 1976 von Leitz vorgestellt, und für viele Profifotografen war lange Jahre ein verbauter Autofokus ein sicherer Hinweis für eine Amateurkamera, die keinesfalls professionell einzusetzen war. Das hat sich glücklicherweise geändert, mittlerweile kann eine Kamera gar nicht genug Autofokusfelder aufweisen, auch wenn es Fotografen gibt, die grundsätzlich nur einen einzigen nutzen: den in der Bildmitte.

Ähnlich wie die eingebaute Belichtungsautomatik ist der Autofokus streng genommen für ein scharfes Bild nicht relevant. Er erleichtert den Alltag, muss aber wie jedes Werkzeug in seiner Funktionsweise verstanden und beherrscht werden, damit er nutzbringend eingesetzt werden kann. Dem fertigen Bild sieht man auf jeden Fall nicht an, ob es manuell fokussiert wurde oder ob ein Autofokus mit 39 Feldern und vorausahnendem Autofokusultraschallmotor verantwortlich war.

Die früher eingebauten aktiven Ultraschallentfernungsmesser waren zu unflexibel, sodass sie wieder verschwanden. Ein lasergesteuerter Autofokus wird heute nur noch bei Mikroskopen eingesetzt. Dies darf man übrigens nicht mit den Autofokushilfslichtern verwechseln. Die roten Gitter, die da projiziert werden, werden meist von simplen, roten LEDs erzeugt, und lediglich einige wenige Kameras hatten tatsächlich einen kleinen 5-mW-Laser eingebaut.

Heute üblich sind zwei Autofokussysteme: der Phasendetektionsautofokus und der Kontrastautofokus. Neuerdings gibt es auch Mischformen davon.

### Phasendetektions-AF

Der Phasen-AF besteht je nach Hersteller aus bis zu 100 Sensorzeilen. Kreuzsensoren und Linearsensoren unterscheiden sich dabei nur darin, dass beim Kreuzsensor zwei Linearsensoren kreuzförmig angeordnet sind. Der Phasen-AF sitzt dabei nicht etwa auf dem Hauptsensor, sondern am Boden der Kamera. Eine Ausnahme bilden einige neuere Kameras von Sony mit feststehendem Spiegel, bei denen die Sensoren oberhalb des Spiegels montiert sind. Der Hauptspiegel ist nämlich zum Teil lichtdurchlässig, und hinter dem Hauptspiegel sitzt ein kleiner Hilfsspiegel, der das Bild nach unten

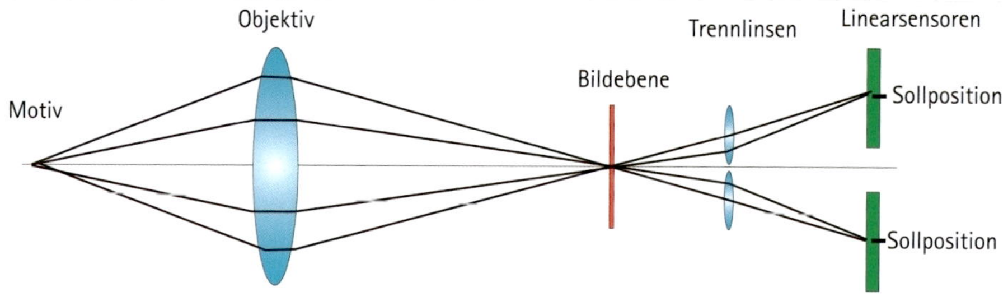


*In-Fokus.*

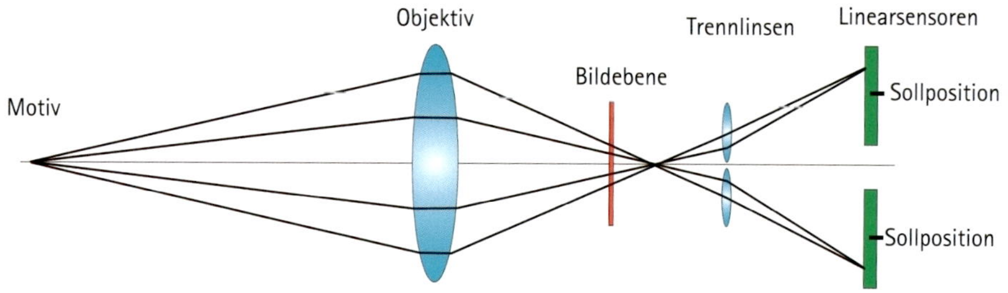


*Back-Fokus.*

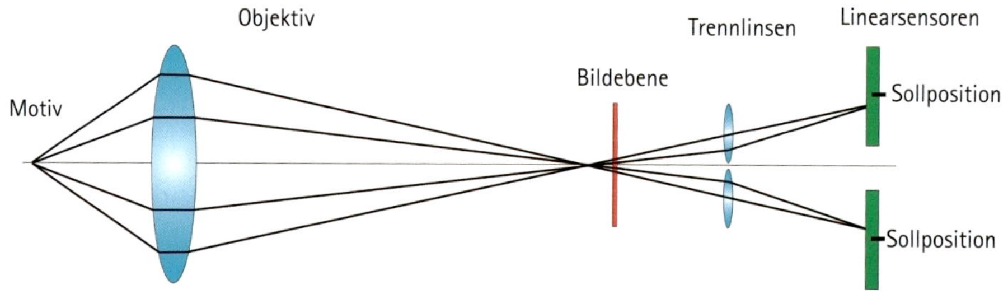


*Front-Fokus.*

auf den AF-Sensor umlenkt. Und hier liegt schon der erste Fallstrick für die Konstrukteure von Kameras: Dieser Sensor muss mit Haupt- und Hilfsspiegel absolut exakt ausgerichtet werden, sonst stellt der Autofokus auf ein anderes Bild scharf, als nach dem Hochklappen des Spiegels der Hauptsensor erhält.

***Arbeitsweise des Phasenfokussystems***

Die genaue Arbeitsweise des Phasenfokussystems sollte man verstehen, um auch die dadurch hervorgerufenen Effekte berücksichtigen zu können. Das Bild der Kamera wird über eine Lochblende und Separatorlinsen verdoppelt und auf die Linearsensoren umgeleitet. Jeder einzelne der AF-Linearsensoren besteht aus zwei Reihen von Sensorpixeln. Diese werden bei der Messung in gegenläufiger Richtung abgefragt. Der Abstand von gleichen Mustern muss nun innerhalb eines bestimmten Bereichs liegen.

Liegen die identischen Muster zu weit auseinander, liegt der Fokus hinter dem Sensor. Liegen sie zu nahe beieinander, liegt der Fokus zu weit vor dem Sensor. Um das feststellen zu können, benötigt der Sensor natürlich ein Muster, idealerweise eine einzelne Kante. Aus der Phasendifferenz zwischen den Punkten kann der Autofokus nun die Entfernung der Kamera zum scharf zu stellenden Punkt ermitteln und eine entsprechende Anweisung an das Objektiv schicken. Das Objektiv arbeitet den Auftrag dann allein ab und meldet nur noch „anvisierter Punkt erreicht" zurück.

Hier liegt der nächste Grund für einen eventuellen Fehlfokus: Wenn das Objektiv nicht zu 100 % exakt justiert ist, stellt es dorthin scharf, wo es nach eigener Meinung korrekt ist. Da es aber in dem Augenblick keine Kontrolle mehr durch den Phasen-AF gibt – der seinen Job ja schon mit der Absendung des Verstellbefehls gemacht hat –, kann der Fokus des Objektivs irgendwo im Nirwana liegen, und der AF-Sensor merkt das gar nicht mehr, sondern sendet treu und brav sein „AF gefunden" an die Kamera, die einen schönen Piep samt freundlichem Blinken im Sucher produziert. Das kann auch passieren, wenn die Kontakte zwischen Kamera und Objektiv verschmutzt sind: Der Scharfstellbefehl kommt verstümmelt beim Objektiv an, das stellt hilfloserweise irgendwas ein, und das AF-Modul merkt es nicht.

Die Linearsensoren haben – wie man aus der Funktionsweise sehen kann – einen prinzipiellen Nachteil: Sie können nicht auf Strukturen reagieren, die zu den Sensorreihen parallel sind. Eine Linie längs des Sensors verursacht keinen Strukturunterschied, der Sensor kann also keinen Abstand berechnen. Gemeinerweise trifft das aber auch auf regelmäßige, schmale Linienmuster quer zu den Sensoren zu. Auch hier kommt die Phasendifferenzmessung ins Schleudern, da sie die einzelnen Linien nicht unterscheiden und den Abstand nicht berechnen kann. Durch den mittleren Kreuzsensor kann man viele dieser Probleme auffangen, einige Motive – Wellblech in der Sonne zum Beispiel – funktionieren aber auch damit nicht. Manchmal hilft es, wenn man die Kamera schräg hält – klar, auf einmal gibt es eine unterscheidbare Kante, die in beiden Bildern auftaucht.

| AUFNAHMEDATEN | |
|---|---|
| Brennweite | 22 mm |
| Blende | f/5,6 |
| Belichtungszeit | 1/20 s |
| ISO | 200 |

*Ein Gesangbuch in der Barockkirche in Velburg. Der Fokus liegt auf den Seiten des Gesangsbuchs, und die Seiten liegen genau unter dem unteren Fokuspunkt, einem Linearsensor parallel zu den Seiten. Scharfstellen ist nicht möglich. Es musste mit einem Kreuzsensor scharf gestellt und dann verschwenkt werden.*

Aus diesem Grund ist auch die Objektebene platt.
Der durch das Verschwenken resultierende Fokusfehler f liegt bei

$$F = a - a * \cos\alpha$$

Dabei ist a die Entfernung von der Kamera zum Fokuspunkt und $\alpha$ der Verschwenkwinkel.
Je nach Sensordiagonale, Brennweite, Lichtstärke des Objektivs und Motivabstand können die Verschiebungen der Schärfeebene so stark werden, dass das Bild vollständig ruiniert ist. Besonders kritisch sind dabei Porträts mit lichtstarken Objektiven und Makros.

## Single-AF und Continous-AF

Während der S-AF, wie bereits erklärt, einmalig einen Befehl zur Einstellung des Objektivs abgibt und dann auf den nächsten Befehl wartet, funktioniert der C-AF etwas anders:

Der C-AF misst das Objekt an, gibt den Befehl zur Verstellung des Objektivs, wartet auf das Okay des Objektivs, misst erneut. Dabei geht der C-AF davon aus, dass der Fokuspunkt nach wie vor auf der gleichen Stelle des Objekts ruht. Aus der Differenz zwischen den beiden Entfernungen kann der C-AF nun die Geschwindigkeit des Motivs in Richtung der optischen Achse kalkulieren. Das Objektiv wird also auf den Punkt eingestellt, den der AF als nächsten Scharfstellpunkt berechnet. Der C-AF stellt also „auf Verdacht" scharf. Ist bei der nächsten Messung das Motiv nicht dort, wo es sein sollte, wird die Berechnung entsprechend angepasst. Die Sensoren arbeiten dabei dreidimensional. Da die Kreuzsensoren verdoppelt sind, können Sie Bewegung „im Raum" feststellen.
Das Problem dabei ist, dass man beim Nachführen der Kamera den Fokuspunkt immer im Ziel halten muss. Wenn man beim Fotografieren eines Reiters von vorne mal den

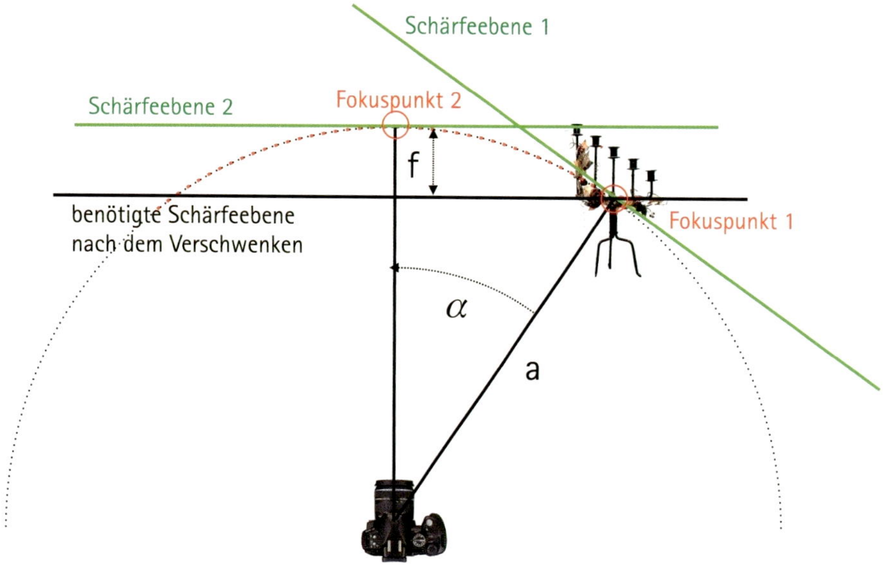


*Situation: 20 mm Brennweite, ca. 75° horizontaler Bildwinkel, Verschwenken um 35°. Nach dem Verschwenken liegt die Schärfeebene auf der grünen Linie, um das Motiv scharf zu halten, müsste sie aber auf der schwarzen Linie liegen.*

Pferdekopf, mal den Kopf des Reiters anvisiert, kann der C-AF keine kontinuierliche Bewegung erkennen und stellt recht überraschend scharf. Unter Umständen ist es bei C-AF sinnvoll, alle Fokuspunkte zu verwenden und die Kamera nach der Regel „Nearest is best" selbst entscheiden zu lassen. Die Kamera stellt nun recht zuverlässig auf den Pferdekopf scharf, den Reiter muss man durch eine entsprechend kleine Blendenöffnung mit Schärfe versorgen. Voraussetzung ist natürlich, dass der Hintergrund ausreichend strukturlos ist, damit sich der AF nicht dort festbeißen kann.

Beim C-AF kann es vorkommen, dass die Kamera den Fokus zwischen zwei Messungen verliert, z. B. weil man den Fokuspunkt nicht korrekt im Ziel gehalten hat. Wenn man in den Einstellungen nun die Auslösepriorität eingeschaltet hat, löst die Kamera trotzdem aus und macht dann möglicherweise ein unscharfes Bild – das nicht zwangsläufig unscharf sein muss, schließlich hat nur der AF gerade keinen Fokus gefunden, trotzdem kann ja die letzte Messung in Ordnung gewesen sein. Und eventuell fliegt nur einfach der Hochspringer gerade über die Latte und ist deshalb gerade aus dem Fokusfeld heraus. Übung macht hier den Meister. Einige Kameras haben noch weitere Einstellungsmöglichkeiten, mit denen etwa der AF als komplett nachrangig betrachtet wird.

Falls Sie einen Parameter C-AF-Sperre (Olympus), Lock-On (Nikon) oder ähnlich in Ihrem Kameramenü besitzen, aktivieren Sie ihn. Er verhindert, dass die Kamera eine vor dem

*Reining in der Halle. Die Pferde galoppieren durch die Halle und stoppen plötzlich. Mit C-AF gelockt und mit etwa 3 fp/s geschossen.*

| AUFNAHMEDATEN | |
|---|---|
| Brennweite | 69 mm |
| Blende | f/2,8 |
| Belichtungszeit | 1/200 s |
| ISO | 320 |

*Rechts oben: British Airways-Maschine im Anflug auf London Heathrow. Der Kontrast-AF will im Auto-Modus beharrlich auf die Flügel scharf stellen. Die Flügel sind eine gute, unbewegliche Kontrastkante, das Häusermeer bewegt sich. Glücklicherweise ist das Licht hell genug, sodass die Kamera die Blende stark schließt und damit der Hintergrund halbwegs scharf ist. Abhilfe: nur den zentralen AF-Punkt einschalten.*

*Rechts unten: Gesichtserkennung: Den Fokus per Hand auf das Gesicht des Models gelegt. Die Kamera erkennt weder das Gesicht des Models noch das Felsengesicht im Hintergrund.*

Motiv entlanglaufende Person als Bewegung des Motivs interpretiert und den Fokus völlig verstellt.

Nikon hat ein eigenes AF-System, dessen Vorteil es vor allem ist, dass es bereits während des Nachführens des Objektivs die nächste Messung startet, sodass Messung und Nachführung kontinuierlicher und damit schneller erfolgen. Die Menge der richtig fokussierten Bilder steigt bei gleichförmiger Bewegung des Motivs an.

Generell: Der Continous-Autofokus reagiert bei jeder Kamera anders, Übung damit ist die unbedingte Voraussetzung für gute Bilder. Testen Sie auch, ob Sie während des Zoomens den C-AF-Messpunkt im Ziel halten können. Da der Phasen-AF im Prinzip brennweitenunabhängig arbeitet, funktioniert er auch bei geänderter Brennweite, also während des Zoomens. Die Kamera schickt lediglich den Befehl „stelle auf 7,53 Meter scharf" ab – wie das Objektiv das umsetzt, ist das Problem des Prozessors in der Optik. Da die heutigen Optiken bei einer Brennweitenänderung auch den Fokus ändern, müsste die Kamera sonst alle Objektive auf dem Markt kennen, um die entsprechenden Befehle berechnen zu können. Das Objektiv „weiß" jedoch, wie viele Umdrehungen der Fokusmotor bei einer bestimmten Brennweite machen muss, um auf eine bestimmte Entfernung scharf zu stellen.

### Auswahl der Fokusfelder

Je nach Kamera können Sie zwischen einem und bis zu 51 Autofokusfeldern wählen. Diese können einzeln, in Gruppen oder auch alle gleichzeitig aktiv sein. Die Steuerlogik dahinter ist bei jeder Kamera anders, und aus diesem Grund ist es so gut wie unmöglich, auch nur grob eine Aussage zu treffen, ob im speziellen Fall die Verwendung einer dynamischen Fokusfeldauswahl besser ist als ein Einzelfokusfeld. Wenn Sie aber die prinzipielle Funktionsweise eines Phasen-AF verinnerlicht haben, können Sie auch mit einer neuen Kamera rasch zu guten Resultaten kommen. Beachten Sie dabei immer, dass der Autofokus im Bereich des markierten Autofokusfelds eine Kontrastkante quer zum Sensor bekommen muss. Erst dann kann er wirksam werden.

### Kontrast-AF

Viele moderne Kameras besitzen neben dem Phasen-AF auch einen Kontrastautofokus, der über eine Analyse des Bilds am Sensor selbst arbeitet. Einige Kameras, wie etwa die Panasonic G-Serie, besitzen überhaupt nur noch einen Kontrast-AF. Dieser ist nicht per se schlechter oder besser, er ist lediglich anders – und das sollte man berücksichtigen.

Der Autofokus analysiert nämlich ausschließlich das Sensorbild und sucht dort nach einer Kontrastkante, auf die dann das Fokussystem scharf stellt, bis der Kontrast maximal ist. Dabei wird aber lediglich das zweidimensionale Sensorbild ausgewertet, da keine Entfernungsmessung stattfindet. Der Grund liegt darin, dass man zwar vom Objektiv auslesen könnte, auf welche Entfernung dieses gerade scharf gestellt hat, dieser Wert ist aber unzuverlässig, da je nach Schärfentiefe die Schärfeebene irgendwo im angepeilten Schärfebereich liegt und nicht notwendigerweise in der Mitte des Schärfebereichs. Das hat verschiedene Besonderheiten zur Folge, die man berücksichtigen sollte:

#### *Es gibt kein vorne und hinten*

Wenn im Vordergrund drei Kinder spielen und im Hintergrund der Wohnzimmerschrank perfekte, unbewegte Kontrastkanten abgibt, wird die Kamera hartnäckig auf den Schrank scharf stellen, wenn man ihr die Wahl überlässt. Für die Kamera ist alles in einer Ebene, nur dass die Kontrastkanten des Möbels schärfer werden, wenn der Fokus am Objektiv verstellt wird – die Kanten der sich bewegenden Kinder aber meistens nicht. Aus diesem Grund ist die Gesichtserkennung bei reinem Kontrast-AF eine segensreiche Einrichtung. Sie hat Vorrang vor der allgemeinen Kontrasterkennung, sodass man mit aktivierter Gesichtserkennung meistens zu einer korrekten Fokussierung kommt.

Problematisch wird es, wenn Motive fotografiert werden, die sowohl im Vorder- als auch im Hintergrund Gesichter enthalten – Tante Klara vor einem großformatigen Werbeplakat beispielsweise. Der Kontrast-AF kann nicht unterscheiden, wer vorne steht,

| AUFNAHMEDATEN | |
|---|---|
| Brennweite | 42 mm |
| Blende | f/10 |
| Belichtungszeit | 1/320 s |
| ISO | 200 |

| AUFNAHMEDATEN | |
|---|---|
| Brennweite | 22 mm |
| Blende | f/16 |
| Belichtungszeit | 1/20 s |
| ISO | 400 |

also wird die Dame scharf gestellt, bei der bessere Kontrastkanten zur Verfügung stehen. Prinzipiell benötigt der Kontrast-AF, um ein Gesicht zu erkennen, nicht einmal ein echtes Gesicht. Die relativ grobe Zeichnung eines Gesichts reicht bereits, teilweise wird sogar ein Muster Punkt/Punkt/Komma/Strich als Gesicht erkannt. Glücklicherweise zeigen die Kameras am Display mit einem grünen oder roten Rahmen an, welches Element nun als Gesicht erkannt wird.

Der Kontrastautofokus versucht übrigens nicht, bei einem Gruppenbild die Personen in der mittleren Reihe scharf zu stellen, sodass aufgrund der Schärfentiefe auch die Personen vorne und hinten scharf werden. Sie sucht sich das Gesicht mit den besten Kontrastkanten. Auf dieses wird scharf gestellt. Eine Ausnahme bilden natürlich Kameras, bei denen man per interner Datenbank ein Gesicht präferieren kann.

Die Gesichtserkennung ergibt bisweilen überraschende Ergebnisse. Manchmal werden Babys oder Personen im Halbprofil nicht erkannt, dann wieder erkennt die Kamera in der Anordnung der Löcher in einem Blauschimmelkäse ein Gesicht. Sie sollten also immer überprüfen, wo der Rahmen im Sucher aufleuchtet. Hin und wieder sind die Ergebnisse etwas überraschend.

#### *Das Autofokusfeld ist groß*

Vorsicht ist geboten, wenn das Autofokus feld das Motiv nur teilweise bedeckt. Was beim Phasendifferenzautofokus ideal ist, ist beim Kontrastautofokus genau falsch. Das Autofokussystem sucht nämlich das gesamte Feld nach einer brauchbaren Kontrastkante ab. Und der Kontrast, den das System zuerst findet, wird genommen. Meistens ist das der Hintergrund. Wenn also das AF-Feld bestätigend blinkt, sollten Sie

*Uddevalla-Brücke, nördlich von Göteborg. Aus einem fahrendem Auto durch das offene Dach mit S-AF aufgenommen, Geschwindigkeit 87 km/h.*

| AUFNAHMEDATEN | |
|---|---|
| Brennweite | 15 mm |
| Blende | f/5,6 |
| Belichtungszeit | 1/500 s |
| ISO | 100 |

genau überprüfen, ob in diesem Feld nicht auch vielleicht der Kran im Hintergrund enthalten ist - eine perfekte Kontrastkante.

Umgekehrt: Angenommen, Sie wollen einen Sänger hinter seinem Mikrofonständer abbilden. Der Mikrofonständer steht, der Sänger bewegt sich. Also ist die Wahrscheinlichkeit hoch, dass sich der Autofokus den Ständer als leichtes Ziel heraussucht. Mit der Automatik werden Sie keinen Blumentopf gewinnen, mit Gesichtserkennung nicht immer. Die Methode der Wahl ist ein Autofokusfeld, das über den Mikrofonständer hinwegzielt - oder daran vorbei.

Wenn Sie einen exakten Fokus brauchen, empfiehlt es sich, eine eventuell vorhandene Sucherlupe einzusetzen.

### *Kontrast-C-AF*

Der Kontrast-C-AF (bei Nikon heißt er AF-F) arbeitet nach einem anderen Prinzip als der Phasen-C-AF. Während der Phasen-AF eine Ahnung von Bewegung im Raum hat und versucht, zu erraten, in welche Richtung sich das Motiv bewegt, arbeitet der Kontrast-C-AF nach dem Prinzip Versuch und Irrtum. Während des gesamten Fokusvorgangs springt das Objektiv dauernd hin und her, und parallel dazu wird das Bild auf dem Sensor analysiert. Bewegt sich das hinter dem Fokusfeld liegende Motiv, stellt der Prozessor fest, dass eine der beiden Bewegungsrichtungen ein besseres - schärferes - Ergebnis gebracht hat als die andere, also wird das Objektiv in diese Richtung bewegt.

Naturgemäß hinkt dadurch der C-AF der Wirklichkeit immer etwas hinterher, und die maximale Geschwindigkeit des Motivs, dem der C-AF noch folgen kann, ist beschränkt. Je schneller sich das Motiv bewegt, desto größer werden die Sprünge, damit der AF dem Motiv folgen kann. Das kann so weit führen, dass ein Auto, das mit 50 km/h auf den Fotografen zufährt, in der gesamten zur Verfügung stehenden Zeit nur zweimal kurz im Fokus ist und den Rest der Zeit grob unscharf bleibt.

Entsprechend ist eine korrekte Platzierung der AF-Punkte für die Funktion des C-AF ausschlaggebend. Wenn Sie mit allen Fokuspunkten ein frontal auf Sie zu galoppierendes Pferd fotografieren wollen, wird das schiefgehen - selbst wenn Sie dem Pferd ausweichen können. Der C-AF interessiert sich nämlich nicht sonderlich für das Pferd, sondern bevorzugt unbewegliche Fokuspunkte in der Umgebung. C-AF mit allen Fokuspunkten ist ausschließlich bei fliegenden Vögeln vor konturlosem Himmel mit langen Telebrennweiten anzuraten. Dabei darf der Vogel auch nicht zu klein sein. In allen anderen Fällen sollte man sich für einen AF-Punkt entscheiden und diesen dann aber auch im Ziel halten.

Da der Kontrast-C-AF keine Ahnung von Bewegung hat, ist auch eine Serie, wie sie bei Kameras mit Phasen-AF sinnvoll ist, bei Kontrast-AF ohne Erfolgschance. Mit Auslesen des Bilds vom Sensor ist das Verfahren C-AF abgeschlossen, das nächste Bild erfordert ein neues Zielen, ein neues Einstimmen des C-AF auf das Motiv. Einzig und allein bei sehr großen Motiven, die langsam auf den Fotografen zukommen, funktioniert der C-AF mit mehreren Bildern hintereinander halbwegs zuverlässig.

### *Tracking-C-AF*

Einige Kameras besitzen einen Tracking-C-AF. Dabei handelt es sich um einen komplizierten Versuch, die prinzipiellen Limitierungen des zweidimensionalen Kontrast-AF zu überwinden. Das angepeilte Motiv - zum Beispiel eine Person - wird als Objekt definiert und dessen Bewegung im Bild verfolgt.

Wenn etwa ein Kind rechts im Bild angepeilt wird und es sich dann nach links bewegt, verfolgt der C-AF das Muster des Gesichts als relevant und versucht, die Schärfe nachzuführen, sodass die in diesem Pixelmuster erkannten Kontrastkanten stets scharf bleiben. Das kann natürlich an sehr simplen Dingen scheitern: Das Kind kann beispielsweise das Gesicht abwenden, oder jemand läuft zwischen Kamera und Kind vorbei. Denn nach wie vor „weiß" der Sensor nichts von der dritten Dimension. Wenn sich ein Kind um sich selbst dreht, bedeutet das für den Bildprozessor nicht, dass in kurzer Zeit das Gesicht wieder zu sehen ist, sondern dass das Gesichtsmuster urplötzlich durch eine Struktur feiner, schnell bewegter Linien anderer Farbe (Haare) ersetzt wurde, auf die der Prozessor nicht scharf stellen kann.

Auch dem Tracker muss man erst mit einer genauen Auswahl des AF-Punkts auf die Sprünge helfen, der große Vorteil des Trackers ist aber, dass die Bildkomposition gleich bleiben kann, während man beim C-AF den AF-Punkt exakt nachführen muss. Beim Tracker gilt erneut: Einmal ausgelöst, ist der Vorgang für den C-AF beendet.

### *Autofokus und Schärfentiefe*

Der Vorteil des Kontrast-AF (dass tatsächlich das Bild auf dem Sensor scharf gestellt wird, egal wie das Objektiv justiert ist - es gibt keinen Back- oder Front-Fokus mehr) ist gleichzeitig auch ein Nachteil. Es wird nämlich so lange scharf gestellt, bis es nicht mehr schärfer geht. Bei kurzen Brennweiten kann dieser Bereich der optimalen Schärfe aber sehr groß sein. Während der Fokus bei einem Phasendifferenz-AF relativ zuverlässig immer am gleichen Punkt liegt, geht es beim Kontrast-AF nur darum, dass die von der Kamera ausgewählte Kontrastkante bei einer Fokusverstellung nicht unschärfer - also breiter wird. Das ist aber im gesamten Bereich der Schärfentiefe der Fall. Wo genau der Fokus am Ende liegt, ist reiner Zufall. Je lichtschwächer die Objektive sind, desto stärker ist dieser Effekt.

Ein 40 mm f/1,7 zeigte bei einer tatsächlichen Fokusdistanz von 1,15 Metern eine Abweichung von +/- 5 %, ein Leica 14-45 mm dagegen ebenso wie ein ZUIKO FT 14-45mm bei gleicher Brennweite und Blende 3,8 eine Abweichung von bis +/- 25 %.

Der angepeilte Punkt war in allen Fällen scharf - aber die Schärfentiefe erstreckte sich auf völlig andere Bereiche des Bilds. Für diesen Effekt ist die maximale Öffnung des Objektivs maßgeblich, da der Kontrast-AF meist bei Offenblende arbeitet. Auf welche Blende dann bei der Aufnahme abgeblendet wird, ist zwar fürs Bildergebnis wichtig, nicht aber für den Autofokus.

### *Kontrastautofokus und Fehlfokussierungen*

Bisweilen passiert es, vor allem bei langen Telebrennweiten oder lichtstarken Objektiven, dass der Kontrast-AF an seine prinzipiellen Grenzen kommt: Er meldet „scharf", obwohl man im Sucher schon klar erkennen kann, dass das so nicht sein kann. Das liegt simpel daran, dass der Kontrast-AF lediglich auf eine Veränderung des Kontrasts abstellt. Verändert sich der Kontrast nicht hin zu einer schärferen Kontrastkante, sondern bleibt das Bild auch nach einem Mikroschritt genauso unscharf, nimmt der Kontrast-AF an, es gehe nicht schärfer, und stellt die Arbeit - vermeintlich erfolgreich - ein.

### *Nicht kontrastautofokusfähige Objektive*

Bis auf wenige neuere Objektive, speziell von Olympus und Panasonic, sind alle Objektive nicht kontrastautofokusfähig. Der technische Hintergrund dabei ist, dass der Phasen-AF ermittelt, auf welche Entfernung das Objektiv einstellen muss, diesen Befehl an das Objektiv übermittelt, das Objektiv ermittelt die eingestellte Brennweite, stellt fest, wie viele Umdrehungen der Fokusmotor dann machen muss, schickt den Befehl an den Fokusmotor, der meldet „Ziel erreicht" zurück, und das wiederum sendet das Objektiv an die Kamera. Die Kamera prüft das nicht mehr nach und meldet „Fokus erreicht" an den Fotografen. Das Objektiv muss also lediglich gespeichert haben, wie viele Motorumdrehungen bei einer bestimmten Brennweite für das Erreichen einer bestimmten Fokusentfernung notwendig sind.

Beim Kontrast-AF ist es dagegen notwendig, dass das Objektiv für jede Brennweite unterschiedliche Mikroschritte ausführen kann, um abgleichen zu können, ob der Fokus bereits erreicht ist. Diese Datenbank, die den Befehl der Kamera bei jeder Brennweite und jeder Fokusstellung in den korrekten Mikroschritt umsetzt, ist in herkömmlichen Objektiven nicht enthalten - und es ist auch in den allermeisten Fällen kein Platz dafür im internen Speicher des Objektivs.

Normalerweise wäre aus diesem Grund eine Verwendung von Altobjektiven unmöglich - die Objektive können mit der Anweisung „Mache einen Mikroschritt 3" nichts anfangen, weil ein Mikroschritt für sie nichts bedeutet. Um dieses Problem zu lösen, haben einige Firmen intern eine Datenbank hinterlegt, die für Altobjektive diese Mikroschritte definiert und in Phasen-AF-Befehle umsetzt. Mit denen können die Objektive etwas anfangen. Natürlich dauert die Übersetzung etwas, und die Fokusmotoren müssen ungewohnte Arbeit verrichten, funktionelll ist das Ganze aber dennoch, wenn auch langsamer - auch weil oft größere Glasmengen bewegt werden müssen.

Eine weitere Folge dieser Umsetzung ist, dass der beim Kontrast-AF notwendige Rückschritt unterbleibt. Sobald der Kontrast-AF eine Verringerung der Schärfe feststellt, geht er davon aus, dass er bereits über den Schärfepunkt hinaus ist, und stellt einen Schritt zurück. Bei der Umsetzung des Kontrast-AF in den Phasen-AF kommt es bei dieser Scharfstellung aber zu Ungenauigkeiten, da der AF aus Performancegründen nur mit begenzter Auflösung arbeitet. Vor allem bei sehr langen Brennweiten, weit entfernten Motiven und offener Blende kann es sein, dass der Fokus nicht 100%ig passt. Abhilfe schafft die Live-View-Sucherlupe.

Dieser Effekt tritt nur dann auf, wenn Sie beispielsweise mit einem sehr lichtstarken Teleobjektiv mit einer Brennweite von über 300 mm über eine Entfernung von mehreren Hundert Metern ein flächiges, senkrechtes Motiv aufs Korn nehmen. Sie fotografieren etwa über einen Platz hinweg Details einer Häuserfassade. Überprüfen Sie in solchen Fällen das gemachte Bild in höchster Vergrößerung und wiederholen Sie das Bild im Zweifelsfall mit der Sucherlupe.

### Autofokus im Dunkeln

Der Autofokus braucht für seine Arbeit Licht - und zwar sowohl der Kontrast-AF als auch der Phasen-AF. Die besten Phasen-AF-Sensoren arbeiten bis zu einem Lichtwert von -2 EV, die meisten Kontrast-AFs liegen bei etwa 0 EV. Egal wo die Grenze bei Ihrer Kamera liegt: Irgendwann ist es so dunkel, dass die Sensoren keine Kontrastkanten mehr erkennen können. Dann braucht es zusätzliches Licht. Es gibt mehrere Verfahren:

- **Taschenlampe**: Ob Sie nun bereits eine Taschenlampe in der Kamera eingebaut haben oder selbst eine in der Tasche haben: Gemeinsam ist den beiden Lösungen, dass sie gelegentlich blenden. Vorteilhaft bei der Lampe in der Kamera ist vor allem, dass sie nur dann eingeschaltet wird, wenn sie gebraucht wird, und dass man keine zweite Hand für die Lampe braucht. Dafür wird sie von größeren Objektiven oder Sonnenblenden gern abgeschattet.

- **Blitzlichtgewitter**: Einige Hersteller sparen sich die eingebaute Taschenlampe und setzen stattdessen auf den eingebauten Aufklappblitz, der den Vorteil hat, über eine Sonnenblende hinweg zu leuchten, aber durch die dauernde Folge von Blitzen ausgesprochen lästig ist. Zudem ist die Effektivität der Taschenlampenlösung meist besser.
- **Systemblitze**: Aufsteckblitze haben meist eine rote LED eingebaut, die ein Streifenmuster projiziert. Das rote Licht blendet nicht, und durch das Streifenmuster werden perfekte Kontrastkanten projiziert. Dies ist im Allgemeinen die beste Lösung.
- **Lasergitter**: Einige Kameras besitzen einen kleinen Laser, der ein Gitter projiziert. Obwohl die Laser sehr leistungsschwach sind, ist diese Methode sehr effektiv, jedoch nicht ganz ungefährlich und war deshalb recht schnell wieder vom Markt verschwunden.

Fast alle diese Methoden sind auf die vergleichsweise schnelle Kontrastkantenerkennung durch einen Phasen-AF angewiesen. Ein Kontrast-AF benötigt dagegen eine kontinuierliche Beleuchtung, bis der Fokusvorgang abgeschlossen ist. Hier hilft nur die Taschenlampenlösung.

## Besonderheiten der Bildstabilisatoren

Einige Kameras besitzen einen internen Bildstabilisator, der durch eine extrem schnelle Mechanik zum Verschwenken des Sensors realisiert wird. Ein solcher Stabilisator hat einige Besonderheiten, die berücksichtigt werden müssen:
Der Stabilisator erkennt, in welche Richtung das Gehäuse geschwenkt wird, und versucht, dies durch ein Kippen des Sensors auszugleichen. Der Verstellweg des Sensors ist naturgemäß begrenzt und kann lediglich seitliche Wackelbewegungen ausgleichen. Schwankungen in Richtung des Motivs - der Objekt- oder Schärfeebene - sind nicht ausgleichbar, da Objektiv und Sensor einen festen Abstand halten müssen. Wenn der Sensor aus der Bildebene herausbewegt würde, um ein Vorwärtsschwanken auszugleichen, würde das Bild nicht schärfer, sondern unschärfer.

### Vertikale und horizontale Schwankungen

Dadurch, dass der Sensor nur einen begrenzten Verstellweg hat, sollten Sie die Kamera auch tatsächlich beim Fotografieren ruhig halten. Wenn Sie, etwa bei einem Fußballspiel, mit der Kamera einem Spieler folgen, kann es zu unschönen Effekten kommen: Der Stabilisator stabilisiert das Bild in mehreren Ansätzen, das Bild sieht verruckelt aus - oder es ist völlig unscharf. Dabei reicht schon das Mitziehen eines Fußgängers, um unscharfe Bilder zur erhalten.
Diesen Effekt haben aber nicht alle Kameras. Einige Kameras von Sony können den Steadyshot automatisch an die Bewegung der Kamera anpassen und ermöglichen so Mitzieher auch ohne Umstellung auf einen anderen Modus. Dazu sollte man aber vorher selbst einige Versuche machen.

Der Stabilisator benötigt zur Berechnung, wie weit der Sensor bewegt werden muss, um die Bewegung des Bilds innerhalb des Zerstreuungskreises zu halten – denn nur so lange ist das Bild scharf –, die aktuelle Brennweite des Objektivs. Bei modernen Optiken wird die aktuelle Brennweite an die Kamera übertragen, für ältere Optiken haben fast alle Kameras die Möglichkeit, die Brennweite der Objektive über ein kleines Menü einzugeben. Dabei müssen immer die realen Brennweiten eingegeben werden, nicht etwa Äquivalenzbrennweiten. Speziell bei älteren Zooms kann das etwas schwierig sein.

Ein Problem können auch längere Brennweiten machen. Jenseits von 500 mm wird es schwierig, jenseits von 800 mm haben die meisten internen Stabilisatoren ein echtes Problem, da der Verstellweg nicht ausreicht. Die Wirksamkeit der internen Stabilisatoren, die bei optimalen Bedingungen zwischen 3 und 5 EV beträgt, sinkt bei längeren Brennweiten stark, und bei extremen Brennweiten sind sie sogar kontraproduktiv. Jenseits von 600 mm sollte man den Stabilisator nur noch einschalten, wenn man selbst eine sehr ruhige Hand hat. Einer der besten internen Stabilisatoren, der der Olympus E-3, funktioniert etwa bis 900 mm Äquivalenzbrennweite, kann das aber nur deshalb erreichen, weil die Kamera einen vergleichsweise kleinen Sensor besitzt.

Vom Dreibeinstativ kann der Stabilisator bei windempfindlichen, leichten Stativen und langen Brennweiten ebenfalls zur Verbesserung des Bilds beitragen. Es ist empfehlenswert, die eigenen Stative darauf zu testen, ob sie einen eingeschalteten Stabilisator brauchen oder ob sie, im Gegenteil, mit Stabilisator unschärfere Bilder produzieren – auch das gibt es. Vom Einbeinstativ ist er absolut sinnvoll, aber auch hier sollten Sie vorher testen.

Der Stabilisator braucht etwas Strom, schadet aber meistens nicht. Wenn Sie Objektive mit eingebautem Stabilisator an eine Kamera setzen, die ebenfalls einen Stabilisator hat, schalten Sie einen davon aus. Da die beiden Stabilisatoren nichts voneinander wissen, versucht jeder, die Bewegungen der Kamera selbst auszugleichen, und der Effekt ist garantiert ein verwackeltes Bild.

**Bildstabilisator Mensch**

Es gibt noch einen Bildstabilisator – den haben Sie eingebaut. Und erst die Kombination der beiden – dem in der Kamera und Ihrem eigenen – ermöglicht auch bei langen Brennweiten scharfe Bilder aus der Hand. Ihr eigener Stabilisator funktioniert so:

- Suchen Sie sich einen Platz, an dem Sie Ellbogenfreiheit haben, oder lehnen Sie sich an eine Wand oder Säule an.
- Suchen Sie sich einen festen Stand, stellen Sie sich breitbeinig hin – die Füße auf Schulterbreite – und machen Sie sich bewusst, dass Sie jetzt sicher stehen. Stellen Sie sich selbst als fest verwurzelt vor.
- Atmen Sie ruhig und nehmen Sie sich Zeit.
- Bleiben Sie locker, und wenn Sie merken, dass Sie verkrampfen: Kamera absetzen, durchatmen, lockern.
- Je schwerer Kamera und Objektiv sind, desto besser. Wenn Sie irgendwelche Anbauteile haben (Blitz, Blitzschiene, Batteriegriff), dranbauen. Je schwerer, desto ruhiger.
- Ermitteln Sie, wo der Schwerpunkt der Konstruktion ist. Der Schwerpunkt sollte zwischen Ihren beiden Händen liegen. Wenn Sie die Kamera direkt im Schwerpunkt unterstützen, reicht bereits ein

kleines Zucken der zweiten Hand, und die Kamera ist verrissen.

- Halten Sie die Kamera so nah am Körper wie möglich. Mindestens einer der beiden Arme sollte sich mit dem Ellbogen am Körper abstützen, noch besser ist, wenn Sie sich mit beiden Oberarmen abstützen. Das ist schwierig, wenn Sie nur über das Display scharf stellen können, etwa weil sie keinen Aufstecksucher haben. Wenn Sie einen guten Punkt für den AF gefunden haben, können Sie auch versuchen, die Kamera näher an den Körper heranzubringen, indem Sie darauf verzichten, das Bild auf dem Display scharf zu sehen, und sich auf den AF verlassen.
- Wenn Sie es können, öffnen Sie vor dem Schuss beide Augen, dadurch entspannen Sie Ihr Gesicht und damit auch sich selbst.
- Stellen Sie die Kamera auf Serienbild und schießen Sie mindestens Dreierserien.
- Vor dem Auslösen ausatmen. Drücken Sie den Auslöser langsam und in einer gleichmäßigen Bewegung durch. Erst wenn die Serie fertig ist, senken Sie die Kamera langsam wieder. Idealerweise sollten Sie noch eine halbe Sekunde nach dem Auslösen das Motiv anvisieren. Sie vermeiden dadurch, dass sich Ihre Muskeln bereits auf das Absetzen der Kamera vorbereiten.
- Wenn Sie tiefer gehen müssen, knien Sie sich hin. Die Hocke dagegen ist ebenso wie eine vornübergebeugte Haltung instabil. Entweder Sie haben bereits Räuberklamotten an, die dreckig werden dürfen, oder Sie haben eine Plastiktüte in der Fotografentasche - die übrigens auch sehr nützlich ist, wenn Sie mal ein Model im langen weißen Kleid in eine Wiese setzen wollen.

Ein Fotograf kann sich auch mal in der Horizontalen befinden - was übrigens eine exzellente Schussposition ist -, ohne sich etwas zu vergeben. Es versteht sich von selbst, dass Koffein, Nikotin, Alkohol und andere Drogen Ihren eingebauten Stabilisator außer Gefecht setzen können. Mit der Kombination aus diesen verschiedenen Methoden und einem Stabilisator kann man auch Zeiten bis zu einer halben Sekunde bei Brennweiten bis zu 200 mm ruhig halten.

Danke an:
*Kameramuseum Kurt Tauber*
*Peter Mario Schwieder, Photonfocus*
*Hans-Jochen Macht, Sensortechnik*

# 2

# OBJEKTIVTECHNIK UND OBJEKTIVTYPEN

Nikon
PC-E NIKKOR
24mm 1:3.5D ED
Canon
CANON LENS EF 85mm 1:1.2 L
Carl Zeiss
15.5-45

# Objektivtechnik und Objektivtypen

# 2 Objektivtechnik und Objektivtypen

*Fernobjektiv T-Noflexar der Firma Novoflex – Baulänge ohne Streulichtblende über 40 cm. Lineare Fokussierung mittels Pistolengriff. Zusätzlich hat das Objektiv einen eingebauten, ausziehbaren Zwischenring am hinteren Ende, womit die Naheinstellgrenze von etwa 5 Metern auf 1,9 Meter reduziert werden kann. Das T-Noflexar ist ein dreilinsiges Objektiv mit hervorragender Leistung. (Foto: Nils Häussler)*

*Auch wenn von Kameraherstellern gern die technischen Spielereien ihrer Kameragehäuse in den werblichen Vordergrund gerückt werden – Dreh- und Angelpunkt der Fotografie sind die Objektive. Kameragehäuse sind im Prinzip durch einen schwarzen Pappkarton mit einem Stück lichtempfindlich beschichtetem Glas zu ersetzen, ohne dass Darstellungsqualität verloren ginge. Ein hochwertiges Objektiv dagegen ist nicht zu ersetzen – auch wenn die Anhänger von Lochkameras das gern behaupten.*

## Blende und Belichtungszeiten

■ Alle Objektive haben eine Blende, ob sie nun als Wechselobjektive vorliegen oder in einer Bridge- oder Kompaktkamera fest eingebaut sind. In Kompaktkameras kommt häufig eine Schnappblende zum Einsatz – was nichts anderes ist als ein Blech mit einem Loch in der Mitte, das bei Bedarf anstelle der normalen Blende ins Objektiv geschoben wird. Eine Springblende ist dagegen ein Relikt aus der mechanischen Zeit der Fotografie. Die Springblende war eine Irisblende mit Federwerk, das vor jedem Auslösen aufgezogen werden musste und dafür sorgte, dass die Blende beim Auslösen von Offenblende auf die voreingestellte Arbeitsblende „sprang“. In heutigen Digitalkameras funktioniert das nicht viel anders, nur dass die manuell gespannte Feder durch einen Elektromotor ersetzt wird.

Für die Blendenvorwahl ist auf der Kamera am Wählrad in der Regel ein *A* oder auch *Av* (Aperture Value Priority) aufgedruckt, wobei die Blende festgelegt und dann die Belichtungszeit automatisch gesteuert wird. Die Blende wird angegeben durch die dimensionslose Blendenzahl, die mithilfe der nachfolgenden Formel berechnet wird – wobei es sich hier natürlich um die aktuelle Öffnungsweite der Blende selbst handelt.

Brennweite/Öffnungsweite der Optik

Eine Blendereihe mit ganzen Blenden finden sie rechts.
Von links nach rechts gelesen, lässt jede folgende Blende halb so viel Licht durch wie die vorherige Blende. Um die gleiche Lichtmenge auf dem Sensor zu erreichen, muss also doppelt so lange belichtet werden. Normalerweise wird zur Angabe der Lichtstärke eines Objektivs aber nicht die minimale Blendenzahl angegeben, sondern das Öffnungsverhältnis, das als Kehrwert der Blendenzahl definiert ist.
Wie man sieht, bedeutet eine hohe Blendenzahl eine kleine Blendenöffnung und umgekehrt. Wenn in diesem Buch von „großer Blende" die Rede ist, ist immer eine große Blendenöffnung gemeint. Das lichtstärkste jemals produktiv eingesetzte Objektiv war übrigens das Zeiss Planar 50mm mit einer maximalen Blende von 0,7.

## Berechnen der Systemauflösung

Objektive sind entscheidend an der Bildqualität des Endprodukts beteiligt. Die Gesamtauflösung eines Systems wird folgendermaßen berechnet:

Systemauflösung = 1 / (1 / Filmauflösung + 1 / Objektivauflösung)

### SCHREIBWEISE FÜR DIE ANGABE DER BLENDE

**Für die Angabe des Öffnungsverhältnisses gibt es unterschiedliche Schreibweisen: F4,5 - F4.5 - f/4,5 - f/4.5 - F=1:4,5 - F 1:4.5. In diesem Buch wird die Schreibweise kleines f, Schrägstrich /, Blendenzahl mit Komma verwendet, also f/4,5. Das kleine f ist das Formelzeichen für die Brennweite, der Schrägstrich symbolisiert den Bruchstrich, und die Kommaschreibweise ist im deutschen Sprachraum üblich.**

| BLENDENREIHE MIT GANZEN BLENDEN | | | | | | | | | | | |
|---|---|---|---|---|---|---|---|---|---|---|---|
| 0,5 | 0,7 | 1 | 1,4 | 2 | 2,8 | 4 | 5,6 | 8 | 11 | 16 | 22 |

*Pentax-Objektiv 50mm, f/1,7. Eingestellte Blende 9. Man sieht deutlich die sichelförmigen Blendenlamellen.*

Ob man dabei die Auflösung in Linienpaaren pro Millimeter - wobei ein Linienpaar immer das Paar aus einer schwarzen und einer weißen Linie ist - oder in Megapixeln angibt, ist egal, die wesentliche Folgerung der Formel bleibt gleich: Das Gesamtsystem kann keine bessere Leistung bringen als das schwächste Glied im System.

Ein billiges Superzoom erreicht etwa 5 Megapixel Auflösung, womit die resultierende Systemauflösung selbst bei einem 24-Megapixel-Sensor gerade mal bei 4,1 Megapixeln liegt. Eine 24-Megapixel-Datei mit lediglich 4 Megapixeln Nutzdaten ist jedoch nahezu unbrauchbar. Betreiben Sie dieses Objektiv aber an einer Kamera mit 5-Megapixel-Sensor, erhalten Sie eine resultierende Auflösung von 2,5 Megapixeln in einer 5-Megapixel-Datei. Die Sache ist etwas schwammig, aber noch verwendbar.

Umgekehrt sieht das etwas anders aus: Verwenden Sie an einer 5-Megapixel-Kamera ein hochwertiges Objektiv, das 24 Megapixel auflöst, erhalten Sie eine Systemauflösung von ebenfalls 4,1 Megapixeln - und damit über 80 % Nutzdaten. Das sehen Sie dem Bild sofort an. Es ist bei Weitem besser als das nominell höher aufgelöste Bild des 24-Megapixel-Sensors. Achten Sie also darauf, dass Ihre Datenqualität immer in einem vernünftigen Bereich bleibt. Das gelingt, wenn Ihre Objektive mindestens die Auflösung des Sensors erreichen.

## Beurteilung der Objektivauflösung

Sie können für die Beurteilung der Objektivauflösung auf die Testergebnisse in Fachzeitschriften zurückgreifen, Sie können aber auch direkt die Daten der Hersteller abschöpfen. Fast alle Objektivhersteller veröffentlichen sogenannte MTF-Tabellen.

### MTF-Charts lesen und deuten

MTF bedeutet „Modulation Transfer Function“, eine Funktion zur Darstellung der Abbildungsleistung eines Objektivs. Diese Grafiken werden nur noch bei Leica und Zeiss tatsächlich gemessen. Alle anderen Hersteller erhalten die MTF-Charts aus der Linsenberechnung. Dabei wird davon ausgegangen, dass ein Linienmuster mit einer bestimmten Frequenz, als mit einem definierten Abstand der Linien, durch das Objektiv abgebildet wird. Der Verlust, der durch das Objektiv auftritt, betrifft einerseits Bildschärfe und andererseits Bildkontrast. Dieser Verlust wird grafisch dargestellt. Die z. B. von Olympus veröffentlichten MTF-Charts zeigen die Entwicklung der Auflösung des Bilds über den Sensor, ausgehend von der Mitte des Sensors bei einer Frequenz des Charts von 20 lp/mm (Linienpaare pro Millimeter) und 60 lp/mm, die meisten anderen MTF-Charts geben lediglich die Grafiken für 10 lp/mm und 30 lp/mm an. Hasselblad gibt noch die 40 lp/mm an, Rodenstock 80 lp/mm. Der Grund ist darin zu suchen, dass die ZUIKO-Objektive für den kleineren Bildkreis des FT-Standards gerechnet sind.

Die Vergleichbarkeit von MTF-Charts verschiedener Hersteller ist nur begrenzt gegeben, zudem ist die Aussage von MTF-Charts bezüglich der endgültigen Bildqualität des Systems begrenzt. Objektive werden seit Jahrzehnten auf den jeweiligen Anwendungszweck optimiert. Objektive für Negativfilm erhielten bis in die 70er-Jahre hinein linear abfallende MTFs, da der Kontrastverlust bei feineren Linien durch entsprechend ausbalancierte Chemie im Entwicklungs- und Vergrößerungsprozess aufgefangen werden konnte.

Im Zeitalter der Diafilme wurden die Objektive so gerechnet, dass die Bilder auf Kosten der hohen Auflösung höheren Kontrast aufwiesen, dann aber bei feinen Strukturen einbrachen. Die Projektion wurde dadurch brillanter, knackiger, allerdings konnten keine befriedigenden, hochauflösenden Prints mehr hergestellt werden.

Bei digital gerechneten Objektiven werden Auflösung und Kontrast digital schon in der Kamera nachbearbeitet. Die in den MTF-Charts sichtbaren Kontrasteinbrüche werden durch entsprechende Verstärkung bereits vor Erstellung des RAW je nach Objektiv und Brennweite passend ausgeglichen. Ein Einbruch des Kontrasts auf 20 % am Rand des Sensors ist problemlos aufzufangen. Lediglich ein Einbruch der Auflösung ist digital nicht zu reparieren. Da aber Auflösung subjektiv als nicht so „scharf" beurteilt wird wie Kontrast, werden viele Objektive auf Kosten der Auflösung auf Kontrast optimiert.

Auch die Verfärbungen nach Grün in der Bildmitte und nach Magenta am Bildrand, die durch den Tiefpassfilter verursacht werden und objektivabhängig sind - die Farben ändern sich mit dem Winkel, in dem die Lichtstrahlen auf den Sensor fallen -, werden über spezielle Objektivtabellen digital ausgeglichen.

Die beiden Charts können folgendermaßen gelesen werden: Die blauen Linien entsprechen der Kurve bei einer Frequenz (einem Muster) von 20 lp/mm, die orangefarbene Linie einer Frequenz von 60 Linienpaaren. Das entspricht der bei anderen Herstellern verwendeten Frequenz von 10/30 lp/mm, da die anderen Hersteller die Objektive auf Kleinbildformat rechnen, das die doppelte Breite hat.

Die Messung erfolgt in der Bilddiagonalen ausgehend vom Bildmittelpunkt. Der Ort der Messung ist an der waagerechten Achse abzulesen. Die durchgezogene Linie entspricht einem Streifenmuster, das längs der Bilddiagonalen verläuft (sagittal), die gestrichelte Linie entspricht einem Streifenmuster, das quer zur Bilddiagonalen (meridional) verläuft. Von oben nach unten nimmt die Signalqualität ab. 100 % wäre das unbeeinflusste Originalbild, 0 % wäre ununterscheidbares Grau.

Da die Unterscheidung von schwarzen und weißen Linien an zwei Problemen scheitern kann, entweder an mangelndem Kontrast (alles ist detailreich aufgelöst, aber leider grau in grau) oder an mangelnder Detailauflösung (Schwarz ist da, Weiß ist da, aber es ist nicht klar, wo das eine aufhört und das andere anfängt), werden die 20 lp/mm (10 lp/mm bei anderen Herstellern) zur Bewertung des Kontrasts genommen (man geht davon aus, dass das Objektiv an jedem Punkt eine solche Frequenz auflösen kann)

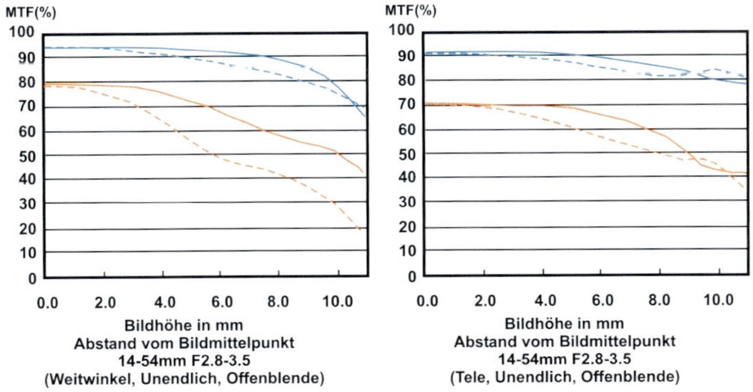


*Beispiel: MTF-Chart des 14-54mm ZUIKO-Objektivs bei 14 mm und 54 mm Brennweite.*

und die 60 lp/mm (30 lp/mm) zur Bewertung der Auflösung.
Die Auflösungsgrenze für 60 lp/mm ist dann erreicht, wenn die 60 lp/mm bei 0 % ankommen – an diesem Punkt lassen sich die zwei Linien nicht mehr unterscheiden. Unscharf wird es aber bereits vorher: eben bei etwa 20 %.
Beim ZUIKO 14-54mm (siehe MTF-Chart oben) ist die Leistung des Zooms im Telebereich deutlich besser als im Weitwinkelbereich. Das ist völlig normal. Aus diesem Grund sollten auch niemals Objektive unterschiedlicher Brennweiten miteinander verglichen werden. Ein Weitwinkel muss völlig anders korrigiert werden als ein Teleobjektiv.
Ein Objektiv kann aber auch künstlich „auf Schärfe" getrimmt werden. Dann ist die 60-lp/mm-Linie zu hoch. Das zeigt an, dass das Objektiv an extremen Kontrastkanten Überstrahlungen produziert. Auf den ersten Blick wirkt das Ergebnis über weite Bereiche scharf, die Überstrahlungen können aber Teile des Bilds ruinieren. Solange die Auflösung noch im Bereich über 20 % bleibt, kann der Verlust durch eine Verstärkung des Ausgangssignals über einen Kammfilter ausgeglichen werden.
Objektive, deren MTF-Linien charakteristische Wellenbewegungen aufweisen, sind vom Hersteller auf Kontrast korrigiert. Die durch den Wellenverlauf des Kontrasts auftretenden unnatürlichen Schärfeverläufe im Bild müssen in der Kamera digital korrigiert werden. Die digital korrigierte Schärfe setzt sich jedoch anders zusammen als die natürliche Schärfe. Das fällt weniger auf, wenn die digitale Schärfe zum Bildrand hin gleichmäßig zunimmt, als wenn sich die Bereiche unterschiedlicher Schärfe abwechseln.
Das bedeutet, dass eine gleichmäßig fallende MTF-Linie digital besser zu korrigieren ist als eine lange waagerechte Linie mit einem abrupten Abriss an einem bestimmten Punkt. Eine generelle Qualitätsaussage aufgrund des MTF-Charts ist insofern zu treffen, als die 20-lp/mm-Linie (bei Kleinbild die 10-lp/mm-Linie) bei einer herausragenden Linse an allen Punkten bei Offenblende über 80 % bleiben sollte und bei einer sehr guten Linse über 60 %.
Die Ähnlichkeit der meridionalen und sagittalen Linien sagt aus, dass die Ausdehnung des Zerstreuungskreises im Fokuspunkt in zwei Richtungen ähnlich ist. Sie sagt nichts über das Aussehen in der Unschäfe aus – was für das Bokeh wichtig ist –, und sie sagt auch nicht aus, ob der Zerstreuungskreis unter Umständen an der Seite „Fahnen" zieht. Das MTF-Chart gibt ebenfalls keine Auskunft über Vignettierung, Verzerrungen und Lens Flare.
Sollten Sie unbedingt die MTF-Charts verschiedener Hersteller vergleichen wollen, behalten Sie im Kopf, dass die meisten Hersteller die Kurven bei Offenblende und bei Blende 8 angeben. Eine Ausnahme ist Olympus, hier werden die Charts ausschließlich bei Offenblende angegeben. Zudem kann schon ein geringfügig anderes Lichtspektrum völlig andere MTF-Charts produzieren – und es ist auch die Frage, inwiefern die MTF-Charts aus dem Computer durch Messwerte korrigiert wurden.
Das MTF-Chart ist also lediglich ein grober Anhaltspunkt. Zwei Objektive mit gleichem Chart können grob unterschiedlich abbilden. Eine tolle MTF-Kurve ist keine Garantie für ein tolles Objektiv – allerdings ist bei einer lausigen MTF mit Auflösungsabrissen die Wahrscheinlichkeit einer Enttäuschung relativ hoch. Maßgeblich ist trotzdem immer die Leistung in freier Natur.
Die Umrechnung der im MTF-Chart angegebenen, etwas spröden Einheit lp/mm in

das eingängigere Megapixel kann gemäß der folgenden Tabelle geschehen. Dabei ist natürlich zu beachten, dass die Auflösung des Objektivs nicht über den gesamten Bildkreis gleich ist, sondern zum Rand hin meist deutlich abfällt. Diesen Umstand machen sich Crop-Kameras zunutze, die nur den inneren Bereich des Bildkreises nutzen und damit selbst Objektive, die für größere Bildkreise gerechnet sind, ohne Auflösungseinbußen verwenden können - eben weil die „schlechten" Ränder gar nicht mehr den Sensor erreichen.

Aus diesem Grund kann man eine exakte Auflösungsangabe natürlich nicht geben - nahezu alle Objektive lösen über den Sensor betrachtet unterschiedlich auf. Durch die digitale Korrektur kann man jedoch sagen, dass eine MTF-Kurve, die unter 20 % fällt, die Auflösungsgrenze unterschreitet. Im Labor kann der Auflösungsverlust bei speziellen Testcharts noch digital behoben werden, bei Aufnahmen in der täglichen Praxis scheitert die Korrektur vor allem bei kleinteiligen, natürlichen Strukturen - Kleidungsstoffen, Wiesen und Wäldern.

Ein Objektiv, dessen MTF-Kurve bei der in der Tabelle der angegebenen lp/mm-Linie oberhalb der 20-%-Linie ist, erreicht eine entsprechende Auflösung über den gesamten Sensor. Da die wenigsten Objektivhersteller überhaupt Kurven mit Auflösungen jenseits von 40 lp/mm publizieren, muss man die Kurven Pi mal Daumen interpolieren. Die dabei gewonnenen Erkenntnisse haben zwar lediglich den Rang „begründeter Schätzungen", erlauben aber zumindest einen groben Hinweis auf das, was von dem Objektiv erwartet werden kann.

Die besten Analogfarbfilme erreichten übrigens 80 lp/mm, einer der besten jemals produzierten Schwarz-Weiß-Filme mit ISO 40 wurde mit theoretischen 720 lp/mm angegeben - allerdings gibt es kein Objektiv, das einen solchen Wert erreichen kann. Die besten erhältlichen Objektive, spezielle Reproobjektive, erreichen Werte von etwa 300 lp/mm.

**UMRECHNUNGSTABELLE LP/MM IN MEGAPIXEL (MP)**

| | Mittelformat 33x44 | Kleinbild 24x36 | APS-N (DX) 15,8x23,6 | APS-C 14,9x22,4 | FT 13x17,3 |
|---|---|---|---|---|---|
| 10 lp/mm | 0,5 MP | 0,3 MP | 0,15 MP | 0,13 MP | 0,09 MP |
| 20 lp/mm | 2,3 MP | 1,3 MP | 0,6 MP | 0,5 MP | 0,4 MP |
| 30 lp/mm | 5,2 MP | 3,1 MP | 1,3 MP | 1,2 MP | 0,8 MP |
| 40 lp/mm | 9,2 MP | 5,5 MP | 2,4 MP | 2,1 MP | 1,4 MP |
| 50 lp/mm | 14 MP | 8,6 MP | 3,7 MP | 3,3 MP | 2,2 MP |
| 60 lp/mm | 21 MP | 12 MP | 5,4 MP | 4,8 MP | 3,2 MP |
| 70 lp/mm | 28 MP | 17 MP | 7,3 MP | 6,5 MP | 4,4 MP |
| 80 lp/mm | 37 MP | 22 MP | 9,5 MP | 8,5 MP | 5,7 MP |
| 100 lp/mm | 58 MP | 35 MP | 15 MP | 13 MP | 9 MP |
| 120 lp/mm | 84 MP | 50 MP | 21 MP | 19 MP | 13 MP |
| 160 lp/mm | 150 MP | 88 MP | 38 MP | 34 MP | 23 MP |

*Rodenstock Digaron-W 90 f/5,6 in einer Sinar-Fachkamera.*

Bei der Beurteilung von MTF-Charts im Hinblick auf die nutzbare Auflösung muss nicht nur die verwendete Blende und Ortsfrequenz im Blick behalten werden, sondern auch die im Chart unten eingetragene Bildgröße. Mittelformatoptiken von Hasselblad etwa leuchten einen weit größeren Bildkreis aus, als die aktuellen Mittelformatsensoren abdecken. Die aktuellen Hasselblad-Kameras sind also, wenn man so will, Crop-Kameras. Die MTF-Charts beziehen sich aber auf den gesamten Bildkreis.

Das Hasselblad HC 80mm f/2,8 etwa fällt ab 26 mm vom Sensormittelpunkt bei Blende 2,8 und 40 lp/mm stark ab. Das spielt aber für die aktuellen Kameras keine Rolle, da dieser Bereich nicht über dem Sensor liegt. Die Auflösung des Objektivs liegt also bei etwa 20 Megapixeln bis in die Ecken, in der Bildmitte bei etwa 40 Megapixeln. Abgeblendet auf f/5,6, erreicht das Objektiv fast die doppelte Auflösung.

Eines der am höchsten auflösenden Objektive ist das HR Digaron-W 90mm f/5,6, das sogar 9 x 12 ausleuchten kann und hier eine Auflösung von über 300 Megapixeln erreicht. Auf Mittelformat sind es noch 60 Megapixel.

Am anderen Ende befindet sich etwa das Canon EF-S 18-55 f/3,5-5,6 IS. Das Standardzoom wird gern als Kit-Objektiv verkauft. Es ist für den APS-C-Sensor ausgelegt und erreicht bei Offenblende im Weitwinkel lediglich eine Auflösung von 7 Megapixeln in der Mitte und etwa 3 Megapixeln am Rand. Im Telebereich kommt es in der Mitte etwa auf 13 Megapixel, am Rand ist es aber nicht besser als im WW-

Bereich. Erst auf Blende 8 abgeblendet, ist das Objektiv durchgehend für etwa 12 Megapixel gut.

*Canon-Standardzoom EF-S 18-55 f/3,5-5,6 IS.*

**⊡ LESEZEICHEN**

http://www.usa.canon.com

Webtipp: Die MTF-Charts der Objektive sind auf der deutschen Canon-Website nicht zugänglich. Gehen Sie stattdessen auf die amerikanische Website.

Übrigens – eine andere Bedeutung für MTF ist „Mean Time to Failure" – also die Zeit, bis das Gerät aller Voraussicht nach ausfällt.

## Datenqualität veranschaulicht dargestellt

Wie bereits ausgeführt: Auch ein niedrig auflösendes Objektiv kann an einem hochauflösenden Sensor gute Ergebnisse bringen, allerdings sinkt die Qualität der Daten stark. Der umgekehrte Fall – hochauflösendes Objektiv an niedrig auflösendem Sensor – ist immer der bessere Weg. Die gelegentlich geäußerte Ansicht, ein niedrig auflösendes Objektiv würde an einem hochauflösenden Sensor schlechtere Ergebnisse bringen als an einem niedrig auflösenden Sensor, ist vor diesem Hintergrund richtig und falsch: richtig, weil der Anteil der Nutzdaten im resultierenden Bild dramatisch sinkt, und falsch, weil die resultierenden Nutzdaten trotzdem größer sind als bei einem niedrig auflösenden Sensor. Allerdings sinkt der Anteil der Nutzdaten in der Datei sehr viel schneller, als die Menge der Nutzdaten selbst steigt.

Das ideale Kosten-Nutzen-Verhältnis zwischen Objektiv und Sensor liegt dann vor, wenn beide Komponenten die gleiche Auflösung bereitstellen. Je besser das Objektiv im Vergleich zum Sensor ist, desto besser die Datenqualität. Da aber eben eine signifikante Verbesserung der Objektivqualität nur über eine stark überproportionale Erhöhung des optischen – und damit finanziellen – Aufwands erreichbar ist, wird oft am Glas gespart und dafür beim Sensor investiert.

Ganz unnütz ist aber eine höhere Sensorauflösung nicht. Die höhere Auflösung trotz schlechter Objektivauflösung sorgt für einen sogenannten „Headroom" an irrelevanten Daten. Werden nun nicht nur Interpolationen an den Daten durchgeführt, etwa bei leichten Drehungen, um den Horizont gerade zu richten, sorgt dieser Headroom dafür, dass die Nutzdaten, also die tatsächlich erfassten Details, nicht zerstört werden, da die Interpolation in der Unschärfe stattfindet und es egal ist, ob die Unschärfe unscharf wird. Anhand eines Beispiels kann man zeigen, was passiert:

Es gibt ein weiteres Beispiel, das den Begriff der Datenqualität vielleicht noch anschaulicher beschreibt. Nehmen Sie einmal das Wort „DACKEL". Bilden Sie dieses Wort nun mit einem unscharfen Objektiv und einem hochauflösenden Sensor ab, erhalten Sie folgendes Wort:

XDXAXCXKXEXLX

wobei X die unscharfen Pixel sind. In diesem Datensatz haben Sie nun 46 % Nutzdaten. Mit etwas Mühe können Sie das Ursprungswort sogar noch lesen. Nun manipulieren

*Hier werden zwei unscharfe Punkte zweimal um 17° nach links und anschließend zweimal um 17° nach rechts gedreht. Wieder hat man zwei unscharfe Punkte, den Verlust an Kontrast kann man relativ einfach ausgleichen.*

*Hier werden zwei scharf begrenzte Punkte ebenso gedreht. Was dabei herauskommt, hat mit dem ursprünglichen Bild nicht mehr viel zu tun.*

wir den Datensatz und ersetzen jeden zweiten Buchstaben durch ein Y:

YDYAYCYKYEYLY

Die Datenqualität bleibt gleich schlecht.

Haben wir jetzt aber als Ausgangsmaterial eine wesentlich bessere Datenqualität

DACKXEL

mit 85 % Nutzdaten und manipulieren dieses Wort genauso, wird das Problem deutlich:

YAYKYEY

Wir erhalten einen dramatischen Informationsverlust – im Bild Detailverlust. Je besser also die Datenqualität Ihrer Bilder ist, desto vorsichtiger müssen Sie mit Nachbearbeitungen sein, um die vorhandenen Daten nicht zu verlieren. Haben Sie beim hochauflösenden System allerdings größere Strukturen, wie etwa das hier:

DDAACCKKEELL

wird die Struktur zwar unschärfer, die Information bleibt aber erhalten:

YDYACYKYEYLY

Die Ergebnisse werden also nicht schlechter als die vorher bereits schlechten Ergebnisse von Systemen mit Headroom, aber die vorher noch vorhandene Qualität ist verschwunden. Das oft geäußerte Mantra, dass elektronische Bildverarbeitung überhaupt erst das Optimum aus einem Bild zaubert, trifft also nur dann zu, wenn die Bilddaten entsprechenden Bearbeitungsspielraum zulassen. Auch das übliche Nachschärfen der Bilder ist nur dann von Vorteil, wenn ein entsprechender Headroom vorhanden ist, den man dazu verwenden kann, Kontrastkanten zu erzeugen, die vorher nicht in dem Maße da waren. Liegt im Bereich der zu erzeugenden Kontrastkante aber ein Detail, geht dieses verloren.

Die rein optisch etwas fragwürdige Ausrichtung auf die Auflösung in Megapixeln gegenüber der Angabe in Linienpaaren pro Millimeter hat Vorteile, sobald Leistungen von Objektiven an unterschiedlichen Sensorgrößen verglichen werden sollen. Um die Systemleistung zu ermitteln, muss immer die Auflösung gemessen in lp/mm in Beziehung zur Sensorgröße und zur Pixeldichte des Sensor gesetzt werden.

In diesem Zusammenhang wird auch oft von der Nyquist-Frequenz gesprochen, die ein Sensor hat. Diese Frequenz wird in Linienpaaren pro Millimeter angegeben und beschreibt ebenfalls nichts anderes als die Pixeldichte. Die Nyquist-Frequenz ist ein Begriff aus der Signalverarbeitung und gibt die halbe Abtastrate an. Da ein Sensor nicht – wie etwa ein Audiowandler – in zeitlicher Abfolge abtastet, sondern in räumlicher Abfolge, wird die Nyquist-Frequenz auch nicht in Hertz, sondern eben in lp/mm gemessen, was wiederum nichts anderes ist als Pixel pro mm durch 2.

## Abbildungsfehler und die Ursachen

Objektive sind real existierende Konstruktionen aus Glas, Metall und Kunststoff. Auch wenn sie mit viel Aufwand berechnet und konstruiert werden, so sind sie doch prinzipbedingt weit von der idealen Optik entfernt. Alle Objektive besitzen deshalb mehr oder weniger ausgeprägte Abbildungsfehler.

### Chromatische Aberrationen

Chromatische Aberrationen (CAs) sind Abbildungsfehler, die an harten Kontrasten entstehen. Ihre Ursache liegt im unterschiedlichen Brechungsverhalten des Lichts bei verschiedenen Wellenlängen. Auf den Sensor bezogen, liegt der Brennpunkt von Blau vor dem Sensor, der Brennpunkt von Rot dahinter. Bei harten Kontrastkanten – einem dunklen Ast vor hellem, weißem Himmel – bilden der Blau- und der Rotanteil einen Unschärfehof an der Kante in typischem Lila.

Die Ursache von CAs liegt meistens im Objektiv. Vor allem preiswertere Objektive mit mangelhafter Schärfeleistung sind anfällig für diesen Fehler. Aber auch hochwertige Objektive können CAs ausbilden, wenn die harten Kontrastkanten im Bereich zwischen Schärfe und starker Unschärfe liegen. Anfällige Motive sind Baumkronen gegen hellen Himmel oder auch Dachkanten, die nicht genau im Schärfebereich liegen. Man sollte seinen eigenen Objektivpark daraufhin testen und entsprechend einsetzen. Für die Beseitigung von CAs gibt es mittlerweile eigene digitale Filter.

Der Effekt der lilafarbenen Kanten wird auch als „Purple Fringing" bezeichnet. Es gibt Kameras, die an Objektiven CAs produzieren, die an anderen Kameras „sauber" sind. Die Ursache dieser CA-unabhängigen lilafarbenen Kanten ist bis heute nicht abschließend geklärt, großen Einfluss haben aber offensichtlich Sensor- und Tiefpassfilterdesign.

Einige Kameras beseitigen die CAs bereits im Bildprozessor. Wie alle Automatiken sind auch diese mit Vorsicht zu genießen. Es kann nämlich passieren, dass feine Strukturen, wie etwa Antennen, durch die Fehlerbeseitigung umgefärbt werden. Die Überstrahlung des Objektivs wirkt ja nicht nur auf einer Seite der Kontrastkante, sondern auch auf der anderen. Hat man nun eine sehr dünne Struktur, kann es passieren, dass sie auf einmal lila-grün gestreift erscheint – die Farbränder außerhalb der Struktur sind aber beseitigt.

Wenn Sie in Ihrer Kamera eine automatische CA-Entfernung eingebaut haben, sollten Sie untersuchen, wie sie sich auswirkt und ob sie, falls sie ungewollte Effekte erzeugt, abschaltbar ist. Ist sie das nicht, müssen Sie bei entsprechend kritischen Bildern auf die Verwendung des RAW-Formats achten.

| AUFNAHMEDATEN | |
|---|---|
| Brennweite | 8mm |
| Belichtungszeit | 1/50 s |
| Blende | f/5,6 |
| ISO | 100 |

**Objektivische Verzerrungen**

Alle Objektive verzerren die Wirklichkeit mehr oder weniger stark. Eine der bekanntesten Verzerrungen ist die durch ein 180°-Fisheye-Objektiv, die aber, absurderweise, eigentlich gar keine Verzerrung ist, sondern tatsächlich die Wirklichkeit abbildet. Um Verzerrungen zu verstehen, ist ein kurzer Exkurs in die Optik und die Physiologie notwendig.

Das Auge besitzt, anders als der Sensor in der Kamera, eine gewölbte Bildebene, die Netzhaut. Die Linse des Auges bildet aber ganz normal auf eine plane Bildebene ab. Der Effekt: In einem relativ kleinen Bereich ist die Bildebene mit dem Scheitel der Augapfelkugel (im Rahmen der Schärfentiefe) gleich, und das ist das Zentrum des schärfsten Sehens. Dort befindet sich auch der „gelbe Fleck" mit einer erhöhten Dichte an Sehrezeptoren. Dass die Natur uns nicht einen planen Augenhintergrund spendiert hat, liegt schlicht daran, dass die größeren Datenmengen, die das Gehirn dann verarbeiten müsste, für das Überleben nicht notwendig sind. Ein schneller Autofokus und eine schnelle Schwenkmöglichkeit sind wichtiger, da das Auge gar keine Bilder, wie wir sie aus der Kamera kennen, erfasst, sondern nur einzelne Seheindrücke, die im Gehirn mit Erfahrungswerten verrechnet werden. Dadurch kann man einen Tiger auch sehen, obwohl er eigentlich zu 95 % vom Gebüsch verdeckt ist.

Es gibt also in dem Sinne kein Bild, das in unserem Auge entsteht, sondern nur eine Folge von kleinen Bildschnipseln mit etwa 60.000 Pixeln Auflösung, die vom Gehirn zu einer Vorstellung des Raums zusammengebastelt wird. Wir sehen also unsere Umwelt nicht, wir denken sie. Damit wird auch klar, warum sich unser Auge so leicht täuschen lässt. Nicht das Auge wird getäuscht, sondern unser Gehirn, weil es Eindrücke bekommt, die es nicht einsortieren kann.

Wie sieht unsere Umwelt nun tatsächlich aus? Ein Fisheye-Objektiv gibt schon mal einen sehr guten Eindruck von dem, wie unsere Umwelt aussieht, wenn sie nicht durch das Gehirn korrigiert wird. Stehen wir direkt vor einem Haus, wird das Haus in alle Richtungen perspektivisch kürzer. Da das gleichzeitig tatsächlich in alle Richtungen passiert, ist der wirkliche Eindruck der einer Kugelwölbung.

Weil wir aber aus Erfahrung wissen, dass die Mauer vor uns nicht gewölbt, sondern gerade ist, korrigiert das Gehirn den Seheindruck, um uns mit der physikalisch korrekten Information zu versorgen: „Vor dir befindet sich eine gerade Mauer." Da die perspektivischen Biegungseffekte umso stärker werden, je weiter sich das Objekt am Bildfeldrand befindet, wir aber dort nicht scharf sehen, müsste das Gehirn, um den echten Bildeindruck zu erhalten, die verschiedenen Bildschnipsel zu einem gebogenen Bild verrechnen. Da es jedoch viel sinnvoller ist, bereits zu wissen, dass etwas rechteckig ist, ist die Evolution den Weg gegangen, das errechnete Bild vorab zu entzerren.

Um nun aus der Kamera ein Bild zu erhalten, das genau das ebenfalls mitbringt, nämlich ein natürliches Aussehen, müssen Objektive entzerrt werden – was, wie oben erklärt wurde, eigentlich falsch ist. Die richtige Perspektive liefert das Fisheye, die „korrigierten" Weitwinkelobjektive verzerren in Wirklichkeit die naturliche Perspektive, um ein Bild zu erhalten, das sich dem, was unser Gehirn erzeugt, annähert.

Doch auch das funktioniert nicht, sonst hätte es nämlich bereits die Natur in unseren Augen gemacht. Durch die optische Verzerrung des Bilds werden Objekte am Bildrand künstlich verbreitert. Bei Architektur ist das

*Links:*
*Ein alter Baum auf der Insel Vilm – aufgenommen mit einem Fisheye-Objektiv.*

*Dasselbe Bild, Ausschnitt: Die Blätter zeigen deutliche lilafarbene Kanten.*

noch akzeptabel, wenn aber ein unterernährter Ackergaul auf einmal zum gewaltigen Shire-Horse wird, ist das zwar optisch unvermeidlich, widerspricht aber unseren Sehgewohnheiten, die ja in Wirklichkeit nur Denkgewohnheiten sind.
Trotzdem wird bei Weitwinkelobjektiven angestrebt, dass parallele Linien über das gesamte Bild parallel und rechte Winkel auch rechte Winkel bleiben. Die Flächen werden dafür nach Bedarf gedehnt. Gelingt das, spricht man von einem „voll auskorrigierten" oder „rektilinearen" Objektiv. Gelingt es nicht und ist ein mehr oder weniger großer Teil des Fisheye-Erbes noch zu sehen, spricht man von einer Tonnenverzerrung. Wird dagegen zu viel des Guten getan, resultiert eine - seltenere - Kissenverzerrung. Letztere tritt bei Zooms oft im Telebereich auf, weil man ja das Problem hat, die Verzerrung, die man mit Mühe im Weitwinkelbereich eingebaut hat, im Telebereich wieder herauszunehmen. Gelingt das nicht vollständig, ist eine Kissenverzerrung die Folge.

*Beispiel einer Tonnenverzerrung.*

Eine Korrektur dieser Verzerrungen ist heutzutage digital ohne große Problem möglich. Es gibt bereits Programme wie etwa PTLens, die aus den EXIF-Daten das Objektiv und die verwendete Brennweite erkennen können und das Bild automatisch korrigieren. Auch die neuesten Adobe-Produkte haben eine ähnliche Funktion eingebaut. Man sollte aber bei der Verwendung solcher Funktionen immer im Hinterkopf behalten, dass dadurch der Anteil an Originaldaten im Bild und mithin die Qualität sinkt - wie bereits im Exkurs über Datenqualität und Interpolation besprochen.

**Vignettierungen**

Vignettierung bedeutet eigentlich eine Beschneidung des Bildrands. Beispiele für Vignettierung sind Fisheye-Objektive mit einem Bildkreis, der kleiner ist als das Aufnahmemedium, die damit die typischen kreisrunden Bilder erzeugen. Man versteht unter Vignettierung aber auch Abschattungen, die aus den verschiedensten Gründen auftauchen können, generell Abdunklungen, die am Rande des Objektivs auftauchen.
Die möglichen Gründe für Vignettierungen sind vielfältig. Das reicht von inkorrekt aufgesetzten Sonnenblenden über Filter mit zu dicken Fassungen bis zu konstruktionsbedingten Problemen der Objektive, die die Randabdunklung der Objektive nicht in den Griff bekommen. Ältere, analoge Objektive haben zusätzlich noch den Nachteil, dass die Lichtstrahlen am Rand der Sensoren nicht mehr senkrecht auftreffen. Das hat zur Folge, dass die einzelnen Fotorezeptoren eine geringere Energie aufnehmen, da nur der senkrechte Energieanteil der Photonen bei der Belichtung des Sensors beteiligt ist. Neuere Objektive sind entsprechend so konstruiert, dass die Strahlen möglichst senkrecht auf den Sensor treffen, man nennt das telezentrische Bauweise.
Der Fotograf selbst kann gegen Vignettierungen nur dann etwas tun, wenn es sich um die Sonnenblende oder den Filter handelt. Bei den anderen Vignettierungen ist er machtlos und muss sie, falls gewünscht, im

Nachhinein am PC entfernen. Einige Kameras bieten aber bereits eine Randschattenaufhellung an, die nichts anderes macht, als per Software die Ränder wieder aufzuhellen, meistens unter Rückgriff auf entsprechende Objektivdaten.

### Lens Flares

Lens Flares sind Reflexe innerhalb der Objektive, die von starken Lichtquellen hervorgerufen werden. Lens Flares werden einerseits durch Reflexionen zwischen den Linsen selbst hervorgerufen, können aber auch durch Reflexionen an der Innenwand des Objektivs verursacht werden. Lens Flares sind fast immer winkelabhängig, jedes Objektiv produziert bei einem anderen Lichteinfallswinkel Lens Flares. Selbst extrem teure Objektive können solche Reflexe produzieren, die dann meist grünlich sind, da die optischen Vergütungen der Objektive die Reflexe grün färben.

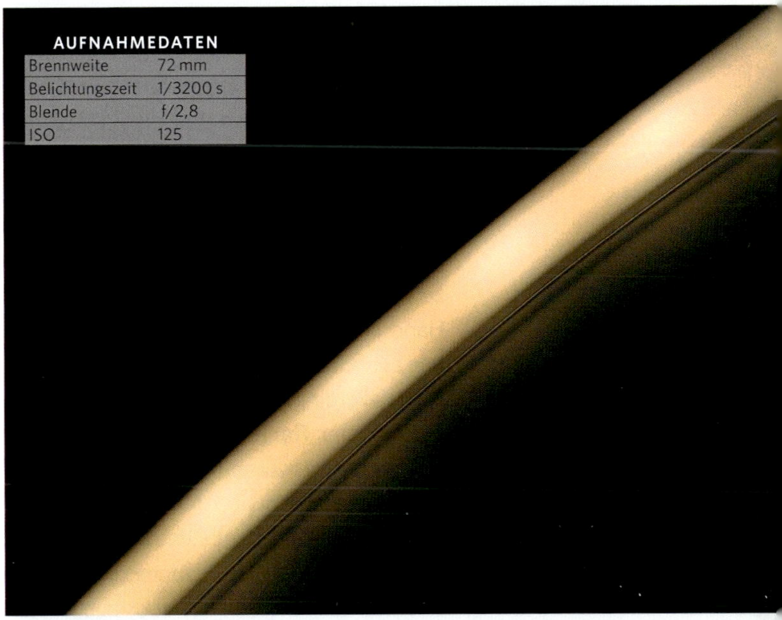

| AUFNAHMEDATEN | |
|---|---|
| Brennweite | 72 mm |
| Belichtungszeit | 1/3200 s |
| Blende | f/2,8 |
| ISO | 125 |

*Deutliche Vignettierungen in den Ecken.*

*Lens Flare bei geschlossener Blende. Prinzipiell können diese Reflexionen mit nahezu jedem Objektiv auftreten. Bei extrem vergüteten Objektiven haben solche Lens Flares einen Grünstich.*

| AUFNAHMEDATEN | |
|---|---|
| Bennweite | 22 mm |
| Blende | f/22 |
| Belichtungszeit | 1/200 s |
| ISO | 100 |

| HERSTELLERSPEZIFISCHE BEZEICHNUNGEN FÜR ULTRASCHALLANTRIEBE | | |
|---|---|---|
| **Hersteller** | **Bezeichnung** | |
| Nikon | SWM | Silent Wave Motor |
| Canon | USM | Ultra Sonic Motor |
| ZUIKO | SWD | Supersonic Wave Drive |
| Sigma | HSM | Hyper Sonic Motor |
| Sony | SSM | Super Sonic Motor |
| Pentax | SDM | Sonic Direct-Drive Motor |
| Tamron | USD | Ultrasonic Silent Drive |

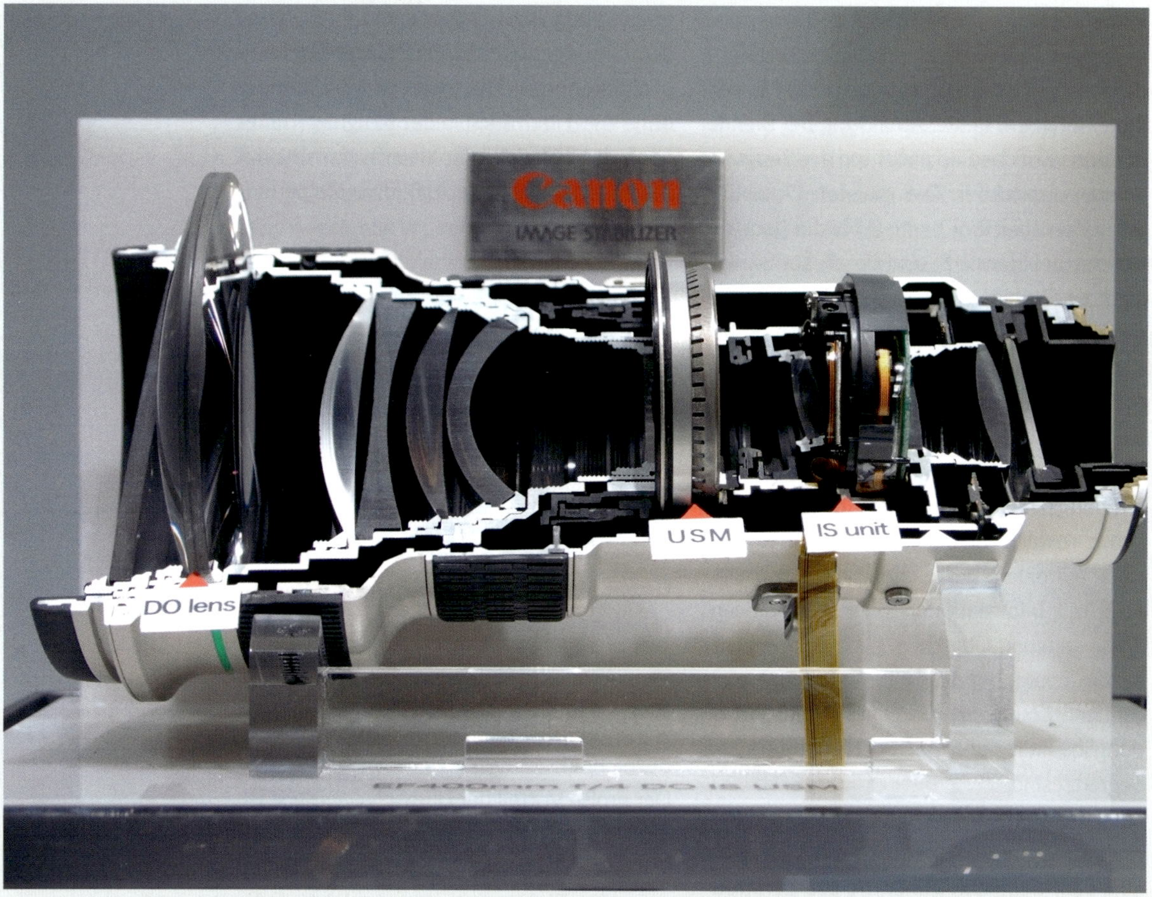


*Aufgeschnittenes Canon EF 400mm f/4 DO IS USM. Deutlich gekennzeichnet der USM-Antrieb. Der IS rechts ist unscharf, da er bei diesem Demomodell gerade in Aktion ist.*

deren feststehender Teil, der „Stator", der ein piezokeramisches Element enthält, durch das Anlegen einer Wechselspannung verformt wird. Die Frequenz dieser Wechselspannung wird so gewählt, dass der Stator in Resonanz gerät. Er schwingt dann selbst mit dieser Frequenz und nimmt dadurch den aufliegenden Rotor mit.

Dass man den Fokus der meisten USM-Objektive trotzdem hört, liegt schlicht daran, dass bei den Stopps am Ende des Verstellwegs ein Anschlag zu hören ist. Manche haben noch ein zusätzliches Getriebe eingebaut. Zudem ist der USM-Motor zwar für den Menschen unhörbar, da seine Resonanzfrequenz über der Hörschwelle von 20 kHz liegt, für Tiere ist das Geräusch aber durchaus wahrnehmbar und kann deshalb in der Naturfotografie recht lästige und bisweilen unerklärliche Probleme auslösen.

Der Einsatz von USM-Motoren ist also trotz seiner Vorteile nicht die Ultima Ratio bei Objektiven. Einen prinzipiellen Vorteil haben USM-Antriebe jedoch: Dadurch, dass Stator und Rotor direkt aufeinanderliegen, kann das Objektiv auch ohne Stromversorgung fokussiert werden.

## Parfokale Objektive

Parfokale Objektive verlieren beim Zoomen den Fokus nicht. Das war bei mechanischen Zoomobjektiven früher ebenso wichtig wie eine durchgängig gleiche Lichtstärke, da man beim Scharfstellen zuerst eingezoomt hat, dann scharf gestellt und schließlich per Zoom den korrekten Bildausschnitt gewählt hat. Heute sind parfokale Objektive im Kamerabereich nahezu ausgestorben. Im professionellen Video- und Filmbereich sind sie dagegen selbstverständlich. Kein Kameramann würde sich damit abfinden, wenn er bei einer Zoomfahrt den Fokus nachregeln müsste.

*Zeiss Vario-Sonnar 15,5-45 f/2,6 an einer Canon EOS 7D.*

Ein Beispiel für ein heute neu entwickeltes parfokales Zoom, das auch gelegentlich an DSLRs eingesetzt wird, ist das Zeiss 15,5-45 Vario-Sonnar. Diese Objektive sind aber nicht ganz billig – das 15,5-45 liegt bei 21.000 Euro, allerdings gleich mit Adaptern für EF-Mount und P-Mount im Lieferumfang, mFT erhält man auf Nachfrage.

## Optischer Stabilisator

Während mittlerweile die Kameras von Sony/Minolta, Pentax und Olympus einen eingebauten Bildstabilisator haben, setzen andere Firmen auf optische Stabilisatoren in den Objektiven. Der große Vorteil der Stabilisatoren in den Optiken liegt darin, dass bereits das Sucherbild stabilisiert ist. Der größte Nachteil ist natürlich, dass die aufwendige Mechanik in jedes Objektiv eingebaut werden muss und ältere Objektive nicht stabilisiert werden können.

Im Live-View haben die optischen Stabilisatoren allerdings eine gelegentlich unangenehme Eigenschaft. Versucht man im

Live-View, mit Bildschirmlupe manuell zu fokussieren, „springt" das Sucherbild, da der Stabilisator so lange ausgleicht, bis er am Ende des Verstellwegs angelangt ist. Dann springt er zurück und mit ihm das Sucherbild. Da das ohne Vorwarnung geschieht, wird das manuelle Fokussieren zum Geduldsspiel. Abhilfe: Stabilisator im Objektiv abschalten und erst kurz vor dem Auslösen wieder einschalten. Ähnlich wie der Ultraschallmotor hat auch der Stabilisator bei jedem Hersteller eine andere Bezeichnung.

**HERSTELLERSPEZIFISCHE BEZEICHNUNGEN FÜR OPTISCHE STABILISATOREN**

| Hersteller | Bezeichnung | |
|---|---|---|
| Nikon | VR | Vibration Reduction |
| Canon | IS | Image Stabilizer |
| Panasonic | OIS | Optical Image Stabilisation |
| Sigma | OS | Optical Stabilizer |
| Tamron | VC | Vibration Compensation |

Ein Problem sind die Stabilisatoren bei Mitziehern. Probieren Sie aus, ob Ihr Objektiv eine Modusumschaltung bietet oder ob es selbstständig die Schwenkbewegung erkennt. Tut es das nicht, müssen Sie bei Mitziehern den Stabilisator ausschalten. Bei einigen Kameras muss der Modus des Objektivs auch in der Kamera umgeschaltet werden (Panasonic beispielsweise).

## Brennweite festlegen und berechnen

Durch die heutigen Möglichkeiten, Objektive per Adapter an Kameras zu betreiben, für die sie nicht gebaut wurden, kommt es durch zahlreiche Umrechnungsfaktoren regelmäßig zu Konfusionen im Bereich Brennweite. Prinzipiell gilt der Grundsatz: Ein Objektiv hat eine bestimmte Brennweite. Diese Brennweite hat das Objektiv auch dann, wenn es an eine andere Kamera gesetzt wird. Die Brennweite eines Objektivs hat allerdings nichts mit der Größe des Bilds auf dem Sensor zu tun.

Es gibt 50-mm-Objektive für Mittelformatkameras und für Bridge-Kameras. Diese Objektive haben, trotz unterschiedlichster Größe, verschiedene Eigenschaften gemeinsam: etwa die Schärfentiefe bei gleicher Blende und gleichem Zerstreuungskreisdurchmesser. Trotzdem ist das Bild auf dem Sensor natürlich sehr unterschiedlich.

### Bildwinkel bestimmen

Objektive werden immer auf einen bestimmten Bildkreis gerechnet, dessen Größe dann den erreichbaren Bildwinkel bestimmt. Ist der Bildkreis identisch, ist der Bildwinkel bei rektilinearen Objektiven bei gleicher Brennweite ebenfalls identisch. Aber selbst diese Regel gilt nicht ohne eine Einschränkung: nur bei Einstellung auf unendlich. Sobald auf kürzere Entfernungen fokussiert wird, ändert sich der Bildwinkel. Das ist besonders gut sichtbar an Makroobjektiven mit langem Auszug, deren Brennweite im Nahbereich immer noch gleich bleibt, durch den Auszug, der wie ein Zwischenring wirkt, ist der Bildwinkel aber deutlich reduziert.

### Äquivalenzbrennweite berechnen

Umgerechnet zwischen den verschiedenen Brennweiten wird heute oft mithilfe des sogenannten „Crop-Faktors". Dieser wurde von Canon eingeführt, um die Brennweite umzurechnen, wenn Kleinbildobjektive an APS-Kameras angeschlossen wurden, weil der Bildkreis in diesem Fall beschnitten (to crop = abschneiden) wurde. Zwischenzeitlich hat sich dieser Faktor aber verselbstständigt und wird bei allen möglichen und unmöglichen

Gelegenheiten verwendet. Einen Crop-Faktor gibt es aber nur dann, wenn tatsächlich ein Objektiv mit großem Bildkreis an einen Sensor mit kleinerer Fläche angebracht wird. Das trifft zum Beispiel auch zu, wenn ein Mittelformatobjektiv an eine Kleinbildkamera angeschlossen wird. Der Crop-Faktor, auch als Formatfaktor bezeichnet, ist also eine relative Größe.

Um nun dem Fotografen, der Kleinbildbrennweiten gewohnt ist, eine Idee vom zu erwartenden Bildwinkel zu geben, kann man trotzdem einen Umrechnungsfaktor verwenden, der aber auch aufgrund unterschiedlicher Seitenverhältnisse der Sensoren prinzipbedingt ungenau ist. Wichtig dabei ist, dass sich durch die Umrechnung mittels des Formatfaktors die Brennweite und damit auch die Schärfentiefe nicht ändert. Dabei ist der Formatfaktor natürlich nur eine Daumenregel.

Die in diesem Buch verwendeten Fotos sind mit verschiedensten Kameras und unterschiedlichsten Sensordiagonalen gemacht worden. Um nun eine Vergleichbarkeit zu erzielen, könnten alle Brennweiten mit dem Formatfaktor multipliziert und auf die sogenannte Äquivalenzbrennweite gebracht werden. Damit würde aber die im Bild vorhandene Schärfentiefe nicht mehr stimmen. Wird dann die Blende auch mit dem Formatfaktor multipliziert, um die Schärfentiefe korrekt zu erhalten, stimmt die Lichtmenge nicht mehr.

Um nun mit mehreren Kameras tatsächlich identische Bilder zu erzielen – unterschiedliche Seitenverhältnisse einmal außer Acht gelassen –, ergibt sich folgende Tabelle:

| SENSOR/FILMGRÖSSE | ABMESSUNGEN | DIAGONALE | NORMALBRENNWEITE | FORMATFAKTOR |
|---|---|---|---|---|
| 1/2,33" | 6,1 x 4,6 | 7,6 mm | 8,8 mm | 5,7 |
| 1/1,7" | 7,6 x 5,6 | 9,4 mm | 10,8 mm | 4,6 |
| FourThirds | 17,3 x 13 | 21,6 mm | 25 mm | 2 |
| APS-C | 22,4 x 14,9 | 26,9 mm | 31 mm | 1,6 |
| APS-N (DX) | 23,6 x 15,8 | 28,4 mm | 33 mm | 1,5 |
| Kleinbild | 36 x 24 | 43,3 mm | 50 mm | 1 |
| Leica S2 | 45 x 30 | 54,1 mm | 70 mm | 0,8 |
| Hasselblad | 48 x 36 | 60 mm | 80 mm | 0,7 |
| Mittelformat | 56 x 56 | 79,1 mm | 85 mm | 0,55 |

| | MITTELFORMAT 56 X 56 | KLEINBILD | APS-N (DX) | FT |
|---|---|---|---|---|
| **Brennweite** | 100 mm | 55 mm | 37 mm | 27 mm |
| **Blende** | f/8 | f/4 | f/2,8 | f/2,0 |
| **Belichtungszeit** | 1/125 | 1/125 | 1/125 | 1/125 |
| **ISO** | 1600 | 400 | 200 | 100 |

Wie man deutlich sieht, ist eine Umrechnung der Brennweiten zwischen verschiedenen Sensorformaten vom Bild her gesehen Unsinn. Jedes der Formate hat in gewissen Bereichen Vorteile, die von anderen Formaten nicht erreicht werden können. Ein Foto, das beispielsweise mit einer Mittelformatkamera bei f/2,8, 1/125 Sekunde und ISO 100 gemacht wurde, benötigt an einer Kleinbildkamera schon f/1,4 und einen ND-0,6-Graufilter, um die Belichtungszeit halten zu können.

Ein interessanter Effekt kommt dagegen zum Vorschein, wenn Sie ein Objektiv an einem kleineren Sensor betreiben, also tatsächlich „croppen". In diesem Fall sinkt nämlich im Vergleich zum Originalformat die Schärfentiefe - vorausgesetzt, beide Sensoren haben eine identische Gesamtauflösung. Auch hier erklärt eine kleine Tabelle die Zusammenhänge. Gegeben sei eine Kleinbildkamera mit 12 Megapixeln und eine APS-C-Kamera mit ebenfalls 12 Megapixeln. Der maximal zulässige Zerstreuungskreisdurchmesser für den Kleinbildsensor beträgt 0,0175 mm, für den APS-C-Sensor 0,012 mm.

Über kurz oder lang ist es sowieso müßig, dauernd in Äquivalenzbrennweiten umzurechnen. Bleiben Sie in den Brennweitenbereichen Ihres verwendeten Systems. Sie haben dann wiederholbare Effekte und auch einen Begriff vom jeweils erzielbaren Bildwinkel.

**Brennweite und Motivabstand berechnen**

Bisweilen ist es gut, wenn man weiß, wie weit man von einem Motiv mit gegebener Brennweite weg sein muss, um es ganz aufs Bild zu bekommen bzw. welche Brennweite man bei gegebenem Abstand benötigt. Als Brennweiten werden die Kleinbildäquivalente angegeben, für Ihre eigene Kamera müssen Sie sie dann mit dem Formatfaktor umrechnen. Durch die unterschiedlichen Bildformate 3:2, 4:3 und 16:9 kann es bisweilen etwas knapp werden. Als Annäherung funktionieren die Werte aber sehr gut.

***Brennweitentabelle für Häuser***

Mit der folgenden Tabelle stellen Sie fest, welche Brennweite Sie benötigen, um ein Gebäude vollständig abzulichten bzw. wie weit Sie bei gegebener Brennweite entfernt sein müssen. Dabei wird davon ausgegangen, dass Sie hohe Gebäude im Hochformat und breite Gebäude im Querformat fotografieren. Die Verhältnisse bei höheren Gebäuden bleiben dabei gleich. Wenn Sie den Eiffelturm mit 300 Metern Höhe mit 23 mm Brennweite formatfüllend aufs Bild bringen wollen, müssen Sie 400 Meter weit weg sein. Bei der zweiten Tabelle links wird berücksichtigt, dass Sie nicht von Bodenhöhe fotografieren.

***Brennweitentabelle für Menschen***

Mit der Tabelle links unten können Sie feststellen, wie weit eine stehende Person bei einer bestimmten Brennweite entfernt sein darf, damit sie im Querformat formatfüllend abgebildet wird.

## Standardzoom, Telezoom und Co.

90% aller Spiegelreflexkameras werden zusammen mit einem Standardzoom verkauft. Darunter versteht man ein Objektiv, das den Bereich zwischen einem milden Weitwinkel und einem mittleren Tele abdeckt. Im Kleinbildbereich entspricht das einem Brennweitenbereich zwischen etwa 24 und 120 mm, mithin einem Bildwinkel von 84° bis 20°.

**BRENNWEITE UND MOTIVABSTAND BERECHNEN**

| Brennweite | Motivabstand | Blende | Schärfentiefe KB | Schärfentiefe APS |
|---|---|---|---|---|
| 25 mm | 3 m | f/4,0 | 2,2 m | 1,4 m |
| 50 mm | 3 m | f/4,0 | 50 cm | 34 cm |
| 100 mm | 3 m | f/4,0 | 12 cm | 8 cm |

**ABSTAND ZUM GEBÄUDE**

| H/B | 100 m | 90 m | 80 m | 70 m | 60 m | 50 m | 40 m | 30 m | 20 m | 10 m |
|---|---|---|---|---|---|---|---|---|---|---|
| 10 m | 280 mm | 240 mm | 200 mm | 190 mm | 180 mm | 160 mm | 130 mm | 94 mm | 70 mm | 36 mm |
| 15 m | 200 mm | 190 mm | 180 mm | 160 mm | 130 mm | 108 mm | 88 mm | 68 mm | 46 mm | 22 mm |
| 20 m | 170 mm | 140 mm | 130 mm | 112 mm | 94 mm | 84 mm | 68 mm | 52 mm | 36 mm | 22 mm |
| 25 m | 130 mm | 116 mm | 108 mm | 90 mm | 80 mm | 68 mm | 60 mm | 44 mm | 32 mm | 20 mm |
| 30 m | 114 mm | 100 mm | 88 mm | 80 mm | 68 mm | 56 mm | 46 mm | 38 mm | 28 mm | 18 mm |
| 35 m | 98 mm | 86 mm | 76 mm | 70 mm | 60 mm | 50 mm | 42 mm | 34 mm | 26 mm | 16 mm |
| 40 m | 90 mm | 76 mm | 70 mm | 62 mm | 50 mm | 46 mm | 38 mm | 32 mm | 24 mm | 16 mm |

**BRENNWEITETABELLE FÜR MENSCHEN**

| Brennweite | Entfernung | Brennweite | Entfernung | Brennweite | Entfernung |
|---|---|---|---|---|---|
| **14 mm** | **1 m** | **84 mm** | **4,9 m** | **400 mm** | **23 m** |
| 18 mm | 1,2 m | 90 mm | 5,3 m | 500 mm | 29 m |
| 22 mm | 1,4 m | 100 mm | 5,9 m | 600 mm | 35 m |
| 28 mm | 1,7 m | 108 mm | 6,2 m | 900 mm | 46 m |
| 36 mm | 2,1 m | 120 mm | 7,1 m | 1.000 mm | 57 m |
| 44 mm | 2,6 m | 180 mm | 10 m | 1.200 mm | 72 m |
| 50 mm | 2,9 m | 200 mm | 12 m | | |
| 70 mm | 4,2 m | 300 mm | 17 m | | |

### Standardzooms

Standardzooms gibt es in verschiedenen Lichtstärken, von durchgängig f/2,0 bis zu den verbreitetsten f/3,5 bis 5,6. Standardzooms erheben den Anspruch, „Immerdrauf-Objektive" zu sein, also prinzipiell für alle alltäglichen Gelegenheiten zu taugen. Mit einem Standardzoom kommt man bereits sehr weit, wenn die Qualität der aus Preisgründen an vielen Kameras mitgelieferten Objektive nicht ausreichen, haben alle Hersteller auch höherwertige Standardzooms im Angebot. Hier wird der Begriff

„Standard" nicht abwertend, sondern einfach für das Zoom gebraucht, das fast immer auf der Kamera bleiben kann. Das Standardzoom ist nicht etwa ein fauler Kompromiss, sondern für bestimmte Aufgaben durchaus die ideale Lösung.

*Das M.ZUIKO Digital 14-42mm f/3,5-5,6 gilt als Brot-und-Butter-Objektiv. Es ist vergleichsweise laut, deshalb für Video mit Ton eher wenig geeignet. Die tonnenförmige Verzeichnung am kurzen Ende wird von der Kamera gut korrigiert und macht sich nur im RAW bemerkbar. Der größte Vorteil des Objektivs ist seine extrem kompakte Bauweise. Beim Fokussieren dreht sich die Frontlinse mit, sodass der Einsatz eines Polfilters mühsam ist.*

Der Brennweitenbereich deckt schon zwischen 28 und 85 mm alles ab, was einem im normalen Urlaub vor die Linse kommt. Die 28 mm sind ausreichend Weitwinkel, damit man auch einmal eine Kirche aufs Bild bekommt, sind aber noch nicht so stark, dass sich stürzende Linien störend bemerkbar machen. Am anderen Ende können mit einem Tele von 85 mm bereits Porträts und bildfüllende Ganzkörperaufnahmen gelingen, ohne dass es zu perspektivischen Verzerrungen kommt. Die meisten Standardzooms sind so gebaut, dass auch Nahaufnahmen bis zu Abbildungsmaßstäben von 1:4 gelingen. Für Blumen und größere Insekten aus der Hand fotografiert, ist das völlig ausreichend.

**Telezooms**

Das zweite Objektiv, das meistens angeschafft wird, ist ein eigenes Telezoom für den Brennweitenbereich zwischen 100 und 300 mm. Diese Brennweiten sind meistens noch aus der Hand verwacklungsfrei zu halten, und auch das Gewicht hält sich in Grenzen, wenn man sich auf die üblichen Lichtstärken von f/3,5 bis 5,6 beschränkt. Ein Beispiel für APS-Kameras ist etwa das 55-200mm von Sigma.

Auch wenn die 300 mm gegenüber den 50 mm der Normalbrennweite schon beeindruckend klingen – hier liegt der Einsatz ebenfalls eher in der Alltagsfotografie: ein Porträt aus dem Hintergrund, an ein Detail an einem Gebäude näher heranzoomen oder auch mal Details an Pflanzen ablichten, soweit Schärfentiefe und Nahgrenze das zulassen. Auch beim Fotografieren auf dem Sportplatz können diese Telezooms gute Dienste leisten. Sind die Objektive mit schnellen AF-Motoren ausgestattet, sind Hunde, Fahrradfahrer und Rennautos ebenfalls dankbare Motive.

*Das AF-S DX VR Zoom-NIKKOR 55-200mm 1:4-5,6G IF-ED ist ein vielseitig einsetzbares DX-Telezoom in leichter und kompakter Bauweise. Mit 55 bis 200 mm Brennweite eignet es sich auch für Aufnahmen aus größerer Entfernung und kann somit bestens im Bereich der Sport- oder auch Tierfotografie eingesetzt werden.*

Eine Sonderstellung nehmen in diesem Bereich die 70-200er-Objektive mit durchgängiger, hoher Lichtstärke, meistens f/2,8, ein. Sie sind in der Regel mit schnellem Autofokus ausgestattet und prädestiniert für Sportaufnahmen in der Halle und Eventfotografie. Mit 70 mm Brennweite bekommt man eine Person auch noch in vier Metern Entfernung bildfüllend aufs Foto und kommt andererseits mit 200 mm quer durch eine Turnhalle - auch wenn man dann am anderen Ende bereits Ausschnitte machen muss. Meistens besitzen diese Objektive auch einen Fokusbereichsbegrenzer. Der dient dazu, zu verhindern, dass das Objektiv auf der Suche nach einer Kontrastkante den ganzen Bereich abfährt und dabei ewig braucht. Vor allem bei sehr lichtstarken Objektiven mit kleinen Schärfentiefen sind Fokusbereichsbegrenzer wichtig.

### Extreme Telezooms

Extreme Telezooms mit Brennweiten jenseits der 300 mm werden mittlerweile vor allem im Bereich der APS- und FT-Kameras verwendet. Ausnahmen sind die Zooms von Nikon 80-400mm und 200-400mm sowie einige Objektive von Sigma - darunter auch das mehr als einen halben Meter lange „Sigmonster" 300-800mm - und von Tokina etwa das 80-400mm.
Diese Zooms werden sehr gern für die Sportfotografie im Freien eingesetzt. Auch im Wildlifebereich haben sie ihren Platz. Soweit sie, wie das Zehnfachzoom 50-500mm von Sigma, auch noch in den unteren Telebereich kommen, können sie auch bei Motorsportveranstaltungen gut verwendet werden.
Ab etwa 300 mm Kleinbild sollten wirksame Stabilisierungsmaßnahmen ergriffen werden, ab etwa 500 mm Kleinbild sind interne Stabilisatoren überfordert, da der Winkel, um

## TELEOBJEKTIVE

**Entgegen der landläufigen Meinung, dass Teleobjektive dadurch definiert seien, dass ihre Brennweite länger ist als die der Normalbrennweite, ist das Kennzeichen eines Teleobjektivs, dass es eine sogenannte „Barlow-Gruppe" eingebaut hat. Das ist nichts anderes als ein Telekonverter (eine Zerstreuungslinse), der es ermöglicht, dass das ganze Objektiv kürzer ist als die Brennweite des Objektivs. Ohne diese Linsengruppe wäre es ein sogenanntes „Fernobjektiv". Beispiele für Fernobjektive sind etwa die Novoflex-Schnellschussobjektive. Der Engländer Peter Barlow (1776–1826) ist der Erfinder des Teleobjektivs. Er stieß auf diese Linsenanordnung, als er Versuche mit Flüssigkeitslinsen machte. Diese konnten damals nicht groß genug gebaut werden, also setzte er sie ans Ende des Fernrohrs, wo die Lichtstrahlen enger zusammenlaufen, und stellte erstaunt fest, dass sich dadurch die Brennweite des Objektivs verlängerte.**

*Das AF-S NIKKOR 600mm 1:4G ED VR, ein Supertele mit enormer Lichtstärke und extrem hoher Abbildungsqualität.*

Neben der klassischen Verwendung des Superzooms als Reiseobjektiv finden die Optiken auch in der alltäglichen Fotografie zunehmend Verwendung und lösen dort die Standardobjektive ab, die anno 1949, als die ersten Zooms in diesem Brennweitenbereich auf den Markt kamen, selbst als Superzooms gefeiert wurden.

### Weitwinkelfestbrennweiten

Festbrennweiten im Weitwinkelbereich gibt es wie Sand am Meer. Klassisch das 35mm f/2,8 Flektagon, das Generationen von Fotografen begleitete. Die 35-mm-Kleinbildbrennweite wurde so beliebt, dass schließlich ganze Kameras um ein solches Objektiv herumgebaut wurden. Die 35 mm erlauben das Familienfoto auch im Wohnzimmer, ohne dass Tante Erna am Rand optisch bereits 20 Kilo zulegt. Eine ausgesprochen friedliche, sehr universal verwendbare Brennweite. Zudem konnte das Objektiv auch bei Offenblende verwendet werden, da sich die Schärfentiefe noch in vertretbarem Rahmen bewegte.
Mittlerweile gibt es aber Weitwinkelfestbrennweiten in fast jeder Brennweite. Einige hoch lichtstarke Optiken werden an der Bühne in der Eventfotografie eingesetzt, andere bei Architektur- oder Interieuraufnahmen.

### Fisheyes

Eine Sonderform der Weitwinkelfestbrennweiten sind die Fisheye-Objektive, wobei es mittlerweile auch hier Zoomobjektive gibt, etwa von Canon. Das wesentliche Merkmal eines Fisheye-Objektivs ist, dass es nicht rektilinear korrigiert ist. Der Bildwinkel ist dabei höchst unterschiedlich. Die am weitesten verbreiteten Fisheye-Objektive haben einen Bildwinkel von diagonal 180°. Das klingt nach viel, ist aber durchaus noch handhabbar, mit entsprechender Motivgestaltung kann man sogar den typischen Fischaugeneffekt umgehen.
Solange man das Objektiv nicht nach unten richtet, muss man nicht einmal auf seine Zehenspitzen aufpassen. Seinen Schatten sollte man aber immer im Auge behalten – kommt die Sonne von hinten, sollten Sie sich so stellen, dass Ihr Schatten idealerweise im Motiv verschwindet. Achtet man darauf, dass Linien immer durch den Mittelpunkt gehen, kann man sogar Architektur damit fotografieren, auch wenn die Domäne des Fisheyes organische Motive und vor allem der Unterwassereinsatz ist.

*Das AF DX Fisheye-NIKKOR 10,5mm 1:2,8G ED wurde speziell für Kameras im DX-Format entwickelt, das im Gegensatz zu vielen anderen Modellen keine kreisrunde, sondern eine gestreckte Abbildung mit einem Bildwinkel von 180° ermöglicht.*

Schwieriger wird es mit Fisheye-Objektiven, die rund abbilden und 180° in alle Richtungen bieten. Hier steht man sich gern selbst im Bild. Besonders extrem war in dieser Hinsicht das Nikon 6mm Fisheye, ein über 5 kg schwerer Glasklotz von 1972, das den unglaublichen Bildwinkel von 220° zirkular abbildete, nur auf Bestellung gefertigt wurde und immerhin fast 24 cm Durchmesser hatte. Gelegentlich kommt ein solches Objektiv gebraucht auf den Markt und erzielt dann Preise deutlich über 20.000 Euro.

Beim Fotografieren mit Fisheye-Objektiven muss man, neben der gebogenen Abbildung, auch die Positionierung des Motivs im Blick behalten. Schon wenig Abstand kann das Motiv bis zur Bedeutungslosigkeit verkleinern. Bei keinem Objektiv gilt wie beim Fisheye: näher ran!

Mit dem Einsatz von etwas Software und unter Verlust von Auflösung kann man die vergleichsweise preiswerten Fisheye-Objektive auch in spektakuläre Ultraweitwinkel verwandeln. Die normalerweise optisch durchgeführte rektilineare Entzerrung kann man nämlich auch am PC durchführen und erhält so UWW-Bilder mit rasantem Bildwinkel.

### Normalbrennweiten

Eine der schwierigsten Brennweiten ist die banale Normalbrennweite von 50 mm. Während man mit Weitwinkelobjektiven oder starken Teleobjektiven schon aufgrund der ungewöhnlichen und für das Auge ungewohnten Brennweiten interessante Perspektiven erzielen kann, ist das Normalobjektiv darauf angewiesen, dass der Fotograf selbst tätig wird. Ob das ungewöhnliche Kamerapositionen sind oder einfach nur gute,

*Hier wurde das Objektiv schräg nach oben gerichtet, dadurch bekommt der Horizont den typischen Bogenschwung nach oben.*

Telekonverter sind Zwischenringe mit einer Zerstreuungslinse, die schon erwähnten Barlow-Gruppen. Im Gegensatz zu den Systemen, die in die Teleobjektive bereits integriert und auf die optischen Eigenschaften der Hauptlinse abgestimmt sind, müssen externe Zwischenringe optisch völlig neutral sein. Entsprechend sind hochwertige Telekonverter auch nicht billig.

*Mit einem Telekonverter kann man die Brennweite, hier bestimmter Canon-Objektive, um das 1,4- bzw. 2-Fache erweitern. Die Abbildung zeigt den 2x-Extender in der zweiten Version (Mark II).*

Aus einem 200-mm-Objektiv wird dann mit einem 1,4-fach-Konverter ein 280-mm-Objektiv. Da aber die Blendenöffnung des Objektivs gleich bleibt und die Optik sich nicht hinters Licht führen lässt, sinkt die Lichtstärke des gesamten Objektivs entsprechend, und zwar um den gleichen Faktor. Ist das 200-mm-Objektiv vorher ein f/3,5, ist es in Kombination mit dem Telekonverter ein f/3,5 x 1,4 = f/4,9. Bei Zweifachkonvertern ist der Effekt noch dramatischer. Dort kann es sehr schnell passieren, dass das Autofokussystem der Kamera, das auf eine maximale Blendenzahl von 6,3 eingerichtet ist, mit der lichtschwachen Optik nicht mehr zurechtkommt und nur noch beim mittleren Fokuspunkt oder gar nicht mehr funktioniert.

*Rechts: Straße in Montauroux, Departement Var. Das Lensbaby „Muse" ist eine Art Gummibalgen, an dessen vorderem Ende eine Plastiklinse sitzt. Durch Ziehen, Kippen und D rücken kann die Schärfeebene nahezu beliebig ins Bild gelegt werden. Dadurch entsteht eine charakteristische Unschärfedynamik. Die Bilder aus dem „Muse" sind nicht wiederholbar und immer einmalig.*

Zudem muss man berücksichtigen, dass Konverter erhöhte Anforderungen an die Qualität des Objektivs stellen. Mit einem Zweifachkonverter wird die effektive Auflösung des Objektivs halbiert. Ist das Objektiv bereits vorher an der Auflösungsgrenze, erhält man mit einem Konverter keine zusätzlichen Informationen am Sensor. Im Endeffekt wäre eine Ausschnittvergrößerung dann die deutlich bessere Wahl. Die meist nicht billigen Telekonverter rentieren sich also nur bei extrem hochwertigen Optiken, die eine höhere Auflösung als der Sensor bieten.

**Vorsatzlinsen als Alternative**

Der preiswertere und einfachere Weg, die Abbildungseigenschaften des Objektivs zu ändern, sind Vorsatzlinsen. Diese gibt es als Televorsätze, Makrovorsätze und sogar Fisheye-Vorsätze. Sie sind vor allem bei preiswerten Kit-Optiken eine gute Alternative, da diese die hohe Auflösung, die Konverter und Zwischenringe erfordern, nicht liefern können. Da ist der Verlust an Abbildungsqualität, die das optische System vor dem Objektiv verursacht, das deutlich geringere Übel.

Trotzdem sollten Sie bei Vorsatzlinsen auf beste Qualität achten, Sie handeln sich sonst alles ein, was es an Abbildungsfehlern gibt. Eine gute Wahl sind sogenannte Achromate, das sind Linsen aus zwei verschiedenen Gläsern. Eines davon ist auf Rot, eines auf Blau korrigiert, sodass sich die chromatischen Aberrationen in Grenzen halten und im Idealfall eben nicht auftreten. Apochromaten, die aus drei Linsen bestehen und auch auf Grün korrigiert sind, werden eigentlich nur in der Astronomie eingesetzt.

| AUFNAHMEDATEN | |
|---|---|
| Brennweite | 50 mm Lensbaby |
| Belichtungszeit | 1/2500 s |
| Blende | f/2 |
| ISO | 400 |

# 3

# LICHT, FARBE UND FILTER

3

# Licht, Farbe und Filter

# 3 Licht, Farbe und Filter

*Für die Lichtmessung gibt es eine ganze Reihe unterschiedlicher Einheiten: Candela, Lux und Lumen, die alle in bestimmten Bereichen – etwa um Beleuchtungsstärken von Lampen anzugeben – ihre Berechtigung haben. Den Fotografen interessiert aber immer nur der Lichtwert: Welche Blende, welche Belichtungszeit ist notwendig? Folgerichtig werden die Regler von Blitzgeräten in Bruchteilen der Gesamtlichtleistung oder auch gleich in Blenden- bzw. Lichtwerten kalibriert.*

## Lichtwert bestimmen

Der englische Ausdruck für Lichtwert ist Exposure Value, abgekürzt einfach EV. 1 EV mehr entspricht der jeweils doppelten Lichtmenge – oder eben einer Blendenstufe. Die genaue Definition lautet:

$$EV = \mathrm{ld}\,\frac{\text{Blendenzahl}^2}{\text{Belichtungszeit}}$$

*EV = Zweierlogarithmus des Quotienten aus dem Quadrat der Blendenzahl, dividiert durch die Belichtungszeit.*

**TABELLE MIT LICHTWERTEN**

| | |
|---|---|
| 0 | Mondnacht (Neumond) |
| 4 | Straßenbeleuchtung |
| 5 | Leselampe |
| 7 | Bühne und Sporthalle |
| 9 | Helle Bühnenbeleuchtung |
| 12 | Vollmond/trüber Tag |
| 14 | Sonniger Tag |
| 17 | Gegenlichtaufnahme mit Sonne |

Ein Lichtwert von 0 steht für eine Blendenzahl von 1 bei 1 Sekunde Belichtungszeit. Blende 8 bei 1/125 Sekunde hat einen EV von 13. Diese Werte sind grundsätzlich für eine Filmempfindlichkeit von ISO 100 ausgelegt.

Für Werte mit größeren Blendenzahlen und anderen Belichtungszeiten können Sie selbst die Tabelle weiterführen.

Der Autofokus von Digitalkameras funktioniert meistens zwischen 0 und 19 EV, einige Kameras können bis 20 EV oder am unteren Ende bis -2 EV fokussieren.

## Farbtemperatur messen

Licht ist elektromagnetische Strahlung einer bestimmten Wellenlänge und besteht im Allgemeinen aus der Strahlung verschiedener Wellenlängen. Das sichtbare Licht enthält Licht mit Wellenlängen von 380 bis 780 nm. Dabei sind 380 nm die Grenze ins Ultraviolett und 780 nm die Grenze ins Infrarot. Licht hat auch eine Farbe, die dadurch bestimmt wird, dass Teile der elektromagnetischen Wellen einen höheren Anteil am sichtbaren Licht haben als andere. Bei einem kontinuierlichen Spektrum, also einem Licht, das eigentlich alle Wellenlängen enthält, wird die Farbe des Lichts durch die Farbtemperatur beschrieben. Diese wird in Kelvin (K) gemessen.

Die Farbtemperatur leitet sich davon ab, dass ein idealer Körper – ein sogenannter „schwarzer Strahler" –, der sämtliche absorbierte Energie in Strahlungsenergie umwandelt, bei einer Temperatur dieser Höhe dieses Spektrum abstrahlt. Daraus folgert,

*Links: Einstellbarer Graufilter mittels eines linearen und eines zirkularen Polfilters. Die Farbverfälschung kommt durch die mangelnde Farbneutralität der Filter zustande. Belichtungszeit 30 s bei Blende 5,6 und ISO 100. Die Wirkung entspricht einem ND3-Graufilter.*

**EV-WERTETABELLE**

| | 1 | 1/2 | 1/4 | 1/8 | 1/15 | 1/30 | 1/60 | 1/125 | 1/250 |
|---|---|---|---|---|---|---|---|---|---|
| **f/11** | 7 | 8 | 9 | 10 | 11 | 12 | 13 | 14 | 15 |
| **f/8** | 6 | 7 | 8 | 9 | 10 | 11 | 12 | 13 | 14 |
| **f/5,6** | 5 | 6 | 7 | 8 | 9 | 10 | 11 | 12 | 13 |
| **f/4** | 4 | 5 | 6 | 7 | 8 | 9 | 10 | 11 | 12 |
| **f/2,8** | 3 | 4 | 5 | 6 | 7 | 8 | 9 | 10 | 11 |
| **f/2,0** | 2 | 3 | 4 | 5 | 6 | 7 | 8 | 9 | 10 |

dass ein solcher idealer Körper bei 37 °C (Grad Celsius) = 309 K (Kelvin) eine Farbtemperatur von 309 K ausstrahlt. Dass wir nun nicht alle wie die Glühwürmchen durch die Gegend laufen, liegt daran, dass wir solch langwelliges Licht nicht sehen können. Mit einer Infrarotkamera geht das aber durchaus.

Die Sonne etwa hat eine Oberflächentemperatur von 5.800 K. Trotzdem wird auf der Erde der Tageslichtweißabgleich auf 5.300 K eingestellt. Warum? Bei der Wanderung durch die Atmosphäre verliert die Strahlung der Sonne an Blauanteil und wird damit „röter". Dafür ist der Himmel blau. Je niedriger die Farbtemperatur, desto mehr wandert sie ins Rot, je höher die Farbtemperatur, desto mehr Blauanteile hat sie.

Da die Sonne je nach Tageszeit und Wetter unterschiedlich dicke Luftschichten durchdringen muss, ändert sich die Farbtemperatur des Tageslichts von 4.500 K am Morgen über 5.300 K am Mittag und 7.000 K im Schatten (bläulich, da ein Großteil des Lichts vom blauen Himmel kommt) bis 10.000 K nach Sonnenuntergang. Im Wald kann das Licht durch das Blätterdach einen Grünstich haben, und eine Kerze hat gerade einmal 1.500 K.

Damit man nun nicht durch eine recht bunte Welt geht, adaptiert das Auge extrem schnell wechselnde Lichtspektren und führt einen internen Weißabgleich durch, womit das Sehen von Farben wieder funktioniert.

## Weißabgleich durchführen

*Rechts oben: Automatischer Weißabgleich.*

*Rechts unten: Manueller Weißabgleich auf den Schnee. Bedeckter Himmel, vor Sonnenaufgang.*

In der Kamera muss dieser Weißabgleich ebenfalls durchgeführt werden. Das geschieht automatisch entweder durch einen Extrasensor, durch einen manuellen Weißabgleich oder durch einen Sofortweißabgleich. Dieser automatische Weißabgleich scheitert aber bei Motiven, die selbst bereits einen gewissen Farbstich haben: grüne Wiesen, Aufnahmen im Wald, Aufnahmen vor Sonnenaufgang. In solchen Fällen nützt bisweilen einer der vorhandenen Voreinstellungen wie Sonne, bewölkt, Schatten etc. Wenn auch damit kein korrekter Weißabgleich möglich ist, hilft nur noch ein manueller Sofortweißabgleich mittels weißer Fläche oder, besser, einer guten Graukarte, soweit die Kamera das anbietet.

Aber selbst das kann fehlschlagen, wenn die Lichtquelle kein kontinuierliches Spektrum hat, also die Herkunft der Lichtquelle nicht thermischer Natur ist, sondern nur bestimmte Wellenlängen ausgestrahlt werden. Die Quecksilberdampflampen, die zur Straßenbeleuchtung eingesetzt werden, emittieren lediglich wenige Spektren: 405 nm, 436 nm, 546 nm und 578 nm. Das ist ein blaugrünes Licht. Wenn jetzt ein Gegenstand zufälligerweise nur auf 420 nm Strahlung reflektiert und alle anderen Strahlen absorbiert, bleibt er bei dieser Beleuchtung dunkel. Ein Weißabgleich bei dieser Beleuchtung muss scheitern, da es schlicht kein Weiß gibt, weil der Rotanteil fehlt.

Damit nun die roten Autos und Verkehrsschilder auch farbig sichtbar werden, trägt man rote Leuchtstoffe auf die Kolben dieser Lampen auf. So kann man etwas sehen, von einer ausgewogenen Farbdarstellung ist man aber noch weit entfernt - einfach weil etwa die Hälfte des Spektrums immer noch fehlt.

Je nach Kamera gibt es unterschiedliche Vorgaben für den Leuchtstoffröhrenweißabgleich: z.B. für 4.000, 4.500 und 6.000 K. Diese Werte berücksichtigen, dass Leuchtstoffröhren kein kontinuierliches Spektrum haben, und versuchen das auszugleichen. Es ist jedoch blanker Zufall, wenn diese Korrektur mit der Kennung der Leuchtstoffröhre übereinstimmt. Die Wahrscheinlichkeit,

und 390 nm liegen, vom Sensor nicht erkannt werden können. Der Bayer-Sensor hat keinen Farbfilter für UV, sodass kurzwelliges Licht lediglich den blauen Filter passiert und damit auch nur den Blauanteil anhebt und nicht den für Lila notwendigen Rotanteil. Weiße Kleidung im UV-Licht sieht also nicht wie im Original violett, sondern knallblau aus.

Im Display ist der Effekt noch wesentlich stärker, da das Kameradisplay die Violetttöne nicht darstellen kann. Am kalibrierten Monitor sind dann oft noch Violettschattierungen vorhanden, die vor Ort nicht zu erkennen waren.

Wie gesehen, ist dieser Farbfehler kein Problem des Weißabgleichs, da er gerade bei korrektem Weißabgleich auftritt. Eine Korrektur ist nur über die Bildbearbeitung möglich. Die falsche Farbe muss entsprechend korrigiert und dann aus dem korrigierten Bild in das Originalbild eingefügt werden. Bei dieser Korrektur wird nicht etwa die richtige Farbe eingesetzt, sondern eine falsche Mischfarbe aus Rot und Blau, die nur ähnlich aussieht. Dass das die Kamera nicht von sich aus macht, liegt auch daran, dass Violett in den Bayer-Tabellen schlicht nicht enthalten ist – eben weil eine „falsche" Farbe eingesetzt werden müsste. Ein herkömmlicher RGB-Monitor kann ebenfalls kein korrektes Violett darstellen. Dies ist auch durch die Wahl eines anderen Farbraums nicht zu ändern, weil der Monitor dazu UV-fähige Leuchtpunkte haben müsste.

Besonders krass ist dieser Effekt bei violetten Blüten und weißen Tüchern in UV-Licht. Fotografiert man UV-Lampen direkt, erhält man dagegen im Bild einen lilafarbenen Schimmer, der dadurch zustande kommt, dass die oft verwendeten UV-Neonröhren einen geringen langwelligeren Rotanteil emittieren, der zusammen mit dem Blau einen entsprechenden Farbton erzeugt. Glücklicherweise

*Weiße Tücher im UV-Licht während einer Performance.*

| AUFNAHMEDATEN | |
|---|---|
| Brennweite | 14 mm |
| Blende | f/3,5 |
| Belichtungszeit | 1/5 s |
| ISO | 800 |

betrifft der Effekt nicht das gesamte Violett, sondern nur ganz bestimmte Farbtöne, bei denen der Rotanteil gegen null geht. Gerüchten zufolge soll das prominenteste Opfer des Effekts die „lila Kuh" gewesen sein, die den Fotografen schier zur Verzweiflung brachte, da sie beharrlich als „blaue Kuh" auf dem Monitor auftauchte.

## Grundlegendes Farbmanagement

Farbmanagement ist eines der komplexesten und aufwendigsten Themen in der digitalen Fotografie. Farbmanagement hat den Sinn, vom Motiv bis zum Druck eine korrekte Farbe zu erhalten. Für professionelle Druckdienstleister ist Farbmanagement überlebenswichtig. Man stelle sich nur einmal vor, beim Druck hätte jeder Buchrücken eine etwas andere Farbe, der Verlag würde sich – zu Recht – bitter beschweren. Damit Farbmanagement funktioniert, muss die Farbe in allen Phasen der Verarbeitung verbindlich kontrolliert werden können. Da das auf dem Kameramonitor schon nicht funktioniert, müssen bereits beim Foto selbst Farbtargets und Graukeile mitfotografiert werden, damit später am Computer die RAW-Dateien entsprechend eingestellt werden können.

### Lichtquelle und Spektrum

Sobald Sie nicht bei Tageslicht fotografieren, sondern bei Kunstlicht, sollten Sie sich auch mit dem Spektrum Ihrer Lichtquelle beschäftigen. Licht hat ja nicht nur eine Temperatur, sondern auch ein Spektrum. Tageslicht ist aus Wellenlängen des gesamten sichtbaren Spektrum zusammengesetzt. Gleiches gilt für Licht, das ebenfalls von glühenden Lichtquellen ausgestrahlt wird, also etwa Glühbirnen oder Halogenlampen.

Bei Leuchtstoffröhren oder anderen Gasentladungslampen leuchtet nicht ein Metall- oder Kohlewendel, sondern ein Leuchtstoff, bei einer Natriumdampflampe eben Natriumdampf. Diese Lampen emittieren das bekannte gelbe Licht, das gern für die Beleuchtung von Fußgängerüberwegen eingesetzt wird. Andere Leuchtstoffe emittieren andere Spektren. Um nun möglichst weißes Licht liefern zu können, werden diese Röhren mit zusätzlichen Leuchtstoffen versehen, die durch die ultraviolette Strahlung der Röhren selbst zum Leuchten angeregt werden. Je nach Aufwand, der bei diesen Leuchtstoffen getrieben wird, kann ein recht ordentliches Spektrum erreicht werden. Abgelesen werden kann die Güte des Spektrums durch den CRI, den Color Rendering Index, der auf den besseren Energiesparlampen und fast allen Leuchtstoffröhren aufgedruckt ist.

*Osram-Energiesparlampe. Kennzahl 827, also 80 % des Spektrums bei 2.700 K Farbtemperatur.*

Der CRI wird meist mit einer dreistelligen Ziffer angegeben, von der die erste die Qualität des Spektrums angibt, die anderen beiden die Farbtemperatur. Speziallampen können bis zu 97 % des Spektrums erreichen. Allerdings haben Sie vor Ort selten die Möglichkeit, die Lichtqualität an den Lampenfassungen zu studieren. Für diese Fälle gibt es den Spektrumstest mit einer beliebigen CD. Anhand der Reflexionen auf der CD-Unterseite kann das Spektrum einer Lichtquelle überprüft werden.

*Reflexionen einer Osram Dulux EL, CRI 827. Es fehlen die Übergänge, die einzelnen Farben sind scharf begrenzt.*

Die Frage des zur Verfügung stehenden Spektrums ist nicht nur von akademischem Interesse. Liefert ein Beleuchtungskörper kein kontinuierliches Spektrum, werden Gegenstände, die Licht genau in einer der fehlenden Wellenlängen reflektieren, nicht als farbig wahrgenommen - und zwar weder vom Menschen noch vom Sensor der Kamera. Andere Gegenstände werden vielleicht farbig wahrgenommen, aber unter Umständen in einer falschen Farbe, da die für die „richtige" Farbe notwendige Wellenlänge nicht vorhanden ist.
Eine mittlerweile ebenfalls recht verbreitete Lichttechnologie ist die LED. LEDs emittieren normalerweise einfarbiges Licht. Um eine weiße LED zu bauen, gibt es zwei Wege: einerseits eine rote, grüne und blaue LED zu kombinieren - was entsprechend deutlich im Spektrum zu sehen ist - und andererseits - wie es bei hochwertigen Unterwasserlampen gemacht wird - eine blaue LED ähnlich wie eine Energiesparlampe mit einem Leucht-

*LED-Flächenstrahler von Brightcast. Eine der wenigen Hersteller, die ausgesuchte LEDs verwenden und einen CRI für ihre Produkte angeben.*

stoff – Phosphor – zu beschichten, der für den Rest des Spektrums zuständig ist. Damit sind derzeit CRIs bis zu 95 % möglich. Im Unterwasserbereich sind moderne LEDs die derzeit beste Lösung, an Land sind sie selbst simplen Blitzröhren unterlegen. Die einzige Ausnahme davon bildet die Beleuchtung der Mona Lisa im Louvre, die mit einer geheim gehaltenen Mischung von sieben verschiedenfarbigen LEDs realisiert wird und einen CRI von 97 % erreicht.

Im Gegensatz zu LEDs emittieren Xenon-Blitzröhren auch ultraviolettes und infrarotes Licht. Prinzipbedingt ist das Spektrum allerdings nicht so gleichmäßig wie bei einer Glühbirne oder bei Tageslicht, sondern weist deutliche Peaks bei den Spektrallinien des Xenon auf. Im täglichen Betrieb ist aber das Spektrum von guten Aufsteckblitzen und Studioblitzanlagen farbtreu genug.

Die früher üblichen Nitratfotolampen, z. B. die Nitraphot von Osram, haben eine Farbtemperatur von 3.400 K und ein perfektes Spektrum. Leider werden sie mit Überspannung betrieben, um die höhere Farbtemperatur zu erreichen, und haben deshalb eine sternschnuppenhafte Lebensdauer von maximal 100 Stunden. Dazu sind für eine vernünftige Beleuchtung schnell 2 kW installierte Leistung notwendig – was für Saunatemperaturen vor der Lampe sorgt.

Eine derzeit viel genutzte Alternative sind 30-Watt-Energiesparlampen, die speziell für den Fotobereich entwickelt wurden. Diese gibt es mit einem CRI von 90, was für den Heimgebrauch ausreichend ist. Solange es nur um die Fotografie von Stillleben geht, sind diese Lampen eine gute Wahl. Achten Sie aber darauf, dass der CRI auch tatsächlich angegeben wird. Bei No-Name-Produkten wird diese Angabe gern vergessen, viele Anbieter können schon mit dem Begriff als solchem gar nichts anfangen.

**Die Frage nach dem Farbraum**

Eine der häufigsten Fragen, die bei hochwertigen Digitalkameras aufkommen, ist die Frage nach dem Farbraum. Die meisten Kameras bieten die beiden Farbräume sRGB und Adobe RGB an. sRGB hat einen kleineren Farbumfang als Adobe RGB. Adobe RGB hat vor allem im grünen und blauen Bereich ein größeres Gamut. Gamut bedeutet nichts anderes als die Menge der darstellbaren Farben. Das Problem ist, dass jedes Farbverfahren ein anderes Gamut hat. So kann ein RGB-Wiedergabegerät wie ein Monitor einen leuchtenden Grünton darstellen, der im CMYK-Offset gar nicht druckbar ist.

Umgekehrt kann im Offset in Gold gedruckt werden – was kein Monitor der Welt darstellen kann. Fine-Art-Printer können durch ihre hohe Anzahl von Farbtinten noch einmal ein anderes Gamut zu Papier bringen. Damit nun zwischen diesen verschiedenen Geräten die Farben möglichst gleich bleiben, besitzt jedes Gerät Übersetzungstabellen, um die Farbvorgabe des anderen Geräts halbwegs passend umzusetzen. Diese Tabellen nennt man Farbprofile.

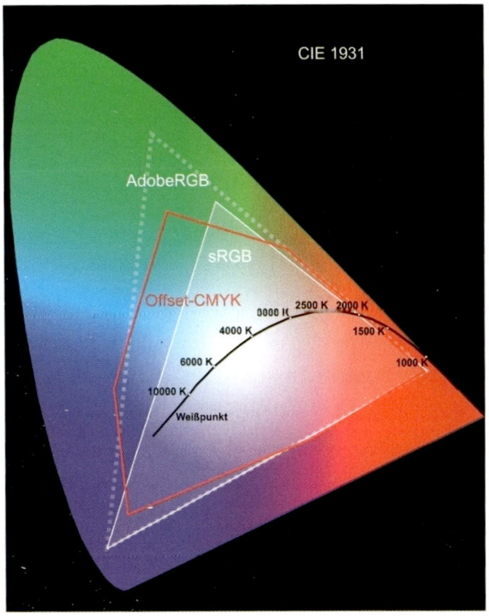


*Schematische Darstellung eines Farbdiagramms. Der Farbraum, der im Offsetdruck darstellbar ist, beträgt etwa die Hälfte der Fläche des sRGB-Farbraums. Der tatsächliche CIE-Farbraum ist um Größenordnungen umfangreicher als das, was in einem Buch darstellbar ist. Das trifft aber auch auf den im Druck darstellbaren Kontrastumfang im Vergleich zum Kontrastumfang natürlicher Szenen zu.*

Kommt nur eine dieser Tabellen mit der Tabelle des vorhergehenden Geräts nicht zurecht, entstehen Übersetzungsfehler – die Farbkette ist eben nur so stark wie ihr schwächstes Glied. Da die meisten Monitore kein Adobe RGB darstellen können, ist der Farbraum sRGB sicherer – mit diesem Farbraum und den dazugehörigen Farbprofilen können alle Farbgeräte auf dem Markt arbeiten. Erst wenn Sie sicher sind, dass wirklich alle Geräte, die mit Ihren Farbdaten arbeiten sollen, lückenlos entsprechende Farbprofile besitzen, ist eine Umstellung des Workflows auf Adobe RGB sinnvoll.

**⊡ LESEZEICHEN**

**http://www.colormanagement.org/de/monitortest.html**

Geben Sie Bilder digital an Personen weiter, die keine Adobe RGB-fähigen Monitore haben, ist sRGB die bessere Wahl. Mit dem Monitortest können Sie feststellen, ob Ihre Grafikkartentreiber-Monitor-Kombination das höhere Gamut von Adobe RGB überhaupt darstellen kann.

sRGB ist auch dann die bessere Wahl, wenn Sie mit JPEG-Dateien direkt aus der Kamera arbeiten. Alle Digitalkameras erzeugen intern 8-Bit-JPEGs. Diese haben maximal 2^24 verschiedene Farben. Ob das nun in Adobe RGB oder sRGB ist – die Anzahl der darstellbaren Farben ist identisch. Was Adobe RGB im Grünbereich mehr darstellen kann, verliert es im Blaubereich, was nichts damit zu tun hat, dass Adobe RGB im Blaubereich eigentlich mehr Farben darstellen kann. Aber im 8-Bit-RGB stehen nicht ausreichend Farben zur Verfügung, um den größeren Farbraum auszunutzen.

AdobeRGB ist also erst dann in Erwägung zu ziehen, wenn 16-Bit-Farbdateien verarbeitet werden. Diese erzeugt aber die Kamera meist nicht. Sie müssen also die RAW-Dateien extern in einem 16-Bit-fähigen RAW-Konverter erst in entsprechende Dateien umwandeln, um überhaupt einen Nutzen aus Adobe RGB zu ziehen. Das verbreitete Grafikprogramm GIMP etwa kann überhaupt nur 8-Bit-Dateien verarbeiten. Einige herstellereigene RAW-Konverter können zwar 16-Bit-TIFF schreiben, aber nur das unkomprimierte Format. Ein entsprechendes Bild hat dann bis zu 100 MByte.

Auch bei der Weitergabe an ein Fotolabor kann es mit Adobe RGB klemmen. Die allermeisten Labors sind nicht auf Adobe RGB eingerichtet und konvertieren das angelieferte Adobe RGB in sRGB, womit sie das Schlechteste aus beiden Welten kombinieren: nämlich den Mangel an Blau auf Adobe RGB-Seite und den Mangel an Grün auf sRGB-Seite. Wenn man Pech hat, werden auch noch Falschfarben erzeugt. Nur wenige Labors können mit Adobe RGB umgehen.

Geben Sie übrigens grundsätzlich 8-Bit-Daten ab. Die Belichter verarbeiten auch nur 8-Bit-Daten, und jede Umwandlung von 16 in 8 Bit ist mit Datenverlust verbunden. Da ist es besser, Sie steuern den Verlust selbst, als dass der Verlust unkontrolliert im RIP (Raster Image Processor) des Belichters passiert.

Die beste Antwort auf die Frage „sRGB oder Adobe RGB?" ist nach wie vor: „Wenn Sie diese Frage stellen, dann ist sRGB die richtige Antwort."

### Problemfall Bildschirm

Wenn Sie geklärt haben, ob Sie einen kompletten Adobe RGB-Workflow brauchen und ihn auch durchhalten können, ist der Bildschirm das nächste Problem. Spezialbildschirme für die Bildbearbeitung sind bis zu zehnmal teurer als Consumerbildschirme vom Discounter. Sie verfügen über eine

Möglichkeit zur Hardwarekalibrierung, das heißt eine Kalibrierung ohne Beteiligung des Computers, und werden meist mit einem Farbraum von „95% Adobe RGB" oder höher beworben. Auch hier sieht man bereits: Adobe RGB ist schön, aber man muss erst einmal ein Ausgabegerät bezahlen, das den Farbraum beherrscht.

Das nächste Problem ist, dass es so gut wie keine Grafikkarten und Bildschirme gibt, die ernsthaft überhaupt mehr als 8 Bit darstellen können. Einige wenige schaffen 10 Bit. Viele Apple-Computer können nicht einmal die 3x8 Bit von 8-Bit-RGB darstellen (was 16 Millionen Farben wären), sondern behelfen sich mit „Millionen Farben". In Wirklichkeit sind aber in vielen Flachbildschirmen lediglich 6-Bit-Displays verbaut, die die höhere Anzahl von Farben lediglich durch Dithering, also durch Rasterung, simulieren. Selbst wenn im Datenblatt 24 Bit angegeben sind, bedeutet das nur, dass der Eingang 24-Bit-Signale verdaut. Welches Panel tatsächlich verbaut ist, steht dann buchstäblich auf einem anderen (Daten-)Blatt. Lassen Sie sich dabei nicht von werbewirksamen Ausdrücken wie „16-Bit-Processing" und „12-Bit-Look-up-Table" verwirren. Auch diese Monitore haben 8-Bit-Panels und nicht mehr.

### *Der kalibrierte Bildschirm*

Die erste Stufe zur Verbesserung der Bildverarbeitung ist ein kalibrierter Bildschirm. Es gibt dafür im Internet reihenweise mehr oder weniger sinnvolle Tools, deren tatsächlicher Zweck sich darin erschöpft, dass man die Helligkeit und den Kontrast des Displays so anpasst, dass eine meist 32-stufige Graustufenskala sauber zu erkennen ist. Mit farbverbindlichem Arbeiten hat das nichts zu tun, es verhindert lediglich allzu krasse Fehler in der Beurteilung von Lichtern und Schatten.

Für eine saubere Farbwiedergabe benötigen Sie ein Kalibrierungstool, etwa von Spyder, Gretag oder einem ähnlichen Anbieter. Dabei wird vor den Bildschirm ein Sensor gehängt, der dann die Kalibrierung entweder vollautomatisch durchführt oder Sie entsprechend anweist, Ihren Bildschirm auf eine bestimmte Art und Weise einzustellen. Damit wird das Bild meistens deutlich besser.

Neuere Geräte besitzen außerdem noch einen Umgebungslichtsensor, der die Farbtemperatur des Umgebungslichts berücksichtigt, einige können dazu noch mehrere Presets abspeichern, sodass man zwischen verschiedenen Arten von Tageslicht und Kunstlicht umschalten kann. Dies ist eine der besseren Lösungen, aber auch damit ist ein farbverbindliches Arbeiten noch nicht möglich, da sich der Sensor durch Mischlicht irritieren lässt.

Der erste Schritt für ein besseres Bild am Bildschirm ist ein Blendschutz, quasi eine Streulichtblende für den Monitor, mit einer sauberen Kalibrierung ist dann schon viel gewonnen.

Wenn Sie lediglich den Monitor kalibrieren wollen, ist es sinnvoll, als Farbtemperatur 5.800 oder 6.000 K anzugeben. Damit erhalten Sie ein Weiß, das für den Betrachter weder zu gelb (5.000 K) noch zu blau (6.500 K) erscheint.

Wollen Sie aber Ihren gesamten Workflow kalibrieren und mit externen Dienstleistern zusammenarbeiten, kommen Sie um ein farbneutrales Umfeld und eine Abstimmung auf 5.000 K Normlicht nicht herum.

Verwenden Sie unterschiedliche Lampen, werden Sie feststellen, dass Ihr Druckmuster unter jeder Beleuchtung anders aussieht. Diesen Effekt nennt man Metamerie. Um ihn auszuschließen, benötigen Sie nicht nur einen kalibrierten Monitor, sondern auch eine wirklich hochwertige, konstante

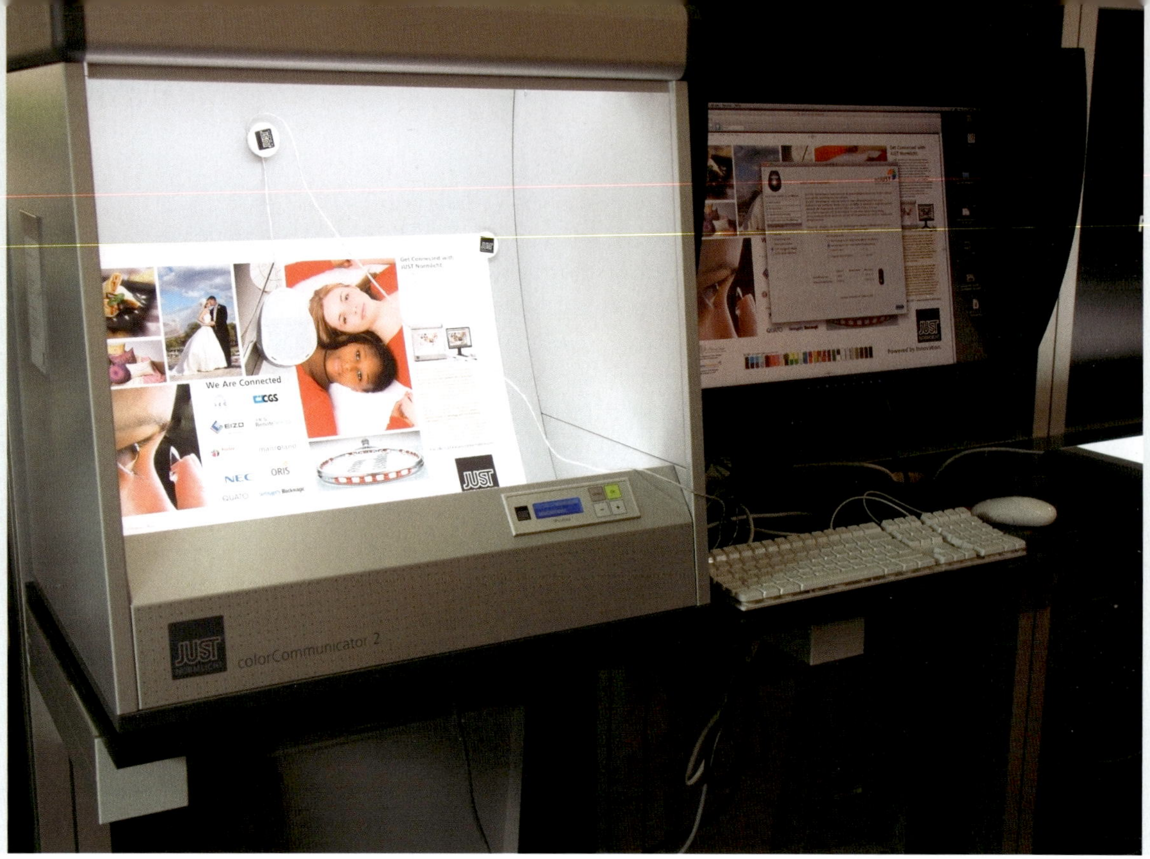


*Normlicht-Lichtkasten mit Helligkeitssteuerung über Sensor und USB.*

Arbeitsplatzbeleuchtung. Wenn Sie Ihren Arbeitsplatz am Fenster haben, stehen Sie in dieser Hinsicht bereits auf verlorenem Posten. Wie schon besprochen, schwankt das Licht im Freien zwischen 4.500 und 10.000 K – und nachts sind Sie auch noch auf Kunstlicht angewiesen. Wenn Sie das nicht berücksichtigen, sind die Farben Ihrer Fotos wetterabhängig.

Die absolute Minimallösung ist ein Lichtkasten mit Normlichtlampe für etwa 500 Euro. Die darin befindliche Lampe muss etwa alle 2.000 Betriebsstunden ausgetauscht werden. Besser ist natürlich eine komplett in Neutralgrau gehaltene fensterlose Arbeitsumgebung mit Normlichtlampen.

Normlichtlampen haben einen CRI von 97 % und sind beispielsweise über JUST Normlicht zu beziehen, die auch Lichtkästen und anderes Zubehör für farbverbindliches Arbeiten herstellen.

## Farben sicher beurteilen

Etwa 8 % der Männer haben eine angeborene Rot-Grün-Sehschwäche und können deshalb diese beiden Farben und deren Mischfarben schlecht oder gar nicht auseinanderhalten. Selbst wenn man aber den Test beim Augenarzt bestanden hat, bedeutet das noch lange nicht, dass man wirklich farbsicher im Sinne einer Druckbeurteilung ist. Die Farbsicherheit eines Offsetdruckers oder Grafikers ist eine in langen Jahren mühsam antrainierte Fähigkeit, Farben auf unterschiedlichen Bedruckstoffen und bei unterschiedlichen Beleuchtungen beurteilen zu können.

Wenn Sie nicht zu dieser Gruppe gehören, aber trotzdem für Kunden Drucke anfertigen müssen, sollten Sie entweder mit einem guten Dienstleister zusammenarbeiten oder sich technischer Hilfsmittel bedienen. Da sich nun nicht jeder ein Kolorimeter kaufen wird, müssen Sie sich mit Hausmitteln behelfen. Eines dieser Hausmittel ist das Histogramm.

### Unentbehrlich: das Histogramm

Das Histogramm ist nicht nur für die Beurteilung der Belichtung ein unentbehrliches Hilfsmittel, das Farbhistogramm gibt auch wertvolle Hinweise zur Beurteilung der Farbverteilung im Bild. Ein Histogramm ist die grafische Darstellung der Häufigkeit von Messwerten. Im Bereich der Fotografie wird damit die Grafik zur Verteilung der Helligkeitswerte eines Bilds bezeichnet. Was auf den ersten Blick etwas spröde klingt, ist bei genauerer Betrachtung erstaunlich intuitiv.

Das Histogramm zeigt für jeden der RGB-Kanäle getrennt die Häufigkeit der verschiedenen Helligkeitswerte an. Beim 8-Bit-JPEG kann jeder einzelne Farbkanal 256 verschiedene Werte annehmen. Hat man am linken Ende einen Anstieg, ist der entsprechende Farbkanal dort auf 0 und hat in dieser Farbe dort keine Zeichnung mehr. Ist das gleiche am rechten Rand der Fall, ist der Farbkanal dort auf dem Wert 255 und hat ebenfalls keine Zeichnung mehr (255 deshalb, weil die Werte nicht bei 1, sondern bei 0 beginnen).

Taucht dieser Anstieg in allen drei Farbkanälen auf, gibt es im Bild weiß ausgebrannte Lichter. Deswegen Weiß, weil RGB ein additives Farbmodell ist, was bedeutet, dass Rot und Grün und Blau nicht wie im Wasserfarbkasten ein schmutziges Dunkelbraun, sondern Weiß ergeben. Das Histogramm eines JPEG-Bilds kann, wie bereits erwähnt, nur 256 verschiedene Stufen haben und damit einen Kontrastumfang von 8 EV (Lichtwerten) abbilden.

## Filter in der Digitalfotografie

Filter waren zu analogen Zeiten ein unverzichtbarer Bestandteil professioneller Fotografie. Im Zeitalter der elektronischen Bildverarbeitung sind die meisten Filter überflüssig geworden, mittlerweile wird es schon schwierig, analoge Filter überhaupt noch käuflich zu erwerben. Einige werden aber nach wie vor produziert und sind auf absehbare Zeit auch noch nicht zu ersetzen.

Grundsätzlich: Jeder Filter, selbst der beste, verschlechtert die Eigenschaften des dahinterliegenden Objektivs. Selbst wenn Reflexe, Geisterbilder, Farbfehler und Spiegelungen ausbleiben, werden Kontrast und Auflösung des Objektivs vermindert. Aus Qualitätsgründen sollten also immer so wenig Filter wie möglich verwendet werden.

*Hier sieht man vorn eine Nahlinse, dahinter einen Orange- und einen Grauverlaufsfilter. Links sehen Sie Adapterringe, mit denen Sie Filter an Objektive schrauben können, deren Durchmesser von denen der Filter abweichen.*

### Polfilter

Ein Filter, der in keiner Fototasche fehlen sollte, ist der Polfilter. Es gibt zirkulare Polarisationsfilter und lineare Polarisationsfilter. Beide filtern je nach Stellung des Filters einen gewissen Anteil des Lichts aus und lassen nur Licht einer Polarisation durch.

*Mit Polfilter.*

*Ohne Polfilter.*

Zirkulare Polarisationsfilter sind ebenfalls lineare Polfilter, die eine zusätzliche Schicht haben, die das linear polarisierte Licht wieder in zirkular polarisiertes Licht umwandeln. Diese Filter wurden entwickelt, damit Belichtungsmessungen und Autofokussensoren, die im Inneren der Kamera ihr Licht über nicht metallische Reflexionsfläche erhalten, nicht irritiert werden. Die Spiegel heutiger Kameras sind meistens an der Oberfläche metallisiert und kommen deshalb auch mit linearen Polfiltern problemlos zurecht.

Die Unterschiede bei den Filtern liegen vor allem in der Vergütung der Oberfläche, die Reflexionen zwischen Frontlinse und Polfilter verhindern soll, in der Farbwiedergabe und in der Stärke der Polarisierung. Achten Sie auf Markenfilter. Mit Polfiltern von Marumi oder B&W können Sie nicht viel falsch machen, auch die Hoya-Filter sind sehr brauchbar. Von No-Name- und Handelsmarken ist dringend abzuraten.

Polfilter können Landschaftsaufnahmen deutlich verändern. Der knackig blaue Polfilterhimmel ist bekannt, er entsteht dadurch, dass das teilweise polarisierte Licht des Himmels unterdrückt und damit der Himmel einfach dunkler wird. Das funktioniert je nach Tageszeit und Himmel in unterschiedlichem Umfang:

Zur Mittagszeit ist der Effekt am Horizont am größten. Steht die Sonne tief, ist der Effekt in Richtung Süden oder Norden am stärksten (im rechten Winkel zur Sonne).

Stark dunstiger Himmel kann durch einen Polfilter nicht gerettet werden. Das Licht ist dann zu diffus. Auch blaue Reflexionen des Himmels an Blatt- und Wasseroberflächen können mit dem Polfilter eliminiert werden, was in dunklerem Wasser und grüneren Pflanzen resultiert.

Besonders interessant sind Regenbogen. Regenbogen sind vollständig polarisiertes Licht. Mittels eines Polfilters können Regenbogen vollständig zum Verschwinden gebracht werden, - oder eben dadurch hervorgehoben werden, dass die jeweils andere Polarisationsebene ausgefiltert wird. Da der Regenbogen aber immer entgegen der Sonne entsteht, ist der „Hervorhebungseffekt" gering, da das Streulicht im Hintergrund nur zu einem geringen Teil ausgefiltert wird. Bei 90° zur Sonne, wenn der Polfilter seine maximale Wirksamkeit entfaltet, gibt es leider keine Regenbogen.

Wenig Glück hat man bei Metallflächen, diese polarisieren das Licht nicht. Lichtreflexe auf Chrom wird man also über einen Polfilter nicht los. Besonders frappierend ist das bei Hochhausfassaden mit Wärmeschutzverglasung. Diese Gläser sind oft metallbedampft und polarisieren das reflektierte Licht ebenfalls nicht. Erkennbar ist das meistens an dem goldenen oder bräunlichen Ton der Scheiben. Bei Lackflächen ist das anders, hier liegt der bildwirksamste Aufnahmewinkel zur spiegelnden Fläche zwischen 30° und 40°.

Zirkulare Polfilter zu stapeln, ist wenig sinnvoll. Jeder Polfilter verursacht bis zu zwei Blenden Lichtverlust, und durch ein Stapeln der Filter wird der Himmel nicht mehr blauer, das ganze Bild wird lediglich dunkler. Wenn Sie zu viel Licht haben, um Ihre gewünschte Belichtungszeit realisieren zu können, sind

*Regenbogen bei Kilboghamn vom Mlefjord aus. Mit Polfilter (links) und ohne. Eine Verfälschung kommt natürlich dadurch zustande, dass die Belichtungsmessung einen Mittelwert zwischen beiden Bildhälften gewählt hat und so der Polfilterteil unter- und der Rest überbelichtet ist.*

i

## LINEAR ODER ZIRKULAR?

**Ein linearer Polfilter lässt sich von einem zirkularen Polfilter auf einfache Weise unterscheiden. Sehen Sie durch den Polfilter in einen Spiegel, ist die Durchsicht beim linearen Polfilter von beiden Seiten her gleich. Beim zirkularen Polfilter können Sie nur durch eine Seite sehen, bei der Durchsicht durch die gegenüberliegende Seite erscheint diese schwarz.**

i

SLIM-FILTER

**Bei jeglicher Filterverwendung und insbesondere bei Weitwinkelobjektiven ist auch darauf zu achten, dass ein Filter oder auch eine falsche Sonnenblende keine Vignettierung im Bild erzeugt. Im Fachhandel gibt es für kritische Fälle daher auch Filter mit besonders dünnem Rand (Slim-Filter).**

Graufilter deutlich besser geeignet. Allerdings hat der Stapel aus einem zirkularen und einem linearen Polfilter durchaus auch seine Reize - mehr dazu später.

Es gibt in mancher Bildbearbeitungssoftware digitale Filter, die einen Polfilter simulieren sollen. Dabei wird aber lediglich die Sättigung bestimmter Farben erhöht. Spiegelungen unterdrücken kann ein solcher digitaler Filter nicht.

Eine besondere Bedeutung bekommt der Polfilter bei der Darstellung von optischen Spannungen. Dazu muss auch die Lichtquelle mit einem Polfilter versehen werden. Gegenstände aus Kunststoff können damit in schillernden Farben betrachtet und fotografiert werden. Vorsicht, zu große Hitzeeinwirkung kann einen Polfilter leicht zerstören. Der Einsatz von Polfiltern vor den Lichtquellen und zugleich vor der Kamera wird auch zu Reproduktionszwecken genutzt. Damit lassen sich z. B. sonst nicht auslöschbare Reflexe in Ölgemälden entfernen.

Um Aufnahmen in sogenannter Kreuzblitztechnik zu ermöglichen, wird eine Polfilterfolie direkt vor dem verwendeten Blitzgerät genutzt. Ein weiterer Polfilter vor der Kamera ermöglicht nun je nach Aufnahmeposition und Drehung ein nahezu reflexfreies Blitzen. Damit wird zugleich der Bildkontrast deutlich erhöht.

Die Polfilter nach Käsemann sind übrigens optisch nicht anders als Polfilter ohne Käsemann. Der einzige Unterschied ist, dass die Glasplatten, zwischen denen die Polarisationsfolie sitzt, mit einer speziellen Dichtung nach Käsemann gegen eindringenden Schmutz geschützt sind. Sie halten also länger. Erwin Käsemann hat übrigens anno 1937 genau mit dieser Verkittung seine erste Sonnenbrille mit zwei Polfiltern hergestellt. Die Dichtung ist vor allem für extreme Klimaschwankungen und hohe Luftfeuchtigkeiten gedacht. In Mitteleuropa kann man sich den Mehrpreis für die Käsemann-Ausstattung sparen.

### Graufilter

Graufilter sorgen nicht etwa dafür, dass das Bild grau wird, sondern werden dazu verwendet, Belichtungszeiten künstlich zu verlängern. Die Stärke von Graufiltern wird unterschiedlich angegeben, für den Fotografen sind aber vor allem die Blendenstufen wichtig, die man bei Verwendung eines Graufilters weiter öffnen kann.

Graufilter können gestapelt werden, aber jeder zusätzliche Filter erhöht die Randschattenproblematik und senkt damit die Bildqualität. Wenn Sie Filter stapeln, addiert sich der Lichtverlust. Der Stapel aus einem ND 0,9 und einem ND 1,8 bringt also 9 Blendenstufen.

| NEUTRALDICHTE | FAKTOR | BLENDENSTUFEN |
|---|---|---|
| ND 0,6 | 4x | 2 |
| ND 0,9 | 8x | 3 |
| ND 1,8 | 64x | 6 |
| ND 3,0 | 1.000x | 10 |
| ND 5,0 | 100.000x | 17 |

Graufilter mit niedriger Neutraldichte werden verwendet, wenn Sie bei hellem Sonnenschein mit geöffneter Blende arbeiten wollen, um ein Motiv freizustellen. Viele Kameras haben als kürzeste Belichtungszeit lediglich 1/4000 Sekunde oder noch länger. Damit kann man noch bis 15 EV bei Blende 2,8 arbeiten. Das reicht für helles, nordeuropäisches Tageslicht aus. Im sonnigen Süden oder im Gebirge kann es eng werden, dann empfiehlt sich ein ND 0,9 oder auch einfach ein Polfilter.

Vorsicht bei unvollständiger Beschreibung von Filtern. Es gibt Hersteller, die ihre Filter mit ND-2 oder ND-4 bezeichnen. In diesem Fall sind die Faktoren gemeint. Ein ND-8-Graufilter dieses Herstellers hat in Wirklichkeit eine ND von 0,9. Filter mit Neutraldichten von 4 gibt es zwar, sind aber nur bei einigen Spezialhändlern zu erhalten. Eine gewisse Richtschnur kann auch der Preis sein. Bei einem neuen ND-3,0-Filter unter 50 Euro ist gesundes Misstrauen angebracht.

Will man mit Graufiltern fließendes Wasser so fotografieren, dass es wirklich weich und samtig wird, reichen ND-0,9-Filter nicht mehr aus. Die Belichtungszeiten müssen sich jenseits der Sekunde bewegen. 10 Sekunden sind ein guter Wert. Allerdings kommt das auch auf die Fließgeschwindigkeit des Wassers an. Um bei hellem Tageslicht (13 EV) einen Bach zu fotografieren, brauchen Sie also mit Blende 5,6 und 10 Sekunden (2 EV) einen ND 3,0. Wenn Sie die Blende weiter schließen, etwa auf Blende 11 (bei noch kleinerer Blende geraten Sie wieder in den Bereich der Beugungsunschärfe), können Sie mit einem ND 3 bei Tag Belichtungszeiten von etwa 30 Sekunden erreichen.

Das reicht meistens auch für die dritte Anwendung von Graufiltern aus: Straßen und Plätze leerzufegen. Wenn Sie einen belebten Platz fotografieren wollen und sich dabei weniger für das quirlige Leben als für den Platz selbst interessieren, haben Sie nur selten die Möglichkeit, den Platz für die Dauer des Fotos sperren zu lassen. Mit einem ND-3-Graufilter können Sie 30 Sekunden belichten. In dieser Zeit bewegen sich Fahrzeuge und Menschen natürlich weiter. Der Anteil des Lichts, das sie reflektieren, am Bild auf dem Sensor Ihrer Kamera sinkt damit. Die Menschen werden schemenhaft, und je schneller sie sich bewegen und je länger Sie belichten, desto mehr verschwindet

| AUFNAHMEDATEN | |
|---|---|
| Brennweite | 42 mm |
| Belichtungszeit | 1/400 s |
| Blende | f/3,5 |
| ISO | 100 |

*Der Slussen in Stockholm, abends halb sieben Uhr.*

| AUFNAHMEDATEN | |
|---|---|
| Brennweite | 28 mm |
| Belichtungszeit | 30 s |
| Blende | f/13 |
| ISO | 100 |

*Gleiche Szene, fünf Minuten später, aber mit ND3-Graufilter aufgenommen. Die leicht unterschiedlichen Farben werden durch den Warmton des Graufilters hervorgerufen.*

das Volk auf dem Platz. Mit einem ND 5 können Sie eine Viertelstunde lang belichten. In der Zeit haben sich sogar die hartnäckigsten Touristen aus dem Staub gemacht. Nur der Bettler am Brückengeländer sitzt auf einmal allein und verlassen auf dem Platz.

Für Aufnahmen in der Sonne benötigen Sie auf jeden Fall einen ND-5-Graufilter.

Besitzen Sie noch einen alten linearen Polfilter, können Sie sich auch einen „einstellbaren Graufilter" als Notbehelf basteln. Schrauben Sie Ihren zirkularen Polfilter vor das Objektiv und den linearen davor. Nun können Sie durch Verdrehen des linearen Polfilters die Lichtdurchlässigkeit der Kombination auf nahe null drehen. Natürlich muss der Fokus vor dem Aufsetzen des zweiten Polfilters bereits passen. Mit dieser Methode erreichen Sie ohne Probleme 8 Blendenstufen und mehr.

Fotografieren Sie aber in RAW, kann es durch die beiden gekoppelten Polfilter zu Farbverschiebungen kommen. Wie Sie den zirkularen Polfilter einstellen, ist übrigens egal, da der zirkulare Polfilter immer die Hälfte des Lichts ausfiltert. Durch die Verdrehung des Polfilters stellen Sie ja nicht etwa die Stärke des Polfilters ein, sondern nur die Filterrichtung - und für den Verdunklungseffekt ist lediglich wichtig, dass der vordere Polfilter senkrecht zum hinteren Polfilter ausfiltert.

Einen interessanten Effekt erhalten Sie mit dieser Kombination, wenn Sie die Filter senkrecht zueinander halten, sodass der Sucher dunkel wird. Der Sensor zeichnet trotzdem noch auf. Verwendet wurde ein zirkularer Polfilter 2,5x von Heliopan und davor ein linearer Hoya-Filter. Die Blauverschiebung wurde durch die mangelnde Farbstabilität eines der Filter hervorgerufen.

*Effekt zweier gestapelter Polfilter bis zur Auslöschung des Sucherbilds. Das Bild wurde am Computer etwas aufgehellt. Die großen, kreisrunden, hellen Flecken tauchen nur in diesen Aufnahmen auf und rühren von leichten Verschmutzungen eines der Polfilter her.*

| AUFNAHMEDATEN | |
|---|---|
| Brennweite | 42 mm |
| Blende | f/5,6 |
| Belichtungszeit | 30 s |
| ISO | 100 |

Bei der Verwendung von Polfiltern als Graufilterersatz müssen Sie die Belichtung im Blindflug einstellen. Die Belichtungsmessung wird unzuverlässig. Da Sie stufenlos einstellen können, gibt es auch keine festen Blendenwerte, an die Sie sich halten könnten. Sie müssen also die Belichtung auf *M* einstellen und so lange probieren, bis die Belichtung dem entspricht, was Sie sich vorstellen.

### Grauverlaufsfilter

Der letzte Filter, der fast nicht durch die elektronische Bildbearbeitung zu ersetzen ist, ist ein Grauverlaufsfilter. Ein Grauverlauf - dunkel oben, hell unten - sorgt dafür, dass der Himmel deutlich dramatischer wird, die Helligkeit des Erdbodens darunter aber bleibt. Die erzeugte Stimmung erinnert etwas an ein Gewitter. Wenn bei Sonnenuntergängen auch noch etwas vom Vordergrund zu sehen sein soll, führt an einem Grauverlaufsfilter fast kein Weg vorbei.

Grauverlaufsfilter sind in unterschiedlichen Dichten und mit unterschiedlichen Übergängen zu bekommen. Alle haben das Problem, dass die Verlaufsgrenze in der Mitte sitzt, man also den Horizont in die Mitte legen muss - was die Möglichkeiten zur Bildgestaltung einschränkt. Die Alternative ist das „Cokin"-System, bei dem rechteckige Filterplatten in einem Filterhalter vor dem Objektiv verschoben werden können. Mittlerweile gibt es auch Cokin-Filter aus Mineralglas, die aber ebenso teuer sind wie die Filter und Filterhalter von LEE, die leider in Deutschland nur bei wenigen Händlern zu erhalten sind.

| AUFNAHMEDATEN | |
|---|---|
| Brennweite | 14 mm |
| Blende | f/5 |
| Belichtungszeit | 2,5 s |
| ISO | 100 |

*Oben: Halden in Norwegen. Der Himmel ist ausgefressen.*

*Unten: Gleiches Bild mit einem digital simulierten Vierfach-Graufilter auf der oberen Hälfte. Der Himmel stammt aus einem Bild der Belichtungsreihe mit 1/2 s*

Auch die Brennweite und die Blende haben einen Einfluss auf den Effekt des Graufilters. Je kürzer die Brennweite und je kleiner die Blendenöffnung ist, desto härter wirkt der Übergang von der grauen Seite des Filters zur ungefärbten Seite. Problematisch bei der Verwendung eines Grauverlaufsfilters sind auch Fernsehtürme oder Bäume, die in den Himmel ragen. Sie werden ebenfalls abgedunkelt, was dann den Effekt des Bilds deutlich mindert. Aus diesem Grund verzichten viele Fotografen auf den Grauverlauf und ersetzen den Filter durch eine Belichtungsreihe und die anschließende EBV.

### Effektfilter

Farbfilter, Weichzeichner und Kaleidoskopeffekte sind mittlerweile selbst in der einfachsten Bildbearbeitung ohne Probleme möglich. Etwas schwieriger sieht es mit zwei speziellen Effekten aus, die auf die Spitzlichter im Bild setzen.

### Spektralcolorfilter

Ein Spektralcolorfilter erzeugt Lichtkränze um starke Lichtquellen, was bisweilen spektakulär aussieht, aber, wie alle Effekte, mit großer Vorsicht angewendet werden sollte, weil sich der Effekt sehr schnell abnutzt. Voraussetzung für den Effekt sind möglichst punktförmige, starke Lichtquellen. Die Farbe der Lichtkränze hängt – da es sich um eine Spektralzerlegung handelt – vom Spektrum der Lichtquelle ab. Straßenlaternen produzieren andere Lichtkränze als Halogenlampen. Verursacht wird der Effekt durch Millionen mikroskopischer Kristalle auf der Filteroberfläche.

*Spektralcolorfilter sind mittlerweile nahezu ausgestorben. Wer einen der seltenen Filter ergattern will, muss sich direkt an Heliopan in München wenden, dort liegen noch Restbestände auf Lager.*

## Crossfilter

Crossfilter werden noch produziert, die Achtfach-Crossfilter gibt es allerdings lediglich in Restbeständen. Sie sind bei Nachtaufnahmen oft für die dekorativen Sterne um Lichtquellen verantwortlich. Man kann das zwar auch durch starkes Abblenden erreichen, aber dadurch sinkt die Bildqualität, wie im Kapitel »Objektivtechnik und Objektivtypen« erläutert, und die Belichtungszeiten werden unerträglich lang.

Eleganter ist ein Crossfilter, der nichts anderes ist als Klarglas mit einem eingeätzten Gittermuster. An den Gittern brechen sich die Lichtstrahlen und sorgen für den strahlenden Effekt. Bei Verwendung eines Gittermusters sollte man allerdings darauf achten, nicht zu sehr abzublenden, da man sonst das Gitter wahrnimmt, so wie man bei starkem Abblenden auch Dreck auf der Frontlinse wahrnehmen kann. Der Crossfilter kann den Autofokus stören, da er eine wunderbare Gitterstruktur darstellt, auf die der AF unter Umständen scharf stellt. Falls Sie ein Objektiv mit Fokusbereichsschalter besitzen, sollten Sie den Fokus auf Fernbereich stellen, Teleobjektive mit einer Nahgrenze jenseits von einem Meter haben weniger Probleme.

Auch der Crossfilter fühlt sich am wohlsten und erzielt die besten Ergebnisse bei punktförmigen Lichtquellen. Je größer die Lichtquelle ist, desto breiter und verwaschener wird der Stern. Dieser Filter ist zwar durch einige professionelle Photoshop-Aktionen zu ersetzen, macht aber im Einsatz auf der Kamera ausgesprochene Freude. Wie immer gilt jedoch: Allzu viel ist ungesund.

| AUFNAHMEDATEN | |
|---|---|
| Brennweite | 80 mm |
| Blende | f/4 |
| Belichtungszeit | 1/160 s |
| ISO | 100 |

*Auf dem Hochfelln-Gipfel. Crossfilter-Effekt mit Heliopan 6-fach Crossfilter.*

| AUFNAHMEDATEN | |
|---|---|
| Brennweite | 64 mm |
| Blende | f/3,2 |
| Belichtungszeit | 1/80 s |
| ISO | 100 |

*Spinnennetz im Gegenlicht. Das Gitter des Crossfilters ist im Bokeh sichtbar, der Regenbogenstrahl links ist eine Folge des Crossfilters. Bei Highlights sieht man die Strahlenkränze.*

## UV-Filter

UV-Filter sollen UV-Licht aussperren, das auf dem Film zu Unschärfen und Blaustich führt. Sie sind heute nicht mehr notwendig, da der Sensor seinen eigenen UV-Filter eingebaut hat. Gelegentlich wird behauptet, er sei auch deshalb nicht notwendig, weil das Glas in der Optik bereits das UV-Licht ausfiltert. Das ist aber falsch. Die in Optiken verwendeten hochwertigen Gläser sind UV-durchlässig. Lediglich billiges Fensterglas blockt UV-B und UV-C. Das langwelligere UV-A lässt aber auch Fensterglas passieren. UV hat im Zusammenhang mit Fensterglas noch eine weitere Eigenschaft: Es lässt Glas milchig werden. Das sieht man an älteren Objektiven, die aus schlechtem Glas gefertigt wurden. Dass die meisten Objektive aber trotzdem kein UV durchlassen, liegt an der Vergütung der Linsen.

UV-Filter sind heutzutage also weder aus fotografischer Sicht noch zum Schutz der Linsen notwendig. Verkauft werden sie als mechanischer Schutz gegen Kratzer und Beschädigung der teuren Frontlinse. Auch diese Anwendung war früher absolut sinnvoll: Eines der am weitesten verbreiteten Kleinbildnormalobjektive, das Leitz 50mm Summar, hatte eine so weiche Frontlinse, dass es ohne Schutzfilter nicht zu verwenden war. Mittlerweile sind aber Frontlinsen hartvergütet und so dick, dass sie nur mit viel Gewalt oder hartnäckiger Trockenreinigung zu beschädigen sind.

Berücksichtigen Sie bei der Montage eines UV-Schutzfilters, dass der Filter mechanisch weniger stabil ist als die Frontlinse. Fällt das Objektiv auf den UV-Filter, zerbricht er, und die Splitter beschädigen mit fast absoluter Sicherheit die Frontlinse. Der beste Schutz für die Frontlinse ist nicht etwa ein UV-Filter, sondern eine stets montierte Streulichtblende. Eine verkehrt montierte Blende ist nicht etwa cool, sondern dumm.

Es gibt allerdings wenige Fälle, in denen der UV-Filter sinnvoll ist: wenn Sie im Sandsturm fotografieren. Dazu müssen Sie nicht mal in die Wüste, es reicht, wenn Sie einen landenden Hubschrauber aus nächster Nähe fotografieren wollen. In solchen Fällen kann es auch ein billiger Filter sein. Einen anderen Grund finden Sie unter Umständen in der Anleitung Ihres Objektivs. Einige Objektive sind nämlich nur mit vorgeschraubtem UV-Filter staubdicht und spritzwassergeschützt. In allen anderen Fällen können Sie sich die Ausgabe für einen UV-Filter sparen.

## Infrarotfilter

Bekanntestes Merkmal von Infrarotaufnahmen ist der Wood-Effekt (Bezeichnung nach Prof. R. W. Wood). Dabei werden lebendiges Gras und Blattgrün weiß abgebildet. Aufnahmen auf Infrarotfilm wurden daher auch für militärische Zwecke verwendet. Tarnzelte und Ähnliches konnten damit leicht sichtbar gemacht werden. Auch eine Anwendung zur Diagnose über den Gesundheitszustand des Waldes oder anderer Pflanzen durch Luftaufnahmen wird damit über Vergleichsaufnahmen möglich.

Bei Landschaftsaufnahmen ist für die Bildwirkung die jeweilige Tageszeit von Bedeutung. Da Infrarotfotografie auf dem langwelligen Rotbereich basiert, sind die frühen Morgen- oder späten Abendstunden zu bevorzugen. Auffallend sind die verbesserte Weitsicht und die Kontrastverstärkung solcher Aufnahmen. Die Farbwiedergabe ist jedoch stark verändert und auf wenige Farben reduziert. Viele Aufnahmen werden daher anschließend in Schwarz-Weiß-Bilder umgewandelt. Mittels digitaler Bildbearbeitung sind jedoch auch Farbeffekte möglich.

Für die Bildaufzeichnung wird Infrarotlicht zumeist ab einem Bereich von 720 nm verwendet. Filter gibt es in verschiedenen Ausführungen. Die jeweiligen Bezeichnungen sind herstellerabhängig. Die Filterfarben variieren von Orange über Rot bis Schwarz und lassen teilweise noch Reste sichtbaren Lichts durch. Je nach Filterart und Wirkung entstehen dadurch unterschiedliche Ergebnisse. Der extreme Verlängerungsfaktor erfordert vorwiegend Langzeitbelichtungen mit Stativ und vorhergehende Versuchsaufnahmen.

Auch der Scharfstellungspunkt verändert sich gegenüber normalen Aufnahmen. Er erfordert eine Auszugsverlängerung von ca. 1 %, außer bei Spiegelobjektiven. Der genaue Schärfepunkt ist je nach Brennweite und Aufnahmedistanz zu ermitteln. Ein starkes Abblenden ist jedoch nicht zu empfehlen, da die Beugung im Infrarotbereich deutlich früher eintritt als in der normalen Fotografie.

***Geeignete Filter***

Welche Filter für Ihre Kamera besonders geeignet sind, hängt von der jeweiligen Infrarotlichtempfindlichkeit und den Aufnahmeumständen ab. Eine genaue Angabe kann deshalb hier nicht gemacht werden. Zur künstlichen Beleuchtung können Foto- und Halogenlampen mit einer Farbtemperatur von 3.200 bis 3.400 K sowie jegliches Glühlampenlicht genutzt werden. Auch Blitzlicht eignet sich ausgezeichnet dafür. Sogenannte Infrarotstrahler erzeugen jedoch nur ein besonders langwelliges Infrarot und sind zum Fotografieren daher ungeeignet.

| FILTER | BESCHREIBUNG |
|---|---|
| Hoya Infrarotfilter R 72 | Sperrt sichtbares Licht bis 720 nm. Ein Rest vorhandenen Lichts wird durchgelassen. |
| B+W Infrarotfilter 092 | Der fast schwarze, vor einer Lichtquelle aber dunkelpurpurrote B+W-Infrarotfilter 092 sperrt das sichtbare Licht bis 650 nm, und erst knapp unter 700 nm lässt er 50 % durch. Für 730 bis 2.000 nm liegt die Transmission über 90 %, also sehr hoch. |
| B+W Infrarotfilter 093 | Dieser Filter sperrt sichtbares Licht bis 800 nm fast vollständig aus. Er ist tiefrot, nahezu schwarz. Mit analogem IR-Schwarz-Weiß-Film oder IR-empfindlichen Digitalkameras liefert er einen fantastischen Wood-Effekt (weißes Laub) und den typischen dunklen Himmel. |
| B+W Infrarotfilter 099 | Orange getönter Infrarotfilter. Sperrt vorwiegend kurzwellige Strahlung bis 520 nm. Maximale Transmission bei ca. 600 nm. Durch die Vermeidung des Blaustichs wird eine bessere Differenzierung der Farben erzielt. Pflanzliches Grün wird statt wie üblich weiß mehr orange bis rot abgebildet. |

VERSUCHSREIHE ANFERTIGEN

**Beachten Sie bitte, dass eine Verwendung von Filtern unbedingt eine vorhergehende Versuchsreihe voraussetzt, um die erforderliche Belichtung und Scharfstellung festzulegen. Die damit erzielbaren Ergebnisse können dabei, bedingt durch die verwendete Kamera, die Aufnahmetechnik und die jeweiligen Aufnahmeumstände, durchaus unterschiedlich ausfallen.**

# 4

# DER BILD-AUFBAU

4

# Der Bildaufbau

| AUFNAHMEDATEN | |
|---|---|
| Brennweite | 14 mm |
| Blende | f/3,5 |
| Belichtungszeit | 1/320 s |
| ISO | 100 |

# 4 Der Bildaufbau

*„Wenn dein Bild nicht gut genug ist, warst du nicht nah genug dran." Dieser Spruch von Robert Capa ist von Millionen Fotografen seitdem missverstanden worden, die nun mit langem Zoom durch die Gegend stiefeln oder den bedauernswerten Opfern die Weitwinkelboliden vor die Nase halten. Capa war Leica-Fotograf und verwendete keine Zooms – sie waren noch nicht erfunden. Für die Leica gab es gerade ein halbes Dutzend Objektive mit teils zweifelhaftem Nutzwert – entweder kratzempfindlich wie das Summar 50mm f/2,0 oder bei den damaligen Filmempfindlichkeiten (üblich waren ISO 25) absurd lichtschwache Fernobjektive wie das 6,3/105 Berg-Elmar. Ob Zoom, Weitwinkel oder Normalbrennweite – der richtige Bildaufbau ist der entscheidende Faktor für die Aussage eines jeden Fotos.*

■ Capa fotografierte mit Normalbrennweiten und war mitten im Geschehen, anders als andere Kriegsberichterstatter, die weit hinten aus der Deckung knipsten und deshalb nur die üblichen Suchbilder zustande brachten – nach dem Motto: „Der Punkt da links hinten, das ist der angreifende Panzer." Capa hatte mit dieser Technik lange Glück – bis 1954. Viele Kriegsberichterstatter sind ihm mittlerweile auf die eine oder andere Weise gefolgt.

Sein Spruch wird mittlerweile anders interpretiert: Beschäftige dich mit deinem Motiv, sei Teil davon, verstehe es, beziehe Position zu deinem Motiv. Auch das hat Capa getan. Und das ist sicher eine gute Interpretation. Bilder können jedoch nicht nur politisch relevant, sie können auch von dokumentarischem Wert sein. Sie können Werbezwecken dienen – oder auch einfach nur schön sein. Es ist Ihre Entscheidung, welches Bild Sie heute machen wollen. Machen Sie es aber bewusst.

## Bildein- und -ausgang

Wir lesen von links nach rechts und von oben nach unten, und auch Bilder werden in dieser Richtung gelesen. Das bedeutet, der Bildeingang befindet sich links oben, der Bildausgang rechts unten. Wenn Sie die Leserichtung des Bildbetrachters nicht stören, wird er genau diese Richtung nehmen. Leider gilt auch hier: keine Regel ohne Ausnahme. Viele Linkshänder gehen von rechts oben in ein Bild hinein.

## Bildzentrum

Bei der eher spontanen Wahrnehmung eines Bilds geht der Mensch von außen nach innen vor. Zuerst wird das Bild als solches erkannt, dann geht das Auge auf die Suche nach bekannten Strukturen im Bild. Das können geometrische Formen – Kreise, Dreiecke, Quadrate – sein oder auch Gesichter. Da die Sehschärfe des Menschen im zentralen Bereich des Auges am höchsten ist, ist er bestrebt, sein Auge auf die Mitte des Objekts zu konzentrieren. Er erwartet, die wesentlichen Informationen dort zu finden.

Ist in der Mitte tatsächlich das Hauptmotiv, entspricht das Bild der Erwartung, das Auge sei mit dem Bild „fertig". Gibt es nun im Rest des Bilds keinen offensichtlichen Reiz mehr, wendet sich der Mensch dem nächsten Bild zu. Auch eine Folge unserer Gene: Höhlenmenschen, die beharrlich in die Richtung sahen, aus der der Säbelzahntiger nicht kam, starben aus. Bildgestaltung ist nun die Kunst, das Motiv wichtiger zu machen als das Bildzentrum. Oder auch das Bildzentrum bewusst überzubetonen.

*Links: Spätherbst am Ufer des Starnberger Sees in Tutzing. Die Horizontlinie liegt direkt auf der Linie der Drittelregel, der präsente Baum auf dem Schnittpunkt der oberen waagerechten Linie mit der linken senkrechten Linie.*

*Unten: Flur im Kloster Seligenporten. Der Blick wird auf das Ende des Gangs mit Bild und Tür gerichtet. Flur und Fenster sind, obwohl von der Bildfläche her deutlich im Übergewicht, völlig sekundär. Sie könnten durch vier diagonale Linien ersetzt werden.*

| AUFNAHMEDATEN | |
|---|---|
| Brennweite | 14 mm |
| Blende | f/2,8 |
| Belichtungszeit | 1/13 s |
| ISO | 400 |

## Rule of Thirds

Eine sehr bekannte Möglichkeit, das Motiv aus der Mitte herauszubekommen, ist die Rule of Thirds oder auch Drittelregel. Teilen Sie Ihren Sucher in neun gleiche Teile und berücksichtigen Sie dabei, dass Ihr Sucher möglicherweise nicht das ganze Bild zeigt. Gedanklich ist Ihr Sucher nun mit zwei waagerechten und zwei senkrechten Linien verziert. Wenn Sie den Schwerpunkt Ihres Motivs auf einem der Schnittpunkte dieser Linien platzieren, wird das Bild spannender, als würde das Motiv im Zentrum sitzen. Das Bild ist trotzdem noch ausgewogen.

Durch die Drittelregel bekommt das Bild eine Richtung. Besonders bei Landschaftsaufnahmen wird sie verwendet, um langweilige „Horizont-in-der-Mitte-Bilder“ zu vermeiden. Trotzdem reicht es nicht, einfach den Horizont auf eine Linie zu verlagern. Ein zweiter Blickpunkt sollte noch vorhanden sein. Wenn man aus praktischen Gründen nicht gerade einen Baum zur Verfügung hat, kann das auch eine besonders beeindruckende Wolkenformation oder ein Schiff am Horizont, am besten auf einem der Schnittpunkte, sein. Denken Sie daran: Der Säbelzahntiger wird in der Bildmitte erwartet. Sie müssen dem Höhlenmenschen einen guten Grund dafür geben, woanders hinzusehen.

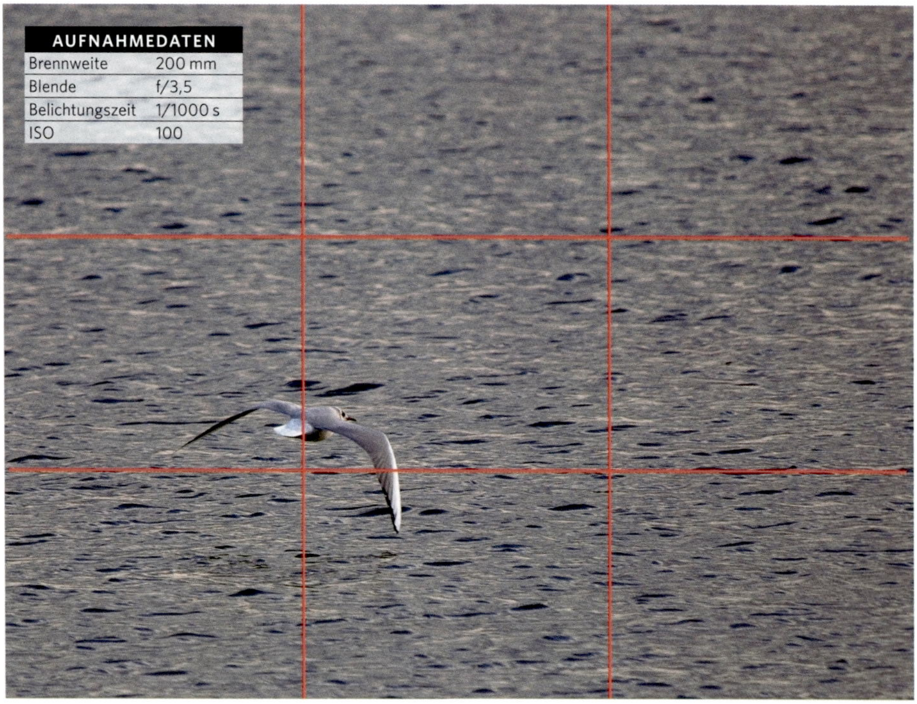


*Möwe am Starnberger See. Die Möwe befindet sich fast genau im linken unteren Schnittpunkt der Linien. Sie hat viel Platz zum Fliegen.*

## Goldener Schnitt

Der Goldene Schnitt gilt als Inbegriff von Ästhetik und Harmonie. Er wird oft mit der Drittelregel verwechselt, weil er vom Raster her ähnlich aussieht. Er hat aber eine völlig andere Wirkung und wird auch anders verwendet. Dass es häufig zu Unsicherheiten bei der Anwendung des Goldenen Schnitts kommt, liegt wohl an dem recht spröden Verhältnis: 1:1,618033988.

Diese etwas seltsame Zahl gilt interessanterweise als die irrationalste und nobelste Zahl überhaupt, weil sie durch keinen Bruch vernünftig angenähert werden kann. Ihr Entdecker, Hippasos von Metapont, soll deshalb aus der Gemeinschaft der Pythagoräer ausgestoßen worden und anschließend jämmerlich ertrunken sein.

Das soll Sie aber nicht abhalten, den Goldenen Schnitt zu verwenden. Im Unterschied zur Drittelregel, Verhältnis 1:2, kommt der Goldene Schnitt nämlich ohne Zweitmotiv aus.

Den Goldenen Schnitt können Sie bei vielen Kameras entweder in den Sucher oder auf das Display einblenden lassen, mit der Zeit bekommt man aber sowieso ein Gefühl dafür, wie ein Motiv positioniert werden muss, um die ruhige, ausgewogene Wirkung des Goldenen Schnitts zu erreichen.

Während die Drittelregel vor allem für Landschaften von Bedeutung ist, wird der Goldene Schnitt sehr gern bei Porträts eingesetzt. In einigen Publikationen ist mittlerweile vom modernen Goldenen Schnitt die Rede, bei dem die Motivschwerpunkte unterhalb oder oberhalb der Linien angelegt werden. Vor allem bei Close-ups hat diese Bildanordnung Verbreitung gefunden. Dabei werden nicht mehr die Augen auf einen der Schnittpunkte gesetzt, sondern Mund oder Nase. Die Augen rutschen nach oben, der Haaransatz

| AUFNAHMEDATEN | |
|---|---|
| Brennweite | 108 mm |
| Blende | f/3,2 |
| Belichtungszeit | 1/125 s |
| ISO | 3200 |

*Stefanie Thiele von Spontaneous Xtacy, Newcomerfestival Neumarkt 2008. Der Kopf der Sängerin befindet sich perfekt im Goldenen Schnitt.*

| AUFNAHMEDATEN | |
|---|---|
| Brennweite | 158 mm |
| Blende | f/3,2 |
| Belichtungszeit | 1/200 s |
| ISO | 400 |

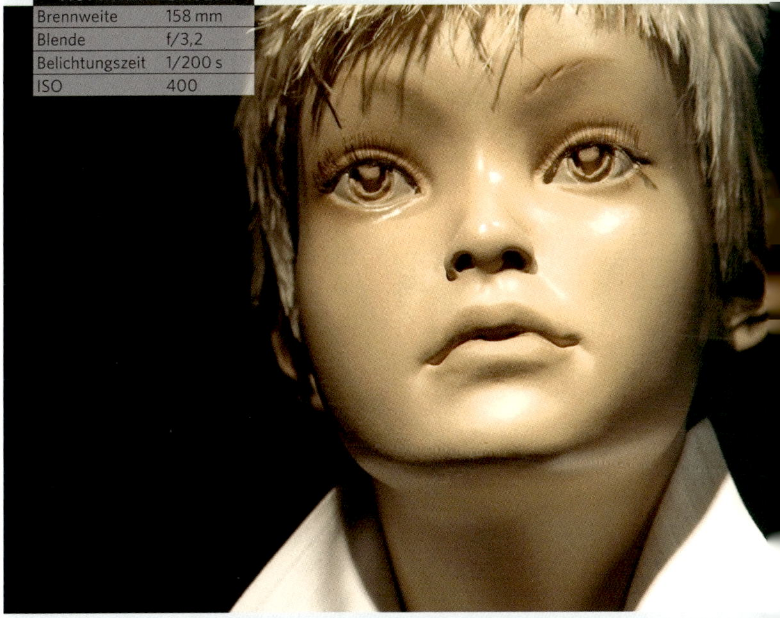

*Eine Schaufensterpuppe in Hamburg. American Cut. Der rechte obere Schnittpunkt des Goldenen Schnitts läuft durch die Nasenspitze.*

| AUFNAHMEDATEN | |
|---|---|
| Brennweite | 54 mm |
| Blende | f/4 |
| Belichtungszeit | 1/250 s |
| ISO | 400 |

*Vier Wanderer warten am Ausgang des Waldes oberhalb von Sindlbach, bis der Regen aufhört. Das Auge erkennt ein Dreieck, obwohl Bäume und Personen die Konturen stören. Die Form, die fast einem Haus ähnelt, schützt die Personen gleichsam.*

wird abgeschnitten. Das heißt dann auch American Cut. Mittlerweile wurde der American Cut komplett vom Goldenen Schnitt losgelöst und dient als Bezeichnung für Fotos einzelner Personen, bei denen oberhalb der Augenbrauen abgeschnitten wurde.

Der Grund dafür, dass der Goldene Schnitt als harmonisch angesehen wird, liegt darin, dass der Mensch Dinge schön findet, die er bereits kennt. Der Goldene Schnitt ist ein universelles Gestaltungsprinzip der Natur. Der Mensch erkennt das Muster wieder und empfindet es als natürlich, bekannt, harmonisch, vollkommen. Beruhigend - ganz ohne Säbelzahntiger.

Auf dem Konzept der Mustererkennung beruhen auch andere Bildgestaltungselemente. Unwillkürlich sucht das Auge nach der Gliederung im Bild, nach geometrischen Mustern - Kreisen, Quadraten, Dreiecken, geraden Linien. Findet das Auge solche Muster, konzentriert es sich darauf. Auch hier wieder: Wer das Säbelzahntigermuster im Gebüsch erkannte, lebte länger. Aus diesem Grund hat das Auge eine große Toleranz, was Musterabweichungen betrifft. Auch Quadrate, bei denen eine Ecke fehlt, werden erkannt, Kreise, die eigentlich mehrfach unterbrochen sind, werden als Kreise erfasst.

Einer der stärksten Musterreize überhaupt sind Gesichter, man denke nur an den Mann im Mond. Ein Bild mit Personen, die von vorn zu sehen sind, kann im Rest des Bilds noch so interessant sein, das Gesicht hat Vorrang. Löst das Gesicht, oder andere Teile des Bilds, dazu einen sexuellen Reiz aus, ist der Rest des Bilds völlig unerheblich. Genauso stark sind Gesichter, die dem Betrachter bekannt sind - Stars, Bekannte oder Familienmitglieder. Deshalb sind die unseligen

„Opa-und-Oma-vor-schiefem-Turm-Fotos" auch immer noch beliebt – weil die Bildkomposition bei diesen Bildern keine Rolle spielt. Das Bild hat dokumentarischen Wert, und den schiefen Turm kann man auch ohne Oma und Opa fotografieren.

## Vergangenheit, Gegenwart und Zukunft

Eine Folge der Richtung, in der man in ein Bild geht, ist die Zeitkomponente, die ein Bild hat. Links sieht man zuerst, dann wandert der Blick nach rechts. Damit ist links die Vergangenheit, rechts die Zukunft, in der Mitte die Gegenwart. Wird ein Motiv zentral platziert, ruht es in der Gegenwart. Rutscht es nach links, befindet es sich in der Vergangenheit, rechts in der Zukunft. Das klingt so weit einfach. Interessant wird es erst, wenn das Motiv selbst eine Richtung besitzt, weil es läuft oder weil es in eine bestimmte Richtung blickt.

Betrachten Sie einmal Fotos von Sportveranstaltungen. Wenn ein Fotograf einen 100-Meter-Lauf fotografiert, laufen die Läufer immer von links nach rechts. Würden sie von rechts nach links laufen, hätte man den Eindruck, sie liefen zurück. Sind die Sportler von vorne abgebildet, was besonders bei Hürdenläufern sehr beliebt ist, hat man den Eindruck, sie würden ewig so weiterlaufen. Da ist kein Ziel in Sicht – der Lauf ist in der Gegenwart festgehalten.

Im Goldenen Schnitt ist aufgrund der versetzten Anordnung immer Zeit. Bei Bildern nach der Drittelregel ist noch mehr Zeit, und bei Bildern mit noch extremeren Bildkompositionen wird die Zeit dominierend. Dies muss nicht heißen, dass die Zeit als solche stehen geblieben ist, sondern dass der zeitliche Ablauf im Bild in den Vordergrund rückt. Das Bild wird dynamischer.

Ist das Hauptmotiv an den Rand gerückt, aber in der freien Fläche kein Zweitmotiv platziert, zeigt das Bild eine unbekannte Zukunft oder Vergangenheit an. Die Fantasie

*Die Spannung ist fast mit Händen zu greifen, man sieht gleichsam den Torwart schon im Panthersprung in Richtung Ball. Die Personengruppe liegt fast komplett links der Drittellinie, der Motivschwerpunkt ist quasi am linken Rand des Bilds, der Ball liegt weit rechts der rechten Drittellinie. Die Bildmitte ist völlig leer. In der Vertikalen befinden sich im unteren Drittel Ball und Torwart, im oberen Drittel die beiden Köpfe der Feldspieler. Auch hier wieder: Die Mitte ist leer. Das gesamte Bild ist über drei Eckfelder aufgebaut.*

| AUFNAHMEDATEN | |
|---|---|
| Brennweite | 150 mm |
| Blende | f/4,5 |
| Belichtungszeit | 1/1600 s |
| ISO | 400 |

| AUFNAHMEDATEN | |
|---|---|
| Brennweite | 150 mm |
| Blende | f/4,5 |
| Belichtungszeit | 1/320 s |
| ISO | 400 |

des Betrachters kann und muss den Raum füllen. Er führt quasi die Handlung vom Rand des Bilds fort.

## Aufstieg und Abstieg

Neben waagerechten Linien kommen auch schräge Linien in Bildern vor. Diese können entweder zu einem Dreieck gehören oder komplett schräg durchs Bild laufen. Wenn man dann vom Bildeingang kommend auf sie stößt, führen sie den Blick weiter. Laufen sie von links unten nach rechts oben, steigen sie, laufen sie von rechts unten nach links oben, fallen sie. Der letzte Halbsatz ist bewusst so formuliert. Auf einem zweidimensionalen Bild gibt es keine steigenden Linien – der Eindruck entsteht ausschließlich durch unsere Bildbetrachtungsrichtung. Zeigen Sie nun einen Bergsteiger, sollte der Berg tunlichst nach rechts höher werden – zumindest wenn Sie ihn im Aufstieg zeigen wollen. Zeigt die Richtung des Wegs nach unten und der Bergsteiger steigt nach links oben, wirkt das Foto seltsam.

*Oben: Extreme Komposition. Das Gesicht liegt auf der linken Drittelsenkrechten, alles Gegenständliche liegt im unteren Drittel. Der Rest ist Luft, Fläche. Absurd wirkt angesichts der Leere die Digitalkamera. Offensichtlich gibt es aber außerhalb des Bilds Motive, denn die Person sieht nicht zum Fotografen, sondern nach rechts – in die Vergangenheit. In der Zukunft ist sehr viel Raum – etwa für weitere Personen.*

*Unten: Exakta Varex IIa, Diafilm, 50mm Tessar. Bergsteiger am steinernen Meer. Die Felsen deuten eine aufsteigende Berglinie an, die Linie von Rücken und Rucksack laufen dazu nahezu parallel – der Mann steigt auf. In Wirklichkeit war der Weg an dieser Stelle völlig eben.*

## Die Diagonale

Wenn die schrägen Linien des Motivs genau die Ecken des Bilds treffen, spricht man von Diagonalen. Eine Diagonale teilt das Rechteck des Bilds in zwei rechtwinklige Dreiecke. Während man durch die Konzentration auf das Motiv normalerweise vom Format des Bilds abgelenkt wird und Bildelemente, die abgeschnitten wurden, in Gedanken ergänzt werden, führen die rechtwinkligen Dreiecke, die es so in der Natur nicht gibt, den Betrachter nachdrücklich wieder auf das Format des Bilds. Die Folge: Das Bild als solches wird auf das Bild an sich konzentriert. Das Bild erscheint nicht mehr als Ausschnitt der Wirklichkeit, sondern als selbstständiger Mikrokosmos. Es wirkt künstlich, oder, um einen positiveren Ausdruck zu verwenden, grafisch. Für die Richtung von Diagonalen gilt das Gleiche wie für die Richtung von schrägen Linien – nur dass aufsteigende Diagonalen eine extremere Bildwirkung haben. Der Blick kommt von oben links, wird von der Diagonalen in der Bildmitte aufgefangen und nach oben rechts wieder aus dem Bild geleitet. Alles oberhalb und unterhalb der Diagonalen wird unwichtig.

Eine absteigende Diagonale leitet den Blick auf schnellstem Weg zum Bildausgang. Ende der Bildbetrachtung. Je steiler die Diagonalen werden, desto wirksamer sind sie. Beim 4:3-Format sind sie schon deutlich aggressiver als beim 16:10-Format moderner Flachbildschirme. Schier unüberwindlich werden die Diagonalen im Hochformat.

*Rechts: Exakta Varex IIAa, Diafilm, 50mm Tessar, Bergsteiger am Plattkofel in den Dolomiten. Dieses Bild scheint „verkehrt“. Die Linie ist aufsteigend, der Bergsteiger ist jedoch nach unten gerichtet. In Wirklichkeit stieg er jedoch auf, und nur durch die Perspektive von unten entsteht der „falsche“ Bildeindruck.*

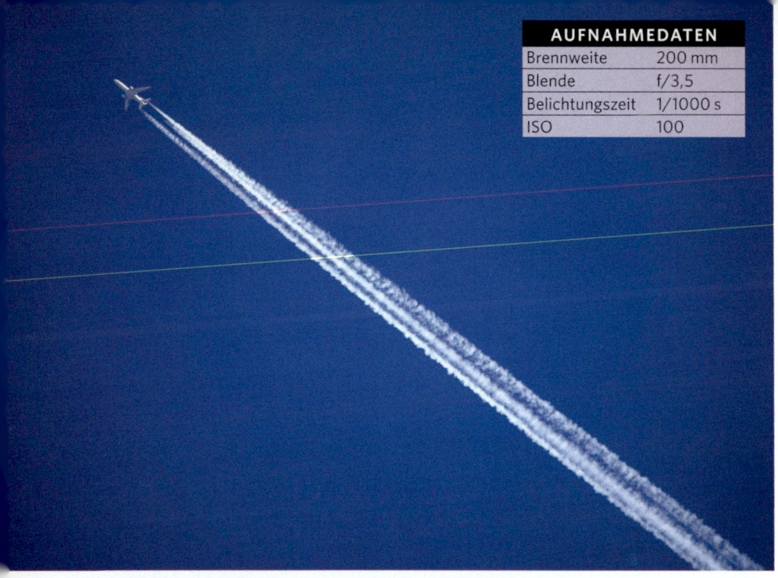

*Oben: Flugzeug über dem Starnberger See. Originalbild.*

*Mitte: Flugzeug über dem Starnberger See. Gleiches Bild, aber um 180° gedreht. Die Fluglage des Jets scheint deutlich gefährlicher, obwohl er wie im ersten Bild von unten fotografiert ist.*

*Unten: Flugzeug über dem Starnberger See. So sieht der Jet deutlich am besten aus. Aufstrebend zu fernen Ufern.*

Eine Sonderform mit völlig anderer Wirkung ist die doppelte Diagonale, also ein schräg stehendes Kreuz. Dieses Kreuz lenkt den Blick zur Mitte – und verteilt ihn von dort in die vier Ecken. Der Bildeindruck wird also eher als ruhig und ausgewogen empfunden. Damit das Bild aber nicht zentrumslastig wird, müssen die Bilddiagonalen stark betont sein.

## Brechen Sie die Regeln

Die hier angerissenen Regeln zur Bildgestaltung sind nicht vollständig – nicht einmal ansatzweise. Allein über die Relevanz eines prominenten Einzelpunkts im Bild im Verhältnis zur Gesamtkomposition unter Berücksichtigung seiner Ausdehnung könnte man ganze Bücher schreiben. Von der Wirkung von Kreis, Dreieck, Sternen oder gar tradierter Symbolik wie blauen Mänteln, Fischen oder Tauben gar nicht zu reden. Regeln gibt es also wie Sand am Meer. Und jeder Betrachter geht auch anders an ein Bild heran.

Es ist aber trotzdem notwendig, gewisse Grundregeln des Bildaufbaus zu kennen und zu beherrschen – auch um diese Regeln bewusst brechen zu können. Ein schiefer Horizont wirkt stümperhaft, ein richtig schiefer Horizont wirkt gewollt. Brechen Sie also die Regeln – deutlich. Pfeifen Sie auf die Farbenlehre und kombinieren Sie Pink mit Weinrot.

| AUFNAHMEDATEN | |
|---|---|
| Brennweite | 108 mm |
| Blende | f/3,5 |
| Belichtungszeit | 1/800 s |
| ISO | 100 |

*Horizont in die Diagonale gekippt, Sonnenuntergang, blanke Wolken, kein Blickfangmotiv im Vordergrund, Hauptgewicht oberhalb der Diagonale, übersättigte Farben, Himmel mit Telebrennweite, Landschaft mit Offenblende. Alles falsch gemacht. Und trotzdem gut. Oder vielleicht sogar deswegen?*

Verwackeln Sie nach Kräften. Fotografieren Sie Sonnenuntergänge mit mittiger Sonne und mittigem Horizont. Nehmen Sie ein Ultraweitwinkel und machen Sie aus den spitzen Türmen der Ortskirche zwei startende Flugabwehrraketen. Stecken Sie einen hellgrünen Filter auf Ihren Blitz und verpassen Sie dem Bürgermeister einen Teint, als käme er gerade von stürmischer See.

Machen Sie alles falsch, alles anders. Aber Sie können es nur dann gut falsch machen, wenn Sie wissen, wie man es richtig macht.

## Schärfe und Unschärfe

Als Schärfentiefe wird der Bereich in einem Motiv bezeichnet, der auf dem Bild scharf abgebildet wird. Sie wird in Metern als Abstand von der Film- oder Sensorebene gemessen. Die Schärfentiefe wird bestimmt durch folgende Faktoren: Blende, Abstand zum Motiv, Brennweite des Objektivs und Zerstreuungskreisdurchmesser. Während die ersten drei Parameter kein größeres Problem darstellen, ist der Zerstreuungskreisdurchmesser eine ausgesprochen diffizile Angelegenheit.

Rein physikalisch betrachtet, gibt es keine Schärfentiefe. Entweder ein Bild ist scharf, da genau fokussiert, oder der Brennpunkt liegt vor oder hinter dem Sensor. „Ein bisschen unscharf" stört aber nicht, da unser Auge, genau wie der Sensor, nur eine begrenzte Auflösung hat. Und wenn nun der Bildpunkt eben kein Punkt, sondern ein größerer Fleck ist – weil er eben unscharf ist –, macht das gar nichts, solange der Fleck nicht in das Pixel oder in die Sehzelle daneben störend hineinragt. Aufgrund der Eigenschaften des Auges – Bildwinkel 50°, Auflösung 1 Winkelminute – wird der maximal zulässige Zerstreuungskreis bei 1/1500 der Bilddiagonalen gesehen.

**Schärfentiefe berechnen**

So weit ganz einfach. Das funktioniert auch wunderbar, solange man sich das Bild immer im Ganzen anschaut - also mit einem Betrachtungsabstand, der mindestens der Bilddiagonalen entspricht. Problematisch wird es, wenn die Sensorauflösung diagonal höher ist als 3.000 Pixel. In diesem Fall muss, will man auch noch in der 100-%-Ansicht so etwas wie Schärfentiefe haben, die übliche Formel zur Berechnung der Schärfentiefe angepasst werden. Allgemein gilt:
g = Entfernung zum Motiv ab Sensor, Gegenstandsweite

f = Brennweite
k = Blendenzahl
z = Zerstreuungskreisdurchmesser

Nahpunktformel:

$$\mathbf{gnah = (f^2 * g) / (f^2 + k * z * (g - f))}$$

Fernpunktformel:

$$\mathbf{gfern = (f^2 * g) / (f^2 - k * z * (g - f))}$$

Was dazwischenliegt, ist scharf.

Die folgende Tabelle listet für verschiedene Sensorgrößen und Auflösungen die zulässigen Zerstreuungskreisdurchmesser z auf:

Dreht es sich um die Schärfentiefe bei der Betrachtung des ganzen Bilds, sieht die Tabelle anders aus. Dabei ist zu beachten, dass dann auf jeden Fall nur eine Auflösung von ca. 5 Megapixeln betrachtet wird - mehr kann das Auge nicht auflösen.

| SENSOR-GRÖSSE | MM | AUFLÖ-SUNG | Z IN MM |
|---|---|---|---|
| 1/2,33" | 6,1 x 4,6 | 5 MP | 0,00474 |
| 1/1,7" | 7,6 x 5,6 | 5 MP | 0,00585 |
| FourThirds | 17,3 x 13 | 5 MP | 0,01342 |
| APS-C | 22,4 x 14,9 | 5 MP | 0,01668 |
| APS-N (DX) | 23,6 x 15,8 | 5 MP | 0,01761 |
| Kleinbild | 36 x 24 | 5 MP | 0,02682 |

Wie man an der Formel sieht, ist für die Schärfentiefe die Sensorgröße gar nicht ausschlaggebend. Wichtig ist vor allem die Brennweite des Objektivs. Hier wird auch immer die reale Brennweite in die Formel eingesetzt und nicht etwa die Äquivalenzbrennweite.
Alle diese Berechnungen gelten nur, wenn die Brennweite gegenüber dem Abstand zum Motiv klein ist. Bei Makros gelten andere Gesetze.

| SENSOR-GRÖSSE | MM | AUFLÖ-SUNG | Z IN MM | AUFLÖ-SUNG | Z IN MM | AUFLÖ-SUNG | Z IN MM |
|---|---|---|---|---|---|---|---|
| 1/2,33" | 6,1 x 4,6 | 6 MP | 0,00432 | 10 MP | 0,00335 | 14 MP | 0,00283 |
| 1/1,7" | 7,6 x 5,6 | 6 MP | 0,00534 | 10 MP | 0,00414 | 14 MP | 0,0035 |
| FourThirds | 17,3 x 13 | 8 MP | 0,01061 | 10 MP | 0,00949 | 14 MP | 0,00802 |
| APS-C | 22,4 x 14,9 | 10 MP | 0,01157 | 14 MP | 0,00977 | 18 MP | 0,00862 |
| APS-N (DX) | 23,6 x 15,8 | 10 MP | 0,01221 | 14 MP | 0,01031 | 18 MP | 0,0091 |
| Kleinbild | 36 x 24 | 12 MP | 0,01697 | 18 MP | 0,01386 | 24 MP | 0,012 |

Die „Zunahme der Unschärfe", als die Art, wie die Unschärfe hinter dem Schärfebereich stärker wird, hängt übrigens von der Brennweite ab: je größer die Brennweite, desto softer die Zunahme der Unschärfe. Aus diesem Grund ist die Unschärfezunahme besonders schön bei Mittelformat, da hier die Brennweiten deutlich größer sind. Eine Mittelformat-Normalbrennweite liegt bei 85 mm.

### Schärfentiefe und Tiefenschärfe

Die Schärfentiefe ist etwas anderes als die Tiefenschärfe. Während die Schärfentiefe exakt mess- und berechenbar ist, ist die Tiefenschärfe eine Bezeichnung für die Qualität des Bereichs vor und hinter dem Schärfebereich. Eine hohe Tiefenschärfe bedeutet, dass der Hintergrund des Motivs vergleichsweise scharf ist - wobei er eben nicht wirklich scharf, sondern nur nicht völlig unscharf ist -, eine geringe Tiefenschärfe bedeutet, dass der Hintergrund sehr stark verschwimmt. Die Tiefenschärfe ist aus diesem Grund nicht exakt messbar, sondern ein recht schwammiger Begriff, ähnlich der Bewegungsunschärfe. Die Schärfentiefe zu reduzieren ist nur eine Möglichkeit, um eine kleinere Tiefenschärfe zu bekommen. Ein anderer Weg ist beispielsweise, den Hintergrund weiter vom Motiv entfernt zu wählen. Das reduziert nicht die Schärfentiefe, wohl aber die Tiefenschärfe.

### Beugungsunschärfe

Die Beugungsunschärfe ist eine Größe, die lediglich von der Blende abhängt und sich erst störend bemerkbar macht, wenn die Auflösung des Sensors groß genug ist. Wenn es sich um speziell für den Bildkreis des entsprechenden Sensors gerechnete Optiken handelt, liegen die förderlichen Blenden in etwa bei folgenden Werten - bei höheren Auflösungen liegen die entsprechenden Blendenzahlen darunter:

| 1/1,7" | 12 MP | F/4,5 |
|---|---|---|
| FT | 12 MP | f/7 |
| APS | 12 MP | f/9 |
| KB | 12 MP | f/13 |
| KB | 24 MP | f/11 |
| MF | 40 MP | f/13 |

Man sollte die förderliche Blende aber nicht als absolute Grenze verstehen. Die Schärfentiefe nimmt auch mit höherer Blende zu, lediglich die Kernschärfe nimmt ab, also die Schärfe im Bereich der Schärfentiefe selbst. Der Bereich der Schärfentiefe wird nach wie vor mit kleinerer Blende größer. Werden die Bilder nur im optimalen Betrachtungsabstand betrachtet (Abstand = Bilddiagonale), spielt die Beugungsunschärfe gegenüber den anderen Faktoren so gut wie keine Rolle. Im Makrobereich hängt die förderliche Blende übrigens nur mit dem Abbildungsmaßstab zusammen - und zwar unabhängig von Sensorgröße und Auflösung des Sensors.

| ABBILDUNGS-MASSSTAB | FÖRDERLICHE BLENDE |
|---|---|
| 1:2 | 32 |
| 1:1 | 22 |
| 2:1 | 16 |
| 3:1 | 11 |
| 4:1 | 8 |
| 5:1 | 5,6 |

## SPHÄRISCHE ABERRATION

**Dieser Abbildungsfehler entsteht dadurch, dass bei Linsen mit kugelförmigen Oberflächen, also bei fast allen Linsen, die Strahlen am Rand der Linse geringfügig anders gebrochen werden als im Inneren der Linse. Der Effekt ist eine Art Lichthof um den Brennpunkt, also ein Kontrastverlust an Kanten, sprich ein Schärfeverlust. Das wird durch den Einbau von asphärischen Linsen behoben.**

### Hyperfokaldistanz

Elementar wichtig ist die Hyperfokaldistanz. Wenn auf diesen Punkt scharf gestellt wird, ist von der Hälfte der Distanz bis unendlich alles scharf. Die Formel dafür lautet:

**gHyper = $f^2$ / k * z**

Im Folgenden sehen Sie eine Tabelle mit Hyperfokaldistanzen zu verbreiteten Brennweiten und Sensoren. Verwendet werden hierbei die tatsächlichen Brennweiten der Objektive und keine „Äquivalenzbrennweiten". Um eine gewisse Vergleichbarkeit zu bieten, sind die jeweils für dieses Aufnahmeformat verfügbaren kleinsten Brennweiten, eine Normalbrennweite und ein Tele aufgeführt. Es fehlen dabei Fisheye-Objektive, die anders gerechnet werden.

Da der der Berechnung zugrunde liegende Zerstreuungskreisdurchmesser aus der Auflösung und der Sensordiagonale berechnet wird, ist er mit einem gewissen Fehler behaftet, da Anordnung und Größe der lichtempfindlichen Pixel bei jedem Hersteller und auch bei fast jedem Sensor unterschiedlich sind. Die entsprechenden Werte dürfen deshalb nur als grobe Richtwerte angesehen werden. Für exakte Werte ist es sinnvoll, eigene Versuche anzustellen.

Wird die Blendenzahl verdoppelt, halbiert sich die Hyperfokaldistanz und umgekehrt. Der kleinste aufgeführte Sensor steckt in Bridge-Kameras wie der Canon G10 oder der Fuji 6500fd. Viele Kompaktkameras haben noch wesentlich kleinere Sensoren, bei denen die Schärfentiefe dann wesentlich größer ist. Diese Kameras arbeiten aber meist bereits im Bereich der Beugungsunschärfe, ein Einstellen auf die Hyperfokaldistanz ist deshalb weder möglich noch sinnvoll, zudem haben die meisten dieser Kameras keine Lamellenblende und sind deshalb sowieso nicht tatsächlich auf eine bestimmte Blende einzustellen.

### Voraussetzungen für das perfekte Bokeh

Der Ursprung des Worts „Bokeh" geht wohl auf das japanische „buke" für unscharf zurück. Werden Teile eines Bilds extrem unscharf, da die Schärfentiefe zu gering ist, steigt der Durchmesser des Zerstreuungskreises so stark an, dass schließlich die Objektkonturen aufgelöst werden. Lichtreflexe werden nun nicht mehr punktförmig abgebildet, sondern als mehr oder weniger große, helle Scheiben. Die Form der Scheiben wird durch das Objektiv bestimmt – einerseits durch die Form der Blende und andererseits durch den Korrekturzustand des Objektivs. Das Objektiv kann auf Auflösung, auf Kontrast oder auf eine Mischung beider Parameter optimiert werden. Dies hat auch Auswirkungen auf die Form und Ausprägung des Bokeh.

### *Ausprägungen des Bokeh*

Bokeh ist vor und hinter der Schärfeebene meist unterschiedlich ausgeprägt. Wenn das Bokeh vor der Schärfeebene hart und im Hintergrund weich ist, spricht man von „unterkorrigierter sphärischer Aberration". Sind die Zerstreuungskreise jedoch im Hintergrund klar abgegrenzt und im Vordergrund weich, handelt es sich um „überkorrigierte sphärische Aberration".

Je weicher das Bokeh ist, desto besser. Bokeh soll nicht Selbstzweck sein, sondern das Motiv betonen und nicht davon ablenken. Es wird behauptet, die Art des Bokeh könne direkt aus dem MTF-Chart abgelesen werden. Das ist nicht korrekt. Die üblicherweise veröffentlichten MTF-Charts treffen nur Aussagen über die grobe Form des Zerstreuungskreises in der Schärfeebene, nicht jedoch im unscharfen Bereich.

| SENSOR | ABMESSUNGEN | MEGAPIXEL | PIXELABSTAND IN MM | BRENNWEITE/ BILDWINKEL | HYPERFOKALDISTANZ BEI BLENDE 8 IN M |
|---|---|---|---|---|---|
| **Mittelformat** | 40,2 x 53,7 | 60 | 0,0050 | 28,9/95° | 10,4 |
| | | | | 82,3/46° | 84 |
| | | | | 292/13° | 1065 |
| | 36,8 x 49,1 | 50 | 0,0060 | 28,9/95° | 8,7 |
| | | | | 82,3/46° | 70 |
| | | | | 292/13° | 888 |
| | | 39 | 0,0068 | 28,9/95° | 7,7 |
| | | | | 82,3/46° | 62 |
| | | | | 292/13° | 783 |
| **Kleinbild** | 36 x 24 | 21,1 | 0,0064 | 14/114° | 1,9 |
| | | | | 50/46° | 24 |
| | | | | 300/8,2" | 878 |
| | | 12,1 | 0,0085 | 14/114° | 1,4 |
| | | | | 50/46° | 18 |
| | | | | 300/8,2" | 661 |
| **APS-N (DX)** | 23,6 x 15,8 | 12,3 | 0,0055 | 10/109° | 1,1 |
| | | | | 35/44° | 13 |
| | | | | 300/5,4° | 1022 |
| **APS-C** | 22,4 x 14,9 | 18 | 0,0043 | 10/107,5° | 1,4 |
| | | | | 35/42° | 17 |
| | | | | 300/5,1° | 1308 |
| | | 10 | 0,0057 | 10/107,5° | 1,1 |
| | | | | 35/42° | 13,4 |
| | | | | 300/5,1° | 986 |
| **FT** | 17,3 x 13 | 12 | 0,0043 | 7/114° | 0,7 |
| | | | | 25/46,8° | 9,08 |
| | | | | 300/4,1° | 1308 |
| | | 10 | 0,0047 | 7/114° | 0,65 |
| | | | | 25/46,8° | 8,3 |
| | | | | 300/4,1° | 1196 |
| **1/1,7"** | 7,6 x 5,6 | 14,7 | 0,0017 | 6,1/75,5° | 1,4 |
| | | | | 10/50,5° | 3,7 |
| | | | | 30,5/17,6° | 34,2 |

| AUFNAHMEDATEN | |
|---|---|
| Brennweite | 150 mm |
| Blende | f/2 |
| Belichtungszeit | 1/1000 s |
| ISO | 200 |

| AUFNAHMEDATEN | |
|---|---|
| Brennweite | 150 mm |
| Blende | f/11 |
| Belichtungszeit | 1/30 s |
| ISO | 200 |

### *Damit Bokeh entsteht*

Den größten Einfluss auf das Bokeh hat jedoch nicht das Objektiv, sondern der Fotograf. Damit Bokeh entsteht, müssen sich Motiv und Hintergrund im richtigen Abstand zueinander befinden, der Hintergrund muss ausreichend beleuchtet sein und genügend kleine Reflexionsflächen aufweisen, damit in ausreichender Anzahl Spitzlichter entstehen. Ein Hintergrund ohne Spitzlichter verschwimmt einfach, gibt es zu wenig Spitzlichter, stören sie eher, sind es zu viele, überstrahlt der Hintergrund. Typische Situationen für Bokeh sind betaute oder frisch beregnete Wiesen, leicht bewegte Seen oder Bäche, beschneite Wälder bei Tauwetter, Nachtporträts mit viel Straßenbeleuchtung.

Bokeh ist eine direkte Funktion der Schärfentiefe. Wenn das Objektiv auf die Hyperfokaldistanz eingestellt ist, gibt es in der Ferne natürlich kein Bokeh mehr. Grob kann man davon ausgehen, dass ein Zerstreuungskreis mindestens 50 bis 100 Pixel Durchmesser haben sollte, damit man von Bokeh sprechen kann. Spätestens bei Zerstreuungskreisen, die größer sind als 500 Pixel, wird es dann etwas auffällig. Ein gutes Bokeh ist also zwischen etwa 50 und 400 Pixeln Zerstreuungskreisdurchmesser zu erwarten.

Damit Bokeh entsteht, benötigen Sie also einen großen; unscharfen Bereich. Bei vielen Kompaktkameras ist ein Bokeh gar nicht möglich.

*Eine Grafik veranschaulicht das Bokeh: links das Bokeh vor dem Schärfepunkt, rechts das Bokeh dahinter.*

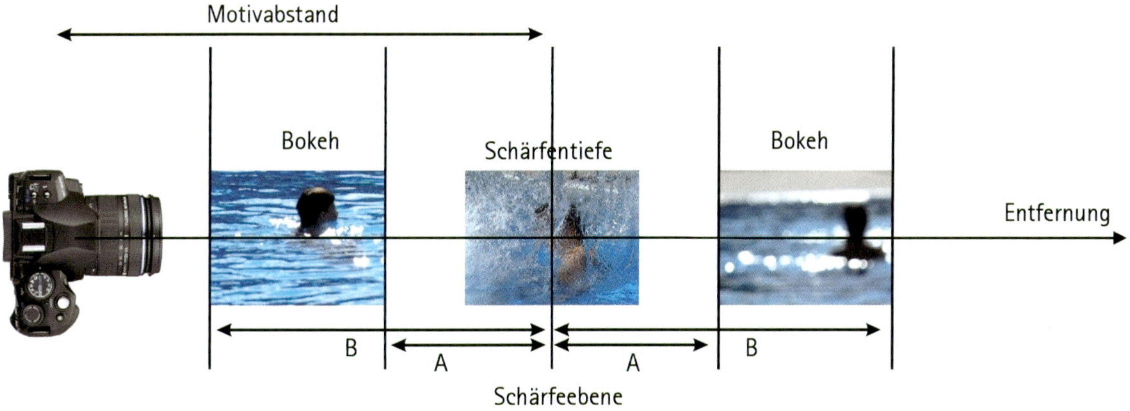


*Links oben: Lichtreflexe auf einer etwa acht Meter entfernten Wasseroberfläche.*

*Links unten: Bei Blende 11 werden die Zerstreuungsscheiben deutlich kleiner.*

[5]

# FOTOGRAFIEREN WIE DIE PROFIS

GIESSER
MADE IN GERMANY
ROSTFREI
8495

# Fotografieren wie die Profis

# 5 Fotografieren wie die Profis

*Der Worte sind genug gewechselt, und grau ist alle Theorie. So wichtig es ist, physikalische Grundlagen zu kennen, wichtiger ist beim Fotografieren die Praxis. „Die ersten tausend Fotos sind die schlechtesten" hat einmal ein berühmter Fotograf gesagt. Im Zeitalter der Digitaltechnik kann man diese Zahl ohne Probleme verdoppeln, und es gibt sogar Fotografen, die auch nach einer Bilderanzahl im sechsstelligen Bereich noch dazulernen. Die folgenden Anregungen sollen Ihnen Lust machen, selbst tätig zu werden, Dinge auszuprobieren, Fehler zu machen und letzten Endes dann Ihren eigenen Stil zu entwickeln.*

*Links: Ausschnitt der Eismeerkathedrale in Tromsø, Norwegen.*

## Architektur und Industrie

■ Architektur ist die künstlerische Auseinandersetzung mit dem umbauten Raum. Architekturfotografie ist somit der Versuch, diese künstlerische Tätigkeit zu dokumentieren und – wenn möglich – ebenfalls künstlerisch weiterzuverarbeiten. Industriefotografie verfolgt einen ganz ähnlichen Anspruch: Auch hier reicht es nicht, das vorgefundene Sujet einfach abzulichten. Erst durch die künstlerische Umsetzung des Fertigungsprozesses kommt ein Gefühl für die Situation und das Produkt beim Betrachter an. Nirgendwo ist es so wichtig, ein Gefühl für tote Dinge und die Arbeitswelt zu entwickeln wie in der Architektur- und Industriefotografie.

### Bauwerke in einen neuen Kontext setzen

Als Fotograf steckt man nun in der Zwickmühle: Dokumentiert man einfach die steingewordenen Fantasien des Architekten, was bisweilen durchaus nicht leicht ist, oder versucht man selbst, das Bauwerk in einen neuen Kontext zu setzen?

### *Ultraweitwinkel und Stativ mit Wasserwaage*

Wenn Sie sich ernsthaft mit Architekturfotografie beschäftigen wollen, kommen Sie um ein Ultraweitwinkel nicht herum. Ein Stativ mit exaktem Kopf und guter Wasserwaage ist ebenso Pflicht. Fotos wie das der Eismeerkathedrale in Tromsø sind Ausnahmen – normalerweise möchte man bei Architekturaufnahmen auch das Bauwerk im Ganzen sehen.

Prinzipiell ist es natürlich möglich, jedes beliebige Bauwerk in Gänze mit einem Teleobjektiv zu fotografieren – man muss nur genug Abstand halten. Ein 170 Meter hohes Gebäude mit 250 mm Kleinbildbrennweite verzerrungsfrei in Gänze abzubilden, ist kein Problem, wenn man dazu an einem geeigneten Kamerastandpunkt steht. Im Normalfall wird man aber Gebäude aus der unmittelbaren Umgebung heraus ablichten und sich dazu auf dem Bürgersteig oder der Straße aufhalten.

### *Wichtig: die Panoramafreiheit*

Dazu sollte ein in diesem Zusammenhang recht wichtiger Begriff geklärt werden: die Panoramafreiheit, die in Teilen der EU gilt. Sie besagt, dass Sie von öffentlich zugänglichen Straßen und Plätzen alles fotografieren dürfen, was Sie wollen. Ausnahmen gibt es für urheberrechtlich geschützte Werke, deren Aufstellung im öffentlichen Raum nicht auf Dauer ausgelegt ist. Ein nur vorübergehend aufgestelltes Kunstwerk dürfen Sie zwar fotografieren, ohne Einwilligung des Rechteinhabers darf das Foto aber nicht veröffentlicht werden. Ist das Kunstwerk allerdings nur Beiwerk Ihres Gesamtmotivs, ist die Veröffentlichung wieder erlaubt.

Der Knackpunkt ist der Passus „öffentlich zugänglich". Wenn Sie von Ihrem Wohnzimmerfenster aus einen wundervollen Blick auf die Penthouse-Terrasse eines Topmodels haben, dürfen Sie dort deswegen noch lange nicht hinfotografieren. Sie befinden sich nicht in einem öffentlich zugänglichen Raum. Sobald Sie sich auf Privatgrund aufhalten, dürfen Sie von dort nicht mehr ohne Weiteres auf die Straße fotografieren und auch innerhalb des Privatgrunds nur mit stillschweigender oder expliziter Erlaubnis des Grundstücksbesitzers knipsen. Auch die Verwendung beispielsweise einer Leiter ist nicht erlaubt, deshalb kann in Deutschland jeder Grundstücksbesitzer Google die Zustimmung verweigern, das Street-View-Fotos seines Grundstücks zu veröffentlichen.

*Illegale Fotografen an der Stabkirche in Borgund. Das Fotografieren ist auf dem gesamten Gelände untersagt, eine entsprechende Genehmigung wird nur in begründeten Ausnahmefällen erteilt. In diesem Fall wird zwar Architektur fotografiert, es bestehen jedoch begründete Zweifel, dass es sich dabei um Architekturfotografie handelt.*

Die Google-Street-View-Kameras stehen in drei Metern Höhe, und das gilt als nicht mehr von der Panoramafreiheit gedeckt.

Dabei ist Privatgrund durchaus überraschend definiert. Auch öffentlich zugänglicher Grund kann Privatgrund sein. Dazu zählen beispielsweise manche Parks, Friedhöfe, Tiergärten und auch Anlagen der deutschen Bundesbahn oder von Verkehrsverbünden. Sogar Supermarktparkplätze sind Privatgrund. Aber selbst wenn es sich definitiv um einen öffentlichen Bereich handelt, kann man dort nicht beliebig fotografieren.

Es kann sein, dass das Fotografieren eine genehmigungs- und gebührenpflichtige Sondernutzung darstellt. Das wird vor allem bei größeren Shootings für Kataloge und Zeitschriften vor Gericht regelmäßig bejaht. In Österreich ist für solche Shootings selbst im Staatsforst eine nicht ganz billige Genehmigung erforderlich. In Italien gilt diese Panoramafreiheit nicht. Dort kann Ihnen jeder verbieten, sein Haus zu fotografieren, es empfiehlt sich also, ein unwilliges „no Foto" eines Ladenbesitzers in Siena zu respektieren.

### *Motive flächengetreu darstellen*

Prinzipiell gibt es für den Winkel, mit dem Architektur fotografiert wird, keine Untergrenze. Ein Fisheye mit 180° diagonalem Bildwinkel ist hervorragend geeignet, solange man daran denkt, den Horizont durch die Mitte des Bilds laufen zu lassen. Fisheye-Objektive haben gegenüber den auskorrigierten Ultraweitwinkeln den großen Vorteil, dass die Darstellung flächengetreu ist. Gegenstände am Rand des Bildfelds werden nicht verbreitert. Das führt zu einer ungewollten Rasanz des Motivs, wenn man nicht genau darauf achtet, die Ränder des Bilds frei zu halten.

### *Größenvergleich im Bild aufnehmen*

Der Durchgang am Bergfried der Burgruine Wolfstein ist eigentlich höchst unspektakulär, die Mauer des Bogens nicht sonderlich dick. Erst durch das Ultraweitwinkel wird aus dem Mäuerchen eine zyklopische Festungsmauer. Das völlige Fehlen eines Vergleichsmaßstabs sorgt zudem dafür, dass das Gehirn die Verzerrung nicht korrigieren kann und glaubt, ein mit Normalbrennweite aufgenommenes Bild vor sich zu haben.

Falls es nicht möglich ist, weiter vom Bauwerk wegzukommen, um einen natürlicheren Bildwinkel zu erreichen, sollte man immer darauf achten, einen Größenvergleich mit ins Bild aufzunehmen. Dies gilt erst recht, wenn man das Bild am Computer perspektivisch entzerrt, um die stürzenden Linien zu entfernen.

Rechts oben: *Das germanische Nationalmuseum in Nürnberg. Solange die Linien durch die Mitte laufen, kann man auch mit einem Fisheye-Objektiv Architekturaufnahmen machen.*

Rechts unten: *Durchgang am Bergfried der Burgruine Wolfstein, Neumarkt, Oberpfalz. Die Flächenverzerrung entstand durch ein auskorrigiertes Ultraweitwinkel.*

| AUFNAHMEDATEN | |
|---|---|
| Brennweite | 8 mm |
| Blende | f/7,1 |
| Belichtungszeit | 1/400 s |
| ISO | 100 |

| AUFNAHMEDATEN | |
|---|---|
| Brennweite | 7 mm |
| Blende | f/4 |
| Belichtungszeit | 1/160 s |
| ISO | 200 |

| AUFNAHMEDATEN | |
|---|---|
| Brennweite | 14 mm |
| Blende | f/5 |
| Belichtungszeit | 1/320 s |
| ISO | 100 |

| AUFNAHMEDATEN | |
|---|---|
| Brennweite | 11 mm |
| Blende | f/3,5 |
| Belichtungszeit | 1/400 s |
| ISO | 100 |

### *Stürzende Linien vermeiden*

Stürzende Linien sind die Bezeichnung für den Effekt, dass Häuser, die man von unten nach oben fotografiert, aufgrund der Perspektive oben dünner zu werden scheinen. Das wirkt, als würden die Häuser umstürzen. Der Effekt ist völlig normal, wir sind es nur in natura gewöhnt, diesen Effekt im Gehirn wieder auszugleichen, sodass es uns erst dann auffällt, wenn das Gebäude wirklich sehr hoch ist und wir den Kopf schon sehr stark in den Nacken legen müssen, um die Spitze zu sehen. Das Bild zeigt ein Hochhaus in Stockholm, Kungsgatan, Ecke Malmskilnadsgatan.

Die stürzenden Linien sind am Bildrand immer stärker als in der Bildmitte. Sie sehen es auch daran, dass links eine Hausecke ins Bild ragt, während das Hauptmotiv in der Bildmitte halbwegs ungekippt davonkommt. Diesem Abbildungsfehler ist man früher mit sogenannten Shift-Objektiven zu Leibe gerückt, bei denen das Objektiv parallel zum Film vor der Kamera verschoben – geshiftet – wurde. Das verursachte nun seinerseits einen Abbildungsfehler, und mit diesem konnte man die Häuser gerade rücken. In der hochwertigen Architekturfotografie mit Großformatkameras wird das heute noch so gemacht. Für den Hobbyisten sind die Objektive, für die mehrere Tausend Euro hingeblättert werden müssen, normalerweise unrentabel. Will man trotzdem die stürzenden Linien beseitigen, ist der Griff zur Bildbearbeitungssoftware meist günstiger.

*Oben: Die links ins Bild ragende Hausecke deutet auf einen Abbildungsfehler hin.*

*Unten: Der Regensburger Dom stürzt nicht hinten weg.*

*Rechts: Das gleiche Bild, aber perspektivisch entzerrt.*

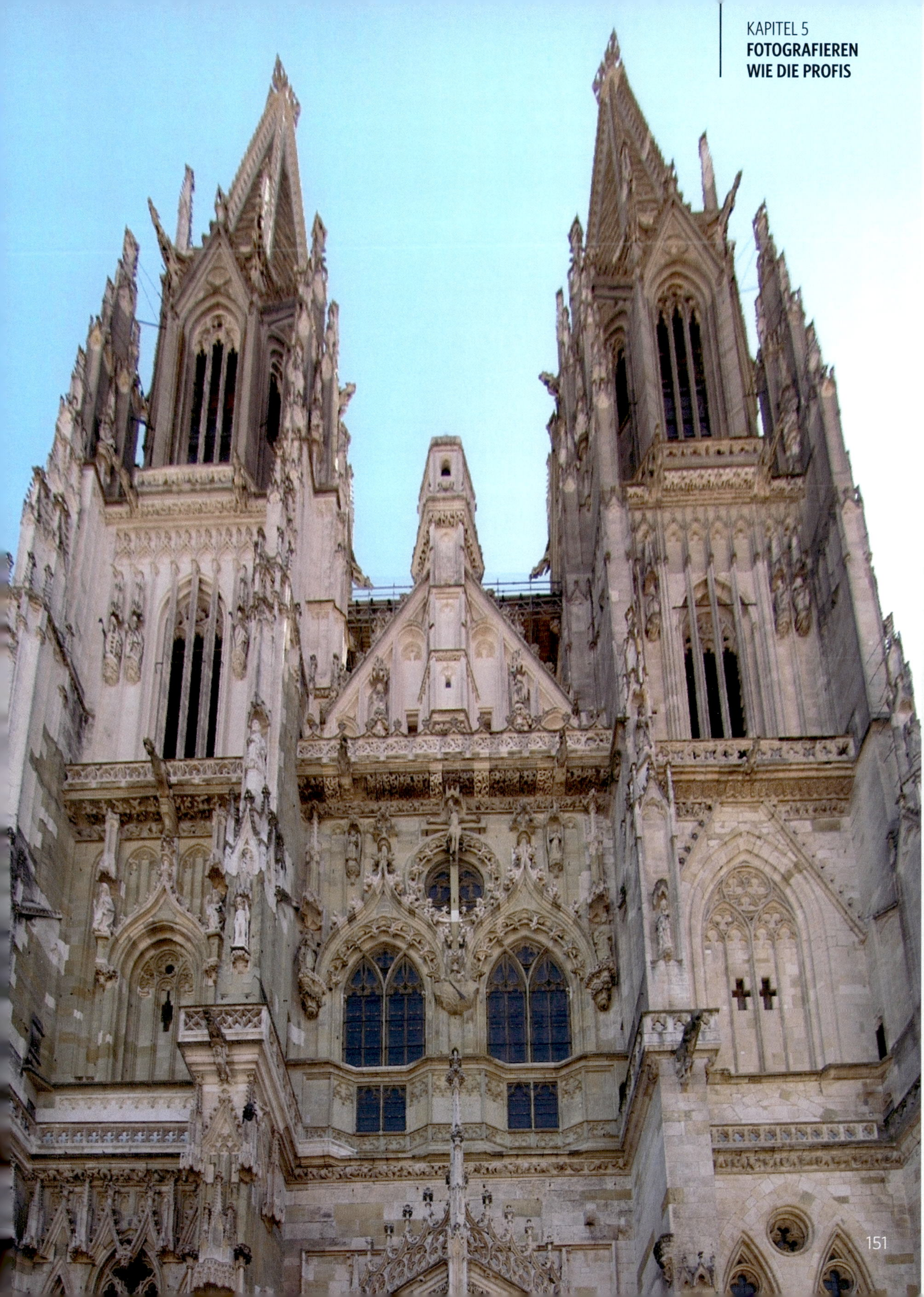

| AUFNAHMEDATEN | |
|---|---|
| Brennweite | 7 mm |
| Blende | f/9 |
| Belichtungszeit | 1/200 s |
| ISO | 200 |

*Hier dominiert der Brückenboden und nicht das Gebäude.*

Das Entzerren am Rechner funktioniert jedoch nur dann, wenn es sich um vergleichsweise gering stürzende Linien handelt oder das Gebäude außen kaum Strukturen aufweist. Beim Beispiel des Regensburger Doms kann man höchstens von einer Verschlimmbesserung sprechen. Ein glattes Hochhaus ist auf diese Art jedoch sehr einfach zu entzerren.

Generell ist Shiften, genauso wie das Entzerren am Computer, eine Notlösung, die eigentlich immer Ergebnisse erzeugt, die bei genauem Hinsehen unnatürlich wirken. Besser ist es, möglichst viel Abstand zum Gebäude und die Kamera waagerecht zu halten. Lieber schneidet man die untere Hälfte des Bilds mit dem Straßenpflaster ab.

Wenn Sie mit Ultraweitwinkelobjektiven arbeiten und stürzende Linien vermeiden wollen, müssen Sie entweder Ihren Aufnahmestandort nach oben verlegen oder den Bildvordergrund interessant gestalten. Im Fall der Burg Wolfstein liegt das Problem darin, dass die Brücke über den Burggraben dominant den unteren Teil des Bilds ausfüllt. Auch wenn der Fotograf nun aufsteht, ändert sich nichts daran. Der Horizont ist wie festgenagelt in der Mitte des Bilds, und alles unter Augenhöhe nimmt den unteren Teil des Aufnahme ein.

Solange Sie Gebäudeteile haben, die deutlich über Ihrer Augenhöhe liegen – was eigentlich fast immer der Fall ist, außer Sie stehen auf einem gegenüberliegenden Gebäude –, haben Sie grundsätzlich große Teile des Bodens auf dem Bild. Bei der gezeigten Aufnahme gibt es eine sehr einfache Alternative: Treten Sie einfach ein paar Schritte neben die Brücke und fotografieren Sie von dort.

| AUFNAHMEDATEN | |
|---|---|
| Brennweite | 7 mm |
| Blende | f/4 |
| Belichtungszeit | 1/1000 s |
| ISO | 200 |

*Der Burgturm ist zwar immer noch nicht größer, aber das Gesamtbild ist deutlich interessanter, weil nun die untere Hälfte des Bilds vom Burggraben eingenommen wird.*

***Gebäudebilder vorzugsweise mit Stativ***

Auf jeden Fall empfiehlt sich für Architekturaufnahmen ein gutes, standfestes Stativ, auch deshalb, weil damit Aufnahmen mit Graufilter oder in der Nacht möglich werden. So verhindern Sie, die Kamera durch das Auslösen versehentlich zu verreißen. Zusätzlich ist es einfacher, die Kamera aufzustellen, einzurichten und dann in aller Gemütsruhe und ohne Krampf im Arm zu warten, bis die Straße die gewünschte Bevölkerungsdichte bzw. -leere aufweist und – vor allem – bis das Licht passt.

***Beleuchtung des Bauwerks prüfen***

Schenken Sie der Beleuchtung des Bauwerks genauso viel Aufmerksamkeit wie bei einem guten Porträt. Ein Schatten quer über die Fassade kann das Bild unrettbar ruinieren. Sie können den Bereich zwar in Photoshop aufhellen, bekommen aber die Schattenwürfe von Fenstern und Vorsprüngen niemals exakt auf die Reihe. Früher gab es Reiseführer mit Tipps für Fotografen, in denen zu jeder Sehenswürdigkeit der ideale Zeitpunkt für das Licht mit aufgeführt wurde. Wenn Sie keine dieser Raritäten Ihr Eigen nennen, führt kein Weg an einem genauen Studium des Stadtplans mit Sonnenauf- und -untergangszeiten sowie Sonnenhöhen vorbei.

***Bebauung mit Google Maps beurteilen***

Bei Google Maps können Sie unter Umständen feststellen, wie hoch die gegenüberliegende Bebauung ist. Aber das kann für Überraschungen sorgen, da Google Maps einige Jahre hinterherhinkt und unter Umständen dort freie Plätze zu sehen sind, die mittlerweile zugebaut wurden – oder umgekehrt.

Wenn Sie unter Vertrauen auf die Google-Luftbilder den Palast der Republik in Berlin fotografieren wollen – leider zu spät.

### Ideales Licht am Morgen und am Abend

Ideal ist Morgen- oder Abendlicht, weil dann Strukturen von Fassaden besser herausgearbeitet werden und auch die Kontraste kamerafreundlicher sind. Kommt es allerdings weniger auf künstlerische Farben als auf eine möglichst natürliche Wiedergabe des Bauwerks an, ist das Licht am Vormittag oder Nachmittag besser.

### Polfilter bewusst einsetzen

Polfilter bei Architekturaufnahmen sollten bewusst eingesetzt werden. Im Bild der Kaiserstallung wird klar, welche verheerenden Auswirkungen der Polfilter haben kann: Werden die Spiegelungen des Himmels an den Fensterscheiben per Polfilter beseitigt, bleibt eine Ansammlung schwarzer Fensterhöhlen übrig – wie bei dem einen geöffneten Fenster im Bild unten.

*Das Dach der Kaiserstallung in Nürnberg – an einem frühen Novembernachmittag. Am Abend liegt das Südsüdostdach im Schatten, am Vormittag blockieren hohe Bäume das Sonnenlicht.*

| AUFNAHMEDATEN | |
|---|---|
| Brennweite | 22 mm |
| Blende | f/3,5 |
| Belichtungszeit | 1/800 s |
| ISO | 100 |

Bei modernen Glasbauten kann man über den Polfilter wählen, ob man eher die innere Struktur betonen will oder mehr die monolithische Außenhaut – vorausgesetzt, die Fenster sind nicht zum Sonnenschutz mit einer Metallisierung versehen. In diesem Fall kann der Polfilter nichts ausrichten. Gute Dienste leistet der Polfilter dagegen bei spiegelnden Dachziegelflächen.

### Bestes Licht für Innenraumbilder

Innenräume zu blitzen ist nicht ganz einfach. Der Aufsteckblitz ist in den allermeisten Fällen tabu, da er einzelne Wand- oder Deckenflächen überbetont. Für einen natürlichen Raumeindruck ist das Licht von draußen am besten. Wenn dieses trotz Stativ nicht ausreicht und auch die im Raum vorhandene Beleuchtung nicht zu verwenden ist, sollten Sie versuchen, mit großen Softboxen einen gleichmäßigen Lichteinfall zu simulieren.

Aufpassen müssen Sie, wenn Sie noch Tageslichtreste haben: Die Farbtemperatur des Tageslichts stimmt meistens nicht mit der Farbtemperatur des Blitzes überein. Also sperren Sie entweder das Tageslicht konsequent aus oder passen mit Farbfolien das Blitzlicht an. Generell sind aber ein Stativ und das natürliche Licht im Raum immer die bessere Lösung, manche Räume wirken erst durch das geplante Spiel von Licht und Schatten. Beim Bild des Pellerhauses wird die Struktur der Decke überhaupt erst durch die Schattenwirkung sichtbar. In diesem Fall wurde das Ultraweitwinkel übrigens bewusst gekippt, um den eigentlich recht klobigen Säulenstrukturen etwas Dynamik zu verleihen.

### Kamera senkrecht nach oben richten

Gelegentlich ist es auch sinnvoll, die Kamera einmal senkrecht nach oben oder unten zu richten – vor allem in Treppenhäusern wird das gern gemacht –, um Tragestrukturen zu verdeutlichen.

### *Nachträglich beschneiden oder entzerren*

Ein echtes Problem bei Interieurs ist die geringe Deckenhöhe in Verbindung mit Ultraweitwinkelobjektiven. Wie bereits gesehen, sollte, um stürzende Linien zu vermeiden, die Kamera waagerecht gehalten werden. Um nun Decke und Fußboden in gleichem Verhältnis auf das Bild zu bekommen, sollte die Kamera genau in der Mitte der beiden Flächen gehalten werden. Bei einer Raumhöhe von 2,50 Metern müsste die optische Achse auf 1,25 Metern stehen – was eher die Perspektive eines Kindes ist. Wird die Kamera in normaler Augenhöhe platziert, wird in einem normalen Raum die Decke deutlich überbetont. Einzige Abhilfe: nachträglicher Beschnitt oder schief fotografieren und nachträglich am Computer entzerren – mit allen bekannten Nachteilen.

### *Eine natürliche Perspektive erhalten*

Beim Bild des Speiseraums auf der nächsten Seite wurde zu einer Handvoll Tricks gegriffen, um eine natürliche Perspektive zu erhalten und trotzdem sowohl stürzende Linien als auch überbetonte Decken und Böden zu vermeiden. Das Beispielbild zeigt den Speiseraum der Villa Palagione in Volterra. Durch die Platzierung des Tischs im Vordergrund, der fast ein Viertel des Bilds einnimmt, wurde der dunkle

*Oben: Das Erdgeschoss des Pellerhauses in Nürnberg. Die bewusst eingesetzten stürzenden Linien führen auf das Kreuzrippengewölbe hin und lenken von den störenden Vitrinen am Rand ab.*

*Unten: Die Marienkirche in Stralsund. Bei dieser Aufnahme legte sich der Fotograf zum Amüsement der Kirchenbesucher auf den Rücken und fotografierte aus dieser Position die Belichtungsreihe aus der dieses Bild entstand.*

*HDR aus drei Bildern, Brennweite 9 mm und Blende 4.*

| CHECKLISTE: ARCHITEKTUR | |
|---|---|
| **Pflicht** | Standfestes Stativ mit Wasserwaage |
| **Brennweite** | Fisheye, 14–50 mm Kleinbildbrennweite |
| **Optional** | Shift-Objektiv gegen stürzende Linien |
| | Polfilter |

Boden verdeckt. Durch die starken Linien rechts wird das Auge aber vom Tisch weg in die hinteren Bereiche des Raums Richtung Fenster geführt. Die Decke erscheint durch die Gewölbegliederung höher, als sie tatsächlich ist, wodurch ein großzügiges Raumgefühl zustande kommt.

### Industrieanlagen ins rechte Licht rücken

Industriefotografie ist eigentlich die Domäne hoch bezahlter Profifotografen. Dabei werden mit erheblichem Aufwand Fertigungsstraßen in Hochglanz abgelichtet oder auch einzelne Produkte ins rechte Licht gerückt. Zunehmend versuchen aber Industrieunternehmen, auch die menschliche Seite der Fertigung zu betonen.

*Mitte: Hier steht der technische Aspekt der Fertigung im Vordergrund.*

Frühere Industriefotografie versuchte vor allem, den technischen Aspekt der Fertigung in den Vordergrund zu stellen – im Beispielbild die Kokerei der Zeche Zollverein. Endlose Reihen gleichförmiger Maschinen sollten große Produktivität und einen hohen Grad an profitabler Automatisierung suggerieren. Tatsächlich ist die Produktionswirklichkeit in heutigen mittelständischen Betrieben aber nicht durch endlose Fertigungsstraßen, sondern von höchst spezialisierten Einzelmaschinen geprägt.

Für den in die Fertigungsprozesse nicht Eingeweihten ist eine solche Halle nicht zu begreifen. Für den Fotografen, der den Auftrag hat, eine solche Firma zu dokumentieren, scheitert das schon allein an der Komplexität der Formen, wie das Bild einer Fertigungshalle eindrucksvoll zeigt.

### *Unfallverhütungsvorschriften beachten*

Ultraweitwinkel scheinen zwar für die großen Hallen prädestiniert, häufig kommt aber zu viel aufs Bild. Das Resultat wird unruhig, hek-

| AUFNAHMEDATEN | |
|---|---|
| Brennweite | 50 mm |
| Blende | f/2,8 |
| Belichtungszeit | 1/100 s |
| ISO | 200 |

tisch. Zudem passiert es oft genug, dass irgendwo in der Halle ein Dreher ohne Schutzbrille an der Werkbank steht und dann die entsprechenden Stellen mühselig retuschiert werden müssen. Denn es ist völlig klar - Sie fotografieren in einem sensiblen Bereich und sollten es unterlassen, Dinge zu fotografieren, die Sie vielleicht spannend finden, die aber den Unfallverhütungsvorschriften oder den Betriebsanweisungen widersprechen.

### *Ausreichend Schärfentiefe erhalten*

Ein Problem bei Überblicksbildern über Fertigungshallen ist die schlechte Beleuchtung und - speziell bei größeren Sensoren - die Notwendigkeit, die Blende auf mindestens Blende 8 zu schließen, um eine ausreichende Schärfentiefe zu erhalten.

Andererseits sind Fertigungshallen selten Orte der Ruhe - da bewegt sich allerhand, und lange Belichtungszeiten verbieten sich wegen der zu erwartenden Unschärfe. Zudem scheitert das Aufbauen eines Stativs oft schon daran, dass der einzige Platz dafür ausgerechnet die Rennstrecke für die Staplerfahrer ist. Bewegen Sie sich deshalb immer in Begleitung eines Ortskundigen.

**AUFNAHMEDATEN**

| | |
|---|---|
| Brennweite | 14 mm |
| Blende | f/3,5 |
| Belichtungszeit | 1/125 s |
| ISO | 800 |

*Maschinen ohne Ende: Für fachfremde Betrachter sagt dieses Bild nichts aus.*

Er kennt die Fahrwege und weiß, wo die Laufkatzen sind - nicht dass Sie gerade begeistert das Detail einer 30-Tonnen-Presse ablichten und dann eines der Werkstücke von oben herabfällt.

### *Graukarte für exakten Weißabgleich*

Vergessen Sie auf keinen Fall eine hochwertige Graukarte, selbst wenn Sie in RAW fotografieren und den Weißabgleich am Computer vornehmen. In Fertigungshallen herrscht fast immer Mischlicht.

### *Mensch und Produkt im Mittelpunkt*

Mittlerweile geht der Trend bei der Industriefotografie weg von der Dokumentation der blanken Technik hin zum Menschen, der mit dem Produkt verbunden ist. Nicht mehr das seelenlose, austauschbare Produkt steht im Vordergrund, sondern eine mit dem Produkt verbundene Story und Unternehmenskultur. Models eignen sich nicht als Arbeiterdarsteller. Ideal sind immer diejenigen, die den Job auch Tag für Tag machen. Diese sind

| AUFNAHMEDATEN | |
|---|---|
| Brennweite | 147 mm |
| Blende | f/3,5 |
| Belichtungszeit | 1/160 s |
| ISO | 800 |

*Nicht der Mensch steht im Mittelpunkt, sondern die Verbindung zwischen Mensch und Produkt – hier die Fertigung von Bernina-Nähmaschinen.*

| AUFNAHMEDATEN | |
|---|---|
| Brennweite | 14 mm |
| Blende | f/2,8 |
| Belichtungszeit | 1/50 s |
| ISO | 400 |

*Abstechofen: Um Unfälle auszuschließen, muss eine Aufnahmesituation wie diese vorher genau besprochen werden.*

jedoch keine Kameras gewohnt. Verwenden Sie deshalb lange, lichtstarke Brennweiten und nehmen Sie sich viel Zeit um unbemerkt fotografieren zu können. Widerstehen Sie dabei der Versuchung, bei dieser Art Fotografie Porträts zu machen.

### *Vorsicht beim Objektivwechsel*

Falls Sie öfter in Industriehallen fotografieren, sollten Sie Ihrer Kameraausrüstung erhöhte Aufmerksamkeit schenken. Ein Beispiel: Bei spanabhebenden Maschinen werden die Schneidstähle auch heute noch mit Öl gekühlt. Das Öl verdampft und befindet sich in der Luft. Die Mengen sind vergleichsweise gering, sodass Sie nicht gleich mit Mundschutz herumlaufen müssen, sie lagern sich aber als schmieriger Film auf dem Sensor Ihrer Kamera ab. Seien Sie also bei Objektivwechseln in Werkhallen, in denen Metalle oder Kunststoffe bearbeitet werden, sehr vorsichtig. Idealerweise gehen Sie zum Wechseln ins Freie.

### *Ausreichend Abstand zum Motiv*

Es versteht sich von selbst, dass Sie ausreichend Abstand zu Drehbänken und Fräsmaschinen halten. Das Werkzeugfutter einer schnell drehenden Maschine kann Ihren Kameragurt erwischen, und dann können Sie nur hoffen, dass der Kameragurt nicht gerade um Ihren Hals hängt.

Andere Probleme sind Funkenflug und heiße Späne. Ein entsprechender Span kann sich nicht nur in Ihre Haut, sondern auch in Ihre Frontlinse einbrennen. Arbeiten Sie also mit Teleobjektiven und, wenn Sie doch näher herangehen müssen, in diesem speziellen Fall mit UV-Schutzfilter und Schutzbrille für Ihre Frontlinsen.

Im Fall des Abstechofens der Firma Bock in Pavelsbach sind die verwendeten 14 mm eigentlich zu kurz, sie erforderten einen Abstand zum Ofen von unter zwei Metern. Um den Arbeitsbereich war jedoch ein Schutzgeländer gezogen, das bei einer längeren Brennweite störend mitten durchs Bild gelaufen wäre. In solchen Situationen muss das Bild vorher mit allen Beteiligten genau besprochen werden, sodass Unfälle so weit wie möglich ausgeschlossen werden können.

***Spiegelungen als Kontrast einfangen***

Als Motiv sehr beliebt sind spiegelnde Solarzellen – im Beispielbild als Kontrast zur stillgelegten Kokerei der Zeche Zollverein in Essen inszeniert, aber auch bei einem in Betrieb stehenden Werk dekorativ. Trotz Ultraweitwinkel wurde sehr stark abgeblendet, um die Sonne mit Strahlenkranz abzubilden. Von der Schärfentiefe her wäre das nicht nötig gewesen, da in dieser Situation bereits bei Offenblende die Hyperfokaldistanz auf nur zwei Metern liegt.

| CHECKLISTE: INDUSTRIE | |
|---|---|
| **Pflicht** | Schnelle Kamera mit großem Empfindlichkeitsbereich |
| | Hochwertige Graukarte |
| | Schutzkleidung und ortskundige Begleitperson |
| **Brennweite** | 14–400 mm Kleinbildbrennweite |
| **Optional** | Stativ mit Wasserwaage |

**Produktfotos für die Onlineauktion**

Produktfotos sind nicht nur eine Aufgabe für Profis. Jeder, der auch nur eine Kaffeekanne bei eBay versteigern will, muss ansprechende Fotos seiner Ware machen können. Produktfotos sind eigentlich eine

*Auf der Ofendecke der Zeche Zollverein kurz vor Sonnenuntergang.*

| AUFNAHMEDATEN | |
|---|---|
| Brennweite | 7 mm |
| Blende | f/10 |
| Belichtungszeit | 1/500 s |
| ISO | 200 |

simple Angelegenheit. Sie benötigen dazu ein Lichtzelt, das etwa doppelt so groß ist wie der größte Artikel, den Sie ablichten wollen, zwei oder drei Lampen, eine Graukarte, ein Stativ und eine Kamera. Nicht einmal eine Blitzanlage ist notwendig, weil sich die wenigsten Produkte bewegen und man deshalb mit drei simplen Schreibtischlampen rund um das Lichtzelt auskommt.

### *Verkaufsobjekte ins rechte Licht rücken*

Trotzdem ist natürlich eine gute Blitzanlage von Vorteil, weil man dann unabhängig vom Stativ operieren und entsprechend intuitiv den Ausschnitt und den Aufnahmewinkel wählen kann, der beim Stativ erst entsprechende Verstellungen nötig macht. Die Kreativität des Fotografen beschränkt sich im Lichtzelt auf die Tätigkeit des Dekorateurs: Snowboardschuhe sollten zum Beispiel so stehen und liegen, dass der Kunde sowohl die Schnürung als auch die Sohle sieht, die von Bedeutung für die Art der Bindung ist. Es handelt sich hier um einen Schuh aus Rücklaufware mit einem kleinen Fehler. Dieser musste natürlich sichtbar sein, damit es im Nachhinein keinen Ärger gibt.

### *Im Lichtzelt schattenfrei ausleuchten*

Achten Sie auf jeden Fall darauf, dass Sie bei Produktfotografie einen brauchbaren Weißabgleich machen. Auch ein professionelles Lichtzelt ist kein Ersatz für einen manuellen Weißabgleich mit einer hochwertigen Graukarte. Profis fotografieren noch ein Color-Target mit, um später am kalibrierten Monitor die Farben hundertprozentig korrekt einstellen zu können.

*Die Snowboardschuhe wurden im Lichtzelt für eine eBay-Versteigerung fotografiert.*

| AUFNAHMEDATEN | |
|---|---|
| Brennweite | 35 mm |
| Blende | f/11 |
| Belichtungszeit | 1/200 s |
| ISO | 100 |

Prinzipiell ist ein Lichtzelt nichts anderes als ein Würfel aus weißem Gewebe. Dieses wird von außen angestrahlt - ob mit herkömmlichen Glühlampen, Energiesparleuchten oder einer Blitzanlage, ist ziemlich egal - und sorgt im Inneren für eine gleichmäßige, fast schattenfreie Ausleuchtung.
Als Hintergrund können verschiedenfarbige Stoffe befestigt werden, für die Gitarre wurde zum Beispiel ein blauer Stoff gewählt. Das Lichtzelt ist natürlich anfällig für Mischlicht, es sollte also auch wirklich nur von Licht eines Spektrums beleuchtet werden. Das Lichtzelt ans Fenster zu stellen und von der anderen Seite mit einem Baustrahler zu beleuchten bringt zwar bunte, aber nicht unbedingt befriedigende Ergebnisse.
In einem solchen Würfel sollten die Produkte nicht größer sein als etwa 60 Zentimeter hoch und 40 Zentimeter breit und tief. Werden die Produkte größer, deckt der Hintergrund nicht mehr alles ab, und am Rand des Bilds werden die Seitenwände sichtbar - damit wird auch die Ausleuchtung ungleichmäßig.

### *Im Lichtzelt reflexfrei fotografieren*

Einer der großen Vorteile des Lichtzelts ist die Möglichkeit, relativ reflexfrei zu arbeiten. Eine Flasche Wein spiegelt in alle Richtungen. Die Wahrscheinlichkeit, dass man sowohl die gesamte Studioeinrichtung als auch den Fotografen samt Kamera und Assistenten auf der Flasche wiederfindet, ist relativ hoch.

| AUFNAHMEDATEN | |
|---|---|
| Brennweite | 27 mm |
| Blende | f/9 |
| Belichtungszeit | 1/200 s |
| ISO | 100 |

*Oben: Das abgebildete Lichtzelt ist mit seinen 1,20 Metern Kantenlänge für die abgebildete Gitarre zu klein.*

*Unten: Bei genauem Hinsehen erkennt man den Reißverschluss des Eingangs in der Mitte der Flasche.*

## NUR ZUGELASSENE FARBFOLIEN VERWENDEN

**Verwenden Sie für die Blitzgeräte grundsätzlich nur für Beleuchtungszwecke zugelassene Farbfolien – weit verbreitet sind hier LEE-Folien, die auch für Bühnenbeleuchtungen eingesetzt werden. Ungeeignete Folien können anfangen zu brennen oder zu schmoren.**

Nur das Lichtzelt schafft hier Abhilfe. Wenn man die vordere Seite des Lichtzelts mit dem meist mitgelieferten Stück Stoff verschließt, taucht nicht einmal mehr der Fotograf als Spiegelung auf.

***Den korrekten Schärfebereich beurteilen***

Auch den Einsatz von Spiegeln erlaubt das Lichtzelt, im Studio sind sie normalerweise strikt verboten. Beim Bild des Stativkopfs war der kleine Spiegel das geringere Problem. Eng wurde es mit der Schärfentiefe. Bei kleinen Produkten kommt man bereits in den Makrobereich mit allen entsprechenden Problemen, wie etwa der genau zu justierenden Schärfeebene oder eben auch dem Zwang zu großen Blendenzahlen, die wiederum wesentlich mehr Licht erfordern. Dabei sollte man sich immer wieder die entsprechenden Bilder auf dem Display in der Vergrößerung ansehen, um den korrekten Schärfebereich zu beurteilen.

***Unschärfe wird zum Prinzip***

Produktfotografie wird häufig mit Kompaktkameras gemacht. Speziell für das Internet reicht die Qualität der dadurch erzeugten Bilder meistens aus. Die Kompaktkamera wird auf ein Stativ gestellt, außen um das Lichtzelt einfache Lampen, und fertig ist der Aufbau. Sobald es jedoch in sehr kleine Dimensionen geht, sind Kompaktkameras schnell überfordert. Für die Schmuckfotografie empfehlen sich eher Kameras mit FourThirds- oder APS-Sensoren. Die Alternative bei größeren Sensorformaten sind Kameras mit hochwertigen Tilt-Objektiven, bei denen die Schärfeebene nach Belieben über das Produkt gelegt werden kann.
Reicht die Schärfentiefe nicht aus, entweder weil das Licht nicht höher gedreht werden kann oder weil kein Tilt-Objektiv zur Verfügung steht, muss das Auge von der Unschärfe abgelenkt und die Unschärfe zum Prinzip erklärt werden. Beim Bild des Polfi-

| AUFNAHMEDATEN | |
|---|---|
| Brennweite | 37 mm |
| Blende | f/7,1 |
| Belichtungszeit | 1/200 s |
| ISO | 100 |

Bei dieser Aufnahme eines Stativkopfs war der Einsatz eines kleinen Spiegels das geringere Problem – eng wurde es mit der Schärfentiefe.

| AUFNAHMEDATEN | |
|---|---|
| Brennweite | 54 mm |
| Blende | f/9 |
| Belichtungszeit | 1/200 s |
| ISO | 100 |

*Das Foto eines Polfilters auf einem Spiegel ist übrigens eine wunderbare Möglichkeit, die Qualität des Polfilters zu überprüfen. Beim Drehen des Filters darf sich die Farbe nicht ändern, idealerweise zeigt der Polfilter sogar gar keine Farbe, sondern lediglich ein Neutralgrau, und je dunkler das Neutralgrau ist, desto wirksamer ist der Polfilter.*

lters geschieht das durch die Scharfstellung auf dem vorderen Rand mit Anzeige des Markennamens.

***Farbtupfer ins Motiv bringen***

Bisweilen gibt es zu fotografierende Produkte, die vollständig monochrom sind. Ein schwarzes Plastikteil etwa, das zwar mit viel Mühe entwickelt wurde, aber in der Fotografie nicht wirklich spektakulär rüberkommt. Bei farbigen Blitzen, die direkt aufs Motiv losgelassen werden, müssen Sie immer dafür sorgen, dass aus dem Farbtupfer keine Farbfläche wird. Sie müssen also mit einem weißen Blitz dagegenblitzen. An den Stellen, die der weiße Blitz im Bild erreicht, behält das Plastikteil seine natürliche Farbe, in den Schatten kann sich das Blau durchsetzen. Die Schraube wurde also mit zwei weißen Blitzen und einem blauen Blitz beleuchtet, diesmal bewusst ohne Lichtzelt, um die Strukturen mit Licht und Schatten besser herausarbeiten zu können.

***Reflexe auf Messers Schneide***

Eine der schwierigsten Aufgaben in der Produktfotografie sind Messer. Die hochglanzpolierten Klingen spiegeln, und wenn sie nicht spiegeln, wirken sie einfarbig und langweilig. In diesem Fall wurde mit einem seitlich stehenden Blitz, der an die weiße Studiodecke ging, ein Reflex auf die Kante des Messers gesetzt. Es handelt sich dabei um ein Parmesanmesser, das keine wirkliche Schneide hat, da der Parmesan gebrochen und nicht geschnitten wird. Wesentlich beim Fotografieren eines Messers ist, dass sich weder Blitz noch Studioequipment direkt in der Messerklinge spiegeln.

| AUFNAHMEDATEN | |
|---|---|
| Brennweite | 54 mm |
| Blende | f/8 |
| Belichtungszeit | 1/160 s |
| ISO | 100 |

*In diesem Fall kann man mit einer blauen Farbfolie vor einem Blitz einen Farbtupfer ins Motiv bringen, der sehr technisch aussieht.*

| AUFNAHMEDATEN | |
|---|---|
| Brennweite | 54 mm |
| Blende | f/14 |
| Belichtungszeit | 1/200 s |
| ISO | 100 |

*Der Reflex muss sich auf die Schneidekante des Messers beschränken.*

### *Lebensmittel in Szene setzen*

Auch Lebensmittel sind Produkte und werden demzufolge fotografiert. Dabei unterscheidet man zwischen Foodfotografie für Kochbücher – eine Wissenschaft für sich –, und der relativ einfachen Fotografie eines mehr oder weniger industriell hergestellten Produkts. Lebensmittel haben Geschmack und Geruch, beides Eigenschaften, die Fotografie nicht abbilden kann. Wenn es noch dazu ein Produkt mit speziellen, eventuell unbekannten sensorischen Eigenschaften ist, muss der Fotograf durch entsprechende Dekoration einen groben Anhaltspunkt liefern.

In diesem Fall sollten Bauernbrot, Bügelbier und Zwiebel den kräftigen, aromatischen Charakter des Biokäses unterstreichen. Die Beleuchtung wurde mit einer Softbox und einem etwas abgesofteten Standardreflektor von links und rechts vorgenommen. Dabei wird immer darauf geachtet, dass im Bild eine Hauptlichtrichtung erkennbar ist, der zweite Blitz dient lediglich dazu, die Schatten des ersten Blitzes aufzuhellen. Kreuzschatten sollte man unbedingt vermeiden.

### *Ganz ohne Blitzanlage und Lichtzelt*

Gelegentlich kommt man in der Produktfotografie auch völlig ohne Blitzanlage und Lichtzelt aus, vor allem dann, wenn man das Produkt im Einsatz ablichtet. Im Beispiel ist das fragliche Produkt ein kleines Schneidemesser, das statt einer Nadel in einer Nähmaschine eingesetzt wird und mit einem kleinen Drehrad versehen ist. Ohne die

*Bauernbrot, Bügelbier und eine Zwiebel unterstreichen den kräftigen, aromatischen Charakter des Käses.*

| AUFNAHMEDATEN | |
|---|---|
| Brennweite | 54 mm |
| Blende | f/8 |
| Belichtungszeit | 1/200 s |
| ISO | 100 |

Nähmaschine sieht das Ganze eher wie ein etwas verunglückter sehr kleiner Kinderkreisel aus. Erst im Einsatz erschließen sich Sinn und Zweck des Geräts. Als Beleuchtung dienen nur die Neonraumbeleuchtung und die Nähfeldlampe der Maschine. Ein einwandfreier Weißabgleich ist hier Voraussetzung für ein gutes Foto.

**CHECKLISTE: PRODUKTE**

| | |
|---|---|
| **Pflicht** | Lichtzelt |
| | Einwandfreier Weißabgleich |
| | Blitzanlage oder farbstabile Beleuchtung |
| | Stativ |
| **Brennweite** | 30–120 mm Kleinbildbrennweite, makrofähig |

**AUFNAHMEDATEN**

| | |
|---|---|
| Brennweite | 169 mm |
| Blende | f/5,6 |
| Belichtungszeit | 1/20 s |
| ISO | 100 |

*Nahaufnahme einer Nähmaschine im Einsatz, ohne Blitzanlage. Der Fokus liegt auf dem Schneidemesser.*

## Landschaft und Natur

Natur ist vielfältig und anspruchsvoll, die Möglichkeiten der Fotografie sind unendlich, und es gibt wohl nur wenige Fotografen, die alle Spielarten der Naturfotografie beherrschen. Nur mit einer genauen Kenntnis des Motivs sind erstklassige Ergebnisse zu erwarten. Beschäftigen Sie sich also mit dem, was die Natur Ihnen zu bieten hat, egal ob das Sonnenuntergänge oder Heuschrecken sind. Denn nur wenn man weiß, was man fotografiert, und vor allem, wie man es am besten fotografiert, macht die Fotografie auf Dauer Freude.

### Der Klassiker: Landschaften der Toskana

Landschaftsfotografie ist so vielfältig wie die Oberfläche unseres Planeten. Einer der Klassiker für Landschaftsfotografie ist die Toskana. Die Toskana gilt mit Recht als eine der schönsten Landschaften Europas. Für Fotografen ein Paradies, da an abwechslungsreichem Licht und überraschenden Perspektiven in der Hügellandschaft kein Mangel herrscht. Die klassischen Bilder mit Zypressen, Pinien, grünen Hügeln und einer toskanischen Villa können in mannigfaltiger Weise an jeder Ecke gemacht werden.

#### *Mit der Sonne im Rücken*

Das Problem des Fotografen beschränkt sich darauf, einen Parkplatz zu finden, auszusteigen, sich die netteste Perspektive herauszusuchen und abzudrücken. Für ein entsprechendes Bild ist keine besondere Ausrüstung erforderlich. Mangelnde Brennweite können Sie durch Eigenbewegung (Turnschuhzoom) meistens gut ersetzen. Solange Sie darauf achten, die Sonne im Rücken zu haben, kann eigentlich nichts schiefgehen.

| AUFNAHMEDATEN | |
|---|---|
| Brennweite | 14 mm |
| Blende | f/2,8 |
| Belichtungszeit | 1/640 s |
| ISO | 100 |

| AUFNAHMEDATEN | |
|---|---|
| Brennweite | 150 mm |
| Blende | f/6,3 |
| Belichtungszeit | 1/320 s |
| ISO | 100 |

***Teleaufnahmen weit ins Land hinein***

Die Hügel der Toskana verführen durch die weiten Ausblicke mit gestaffelten Bergen zu Teleaufnahmen ins Land hinein. Was vor Ort noch wunderbar aussieht, wird im Bild dann zu einer recht diesigen, bläulichen Angelegenheit. Im Frühling ist die Luft oft noch relativ klar, im Sommer aber steht die Luft, und Fotos werden ungenießbar. Das Bild von San Gimignano überbrückt eine Entfernung von knapp acht Kilometern. Der Vordergrund zeigt ein modernes Gefängnis. Die Komposition ist weder vom touristischen noch vom fotografischen Standpunkt aus als gelungen zu betrachten. Es ist flau und in alle Richtungen mittig aufgebaut. Das Motiv „Mittelalter gegen Neuzeit" erschließt sich erst bei genauerem Hinsehen.

*Links oben: Bei diesem Motiv war die Anfahrt etwas schwieriger, da die Villa abseits in den Hügeln liegt und eine gewisse Portion Ortskenntnis nötig war, um sie zu finden. Aber ähnliche verlassene Häuser finden sich in der Toskana überall.*

*Links unten: Das Kernmotiv dieser misslungenen Teleaufnahme erschließt sich nur mit Mühe.*

***Landestypische Blickfänge nutzen***

Abhilfe kann man schaffen, indem man einen landschaftstypischen Blickfang in den Vordergrund platziert. Der Esel lenkt, auch wenn er dem Betrachter sein Hinterteil zuwendet, erfolgreich den Blick auf sich, sodass die gestaffelten, unscharfen Hügel im Dunst verschwimmen und nur noch den Hintergrund abgeben.

*Sprechen Sie sich vor dem ungesicherten Fotografieren von toskanischen Eseln mit dem Besitzer ab. Toskanische Esel sind bisweilen nicht nur störrisch, sondern auch bissig – im Zweifel schützt ein stabiler Weidezaun.*

| AUFNAHMEDATEN | |
|---|---|
| Brennweite | 112 mm |
| Blende | f/4 |
| Belichtungszeit | 1/640 s |
| ISO | 100 |

### *Einheimische bei der Arbeit*

Für Lokalkolorit sorgen Einheimische bei der Arbeit. In der Landschaftsfotografie hat man allerdings selten die Gelegenheit dazu, Arbeit in freier Natur ist in Europa außerhalb von technisierter Landwirtschaft selten geworden. Eine Ausnahme sind Weinbauern. Hier steckt immer noch sehr viel Handarbeit im Produkt, und es lohnt sich auch fotografisch, Winzer bei der Arbeit zu beobachten. Der Erwerb einiger Flaschen Wein macht die Kamera in den Händen des Touristen meist deutlich sympathischer. Es lohnt sich aber nicht nur wegen des Traubensafts, sich mit den Bauern gut zu stellen, denn die Panoramafreiheit ist in Italien nicht so groß wie in Deutschland. In Italien kann ein Hauseigentümer jederzeit das Fotografieren untersagen – und manche machen von dieser Möglichkeit auch regen Gebrauch.

### *Menschen in Landschaftsbildern*

Natürlich sind Menschen in Landschaftsbildern grundsätzlich nur Dekoration, eine Nahaufnahme einer Frau bei der Weinlese hat mit Landschaftsfotografie nichts zu tun – auch wenn so ein Foto sehr attraktiv sein kann. Aber Personen in der Landschaft sollten grundsätzlich nur zur Auflockerung dienen und den Charakter der Gegend transportieren. Eine typische Erscheinung für die moderne Toskana sind die allgegenwärtigen Fahrradfahrer. Vor einem mittelalterlichen Bergdorf neben einem Olivenhain

*Ein beliebtes Motiv: Weinbauern bei der Arbeit.*

| AUFNAHMEDATEN | |
|---|---|
| Brennweite | 45 mm |
| Blende | f/5,6 |
| Belichtungszeit | 1/80 s |
| ISO | 125 |

**AUFNAHMEDATEN**

| | |
|---|---|
| Brennweite | 54 mm |
| Blende | f/8 |
| Belichtungszeit | 1/320 s |
| ISO | 100 |

*Eine aus dem Schiebedach eines Fahrzeugs heraus fotografierte Gruppe Radsportler.*

abgelichtet, bilden sie einen guten Kontrast und führen den Betrachter optisch auf den Weg ins nächste Dorf. Zusätzlich gibt es noch ein bisschen Giro-d'Italia-Feeling gratis dazu.

Da es etwas mühsam ist, sich an einem entsprechenden Platz zu postieren und zu warten, bis ein Pulk Fahrradfahrer vorbeikommt, ist eine andere Methode erfolgversprechender. Sie benötigen dazu ein Fahrzeug mit großem Schiebedach oder besser ein altes Cabrio, mit dem Sie hinter den Radlern hertuckern und im passenden Moment den Beifahrer anweisen, auf den Auslöser zu drücken. Aus dem Seitenfenster zu fotografieren ist ungünstiger, da man dann mit der Kamera auf Sattelhöhe ist – ideal für Radfahrer-Actionfotos, aber unbrauchbar für Landschaftsbilder.

### *Landschaften zur blauen Stunde*

Nächtliche Landschaften zu fotografieren ist eigentlich ein Widerspruch in sich. Während der blauen Stunde ist das aber durchaus möglich – und wenn man etwas Glück mit dem Wetter und der Mondphase hat, ist es ebenfalls möglich, einen Fast-Vollmond über der Toskana zu fotografieren. Die dafür notwendige Konstellation ist allerdings nicht allzu häufig und wird durch die Hügelstruktur der Toskana noch erschwert. Beim Aufgang des Vollmonds ist die Sonne meist schon hinter einem Hügel verschwunden, der Mond ist aber extrem hell. Die Belichtungszeit für eine gut belichtete Abendlandschaft liegt bei Vollmondaufgang weit über 10 Sekunden. Das ist wiederum für einen Mond mit sichtbaren Strukturen viel zu lang.

| AUFNAHMEDATEN | |
|---|---|
| Brennweite | 96 mm |
| Blende | f/4,1 |
| Belichtungszeit | 1/30 s |
| ISO | 200 |

*Oben: Wenn das Wetter mitspielt und die Mondphase stimmt, ist es sogar möglich, in der blauen Stunde einen Fast-Vollmond über der Toskana zu fotografieren.*

*Unten: Volterra bei Nacht. Langzeitaufnahmen von beleuchteten Wolken verleihen einem Bild etwas Dramatisches.*

Nur einen oder zwei Tage vor Vollmond besteht die Chance auf einen strukturierten Mond mit Landschaft.

### *Landschaft bei stockdunkler Nacht*

Doch auch bei stockdunkler Nacht sind Landschaftsfotos möglich. Das dafür notwendige Licht liefern heutzutage Städte und Dörfer samt der dazugehörigen Dunstglocke. Dafür ist natürlich ein Stativ notwendig, in der Not tut es auch ein Autodach wie bei der Aufnahme des nächtlichen Volterra. Verwenden Sie bei allen Nachtaufnahmen mit Lichtern unbedingt die Spiegelvorauslösung. Besitzt Ihre Kamera diesen Luxus nicht, verwenden Sie eine andere Auslöseverzögerung, beispielsweise einen Selbstauslöser oder eine Anti-Schock-Funktion, wie sie die spiegellosen Micro-FourThirds-Kameras eingebaut haben. Ohne Spiegelvorauslösung wird die Kamera samt Stativ durch den Druck auf den Auslöser in kleine

| AUFNAHMEDATEN | |
|---|---|
| Brennweite | 22 mm |
| Blende | f/3,5 |
| Belichtungszeit | 1/30 s |
| ISO | 400 |

Schwingungen versetzt, die sich im fertigen Bild dadurch bemerkbar machen, dass alle Lichter einen kleinen Ausreißer haben.

***Rauschreduzierung durchführen lassen***

Achten Sie auch darauf, nach der Aufnahme von der Kamera eine Dark-Frame-Rauschreduzierung durchführen zu lassen. Dabei wird unmittelbar nach der Aufnahme eine zweite, genauso lange Belichtung mit geschlossenem Verschluss durchgeführt, und die beiden Bilder werden miteinander verrechnet. Dadurch wird das Dunkelrauschen des Sensors sehr effektiv minimiert, ohne die Bildqualität zu beeinträchtigen.

***Lichtspiele im Morgengrauen***

Natürlich sind Sonnenauf- und -untergänge ein beliebtes Sujet, schon allein aufgrund der Farbenpracht des Himmels. Mit ein paar Wolken kann man aber auch monochrom ganz nette Bilder gestalten. Dabei lohnt es sich, in der Toskana früh aufzustehen. Oft liegt noch Morgennebel in den Tälern, was spannende Lichtspiele möglich macht. Beim Bild der Morgensonne wurde ein manueller Weißabgleich durchgeführt, und die von der Mehrfeldmessung (ESP) gemessene Belichtung wurde um 1,7 EV nach unten korrigiert und auf Blende 10 abgeblendet, damit trotz der langen Brennweite sowohl Häuser als auch die Sonne leidlich scharf sind. Natürlich erforderte das endgültige Bild etwas Geduld, bis Sonne und Wolken richtig standen, eine komplett freie Sonne hätte die Lichtverhältnisse genauso zerstört wie eine durch die Wolken komplett abgedeckte.

***Ein Schwenk zu neuen Perspektiven***

Wird die Kamera nur ein bisschen geschwenkt, bieten sich völlig andere Perspektiven. Das Bild wurde eine halbe Stunde

| AUFNAHMEDATEN | |
|---|---|
| Brennweite | 118 mm |
| Blende | f/10 |
| Belichtungszeit | 1/640 s |
| ISO | 100 |

*Auch wenn dieses Bild aufgrund der dramatischen Lichtstimmung ganz brauchbar ist – ein typisches Landschaftsfoto ist es nicht. Dazu fehlen klar ein paar Zypressen oder eine Pinie. So, wie es ist, kann es in fast jeder europäischen Hügellandschaft entstanden sein.*

| AUFNAHMEDATEN | |
|---|---|
| Brennweite | 150 mm |
| Blende | f/8 |
| Belichtungszeit | 1/125 s |
| ISO | 100 |

*Das Bild entstand Ende April um halb acht Uhr Sommerzeit. Gelegentliches Aufstehen vor Sonnenaufgang wird auch in der Toskana durch gute Bilder belohnt.*

| AUFNAHMEDATEN | |
|---|---|
| Brennweite | 150 mm |
| Blende | f/5,6 |
| Belichtungszeit | 1/160 s |
| ISO | 100 |

*Ausschnitt einer toskanischen Landschaft in der Nachmittagssonne.*

nach der dramatischen Wolkenstimmung aufgenommen. Hauptmotiv ist nun aber nicht mehr die dramatische Wolkenstimmung, sondern die in der Toskana überall gegenwärtigen Strommasten, die sich in nahezu jedem Winkel ins Bild drängeln. Durch die tief stehende Sonne sind die Stromkabel auf einmal nicht mehr störende schwarze Striche, sondern heben sich hell gegen den Hintergrund ab.

### *Lange Schatten in der Nachmittagssonne*

Doch auch Spätaufsteher können in der Toskana interessante Motive finden. Die späte Nachmittagssonne sorgt für lange Schatten der Zypressen. Diese parallelen Linien werden dadurch noch länger, dass in diesem Fall der Schatten bergab läuft. Da in der Toskana Zypressenalleen sehr oft an Hügelkämmen gepflanzt wurden, ist die Konstellation gar nicht so selten. Durch diesen Kunstgriff wirkt die Sonne wesentlich abendlicher, als sie eigentlich ist, zugleich bekommt man aber noch nicht das ausgesprochene Gegenlicht, das die Schatten absaufen lässt. Trotz der dekorativen Linien wäre das Bild aber ohne einen Blickfang unbrauchbar.

### *Von vorne bis hinten durchgängig scharf*

Eine der Standardregeln in der Landschaftsfotografie lautet: „Schließen Sie die Blende so weit, dass das ganze Bild von vorne bis hinten scharf ist." Abgesehen davon, dass dieser Rat bei Kompaktkameras, die bereits mit Offenblende knapp an der Beugungsgrenze arbeiten, nicht durchzuführen ist, kann es sich auch rentieren, die Landschaft ganz absichtlich in den unscharfen Bereich zu verschieben und dafür den Blickfang herauszuheben.

Ein dunstiger Hintergrund bleibt ein dunstiger Hintergrund, ob er nun scharf ist oder nicht. Speziell in der Toskana hat man die Möglichkeit, selbst bei Weitwinkelaufnahmen gestaffelte Schärfen zu realisieren. Das Foto der Villenruine ein paar Seiten zuvor ist ein solches Beispiel. Durch die offene Blende wird der Hintergrund etwas unschärfer, und die Villa hebt sich besser ab.

Ein Beispiel für diesen Vorder- und Hintergrundeffekt bietet das Bild mit Blumentopf. Bei Blende 22 wäre auch der Hintergrund leidlich scharf, und damit würde die Burg von Tignano im Hintergrund mit dem Blumenkübel in Konkurrenz treten. Das Gebäude ist aber zu weit weg und auch nicht von der Sonne beleuchtet, kann also auf keinen Fall Hauptmotiv werden.

Da ist es besser, den Hintergrund als blanke Kulisse zu belassen und sich auf das Hauptmotiv zu konzentrieren. Unendliche Schärfentiefe ist nur dann von Interesse, wenn es im Bild auch wirklich etwas zu sehen gibt. Für Kompaktkamerabesitzer gibt es nur eine Möglichkeit, unerwünschter Schärfentiefe aus dem Weg zu gehen: ein langes Tele und viel Abstand. Echte Brennweite ist durch nichts zu ersetzen.

| CHECKLISTE: LANDSCHAFT | |
|---|---|
| **Pflicht** | Stativ für Nachtaufnahmen |
| | Streulichtblende |
| **Brennweite** | 14–200 mm Kleinbild-brennweite, Fisheye |
| **Optional** | Graukarte für komplizierte Lichtsituationen |
| | Polfilter |

*Beispiel für einen Vorder- und Hintergrundeffekt. Das unscharfe Gebäude im Hintergrund ist zu weit weg und kann so nicht in Konkurrenz zum Hauptmotiv, dem Blumenkübel, treten.*

| AUFNAHMEDATEN | |
|---|---|
| Brennweite | 65 mm |
| Blende | f/8 |
| Belichtungszeit | 1/320 s |
| ISO | 100 |

*Wasserfall Bild 1: Der in der Kamera eingestellte Schwarz-Weiß-Filter lässt Felsen und Bäume in tiefem Schwarz versinken, nur Wolken und Wasser besitzen noch Struktur.*

*Wasserfall Bild 2: Gleicher Standpunkt, aber etwas kürzere Brennweite – der Wasserfall wirkt kleiner und kompakter.*

## Tosende Wasserfälle fotografieren

Wasserfälle zu fotografieren scheint einfach zu sein. Doch bei genauerem Hinsehen offenbaren sich allerhand kleinere Fallstricke, die einem gelungenen Bild im Wege stehen. Um einen Wasserfall ansprechend zu fotografieren, müssen verschiedene Voraussetzungen erfüllt sein. Zu Beginn braucht man einen ausreichend spektakulären Wasserfall. Der Jokkfall in Schweden ist an dieser Stelle gut 150 Meter breit und sorgt für beträchtliches Getöse.

### *Schwarz-Weiß-Filter in der Kamera einstellen*

Um den urtümlichen Charakter des Wasserfalls zu betonen, wählen Sie bereits in der Kamera einen groben Schwarz-Weiß-Filter. Felsen und Bäume versinken dadurch in Schwarz, lediglich Wolken und Wasser besitzen Struktur. Vom gleichen Standpunkt aus und mit etwas längerer Brennweite (Bild 2) wirkt der Wasserfall kleiner, kompakter. Die extrem kurze Belichtungszeit sorgt nicht dafür, dass der Wasserfall die erwartete Klarheit und Spritzigkeit hat. Obwohl mit Sicherheit im Bild keine Bewegungsunschärfen mehr feststellbar sind, wirkt das Bild verwaschen. Grund ist der feine Nebel, der durch das aufgewühlte Wasser entsteht. Durch das Gegenlicht glitzern die Wassertropfen der Gischt zwar sehr schön, und die aufgeworfenen Wellen wirken plastisch, der Nebel zerstreut jedoch das Licht und sorgt für diesen Unschärfeeffekt.

### *Größenmaßstab in das Bild einbauen*

Dieser große Wasserfall befindet sich an der Westwand des Oksfjordjokelen. Der Bildausschnitt entspricht etwa der Höhe des Ulmer Münsters, also 150 Metern. Aufgrund des völligen Fehlens eines Vergleichsmaßstabs ist das aber nicht zu erkennen. Es könnte auch

| AUFNAHMEDATEN | |
|---|---|
| Brennweite | 137 mm |
| Blende | f/3,5 |
| Belichtungszeit | 1/500 s |
| ISO | 100 |

*Die Größe dieses 150 Meter hohen Wasserfalls ist hier nur schwer einzuschätzen.*

| AUFNAHMEDATEN | |
|---|---|
| Brennweite | 200 mm |
| Blende | f/3,5 |
| Belichtungszeit | 1/1250 s |
| ISO | 100 |

*Hier dient ein Angler als Vergleichsmaßstab.*

ein dünnes Rinnsal von einem Meter Höhe sein. Es ist also notwendig, beim Ablichten eines Wasserfalls einen Größenmaßstab ins Bild einzubauen. Bei den meisten Fotos von den Niagarafällen dient das Ausflugsschiff „Maid of the mist" als Größenvergleich.

Nicht immer muss es ein berühmtes Ausflugsschiff sein, bisweilen tut es auch ein Angler. Durch die lange Brennweite wirkt es, als würde er direkt an der Wasserwand angeln, im Beispielbild Pikefossen in Nordnorwegen. Generell kommt man bei höheren Wasserfällen selten um lange Brennweiten herum. Ultraweitwinkel erfordern sehr viel Nähe zum Motiv, und der bereits angesprochene Wassernebel verhindert zuverlässig jedes Bild. Zudem handelt es sich bei Wasserfällen selten um destilliertes Wasser.

### *Belichtungszeit mit ND-3-Graufilter strecken*

Derselbe Wasserfall, derselbe Angler, sogar derselbe Standpunkt des Stativs, aber mit einem ND-3-Graufilter aufgenommen. Dadurch kann die Belichtungszeit trotz strahlenden Sonnenscheins auf 4 Sekunden gebracht werden, und der Wasserfall bekommt auf einmal ein völlig anderes Gesicht. Natürlich kann ein stehender Angler bei 4 Sekunden Belichtungszeit nicht hundertprozentig scharf sein, da der Mensch ständig ein wenig schwanken muss, um sein Gleichgewicht zu halten, dennoch ist der Angler auf dem Bild unverzichtbar, ohne ihn wäre es schlicht langweilig.

| AUFNAHMEDATEN | |
|---|---|
| Brennweite | 108 mm |
| Blende | f/8 |
| Belichtungszeit | 4 s |
| ISO | 100 |

*Pikefossen in Nordnorwegen. Beispiel einer Langzeitbelichtung mit Graufilter.*

***Frontlinse von Spritzwasser reinigen***

Meistens beinhaltet Wasser sehr viel Kalk und andere gelöste Stoffe. Diese lagern sich auf der Frontlinse des Objektivs ab und machen sehr schnell jede scharfe Aufnahme unmöglich. Zum Reinigen verwenden Sie etwas destilliertes Wasser und ein Optikputztuch. Dass die Kamera in unmittelbarer Nähe eines Wasserfalls spritzwassergeschützt sein sollte, versteht sich von selbst.

**CHECKLISTE: WASSERFÄLLE**

| | |
|---|---|
| **Pflicht** | Größenmaßstab ins Bild einbauen |
| | Spritzwasserschutz bei kurzen Brennweiten |
| **Brennweite** | 18–80 mm Kleinbildbrennweite |
| **Optional** | Schwarz-Weiß-Filter in der Kamera |
| | Graufilter und Stativ |
| | Destilliertes Wasser |
| | Wasserdichte Kleidung |

**Sonnenauf- und -untergänge festhalten**

Sonnenaufgänge und Sonnenuntergänge sind wohl die meistfotografierten Ereignisse überhaupt. Fast alle Digitalkameras haben sogar ein eigenes Motivprogramm für

| AUFNAHMEDATEN | |
|---|---|
| Brennweite | 42 mm |
| Blende | f/10 |
| Belichtungszeit | 1/320 s |
| ISO | 200 |

*Das Bild zeigt einen Sonnenuntergang ohne Kondensstreifen nach dem Ausbruch des Vulkans Eyjafjallajökull auf Island.*

| AUFNAHMEDATEN | |
|---|---|
| Brennweite | 300 mm |
| Blende | f/8 |
| Belichtungszeit | 1/125 s |
| ISO | 100 |

*In Kombination mit einem Strommast wirkt der Sonnenuntergang interessanter.*

Sonnenuntergänge eingebaut, das durch entsprechenden Weißabgleich, leichte Unterbelichtung und eine Erhöhung der Farbsättigung das Ganze zu einer Farbsymphonie macht. Ein Sonnenuntergang oder Sonnenaufgang entsteht einfach dadurch, dass die Erde sich dreht und deshalb die Sonne periodisch in unser Sichtfeld kommt.

### *Indikatoren für schönes Wetter*

Die mehr oder weniger starke Färbung des Himmels entsteht dabei durch Aerosole in der Atmosphäre, also durch Schwebestoffe, die das Licht brechen. Die entstehenden Farben sind abhängig von der Wetterlage und der Menge der Aeorosole, ein ziemlich sicherer Indikator für anhaltendes schönes Wetter ist deshalb das grüne Band zwischen dem roten Bereich und dem Rest des Abendhimmels.

### *Abwechslungsreiche Hintergrundgestaltung*

Der blanke Sonnenuntergang ist wie eine grundierte Leinwand. Das ist sozusagen der Hintergrund des Bilds, auf dem der Rest der Aufnahme aufgebaut werden kann. So schön eine mit einem Farbverlauf versehene Leinwand aussehen mag, sie hat per se keine Aussage und wirkt deshalb auf Dauer langweilig. Ein erster Gestaltungsversuch sind Baumgruppen, aber auch das reicht noch nicht, der Effekt der Sonne hinter den Ästen nutzt sich schnell ab. In Kombination mit einem Strommast, der scheinbar die Sonne anzapft, wird die Sache etwas witziger, gern werden Sonnenuntergänge in diesem Zusammenhang auch mit der Aufnahme von Fotovoltaikanlagen kombiniert.

| AUFNAHMEDATEN | |
|---|---|
| Brennweite | 42 mm |
| Blende | f/5,6 |
| Belichtungszeit | 1/80 s |
| ISO | 200 |

*Mittige Horizonte sind beim Fotografieren von Sonnenuntergängen tabu. So beeindruckend der farbige Himmel auch ist, so uninteressant ist die nahezu schwarze Erde darunter.*

### *Mittige Horizonte sind tabu*

Ein weit verbreiteter Fehler beim Fotografieren von Sonnenuntergängen ist der mittige Horizont. So beeindruckend der farbige Himmel ist, so absolut uninteressant ist die schwarze Erde darunter. Um aus dieser Perspektive etwas zu machen, müsste man ein HDR-Bild produzieren oder mit einem Grauverlaufsfilter den Sonnenuntergang stark abdunkeln. Grauverlaufsfilter sind aber durch die Möglichkeiten, HDR-Bilder zu erstellen, stark aus der Mode gekommen. Die Filter zwingen dazu, den Horizont in die Mitte zu legen, und nach oben ragende Motive wie Bäume oder Gebäude werden ebenfalls abgedunkelt, sodass gerade gestalterisch wichtige Bildelemente durch den Grauverlaufsfilter ausgeschlossen werden. Selbst die von LEE oder Cokin angebotenen Schiebefilter können das nicht verhindern.

[ i ]

## GRÖSSENVERHÄLTNISSE

**Einen kleinen Irrtum könnte man noch erwähnen: Durch die Lichtbrechung in der Atmosphäre sehen wir den Sonnenuntergang etwas zeitverzögert. Die Sonne ist in Wahrheit bereits untergegangen, wenn sie scheinbar den Horizont berührt. Der Effekt, dass die Sonne am Horizont größer wirkt als am Himmel, hat jedoch nichts mit Optik zu tun. Wir glauben nur, dass die Sonne größer ist, weil wir sie zu bekannten Gegenständen in Relation setzen können, die am Horizont vor der Sonne erscheinen.**

| AUFNAHMEDATEN | |
|---|---|
| Brennweite | 50 mm |
| Blende | f/2 |
| Belichtungszeit | 1/100 s |
| ISO | 100 |

*Mit dem Einsatz eines Tilt-/Shift-Objektivs, hier ein Lensbaby, bringen Sie Spannung in ein Bild. Zum Beispiel dient hier der Sonnenuntergang als Hintergrund für einen Scherenschnitteffekt. Die bewusst eingesetzten Unschärfen sind das Ergebnis des eingesetzten Lensbabys.*

### Scherenschnitteffekt im Sonnenuntergang

Hier wird der Sonnenuntergang als Hintergrund für einen Scherenschnitteffekt samt Rahmen genutzt. Die Unschärfen sind eine Folge des verwendeten Tilt-/Shift-Objektivs und wurden bewusst eingesetzt, um den Fokus auf das Pärchen zu lenken. Das System ist so einfach wie effektiv: Setzen Sie den Horizont nach unten, sodass Sie möglichst wenig Schwarz im Bild haben. Anschließend suchen Sie sich einen Blickfang im Bildvordergrund, mit dem Sie den Sonnenuntergang erden können und für Interesse jenseits des Farbspektakels sorgen.

### Bildaufbau nach der Regel der Drittelteilung

Auch bei diesem winterlichen Sonnenuntergang wird nach dem Schema der Drittelteilung verfahren: Blickfang vorne, Horizont nach unten, der Rest wird dem Motivprogramm *Sonnenuntergang* überlassen. Allerdings gibt es in diesem Fall eine Besonderheit (oben rechts): Schnee reflektiert sehr stark, sodass der Boden, ähnlich wie an der See, nicht in ununterscheidbarem Schwarz versinkt. Der Bildaufbau kann damit einer Drittelteilung folgen, und der Aufbau wirkt dynamisch, obwohl die Sonne mittig platziert wurde.

### Spiegelungen des Objektivs vermeiden

Sonnenuntergänge verursachen oft sogenannte Lens Flares, also Spiegelungen innerhalb des Objektivs. Das kann bei Teleobjektiven so weit gehen, dass eine zweite, spiegelverkehrte Sonne auftaucht. Lens Flares entstehen aber nur dann, wenn die Sonne in einem bestimmten Winkel ins Objektiv fällt. Das ZUIKO 7-14mm etwa ist dafür bekannt, dass bei genau mittiger Ausrichtung der Sonne ein kreisförmiger Flare über das ganze Bild entsteht. Wenn Sie feststellen, dass Ihr Objektiv zu Lens Flares neigt, versuchen Sie, mithilfe einiger Testaufnahmen festzustellen, an welcher Position der Lichtquelle die Flares störend sind, und vermeiden Sie in Zukunft einen solchen Bildaufbau.

### Sonnenaufgänge ganz ohne Erdung

Gelegentlich kommt man bei einem Sonnenuntergang sogar völlig ohne Erdboden aus. Sehr beliebt sind, vor allem bei Sonnenaufgängen, startende Heißluftballons. Vogelschwärme können auch sehr effektvoll sein, besser planbar sind aber zweifellos startende oder landende Linienmaschinen. Leider haben die Flugzeuge in den allermeisten Fällen ihr Fahrwerk ausgefahren, sodass das gewünschte Feeling etwas gestört wird. Aber im Notfall kann man es mit etwas Photoshop aus dem Bild entfernen.

Ein weiterer interessanter Effekt ist an diesem Bild sichtbar. Trotz der vergleichsweise geringen Brennweite von 104 mm Kleinbild wirkt die Sonne riesig – wie bei einem 600-mm-Bild. Das Geheimnis ist der Überstrahlungseffekt. Durch die starke lokale Überbelichtung des Sensors an dieser Stelle „frisst" das Bild großflächig aus. Normalerweise ein zu vermeidender Effekt, in diesem Fall simuliert er eine weit größere Brennweite, als tatsächlich montiert war. Die lange Brennweite wäre auch gar nicht einsetzbar gewesen, da das Flugzeug einfach nicht weit genug weg war.

| AUFNAHMEDATEN | |
|---|---|
| Brennweite | 20 mm |
| Blende | f/11 |
| Belichtungszeit | 1/500 s |
| ISO | 200 |

| AUFNAHMEDATEN | |
|---|---|
| Brennweite | 52 mm |
| Blende | f/10 |
| Belichtungszeit | 1/1250 s |
| ISO | 100 |

*Oben: Die Drittelteilung sorgt für einen dynamischen Bildaufbau.*

*Eine Maschine im Anflug auf den Zielflughafen im Abendlicht.*

Achten Sie beim Fotografieren der Sonne immer auf den Schutz Ihrer Augen. Vor allem bei Sonnenuntergängen werden gern extreme Telebrennweiten eingesetzt, seien Sie damit vorsichtig. Im Zweifelsfall verwenden Sie besser den Live-View-Modus.

| CHECKLISTE: SONNENAUF-/-UNTERGANG | |
|---|---|
| **Pflicht** | Schutz der Augen |
| **Brennweite** | 22-1000 mm Kleinbildbrennweite |
| **Optional** | Motivprogramm Sonnenuntergang: -0,7 EV, WB 7.500 K |

**Gegenlichtsituationen gekonnt meistern**

Wenn sich die Hauptlichtquelle im Bild befindet, spricht man von Gegenlicht. Dabei spielt es weniger eine Rolle, ob es sich dabei um die Sonne, einen Elektronenblitz oder ein einfaches Fenster handelt. Die Probleme sind überall ähnlich.

***Die klassische Gegenlichtsituation***

Bei einer klassischen Gegenlichtsituation stellen Sie sich in den Schatten eines Bauwerks, platzieren die Sonne im Sucher so, dass sie gerade hinter irgendeiner Kante verschwindet, und drücken ab. Ob Sie dabei den Campanile des Rathauses von Siena in einen Leuchtturm verwandeln oder einer

*Mit hinter dem Turm versteckter Sonne aus dem Schatten eines Bauwerks heraus fotografiert.*

| AUFNAHMEDATEN | |
|---|---|
| Brennweite | 14 mm |
| Blende | f/8 |
| Belichtungszeit | 1/125 s |
| ISO | 100 |

Reiterstatue einen Heiligenschein verpassen, hängt dann nur noch von Ihrer Fantasie und der Gelegenheit ab.

### *Autofokus und Belichtung im Griff*

Dabei gibt es im Wesentlichen zwei Probleme: den Autofokus und die Belichtung. Gegenlicht fällt direkt in die Kamera und sorgt dafür, dass der Autofokus im Bereich der Überstrahlungen keinen Fokus mehr findet, da die Kontrastkanten verschwimmen und verschwinden. Dieser Effekt ist umso stärker, je länger die Brennweiten werden.

Um das Problem zu lösen, gibt es nur die Möglichkeit, per Hand scharf zu stellen oder auf einen anderen Bildteil zu fokussieren, den Fokus zu speichern und anschließend zu verschwenken. Achten Sie darauf, wann bei Ihrer Kamera die Belichtung ermittelt wird. Es gibt Einstellungen, bei denen bei halb gedrücktem Auslöser nicht nur der Fokus, sondern auch die Belichtung festgehalten wird.

Dies führt direkt zum zweiten Problem, der Belichtungssteuerung und damit verbunden dem Dynamikumfang der Kamera. Bei heutigen Digitalkameras sind im Wesentlichen drei Messarten verbreitet: die mittenbetonte Integralmessung, die Spotmessung sowie ESP (Electro Selective Pattern), das auch unter dem Namen Mehrfeld- oder Matrixmessung bekannt ist.

Spot- und mittenbetonte Integralmessung beschränken sich auf einen mehr oder weniger großen Bereich um die Mitte des Bilds.

| AUFNAHMEDATEN | |
|---|---|
| Brennweite | 500 mm |
| Blende | f/7,1 |
| Belichtungszeit | 1/160 s |
| ISO | 100 |

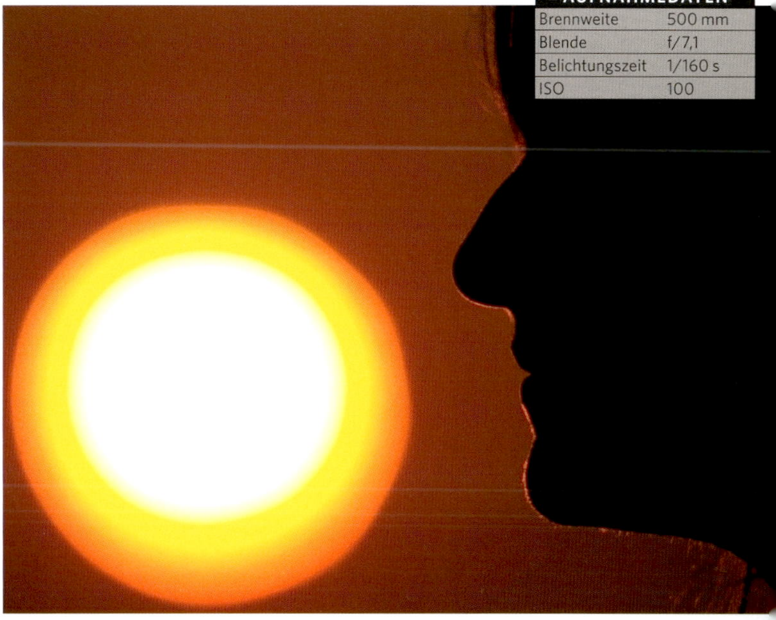

| AUFNAHMEDATEN | |
|---|---|
| Brennweite | 11 mm |
| Blende | f/7,1 |
| Belichtungszeit | 1/250 s |
| ISO | 100 |

*Oben: Bei diesem Bild mit einem Meter Kleinbildbrennweite findet der Autofokus trotz ausreichend Licht und eigentlich optimaler Bedingungen keinen Fokus. Deshalb wurde manuell fokussiert.*

*Unten: Trotz des starken Gegenlichts ist das Gebäude gleichmäßig belichtet.*

ESP berücksichtigt die Belichtung an bis zu 60 Punkten im ganzen Bild. Einige Hersteller haben bei den höherwertigen Kameras sogar einen ESP, der den Autofokuspunkt stärker gewichtet. Wenn Sie einen solchen modernen AF-Follow-ESP besitzen, haben Gegenlichtaufnahmen für Sie ihren Schrecken verloren. Das Bild des Bosjöhklosters in Südschweden wurde mit einer solchen Belichtungsmessung gemacht, die Belichtung ist trotz direkten Gegenlichts gleichmäßig.

Wenn Sie auf eine normale Mehrfeldmessung angewiesen sind, aber über eine Spotmessung verfügen, lohnt sich das Umstellen auf Spotmessung, um damit den Punkt anzumessen, der korrekt belichtet sein soll. Im Fall der Klosterkirche müsste der Spot auf dem Rasen liegen. Wird die Kirche angemessen, wird das gesamte Bild viel zu hell, wird die Sonne angemessen, wird es viel zu dunkel. Da der Spot in der Mitte des Suchers liegt, muss die Kamera natürlich verschwenkt werden. Eine Möglichkeit zur Speicherung der Belichtung ist dabei sinnvoll, ist keine vorhanden, muss der ausgemessene Wert per Hand eingestellt werden.

| AUFNAHMEDATEN | |
|---|---|
| Brennweite | 11 mm |
| Blende | f/8 |
| Belichtungszeit | 1 s |
| ISO | 100 |

### *Chromatische Aberrationen vermeiden*

Ein Problem bei starkem Gegenlicht und harten Kontrastkanten sind durch das Objektiv erzeugte chromatische Aberrationen, erkennbar an lila Kanten an Ästen und Hausdächern. Diese werden immer kritischer, je kürzer die Brennweite des Objektivs ist. Bei Kompaktkameras werden die chromatischen Aberrationen bereits in der Kamera so weit wie möglich digital herausgerechnet, sonst wären die Ergebnisse der kleinformatigen, hochauflösenden Kameras im Gegenlicht durch die Bank unbrauchbar.

### *Mehr Dynamik und Zeichnung*

Ein weiteres Problem des Gegenlichts ist der in der Kamera zur Verfügung stehende Dynamikumfang. Wer noch zu Diazeiten fotografiert hat, wird sich erinnern können, dass damals Gegenlichtaufnahmen grundsätzlich in einem konturlos abgesoffenen Scherenschnitt endeten. Das lag daran,

*Bei diesem Bild eines historischen Zimmers im Löfstad Slot ist die Gegenlichtquelle ein Fenster, das Bild stammt aus einer Belichtungsreihe, die zu einem HDR-Bild verarbeitet wurde, um eben diesen erhöhten Dynamikumfang abbilden zu können. Insgesamt wurden für dieses HDR-Bild 6 Belichtungen zwischen 1/125 s und 4 s gemacht.*

dass ein Diafilm lediglich etwa 7 Blendenstufen Dynamik abbildete. Heutige Digitalkameras können bis zu 12 Blendenstufen Dynamik abbilden, es bleibt also auch in den Schatten wesentlich mehr Zeichnung vorhanden.

Theoretisch kann mit der HDR-Technik jede beliebige Gegenlichtsituation beherrscht werden. Praktisch scheitert das meistens daran, dass irgendwann die Überstrahlungen der Gegenlichtquelle so stark werden, dass sie die Schattenbereiche ruinieren – etwa ab 19 Blenden Dynamikumfang –, vor allem aber daran, dass es kein Ausgabemedium gibt, das trotz Kompression ausreichend Helligkeitsstufen darstellen kann, um den extremen Dynamikumfang von mehr als 20 EV (Kontrast: 1 zu 1.000.000) zu bewältigen. Selbst sehr gute Monitore erreichen lediglich ein Kontrastverhältnis von 1:1000, viele Grafiktreiber können überhaupt nur 1:256 darstellen. Während eine Kompressionsrate von 1:10 noch machbar ist, wird es bei einer Rate von 1:5000 dann schon sehr grob. HDR kann also bei Gegenlicht helfen, ein Allheilmittel ist es nicht.

### *Aufhellblitz gegen Schatten*

Ein probates Mittel gegen Schatten bei Gegenlichtfotos ist natürlich der Aufhellblitz. Setzen Sie den Aufheller grundsätzlich mit Vorsicht ein – nicht weil die Gefahr des Überblitzens besteht, sondern weil die Farbtemperatur des Blitzes eigentlich nie mit der Farbtemperatur des Hauptlichts übereinstimmt. Normales Sonnenlicht hat eine Farbtemperatur von 5.300 K, die meisten Blitze dagegen zwischen 5.500 und 5.600 K. Bei knalligem Sonnenschein bekommen Menschen also die typische leicht bläuliche Aufhellblitz-Gesichtsfarbe, die das Ganze etwas künstlich wirken lässt.

Mit LEE-Farbfilterfolien bekommen Sie das in den Griff, aber wer hat schon immer den Filterfächer dabei? Im Beispiel auf der nächsten Seite wurde die Front mit dem eingebauten Blitz der Kamera dezent aufgehellt. Aber auch hier sehen Sie, dass der Blitz eigentlich zu kalt ist: Das weiße Kleid hat einen Blaustich.

*Das HDR-Bild zeigt nun den gesamten Kontrastumfang der Szene von gut 15 Blenden, komprimiert auf die etwa 5 Blenden Dynamikumfang, die der Offsetdruck erreicht.*

### *Kritische Spiegelungen der Sonne*

Nicht immer hat man bei Gegenlichtaufnahmen die Sonne direkt im Bild, bisweilen sind es auch nur Reflexionen der Sonne, die im Bild auftauchen. Kritisch sind solche Spiegelungen meistens bei frisch polierten Objekten wie Autos. Solange die Sonne scheint, gibt es eigentlich fast keine Möglichkeit, ein Auto abzulichten, ohne dass sich irgendwo die Sonne spiegelt. Abhilfe verspricht ein Polfilter, der Reflexionen vom Lack minimieren kann. Metallische Reflexionen, etwa von Chromleisten, werden dabei zwar nicht unterdrückt, aber die Situation verbessert sich zumindest. Ein Nachteil ist hier der sehr hohe Dynamikumfang aktueller Digitalkameras. Sollen tatsächlich scherenschnittartige Bilder gemacht werden, hilft oft nur noch der Griff zur Bildbearbeitung mit einer Verstärkung der Schatten.

Bei dem Mädchen mit der „Kristallkugel" wurden die Schatten etwas angehoben. Um ein solches Bild zu machen, fokussieren Sie per Autofokus auf die Person, stellen auf manuellen Fokus um und positionieren dann die Sonne per Live-View an die richtige Stelle zwischen den Händen. Der Sensor hält die direkte Sonne länger aus als das Auge, und ein kaputter Sensor ist vergleichsweise preiswert zu ersetzen.

Wenn Ihre Kamera die extrem kurzen Belichtungszeiten von 1/8000 Sekunde nicht beherrscht, versuchen Sie es mit abblenden. Berücksichtigen Sie dabei, dass die Schärfentiefe ansteigt und eine scharfe Sonne auch einen schärferen Fleck sowohl auf Ih-

| AUFNAHMEDATEN | |
|---|---|
| Brennweite | 25 mm |
| Blende | f/7,1 |
| Belichtungszeit | 1/250 s |
| ISO | 100 |

**VORSICHT! AUGEN- UND SENSORSCHÄDEN**

**Bis kurz vor Sonnenuntergang hat die Sonne eine enorme Kraft, bei Verwendung von Teleobjektiven kann das dazu führen, dass bei Spiegelreflexkameras Augenschäden beim Fotografen auftreten, bei Kameras mit Live-View kann es passieren, dass der Sensor beschädigt wird.**

ren Sensor als auch auf Ihre Netzhaut brät. Im Gegenzug steigt die Wahrscheinlichkeit, dass Sie um die Sonne einen Strahlenkranz bekommen.

### *Erzeugen dekorativer Strahlenkränze*

So nett ein Strahlenkranz auch aussieht, er entsteht durch Beugung des Sonnenlichts an den Kanten der Blende - und nicht nur die Strahlen der Sonne werden gebeugt, sondern alle Lichtstrahlen, die durch das Objektiv kommen. Wenn Sie einen deutlichen Strahlenkranz um die Sonne haben, ist das ein Hinweis darauf, dass Sie das Objektiv jenseits der förderlichen Blende betreiben, also in einem Bereich, in dem die Schärfe des Objektivs durch die geschlossene Blende nicht mehr zu-, sondern abnimmt, eben weil durch die Beugung nicht nur die Sonne unscharf wird, sondern alle Gegenstände auf dem Bild.

Wenn Ihnen diese Beugungsunschärfe egal ist, können Sie den Effekt auch nutzen, um bei Nacht alle Lampen in einer Stadtansicht mit einem dekorativen Strahlenkranz zu umgeben. Mit Kompaktkameras entstehen allerdings oft weniger dekorative Strahlenbilder. Die verwendeten Blenden sind häufig nicht rund, sondern höchst unregelmäßig geformt, sodass der Strahlenkranz oft genug eher an einen Weihnachtsstern erinnert. Je mehr Blendenlamellen dagegen ein Objektiv besitzt, desto vielstrahliger wird der Kranz.

Eine Begriffserklärung noch zum Schluss: Wie man sieht, funktionieren all diese Fotos auch mit montierter Sonnenblende. Die heißt allerdings korrekt eigentlich Streulichtblende, was ihre Funktion exakt beschreibt: das Abschatten von Streulicht.

| AUFNAHMEDATEN | |
|---|---|
| Brennweite | 50 mm |
| Blende | f/4 |
| Belichtungszeit | 1/8000 s |
| ISO | 100 |

*Das Mädchen wurde per Autofokus fokussiert. Danach wurde die Sonne im Live-View-Modus zwischen den Händen positioniert.*

| AUFNAHMEDATEN | |
|---|---|
| Brennweite | 14 mm |
| Blende | f/22 |
| Belichtungszeit | 1/640 s |
| ISO | 100 |

*Dieser dekorative Strahlenkranz ist eine direkte Folge der weit geschlossenen Blende.*

| AUFNAHMEDATEN | |
|---|---|
| Brennweite | 5 mm |
| Blende | f/10 |
| Belichtungszeit | 1/2000 s |
| ISO | 160 |

*Hier der umgekehrte Effekt.*

| CHECKLISTE: GEGENLICHT | |
|---|---|
| **Pflicht** | Kamera mit kurzer Belichtungszeit |
| | Augen schützen |
| **Brennweite** | 14–100 mm Kleinbildbrennweite |
| **Optional** | Aufhellblitz |
| | Polfilter |

### Schneefall so zeigen, wie er wirklich ist

In diesem Fotokurs geht es nicht darum, bei Schneefall zu fotografieren, sondern das Niederschlagsereignis Schneefall selbst abzulichten, und zwar als bildwichtiges Element.

#### *Schneefall bei Tag sichtbar machen*

Schneefall bei Tag ist prinzipiell einfach zu fotografieren, vorausgesetzt, Sie sorgen dafür, dass sich hinter dem Schnee eine dunkle Fläche befindet.

#### *Schneefall in nächtlicher Umgebung*

Bei Nacht ist heftiger Schneefall ebenfalls nur vor dunklem Hintergrund zu erkennen, zusätzlich ist noch eine Lichtquelle nötig, die den Schnee vom Hintergrund abhebt. Für eine entsprechende Aufnahme benötigen Sie entweder ein Stativ oder einen guten Bildstabilisator und eine hochempfindliche Kamera. Eine Kamera, die lediglich ISO 200 anbietet, hätte hier eine Belichtungszeit von einer halben Sekunde. Das ist zwar mit einem Stativ zu machen, die Personen wären aber nur noch schemenhaft zu erkennen gewesen und der fallende Schnee nicht mehr eine Ansammlung kurze Striche, sondern eine weißgraue Wand mit der achtfachen Dichte – das ganze Bild wäre einfach nur kontrastarm und flau.

Ist kein entsprechender dunkler Hintergrund verfügbar, gibt es den in den meisten Kameras verbauten Aufhellblitz, der den Schnee sichtbar macht. Das Problem dabei: Der Blitz hat eine Farbtemperatur von meistens 5.500 K, eine Schneelandschaft bei Bewölkung aber kann ohne Probleme bei 7.500 K oder darüber liegen. Wie man an dem Bild sieht, bekommt man Mischlicht, eine blaue Schneelandschaft und weiße Schneeflocken. Zudem kann es passieren, dass der Blitz zu schnell abregelt, etwa wenn genau vor der Kamera eine besonders große Schneeflocke schwebt. Man erhält einen hellen, weißen Fleck, der Rest ist zu dunkel.

#### *Motive im nächtlichen Schneefall beleuchten*

Problematisch wird das vor allem, wenn man irgendetwas fotografieren will, das im Schnee steht. Abhilfe schafft ein beliebiger externer Blitz. Auf der nächsten Seite wurde eine Szene mit leichtem Schneefall von

*Ein dunkler Hintergrund und eine Lichtquelle heben den Schneefall vom Hintergrund ab.*

| AUFNAHMEDATEN | |
|---|---|
| Brennweite | 28 mm |
| Blende | f/3,1 |
| Belichtungszeit | 1/15 s |
| ISO | 1600 |

| AUFNAHMEDATEN | |
|---|---|
| Brennweite | 14 mm |
| Blende | f/3,5 |
| Belichtungszeit | 10 s |
| ISO | 100 |

*Weißabgleich bei Kunstlicht mit 3.000 K. Als Hauptbeleuchtung wurde eine Glühlampe von rechts eingesetzt, der Schnee wurde mit Systemblitz beleuchtet (5.600 K). Der Schnee wirkt zu blau, und das reflektierende Blitzlicht lässt die Büsche blau schimmern.*

rechts durch eine normale 40-Watt-Glühbirne beleuchtet. Der Weißabgleich wurde auf 3.000 K gesetzt und die Kamera vom Stativ ausgelöst. Während der Belichtungszeit wurde per Hand ein externer Systemblitz Metz 54-MZ4i mit auf 1/64 Sekunde reduzierter Leistung von unten nach oben gerichtet und mehrfach ausgelöst. Durch die Richtung nach oben wurden lediglich die Schneeflocken beleuchtet, die Szene selbst erhält das Licht hauptsächlich durch die Glühbirne rechts. Sie sehen deutlich: Der fallende Schnee wirkt viel zu blau, zudem sorgt ein reflektiertes Blitzlicht auch für den Blauschimmer auf den Büschen.

***Blauschimmer mit Filterfolien eliminieren***

Doch diesen Blauschimmer kann man noch eliminieren. Als Lösung kommen Farbfilterfolien für den Systemblitz zum Einsatz. In diesem Beispiel wurde ein LEE-Filter 44 FULL C.T. Straw auf den Systemblitz gesetzt. Die Folie produziert Licht mit 3.200 K, was dem der Glühbirne so ähnlich ist, dass die Szene nun sehr natürlich wirkt. Die Menge der sichtbaren Schneeflocken können Sie übrigens durch mehrmaliges Blitzen deutlich steigern. Sie dürfen nur nicht zu oft auf die gleiche Stelle blitzen, da dann ein und dieselbe Schneeflocke im Fallen mehrmals geblitzt wird und es zu einer Art Perlschnureffekt kommt.

Mit entsprechenden Filterfolien können Sie auch tagsüber bei bedecktem Himmel den Schneefall sichtbar machen, ohne hässliche, überblitzte Kreise in falschen Farben im Bild zu haben. Die genaue Farbtemperatur ist dabei gar nicht so wichtig, etwa 10 % Abweichung sind absolut zu tolerieren. Achten Sie jedoch beim Blitzen und Fotografieren im Schneefall immer darauf, dass Ihre Kamera vor Nässe gut geschützt ist, und halten Sie vor allem Ihren Blitz trocken. Im Blitz toben sich hohe Spannungen aus. Feuchtigkeit im Gerät hat sehr schnell ein Ableben des teuren Equipments zur Folge.

| CHECKLISTE: SCHNEEFALL | |
|---|---|
| **Pflicht** | Dunkler Hintergrund |
| | Hochempfindlicher Sensor für Freihandaufnahmen |
| **Brennweite** | 20–110 mm Kleinbildbrennweite |
| **Optional** | Stativ |
| | Externer Systemblitz |
| | Farbfilterfolien |

*Blauschimmer im Schneefall kann man eliminieren. Die Lösung sind Farbfilterfolien, die auf den Systemblitz aufgesetzt werden.*

| AUFNAHMEDATEN | |
|---|---|
| Brennweite | 14 mm |
| Blende | f/3,5 |
| Belichtungszeit | 15 s |
| ISO | 100 |

## Vogelfotografie: nur mit langer Brennweite

Beim Fotografieren von Vögeln tauchen ein paar überraschende Probleme auf. Für den Beginn ist ein gut bestückter Zoo dabei unbezahlbar. Die allererste Regel für die Vogelfotografie lautet: lange Brennweite. Sehr lange Brennweiten sind in zwei Versionen zu haben: als Zoomobjektive oder als Festbrennweiten. Festbrennweiten sind qualitativ meist besser und lichtstärker als Zoomobjektive. Billig sind beide nicht.

### *Turnschuhzoom der Festbrennweiten am Limit*

Dass Festbrennweiten an einem prinzipiellen Problem leiden, sieht man beim Foto der beiden streitenden Graureiher. Der oft beschworene Turnschuhzoom hat bei der Vogelfotografie seine Grenzen, ein hier notwendiges Zurückgehen wäre nicht möglich gewesen. Mit einem entsprechenden Zoom hätte man kurzerhand die Brennweite etwas verringern können, und das Foto wäre perfekt gewesen. Leider erreichen entsprechende Zooms wiederum die Lichtstärke nicht, sodass Sie an irgendeinem Punkt immer einen Kompromiss eingehen müssen.

### *Geduld und schnelle Reaktionen*

Vogelfotografie erfordert Geduld, starke Nerven und schnelle Reaktionen. Zunächst einmal kann es vorkommen, dass Sie stundenlang im Zoo herumsitzen und sich absolut gar nichts tut, und dann wiederum gibt es einen spektakulären Start eines Pelikans.

*Die beiden streitenden Graureiher machen das Problem beim Einsatz einer Festbrennweite deutlich. Mit einem Zoomobjektiv hätte man mit leicht verringerter Brennweite beide Vögel gut in das Bild bekommen.*

| AUFNAHMEDATEN | |
|---|---|
| Brennweite | 300 mm |
| Blende | f/2,8 |
| Belichtungszeit | 1/2500 s |
| ISO | 400 |

*Bei den abgebildeten Kronenkranichen lässt die Morgensonne zwar wunderbar die Krone aufleuchten, das Auge hält der Vogel aber hartnäckig im Schatten.*

| AUFNAHMEDATEN | |
|---|---|
| Brennweite | 300 mm |
| Blende | f/3,2 |
| Belichtungszeit | 1/400 s |
| ISO | 100 |

Fatal, gerade jetzt haben Sie die falsche Brennweite montiert, oder die Kamera hat sich zur Stromersparnis ausgeschaltet. Da die langen, lichtstarken Brennweiten zur Vogelfotografie durchaus ein paar Kilo wiegen, sind entweder gut trainierte Oberarme und Schultern oder ein Stativ gefragt. Das hier verwendete Objektiv ZUIKO 300mm f/2,8 bringt 3,3 kg auf die Waage.

### *Fliegende Vögel fotografieren*

Eines der größten Probleme sind fliegende Vögel. Nicht etwa weil sie zu schnell wären, sondern weil sie lediglich als Silhouetten am Himmel zu erkennen sind. Entweder man belichtet so hell, dass der Himmel weiß wird, oder man hat lediglich einfache schwarze Flecken. Abhilfe schafft die tief stehende Sonne; im Bild des Graureihers, das kurz vor neun Uhr entstand, beleuchtete die Sonne wenigstens noch einige Teile des

| AUFNAHMEDATEN | |
|---|---|
| Brennweite | 300 mm |
| Blende | f/2,8 |
| Belichtungszeit | 1/8000 s |
| ISO | 400 |

*Bei diesem Graureiher beleuchtet die tief stehende Sonne wenigstens noch einige Teile des Bauchs und des Kopfs.*

| AUFNAHMEDATEN | |
|---|---|
| Brennweite | 300 mm |
| Blende | f/2,8 |
| Belichtungszeit | 1/1600 s |
| ISO | 400 |

*In diesem Beispiel ist die Morgensonne von schräg vorne dafür verantwortlich, dass kleine Teile des Gefieders überstrahlen, aber auch dafür, dass die Wassertropfen glitzern. Auch hier: Vogelfotografie ist Kompromiss.*

Bauchs und den Kopf. Sie können auch versuchen, die Vögel bereits in der Startphase zu erwischen, oder Sie konzentrieren sich generell auf tief fliegende Kulturfolger wie Möwen. Ein Blitz ist hier übrigens keine Hilfe. Die Entfernung zum Vogel beträgt gut 70 Meter, selbst mit ISO 400 und Blende 2,8 würde ein Monsterblitz mit einer Leitzahl von 100 benötigt.

### *Lebensweise der angepeilten Vogelart studieren*

Eine Beschäftigung mit der Lebensweise der angepeilten Vogelart hilft ungemein. Graureiher sind keine Schwimmvögel, sondern treiben sich normalerweise nur am Ufer in seichtem Wasser herum. Ihre Nester bauen sie auf hohen Bäumen, und in freier Natur sie sind Einzelgänger, die auch stundenlang auf einer hohen Kiefer sitzen und die Gegend kontrollieren. Das Bild eines im flachen Wasser landenden Graureihers gelingt entweder durch sehr langes Warten in einem Tarnzelt oder durch den Erwerb einer Eintrittskarte in den Zoo.

### *Vogelporträts von der Seite und von vorn*

Wenn man näher an die Vögel herankommt, sind auch Vogelporträts eine spannende Angelegenheit. Dabei sollte man darauf achten, dass die Schärfe grundsätzlich auf dem Auge liegt. Solange der Kopf in der Sonne ist, gibt es auch den passenden Lichtreflex im Auge, der nie zentriert liegt, sondern immer etwas versetzt. Eine Seitenansicht ist meistens einfacher zu handhaben als die Frontale, nicht nur weil dann die Augen besser sichtbar sind – die meisten Vögel haben ihre Augen seitlich –, sondern auch weil bei langen Telebrennweiten die Schärfentiefe sonst knapp werden kann.

Porträtieren Sie einen Strauß, ist Vorsicht geboten. Straußenvögel sind neugierig, verfressen und leicht beleidigt. Zudem haben sie einen harten Schnabel, einen äußerst beweglichen, langen Hals und extrem kräftige Beine mit Krallen, die in Deutschland unter das Waffengesetz fallen würden. Selbst wenn zwischen Ihnen und einem Strauß ein massiver Zaun ist, sollten Sie Abstand halten. Strauße haben übrigens ein halb durchsichtiges Lid, damit sie auch während eines Sandsturms noch etwas sehen können. Das normale tiefschwarze Auge der Straußen ist, wenn das Lid geschlossen ist, milchig. Der Lidschluss ist so kurz, dass ein gezieltes Foto unmöglich ist, Sie müssen sich also auf Ihr Glück verlassen.

### *Lichtreflexe in den Augen des Vogels*

Es gibt Fotografen, die grundsätzlich alle Tierfotos blitzen, weil sie damit einen Lichtreflex in die Augen der Tiere bekommen. Zum Thema Blitzempfindlichkeit von Tieren gibt es unterschiedliche Meinungen. Fakt ist jedoch: Tieraugäpfel sind Kugeln. Ein Systemblitz, annähernd eine Punktlichtquelle, der einige Meter entfernt auslöst, ergibt einen solch winzigen Reflex auf dieser Kugel, dass sich der Aufwand nicht rechnet, denn schließlich müssen Sie auf High-Speed-Synchronisation umstellen, sonst wären Sie von der Belichtungszeit her an die Synchronzeit der Kamera gebunden, was bei langen Brennweiten schnell zu Verwacklungen führt.

*In der Seitenansicht sind die Augen besser sichtbar, und die Schärfentiefe stimmt auch mit langer Brennweite.*

| AUFNAHMEDATEN | |
|---|---|
| Brennweite | 300 mm |
| Blende | f/2,8 |
| Belichtungszeit | 1/6400 s |
| ISO | 4000 |

*Beim Porträtieren eines Straußenvogels ist Vorsicht geboten.*

| AUFNAHMEDATEN | |
|---|---|
| Brennweite | 150 mm |
| Blende | f/4,5 |
| Belichtungszeit | 1/200 s |
| ISO | 100 |

### *Vogelbilder mit Ultraweitwinkelobjektiv*

Vogelbilder mit Ultraweitwinkelobjektiven sind etwas für Spezialisten. Jenseits von 28 mm Kleinbildbrennweite müssen Vögel entweder sehr groß sein oder extrem nah an der Frontlinse vorbeikommen. Beim Bild der spazierenden Nebelkrähe am Strand von Prora war der Vogel nicht mehr als einen Meter von der Frontlinse entfernt. Natürlich ist so etwas nur zu realisieren, wenn man keine Angst vor Sand hat und die Vögel, wie diese Krähe, von beeindruckendem Selbstbewusstsein geprägt sind.

### *Vogelschwärme vor Sonnenuntergang*

Relativ einfach sind Vogelschwärme vor Sonnenuntergang zu fotografieren. Dafür empfehlen sich Wildgänsegruppen, weil sie abends gern auf Feldern Rast machen; das Bild zeigt Wildgänse bei Tjolöholm in Südschweden. Sobald man dann zu Fuß näherkommt, fliegt die ganze Gruppe auf, und man muss nur noch auf den Auslöser drücken. Ein paar Vorüberlegungen dazu schaden aber nicht: Will man die Vögel auf dem Boden, im Moment des Auffliegens oder gegen den Abendhimmel haben?

Für jede dieser Situationen ist eine andere Kameraeinstellung zu empfehlen. Ein Umstellen der Kamera, sobald die Tiere fliegen, ist jedoch so gut wie nicht mehr möglich. Konzentrieren Sie sich also auf eine der beschriebenen Möglichkeiten.

Möchten Sie die Tiere am Boden oder im Moment des Auffliegens erwischen, nähern Sie sich von der Sonnenseite her. Wollen Sie

*Jenseits von 28 mm Kleinbild: Die Nebelkrähe spazierte in nur einem Meter Entfernung an der Frontlinse vorbei.*

| AUFNAHMEDATEN | |
|---|---|
| Brennweite | 7 mm |
| Blende | f/4 |
| Belichtungszeit | 1/800 s |
| ISO | 100 |

**AUFNAHMEDATEN**

| | |
|---|---|
| Brennweite | 200 mm |
| Blende | f/3,5 |
| Belichtungszeit | 1/6400 s |
| ISO | 400 |

*Der Schwarm sollte im Moment des Auffliegens erwischt werden. Leider wurde die Kamera auf die Vögel am Boden eingestellt, sodass der Autofokus den startenden Vögeln nicht mehr folgen konnte.*

die Vögel nach dem Auffliegen gegen den Himmel im Sucher haben, ist natürlich genau diese Richtung die falsche. Beim gezeigten Bild wurde dieser Fehler begangen. Die Kamera wurde auf die Vögel am Boden eingestellt – offene Blende, hoher ISO-Wert –, und anschließend wurde die Gruppe durch zu große Annäherung aufgescheucht.

Beim Auffliegen konnte der Autofokus der Menge flatternder Gänse nicht mehr folgen und fokussiert auf den Hintergrund, sodass alle Bilder unscharf wurden. Stellt man den Fokus auf einen einzelnen Vogel ein, wird dieser zwar scharf abgebildet, aber die Schärfentiefe reicht nicht für den Rest des Schwarms aus. Erst als die Vögel vergleichsweise weit weg waren, reichten Fokus und Schärfentiefe aus. Dass es dann mit der Drittelteilung doch hingehauen hat, ist wohl eher dem Zufall zu verdanken.

## CHECKLISTE: VÖGEL

| | |
|---|---|
| **Pflicht** | Lange Brennweite |
| | Leistungsfähiger Autofokus |
| **Brennweite** | > 300 mm Kleinbildbrennweite |
| **Optional** | Eventuell Stativ |
| | Kurze Auslöseverzögerung |

| AUFNAHMEDATEN | |
|---|---|
| Brennweite | 5 mm |
| Blende | f/8 |
| Belichtungszeit | 1/640 s |
| ISO | 200 |

*Problem bei der Abbildung einer Biene in Lebensgröße: Auf den Sensor einer Kompaktkamera passt die Biene nicht, da er zu klein ist. Hier helfen Vorsatznahlinsen weiter.*

**Makrowelten: kleine Dinge ganz groß**

Makroaufnahmen sind ausgesprochen beliebt. Motive finden sich in jedem Garten oder Blumenstrauß, und die Ausrüstung für die ersten Versuche ist preiswert. Makrofotografie nach DIN 19040 bedeutet, dass der Abbildungsmaßstab zwischen 1:10 und 10:1 liegen muss, also zwischen 0,1 und 10. Bei Maßstäben über 10 spricht man von Mikrofotografie. Dabei ist der Abbildungsmaßstab unabhängig von der Film- oder Sensorgröße.

***Vorsatznahlinse für die Kompaktkamera***

Wenn Sie eine Biene in Lebensgröße abbilden, ist der Maßstab 1:1, völlig egal um welchen Kameratyp es sich handelt. Einziges Problem: Auf einen Kompaktkamerasensor passt die Biene nicht, da der Sensor zu klein ist. Das führt dazu, dass das größte Objekt, das Sie bildfüllend mit einer Kompaktkamera fotografieren können, damit es noch ein Makro ist, knapp fünf Zentimeter groß sein darf. Mit einer Plattenkamera können Sie dagegen auch Makros von Menschen machen. So weit zur deutschen Norm.

In der Praxis scheitern Kompaktkameras oft deshalb am Makro, weil die freien Arbeitsabstände nicht ausreichen. Es hilft Ihnen nichts, wenn Sie im Supermakromodus einen Abbildungsmaßstab von 0,3 nur erreichen, wenn das Motiv schon vorn an der Frontlinse klebt. Wenn Sie Makros mit der Kompaktkamera machen wollen, müssen Sie zu Vorsatznahlinsen greifen, sinnvollerweise zu sogenannten Achromaten, die zwar wesentlich teurer, aber bezüglich der chromatischen Aberrationen korrigiert sind. Besitzt Ihre Kamera jedoch kein Filtergewinde, müssen Sie sich nach einer anderen Kamera umsehen.

## DER ABBILDUNGSMASSSTAB

**Der Abbildungsmaßstab gibt an, wie groß ein Motiv maximal auf dem Sensor abgebildet werden kann, wenn sich das Motiv an der Nahgrenze, der minimalen Arbeitsentfernung, des Objektivs befindet. Der Abbildungsmaßstab ist nach der Formel „Bildgröße zu Objektgröße" definiert. Ein Abbildungsmaßstab von 1:2 bedeutet, dass ein Motiv (Objekt) mit einer Höhe von 2 Zentimetern auf dem Sensor in einer Größe von 1 Zentimeter abgebildet wird. Beim FT-Querformat ist das bildfüllend.**
**Der Abbildungsmaßstab M kann allgemein berechnet werden durch die Formel „M = (Bildweite / Brennweite) - 1". Dabei ist die Bildweite die Brennweite plus Auszugsverlängerung. Beispiel: Das 50-200-mm-Objektiv hat eine maximale Vergrößerung von 0,21-fach. Das bedeutet, es hat bei dieser Vergrößerung bereits eine Auszugsverlängerung von 42 mm. Werden nun Zwischenringe montiert, steigt die Auszugsverlängerung und damit der Abbildungsmaßstab.**

*Eine E-P2 mit Biotar 50 mm und Zwischenringen. Der Abbildungsmaßstab beträgt 2,2:1.*

### *Balgengeräte und Zwischenringe verwenden*

Wenn Sie eine Kamera mit Wechselobjektiv besitzen, können Sie Balgengeräte oder Zwischenringe verwenden. Über diese kann der Abbildungsmaßstab des Objektivs erhöht werden. Allerdings werden über ein Balgengerät keine Objektivdaten übertragen, sodass es weder einen Autofokus noch eine Blendensteuerung gibt. Da die meisten modernen Objektive keinen Blendenring mehr besitzen und gerade am Balgen die Blende schon im Interesse der Schärfentiefe weiter geschlossen werden muss, werden am Balgen meistens ältere, analoge Objektive eingesetzt.

| AUFNAHMEDATEN | |
|---|---|
| Brennweite | 20 mm |
| Blende | f/11 |

*Belichtung über Lichtzelt, freier Arbeitsabstand 3 cm, Abbildungsmaßstab 3:1.*

Zwischenringe sind nichts anderes als Balgen, nur eben nicht so flexibel einstellbar. Für die verschiedenen Bajonette gibt es unterschiedliche Zwischenringe, die teilweise auch Blendenverstellung und Autofokus ermöglichen. Bei allen Zwischenringen ist eine Fokussierung auf unendlich nicht mehr möglich - im Makrobereich allerdings auch nicht nötig.

Beim genauen Einstellen der Schärfeebene ist es von Vorteil, wenn Sie eine Kamera mit Live-View-Modus besitzen. Beachten Sie auch, dass der Live-View eine gewisse Verzögerung hat, Sie müssen also sehr langsam und vorsichtig verstellen und immer wieder kontrollieren.

Sorgen Sie für ausreichend Licht beim Einstellen. Vor allem bei manuellen Objektiven, wenn mit Arbeitsblende - also abgeblendet - scharf gestellt wird, verliert der Live-View erheblich an Brillanz.

An die Objektive am vorderen Ende des Balgens werden hohe Anforderungen gestellt. Der Zwischenring macht ja nichts anderes, als die Bildweite zu vergrößern. Das Bild des Objektivs wird also größer, der Sensor bekommt einen kleineren Ausschnitt des Bilds. Wenn nun das Objektiv bereits im Normalbetrieb an der Grenze der Auflösung entlangschrammt, wird es mit einem Zwischenring nicht besser.

### *Normalobjektiv in Retrostellung betreiben*

Es gibt auch die Möglichkeit, anstelle von Zwischenringen ein Normalobjektiv in Retrostellung zu betreiben. Dabei wird in den Filterring eine Halterung (ein Retroadapter) geschraubt und damit das Objektiv an der Kamera befestigt. Mit dieser Konstruktion können preiswert sehr gute Ergebnisse erzielt werden, auch hier wieder abhängig vom verwendeten Objektiv. In Retrostellung steigt der Abbildungsmaßstab mit der kleiner werdenden Brennweite. Mit einem 28-mm-Objektiv (Kleinbildbrennweite) erreichen Sie 4:1, bei 90 mm sind es 1:1. Die Schärfe wird bei Retrostellung über den Abstand zum Motiv geregelt, der Abbildungsmaßstab über den Zoom.

Bei Objektiven ohne Blendenring können Sie oft die jeweils förderliche Blende mit einem Trick einstellen: Setzen Sie das Objektiv in Normalstellung an die Kamera, stellen Sie die Blende ein, drücken Sie die Abblendtaste und entriegeln Sie, während Sie die Abblendtaste gedrückt halten, das Objektiv. Die Blende bleibt eingestellt. Nun können Sie das Objektiv in Retrostellung befestigen und fotografieren.

Wenn Ihnen das zu umständlich ist, gibt es für Canon zum Beispiel von der Firma Novoflex einen voll funktionsfähigen Umkehrring Canon EOS, mit dem die Blende über die Kamera steuerbar ist.

Die förderliche Blende, also die Blende, ab der der Schärfegewinn durch Schärfentiefe wieder durch die Beugung aufgefressen wird, hängt übrigens im Makrobereich mit dem Abbildungsmaßstab zusammen - und zwar unabhängig von Sensorgröße und Auflösung des Sensors.

| ABBILDUNGS-MASSSTAB | FÖRDERLICHE BLENDE |
|---|---|
| 1:2 | f/32 |
| 1:1 | f/22 |
| 2:1 | f/16 |
| 3:1 | f/11 |
| 4:1 | f/8 |
| 5:1 | f/5,6 |

### *Makroschlitten für Festbrennweiten*

Während man bei der Kombination aus Zoomobjektiv und Zwischenringen mit dem Zoom scharf stellt, geht bei einer Festbrennweite ohne Makroschlitten so gut wie nichts mehr. Bei langen Zwischenringen oder Balgen liegt die Schärfeebene nahezu unverrückbar in festem Abstand vor dem Objektiv. Um die Schärfeebene zu verlegen, hilft es nur, die Kamera zu bewegen. Dazu wird sie auf einen Makroschlitten montiert, der mittels Schneckengewinde sehr fein verstellbar ist.

### *Kein Lichtverlust mit Nahlinsen*

Nahlinsen haben gegenüber Zwischenringen und Retroadaptern den Vorteil, dass sie keinen Lichtverlust verursachen, die optische Rechnung der Objektive nicht verändern und dass das Objektiv nach wie vor vollständig über die Kamera steuerbar ist. Allerdings verursachen billige Nahlinsen Farbfehler, Reflexe und weiche Ränder.

*Das Freihandmakro zeigt einen gold glänzenden Rosenkäfer und zwei gefleckte Schmalböcke bei der Paarung.*

| AUFNAHMEDATEN | |
|---|---|
| Brennweite | 54 mm |
| Blende | f/5,6 |
| Belichtungszeit | 1/320 s |
| ISO | 100 |

Gute, achromatische Nahlinsen sind erheblich teurer. Dreistellige Summen sind für eine entsprechende Nahlinse völlig normal, oft enthalten die Vorsatzlinsen sogar mehrere Glaselemente. Nahlinsen werden umso wirksamer, je länger die Brennweite der Objektive ist. Bei Zwischenringen ist das umgekehrt. Auf einem 300-mm-Objektiv (Kleinbildbrennweite) reichen 1 oder 2 dpt (Dioptrien) aus. Bei 80 mm können Sie auch Nahlinsen mit 4 dpt verwenden.

### *Makromotive mit Ringblitz beleuchten*

Eines der größten Probleme in der Makrofotografie ist die Beleuchtung des Motivs. Erst Licht lässt Strukturen hervorkommen. Die Lösungen dieses Problems sind mannigfaltig. Von LED-Taschenlampen über Studioblitze bis hin zu Reflektoren wird alles eingesetzt, was verspricht, Licht in die Sache zu bringen. Weit verbreitet sind sogenannte Makroblitze, die direkt am Objektiv befestigt werden und das Motiv aus nächster Nähe ausleuchten. Es gibt diese Geräte als Ringblitze, als Zangenblitze oder als Mischformen daraus. Einige Blitze werden direkt am Filtergewinde befestigt, was bei Objektiven, die keine Innenfokussierung besitzen, für unangenehme Überraschungen sorgen kann, wenn man aus Versehen den Autofokus betätigt. Viele Makroobjektive haben zudem extrem weite Fokusauszüge, sodass die mechanische Stabilität der Konstruktion zumindest fragwürdig ist.

### *Sinnvoll: Stativ und Makroschlitten*

Solange es sich um Blumen und Schmuck handelt, sind ein Stativ und ein Makroschlitten für Makros eine sinnvolle Anschaffung. Etwas schwieriger wird es, wenn es um Insekten geht. Lebende Tiere sind meistens nicht sonderlich scharf darauf, einen großen, schwarzen Kasten vor die Nase gestellt zu bekommen, und nehmen Reißaus.

### *Fluchtdistanz bei kleinen und großen Tieren*

Oft wird bei der Auswahl von Makroobjektiven von der Fluchtdistanz gesprochen. Man wählt ein längeres Objektiv, um nicht zu nah an das Motiv heranzumüssen. Das wird mit der Fluchtdistanz begründet, die man dann nicht unterschreiten würde. Das ist jedoch so nicht ganz richtig: Eine Fluchtdistanz gibt es nur bei großen Tieren. Das ist die Distanz, bei deren Unterschreitung der Fluchtreflex ausgelöst wird. Es gibt noch eine innere Fluchtdistanz. Wird die unterschritten, flieht das Tier nicht mehr, sondern stellt sich zum Kampf. Insekten haben jedoch keine Fluchtdistanz. Insekten reagieren auf Querbewegungen, nicht jedoch auf Bewegungen in ihre Richtung. Diese nehmen sie zwar wahr, fliehen aber nicht. Nähert man sich mit der Kamera langsam in direkter Linie dem Insekt, beäugt es zwar das Objektiv, bleibt aber sitzen.

### *Wie man Insekten kalt erwischt*

Eine Methode, Insekten sozusagen kalt zu erwischen, ist der frühe Morgen. Insekten sind zu der Zeit noch nicht so aktiv und reaktionsschnell und bleiben eher sitzen als zur Mittagszeit.

Manche Makrofotografen wissen ob der Kälteempfindlichkeit von Insekten und verwenden Kältespray oder lagern die Motive vor dem Shooting im Eisfach. Wenn Sie bei einem Makro kleine Eiskristalle am Körper der Insekten sehen, wissen Sie nun, wodurch sie verursacht wurden. Die ethische Beurteilung einer solchen Vorgehensweise muss jeder Fotograf für sich selbst vornehmen.

| AUFNAHMEDATEN | |
|---|---|
| Brennweite | 54 mm |
| Blende | f/4 |
| Belichtungszeit | 1/160 s |
| ISO | 100 |

*Hier eine Heuschrecke um die Mittagszeit. Das Problem dabei ist, alle Querbewegungen zu unterlassen. Der Finger am Auslöser kann das Tier bereits vertreiben.*

Die letzte Möglichkeit für Insektenmakros sind sogenannte Makroküvetten aus dem Laborbedarf, eine Art eckiges Reagenzglas. Ist das Insekt einmal in eine solche Küvette hineinmanövriert, kann man es in aller Gemütsruhe aus allen Richtungen fotografieren – und hinterher wieder freilassen.

| CHECKLISTE: MAKRO | |
|---|---|
| **Pflicht** | Makrofähiges Objektiv |
| **Brennweite** | 70–150 mm Kleinbildbrennweite |
| **Optional** | Stativ |
| | Makroschlitten |
| | Vorsatznahlinse |
| | Zwischenringe |
| | Makrobeleuchtung |
| | Retroadapter |

## Menschen vor der Kamera

Jeder, der fotografiert, fotografiert auch Menschen, manchmal unfreiwillig, meistens aber mit voller Absicht. Vor allem dann, wenn die Fotografie nicht nebenbei, etwa im Rahmen eines Urlaubs oder einer Familienfeier, stattfindet, sondern geplant und mit entsprechendem organisatorischem Aufwand, muss der Fotograf nach der Aufnahmesession Ergebnisse vorzeigen können. Und diese müssen vor allem vor den Augen des kritischsten Betrachters bestehen können: des Fotografierten selbst. Nur wenn Sie wissen, wie sich der Fotografierte selbst sieht oder sehen will und wie Sie das umsetzen, werden Sie allseits befriedigende Fotografien machen können.

### Porträts in freier Natur und auf der Straße

Porträts in freier Natur oder auf der Straße zu machen bedeutet, mit höchst unterschiedlichen Beleuchtungssituationen zurechtkom-

*Rechts: Gegenlichtaufnahme mit körniger Schwarz-Weiß-Umwandlung direkt in der Kamera. Bei der Dame im Fiat 500 handelt es sich um ein Profi-Model, das im Rahmen eines Groß-Workshops innerhalb von etwa zwei Stunden von 300 Journalisten fotografiert wurde. Das Fahrzeug steht im Schatten, wird aber von einem großkalibrigen Scheinwerfer beleuchtet. Das Bild entstand aus Bodenhöhe mit Gegenlicht.*

men zu müssen. Dies kann allerdings auch inspirierend sein. Am Beginn des Porträts steht die Frage des Fotografen an sich selbst, ob er versucht, das Wesen des Porträtierten zu durchdringen und seinen Charakter abzubilden, oder ob er sich auf die reine Äußerlichkeit beschränkt, eventuell sogar im Nachhinein eine Beautyretusche durchführt. In diesem Fall geht es nicht um Beautyfotografie, sondern um möglichst authentische Porträts. Dabei ist nicht eine gespielte Emotion gefragt, sondern eine echte Ausstrahlung, auch wenn sie melancholisch oder depressiv ist.

### *Einen Draht zum Model aufbauen*

Die erste Voraussetzung dabei ist, einen Draht zum Model aufzubauen. Existiert dieser Draht nicht, ist selbst ein perfekt ausgeleuchtetes und gepostes Porträt nicht mehr als die Ablichtung einer Schaufensterpuppe – und wenn es sich nicht gerade um ein professionelles Model handelt, kann man dem Gesicht das Genervtsein meist auch deutlich ansehen. Ohne Verbindung und Vertrauen zwischen Fotograf und Model sind auch stundenlange Fotosessions zum Scheitern verurteilt.

Erste Regel deshalb: Versuchen Sie zu spüren, womit sich das Model wohlfühlt. Es ist praktisch, wenn Sie ein paar Posen, Locations und Beleuchtungsideen im Hinterkopf haben, aber oft genug ergeben sich die besseren Bilder spontan. Das dunkle Porträt der jungen Frau entstand in einer kleinen, offenen Höhle, in der niemand freiwillig Porträts geschossen hätte. Aufgrund des extremen Sonnenlichts vor dem Höhleneingang reichte das reflektierte Licht genau aus, um das Bild zu machen, das Sonnenlicht vor dem Eingang fügte einen Lichtreflex im Auge hinzu.

Insgesamt trafen sowohl Ambiente als auch Gesichtsausdruck und Beleuchtung perfekt auch die Lebenssituation des Models. Bei der Wahl der Perspektive wurde ein Halbprofil gewählt, da dadurch die spitze Nase etwas kaschiert wurde. Der Weißabgleich der Kamera wurde manuell auf das Licht vor der Höhle abgestimmt. Das durch den Buntsandstein der Höhle reflektierte Licht sorgte dann für den bräunlichen Farbton des Gesichts. Realistische Hauttöne sind dagegen immer braunrosa mit einem Stich Grau.

Es ist egal, ob das Model in die Kamera sieht oder nicht, ob Sie mit einer Normalbrennweite von 50 mm Kleinbild arbeiten oder mit einem 400-mm-Rohr – für ein berührendes Porträt wesentlich ist und bleibt, ob Sie eine Verbindung zum Model aufbauen oder nicht.

| AUFNAHMEDATEN | |
|---|---|
| Brennweite | 200 mm |
| Blende | f/5 |
| Belichtungszeit | 1/400 s |
| ISO | 400 |

*Oben: Das Beispielbild zeigt ein Outdoor-Porträt die Chansonsängerin Asgard.*

*Unten: Hier wirken die Augen leblos. Achten Sie darauf, dass das Model einen hellen Punkt fixiert.*

***Die Schokoladenseite des Motivs finden***

Als Erstes müssen Sie herausfinden, welche die Schokoladenseite Ihres Motivs ist. Lassen Sie Ihr Model lachen, lächeln, reden, versuchen Sie, die Schwachstellen des Gesichts herauszubekommen. Viele Menschen haben zwei völlig unterschiedliche Gesichtshälften, finden Sie also heraus, von welcher Seite Sie am besten zu Werke gehen. Ein Ansatz zum Doppelkinn kann manchmal durch eine bessere Kopfhaltung und eine leichte Untersicht kaschiert werden, manchmal ist eine Drehung des Oberkörpers besser. Damit rutscht die Kinnlade aus der Halslinie heraus und gibt eine Linie vor, die gedanklich zum Ohr fortgesetzt wird und damit das Doppelkinn verschwinden lässt.

***Porträts vor dem Hintergrund freistellen***

Lange Brennweiten haben vor allem den Vorteil, dass der Hintergrund sehr schnell unscharf wird, das Gesicht also sehr einfach freizustellen ist, zudem werden Gesichter aufgrund der Telestauchung flacher. Böse Zungen sprechen dann vom Pfannkucheneffekt. Dieser Effekt - und sein Gegenteil bei kürzeren Brennweiten - können behutsam eingesetzt werden, um Gesichter entsprechend zu formen und Problemzonen verschwinden zu lassen.

Übrigens ist es auch mit Kompaktkameras möglich, Porträts vor dem Hintergrund freizustellen. Sorgen Sie für ausreichend Abstand zum Hintergrund und eine möglichst große Brennweite.

***Ideales Wetter für Outdoor-Porträts***

Die Beleuchtung außen übernimmt im Allgemeinen die Sonne. Im obigen Bild, das unter freiem Himmel aufgenommen wurde, kommt die Nachmittagssonne von rechts vorne, das Gesicht liegt also, genauso wie der Hintergrund, im Schatten. Das hat mehrere Vorteile: Das Model muss nicht gegen die Sonne schauen, was immer in zusammengezwickten Augen und verkniffenen Gesichtszügen endet, und man vermeidet harte Schatten im Gesicht. Wenn das Model nicht im Halbschatten platziert werden kann, achten Sie darauf, dass zumindest eine Wolke die Sonne etwas abschwächt.

Ideales Porträtwetter ist bedeckter Himmel, eine größere Softbox kann man nirgends kaufen. Lediglich die späte Abendsonne ist als direkte Beleuchtung akzeptabel, die dadurch verursachten Weißabgleichsprobleme müssen aber bewältigt werden, und obwohl Abendlicht weicher ist, ist die Balance von Licht und Schatten oft kompliziert (Farbtemperatur im Licht etwa 4.500 K, Farbtemperatur im Schatten über 7.000 K).

Wenn Sie den Problemen der direkten Sonneneinstrahlung entgehen, indem Sie Ihr Model in den Schatten platzieren, passen Sie darauf auf, dass das Model zumindest einen starken, hellen Fleck sieht - etwa die Sonnenreflexion an einer Scheibe - oder

i

## DAS MODEL VOR DER AUFNAHME PLATZIEREN

**Ein kleiner Trick übrigens noch, wenn Sie Ihr Model an eine bestimmte Stelle im Bild platzieren wollen: Machen Sie keine Kreidestriche auf den Boden, sie gehen nicht mehr weg und stören spätestens beim nächsten Bild erheblich. Legen Sie einfach eine Münze auf den Boden mit der Anweisung an das Model, den Fuß daraufzustellen.**

| AUFNAHMEDATEN | |
|---|---|
| Brennweite | 200 mm |
| Blende | f/4 |
| Belichtungszeit | 1/60 s |
| ISO | 100 |

| AUFNAHMEDATEN | |
|---|---|
| Brennweite | 76 mm |
| Blende | f/2,8 |
| Belichtungszeit | 1/640 s |
| ISO | 100 |

dass es ins Helle schaut. Wird es gegen den hellen Hintergrund platziert, hat man zwar eine wunderbare Freistellung, aber die Augen wirken leblos, der Reflex fehlt. Nun könnte man zwar den Reflex mittels Aufhellblitz einbauen, damit wäre er aber genau mittig auf der Pupille, vor allem wenn das Model in die Kamera sieht. Das gibt den typischen stieren Blick und verschlimmbessert die Sache nur.

Besser ist die Verwendung eines Reflektors. Einerseits hilft er, das Gesicht trotz der Positionierung im Schatten durch das zusätzliche Licht vom Hintergrund abzuheben, und andererseits setzt er einen perfekten Reflex ins Auge. Verwenden Sie übrigens nie größere Reflektoren oder Softboxen, als Sie gerade benötigen. Viele Fotografen arbeiten nach der Methode: „Wenn wir die teure Zwei-Meter-Box schon haben, dann verwenden wir sie auch." Andere bestehen auf ihrem SunBounce BIG mit gut drei Quadratmetern, auch wenn sie nur ein Porträt machen. Der Effekt ist, dass Sie riesige, eckige Reflexe ins Auge bekommen und Ihnen irgendwann ein Monster entgegengrinst, das aus einem Fantasyfilm entsprungen scheint.

Für ein Porträt ist eine 40er-Softbox oder ein 80er-Faltreflektor völlig ausreichend. Achten Sie übrigens bei Porträts auf die Oberbekleidung des Models: Schulterfreie Kleider sehen wundervoll aus, sind bei Porträts aber fehl am Platz. Entweder man sieht gar nichts davon, was den unbefangenen Betrachter etwas befremdet, oder sie sind auf wenige Zentimeter angeschnitten, was auch nicht besser aussieht.

Gelegentlich kann auch ein leichtes Weitwinkel ein Porträt spannend machen, es muss dabei aber sehr sorgfältig vorgegangen werden, damit Hände, Ellbogen oder Schultern durch die perspektivische Vergrößerung nicht unnatürlich verzerrt wirken. Es hilft, wenn das Ambiente durch entsprechende Linien die starke Perspektive andeutet.

| CHECKLISTE: PORTRÄT OUTDOOR | |
|---|---|
| Pflicht | Assistent mit Reflektor und Abschatter |
| Brennweite | 80-300 mm Kleinbildbrennweite |
| Optional | Aufhellblitz |

### Studioporträts: volle Kontrolle über Licht und Schatten

Porträts im Studio erlauben die nahezu volle Kontrolle über Licht, Schatten und Reflexe. Studiofotografie setzt ein Fotostudio voraus. Diese so banale Grundregel ist die am meisten verletzte Regel überhaupt. Für Studiofotografie brauchen Sie Licht - und zwar geformtes Licht. Es ist natürlich jederzeit möglich, zwei Baustrahler ins Wohnzimmer zu stellen, an der Vorhangleiste ein schwarzes Molton aufzuhängen und anschließend loszufotografieren, man handelt sich dabei aber mehrere Probleme ein: Die Baustrahler sind sehr heiß, sie verändern ihre Farbtemperatur mit der Zeit, und es gibt keine Softboxen dafür.

Das größte Problem ist, dass sie in den Mengen, die man vernünftigerweise im Wohnzimmer aufstellt, zu leistungsschwach sind. Sie erhalten mit einem 500-Watt-Scheinwerfer nur 6 EV. Wenn Sie mit ISO 100 arbeiten wollen, brauchen Sie Blende 2, um überhaupt 1/15 Sekunde zu erreichen. Dann dürfen sich aber weder Fotograf noch Model bewegen. Für einige Kompaktkameras, die keine externen Blitze ansteuern können, bleibt das aber die einzige Möglichkeit.

### *Geformtes Licht mit Aufsteckblitz*

Eine einfache Möglichkeit, zu mehr Licht zu kommen, ist die Verwendung von Aufsteckblitzen. Selbst preiswerte Systemblitze erreichen die Leistung von kleinen Studioblitzgeräten, sind aber vielfach exakter einzustellen. Ansteuern lassen sie sich entweder mittels Funkauslöser oder per Slave-Fotozelle. Die neuere Generation ist oft direkt über den Aufsteckblitz der Kamera fernzusteuern. Für die Lichtformung bei Systemblitzen gibt es mittlerweile eine breit aufgestellte Zubehörindustrie.

Wenn es dann doch die großen Standblitzgeräte sein sollen, achten Sie auf Qualität und eine exakte Regelbarkeit um mindestens 4 Blenden. Der große Vorteil der Studioblitzgeräte ist das integrierte Einstelllicht. Sie können also vor dem Fotografieren bereits sehen, wo sich im Gesicht unerwünschte Schatten verteilen, und das Blitzgerät entsprechend ausrichten.

Das einen Apfel essende Mädchen wurde ebenfalls mit zwei Blitzen beleuchtet - eine Softbox von links, ein reduzierter Standardreflektor von rechts. Die Reflexe auf Lippe und Auge stammen vom kleinen Standardreflektor. Accessoires dienen bei Porträts dazu, eine Handlung zu inszenieren, eine Interaktion, also eine kleine Geschichte ins Bild zu bringen. Oft ist es vor allem für unerfahrene Models einfacher, sich an einem Accessoire festzuhalten, über das sie eine manuelle Kontrolle haben, als mit der fremdbestimmten Kamera zu kommunizieren. Eine farbliche Anpassung der Accessoires ist natürlich Pflicht, damit nicht eine zu bunte Gestaltung vom Sinn des Ganzen, vom Porträt, ablenkt.

*Zwei Blitze, ein Reflektor: Studioaufnahme vor cremefarbenem Hintergrund.*

| AUFNAHMEDATEN | |
|---|---|
| Brennweite | 54 mm |
| Blende | f/10 |
| Belichtungszeit | 1/200 s |
| ISO | 100 |

| AUFNAHMEDATEN | |
|---|---|
| Brennweite | 85 mm |
| Blende | f/9 |
| Belichtungszeit | 1/125 s |
| ISO | 100 |

*Beispiel eines vom Hintergrund freigestellten Porträts.*

### *Begleitperson ins Shooting einbinden*

Bisweilen ist es sinnvoll, wenn das Model eine Begleitperson dabeihat. Ein Fotograf hat meistens anderes zu tun, als Witze zu reißen, er muss sich um Beleuchtung und Bildkomposition kümmern und ist dann natürlich heilfroh, wenn eine dem Model vertraute Begleitperson dabei ist, die für gute Stimmung sorgt. Es ist hilfreich, wenn die Begleitperson von Anfang an in die Planung des Shootings eingebunden ist, dabei sollte auch klar besprochen werden, welche Fotos gemacht und welche nicht gemacht werden. Sind die Fronten klar, steht einem Shooting mit Spaß nichts mehr im Wege.

### *Porträt mit Kopflicht vom Hintergrund freistellen*

Das Lichtsetup der Aufnahme bestand aus einm Blitzbrenner, einer Octagon-Softbox von links, einem Aufheller von rechts und einem Kopflicht senkrecht von oben. Durch dieses Kopflicht wird das Porträt vom Hintergrund freigestellt. Würde man die Softbox noch frontaler stellen, bekäme auch diese Seite des Gesichts Licht, und der Effekt wäre deutlich weicher. Bei älteren Damen ist eine frontale Softbox meist das Mittel der Wahl.

### *Hartes Licht mit einem Vierflügeltor*

Verzichtet man auf die Softbox und verhindert Reflexionen aus dem Raum durch ein weitreichendes Abnegern (Verhängen mit schwarzen Tüchern oder Aufstellen von schwarzen Abschattern), kann man mit einem Vierflügeltor, einem Lichtformer mit vier Klappen, ein sehr hartes, gerichtetes Licht erzeugen, das auf den Punkt kommt. Auch dieses in Schwarz-Weiß konvertierte Bild ist natürlich wieder eine Inszenierung. Die Rolle des Accessoires spielt in diesem Fall die Strickweste, die wie zum Schutz vor die Brust gezogen wird, das starke Seitenlicht erzeugt eine bedrohliche Stimmung. Der Effekt sollte mit Vorsicht angewandt werden, er nutzt sich leicht ab, und nicht jedes Model kommt mit der dazu notwendigen schauspielerischen Leistung klar.

Auch wenn es natürlich möglich ist, Hintergründe in nahezu beliebigen Farben und Mustern zu verwenden, die wesentlichen Hintergrundpappen sind schwarz und weiß, eventuell noch ein helles Beige. Nicht jedem steht ein blauer Hintergrund, und eine gemusterte Tapete lenkt beim Porträt wohl eher vom Motiv ab, als dass sie zur Bildwirkung positiv beitragen würde.

| CHECKLISTE: STUDIOPORTRÄT | |
|---|---|
| **Pflicht** | Blitzanlage mit verschiedenen Lichtformern |
| | Abschatter und Reflektoren |
| | Kamera mit Anschluss für externe Blitze/Blitzschuh |
| | Manuell einstellbare Kamera |
| **Brennweite** | 80–400 mm Kleinbildbrennweite |
| **Optional** | Graukarte |
| | Hintergrundsystem |
| | Accessoires |

### Geheimnisvolle Low-Key-Aufnahmen

Low-Key-Aufnahmen werden meistens im Studio gemacht, obwohl sie mit etwas Geschick auch in Available-Light-Umgebungen entstehen können. Low-Key bedeutet nicht etwa, dass das Bild unterbelichtet ist, sondern dass die Belichtung so justiert wird, dass die bildwichtigen Teile unterhalb des 18%igen Helligkeitswerts liegen, auf den normalerweise die Belichtung einer Kamera

| AUFNAHMEDATEN | |
|---|---|
| Brennweite | 50 mm |
| Blende | f/11 |
| Belichtungszeit | 1/160 s |
| ISO | 100 |

*Dieses Bild ist, obwohl sehr dunkel, übrigens kein Low-Key-Bild. Dazu sind die Kontraste zu stark. Die Schwarz-Weiß-Konvertierung wurde vorgenommen, weil das Bild keine für die Bildaussage wesentliche Farbinformation enthält. Diese Beschränkung auf das Wesentliche sollte aber keine Ausrede dafür sein, missglückte Farbfotos kurzerhand in Schwarz-Weiß umzuwandeln und zu Kunst zu erklären.*

eingestellt ist. Auch bei Low-Key kann es zu Spitzlichtern kommen, solange diese nicht bildbestimmend sind.

### *Dunkle Kleidung ist ein Muss*

Low-Key-Bilder haben normalerweise einen düsteren, deprimierenden Charakter. Dunkle Kleidung ist ein Muss. Im Beispielfoto wurde eine Softbox von links oben verwendet. Der Kopf ist so weit nach hinten geneigt, dass der Hut das Gesicht nicht mehr abschattet. Durch die dunkle Kleidung wird die hellere Haut des Menschen zum farblichen Hauptmotiv. Das dunkelblonde Haar wird durch den schwarzen Hut abgeschattet, damit es nicht vom Gesicht ablenkt – bei Beleuchtung von oben pflegt Haar schnell zu glänzen, was bei Low-Key nicht erwünscht ist. Eine Wasserstoffblondine ist bei Low-Key eher schwierig zu realisieren.

### *Auf Haltung und Mimik achten*

Achten Sie auch auf Haltung und Mimik. Ein Low-Key mit fröhlichen Menschen ist ein Widerspruch in sich. Starke Gesichtsschatten, die eine reduzierte Mimik unterstreichen, sind bei starker Mimik fehl am Platz. Zu schnell wird das Gesicht zur Fratze. Achten Sie also darauf, bei Low-Key gedämpfte Musik aufzulegen und möglichst wenig Witze zu reißen.

### *Weiche Körperlandschaften modellieren*

Oft wird die Low-Key-Technik im Aktbereich für Körperlandschaften eingesetzt. Der dunkle Hintergrund enthebt den Fotografen der Sorge um das Freistellungspotenzial der Objektive, man erhält gratis eine gewisse geheimnisvolle Stimmung und kommt mit vergleichsweise wenig Licht aus. Da Körperlandschaften selten mit Gesicht ab-

*Durch die dunkle Kleidung wird die hellere Haut des Models zum farblichen Hauptmotiv.*

| AUFNAHMEDATEN | |
|---|---|
| Brennweite | 31 mm |
| Blende | f/4,5 |
| Belichtungszeit | 1/160 s |
| ISO | 100 |

gelichtet werden, ist auch diese Fehlerquelle ausgeschlossen. Die Kunst beschränkt sich also darauf, möglichst weiches Licht zu produzieren, das trotzdem gerichtet auf den Körper fällt, um die Formen gut zu modellieren. Für diese Zwecke eignen sich Striplights sehr gut, das sind nichts anderes als sehr lange, schmale Softboxen, idealerweise noch mit einem Wabenvorsatz.

| AUFNAHMEDATEN | |
|---|---|
| Brennweite | 25 mm |
| Blende | f/8 |
| Belichtungszeit | 1/200 s |
| ISO | 100 |

*Oben: Die gleiche Pose, die Softbox allerdings diesmal von der anderen Seite, zeigt, wie wichtig es ist, bei Low-Key auf das Outfit zu achten. Das helle Sommerkleid ist in diesem Fall völlig fehl am Platz, das Bild fällt auseinander und sieht einfach nur unterbelichtet aus. Das gut gemeinte Sektglas ist als Accessoire nicht bildwirksam.*

*Unten: Der dunkle Hintergrund sorgt bei diesem Akt für eine geheimnisvolle Stimmung, und man kommt mit vergleichsweise wenig Licht aus.*

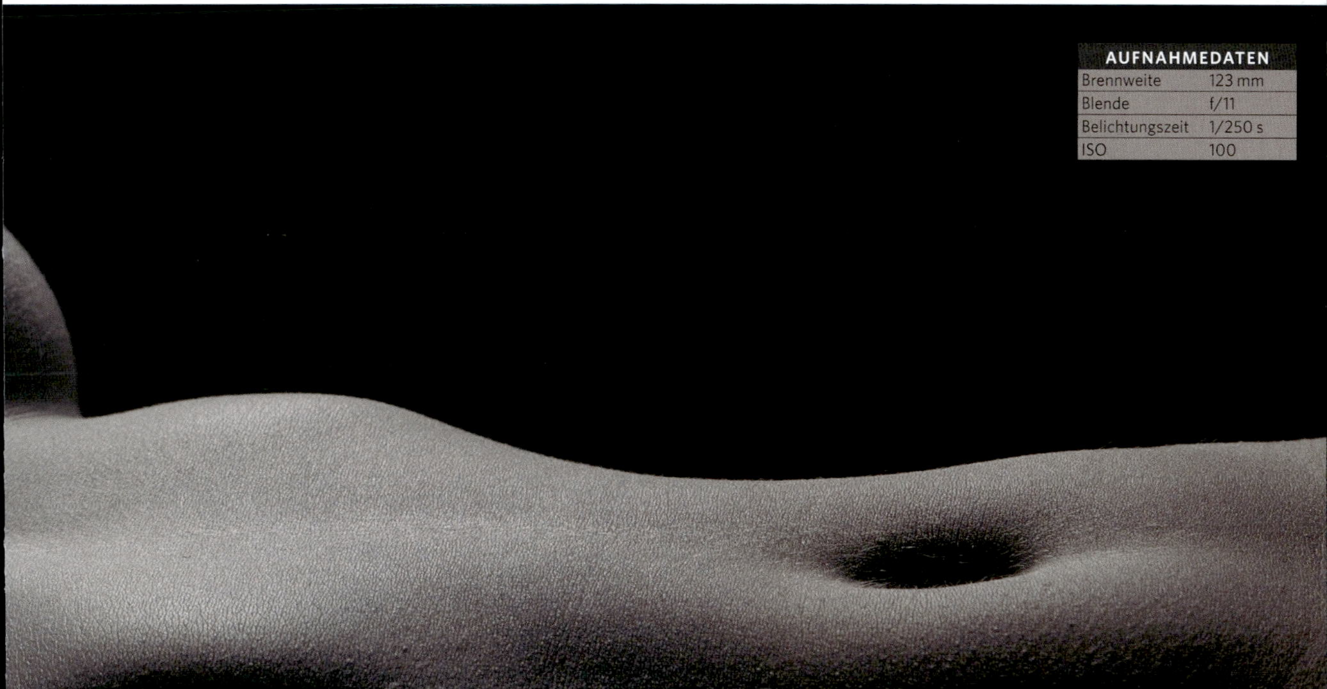

| AUFNAHMEDATEN | |
|---|---|
| Brennweite | 123 mm |
| Blende | f/11 |
| Belichtungszeit | 1/250 s |
| ISO | 100 |

*Die Körperspannung*

Ein wesentlicher und oft unterschätzter Faktor bei Fotos mit viel freier Haut ist die Körperspannung des Models. Sorgen Sie dafür, dass das Model die Muskeln in den sichtbaren Bereichen anspannt. Sind bei einem sitzenden Model die Oberschenkel sichtbar, müssen sie angespannt sein, sonst hängen sie. Dabei spielt es keinerlei Rolle, wie schlank das Model ist. Insbesondere bei Low-Key-Aufnahmen ist Körperspannung essenziell.

| CHECKLISTE: LOW-KEY-PORTRÄT | |
|---|---|
| **Pflicht** | Blitzanlage mit verschiedenen Lichtformern |
| | Abschatter und Reflektoren |
| | Kamera mit Anschluss für externe Blitze/Blitzschuh |
| | Manuell einstellbare Kamera |
| | Schwarzer Hintergrund |
| **Brennweite** | 80–400 mm Kleinbildbrennweite |
| **Optional** | Graukarte |
| | Accessoires |

## Lichtdurchflutete High-Key-Porträts

High-Key-Aufnahmen haben oft etwas Ätherisches, sie sind lichtdurchflutet und einfach nur schön. Bei High-Key liegt der Belichtungsschwerpunkt oberhalb von 18%igem Grau. In vielen Fällen wird der Hintergrund so stark überbelichtet, dass die Kanten des Hauptmotivs überstrahlen. Das erzeugt einen schwerelosen, leichten Eindruck.

*High-Key immer mit zwei Lichtquellen*

Wichtig sind bei High-Key-Bildern immer zwei Lichtquellen. Einerseits muss der Hintergrund stark beleuchtet werden, andererseits aber auch das Motiv. Überstrahlungen gehören beim High-Key zwar dazu, aber man sollte genau diese Überstrahlungen grundsätzlich auf den Hintergrund beschränken. Oft werden auch Kleidungsstücke überbelichtet, genau das gilt es zu vermeiden. High-Key bedeutet nicht überbelichtet, sondern ein Vorherrschen heller Farbtöne.

Die High-Key-Aufnahmetechnik wird auch gern für Dessousbilder verwendet. Doch auch hier gilt die Regel: Das Motiv darf nicht ausfressen. High-Key ist eine Gratwanderung. Die normale Belichtung auf 18%iges Grau hat ausreichend Reserven, um dunkle Haare und helle Dessous sauber abzubilden. Beim High-Key nimmt man sich freiwillig diesen Belichtungsspielraum und presst alles in einen kleineren Kontrastumfang hinein.

Demzufolge ist bei einem guten High-Key der Belichtung außerordentlich viel Gehirnschmalz zu widmen. Bei dem Model auf dem dekorativen Laken hätte der Kopf etwas mehr Licht vertragen können, wenn dafür der Büstenhalter eine halbe Blende weniger erhalten hätte. Der rote Schuh ist natürlich ein No-go. Für solche Fauxpas gibt es glücklicherweise Adobe Photoshop.

| CHECKLISTE: HIGH-KEY-PORTRÄT | |
|---|---|
| **Pflicht** | Blitzanlage mit verschiedenen Lichtformern |
| | Abschatter und Reflektoren |
| | Kamera mit Anschluss für externe Blitze/Blitzschuh |
| | Manuell einstellbare Kamera |
| | Heller Hintergrund |
| **Brennweite** | 80–400 mm Kleinbildbrennweite |
| **Optional** | Graukarte |
| | Accessoires |

| AUFNAHMEDATEN | |
|---|---|
| Brennweite | 79 mm |
| Blende | f/7,1 |
| Belichtungszeit | 1/200 s |
| ISO | 100 |

*Oben: In diesem Beispiel wurde die helle Hintergrundpappe mit einem Standardreflektor angestrahlt, das Gesicht dagegen mit einer links neben dem Fotografen stehenden 40er-Softbox. Dadurch sind die Schatten im Gesicht minimiert. Bei den Accessoires wurde auf eine helle Kette und eine helle Bluse geachtet.*

*Unten: Dessousaufnahme mit Lichtwanne (2 x 1 m) von oben und Standardreflektor von rechts.*

| AUFNAHMEDATEN | |
|---|---|
| Brennweite | 86 mm |
| Blende | f/16 |
| Belichtungszeit | 1/160 s |
| ISO | 100 |

*In diesem Beispiel wurde der Bergsteiger genau so postiert, dass die Sonne durch das linke Bein verdeckt wurde. Hängende Schultern, hängender Kopf, der durch die starke Untersicht überdimensionierte Rucksack und der hängende Arm zeigen Erschöpfung an.*

### Menschen als Silhouetten fotografieren

Menschen als Silhouetten zu fotografieren erfordert ein hohes Abstraktionsvermögen. Das Auge sieht Strukturen, die im späteren Bild im Schatten verschwinden sollen. Haltung und Gestik der Personen werden wichtiger als Mimik und Farbe. Silhouettenfotos sind eigentlich immer gestellt. Die Hintergrundbeleuchtung (Sonne) und die Person müssen genauestens ausgerichtet werden, um den beabsichtigten Eindruck zu erzielen.

#### *Perspektive aus der Untersicht*

Dieses Bild ist nicht gestellt, sondern nach dem Prinzip „zur richtigen Zeit am richtigen Ort“ entstanden, aber es zeigt ein paar der Probleme, die Silhouettenbilder bereiten. In diesem Fall wurde die kurze Brennweite stark nach oben gekippt, um den spektakulären Wolkenbogen einfangen zu können. Um nun die Reiterin gegen den Himmel abzubilden, war ein Platz im Straßengraben unbedingt notwendig. Die Entfernung zum Pferd betrug nur noch fünf Meter. Nicht alle Pferde mögen Fotografen, die in irgendwelchen Straßengräben herumhampeln. Zudem durfte das Pferd auch nicht zu weit an den Bildrand kommen, da es sonst durch die starke Untersicht grotesk verzerrt gewirkt hätte.

Eine Silhouette benötigt nicht notwendigerweise einen Sonnenuntergang oder eine starke Untersicht. In diesem Fall liegt der Horizont in der Bildmitte. Auch diese Szene ist natürlich gestellt, die nahezu exakten Profile sind ein Glücksfall. Belichtet wurde auf die Landschaft vor dem Fenster, scharf gestellt aber auf die Köpfe der Personen. Damit die Landschaft erkennbar bleibt, muss die Blende weit geschlossen werden. Für eine vollständig scharfe Landschaft wäre eine Kompaktkamera mit kleinem Sensor brauchbarer gewesen.

#### *Mit Untersicht den Horizont verlagern*

Wieder ein Bild, das mit einer Normalbrennweite entstanden ist. So, wie das Bild ist, ist es natürlich nicht zu stellen. Die beiden Geschwister hatten aber sichtlich Spaß daran, im Sonnenuntergang zu springen. Auch hier wieder: Starke Untersicht verlagert den Horizont in den Keller und sorgt für Raum unter den Füßen. Belichtet wurde auf den Sonnenuntergang, die Schärfe wurde auf die beiden Kinder abgestimmt.

| CHECKLISTE: SILHOUETTEN | |
|---|---|
| Pflicht | Heller Hintergrund |
| Brennweite | 18–80 mm Kleinbildbrennweite |
| Optional | Bei Bewegtbildern: leistungsfähiger Autofokus |
| | Schnelle Serienbildfunktion |

*Bei dieser Aufnahme wurde die kurze Brennweite stark nach oben gekippt, um den spektakulären Wolkenbogen einfangen zu können.*

*Unten links: Auch ohne Sonnenuntergang gelingen eindrucksvolle Silhouetten.*

*Unten rechts: Ein solches Bild ist ausschließlich mit einem wirklich schnellen, leistungsfähigen Autofokus zu machen. Durch die offene Blende, die für die Realisierung der kurzen Belichtungszeit nötig ist, liegt die Schärfentiefe selbst bei Formfaktor 2 gerade mal bei einem halben Meter. Das ist durch manuelle Fokussierung und eine Fokusfalle mit zwei springenden Kindern nicht zu realisieren.*

| AUFNAHMEDATEN | |
|---|---|
| Brennweite | 14 mm |
| Blende | f/7,1 |
| Belichtungszeit | 1/320 s |
| ISO | 100 |

| AUFNAHMEDATEN | |
|---|---|
| Brennweite | 25 mm |
| Blende | f/3,1 |
| Belichtungszeit | 1/500 s |
| ISO | 100 |

| AUFNAHMEDATEN | |
|---|---|
| Brennweite | 22 mm |
| Blende | f/8 |
| Belichtungszeit | 1/250 s |
| ISO | 100 |

**Das A und O für perfekte Kinderbilder**
Jeder, der Kinder hat, fotografiert sie. Damit diese Bilder außerhalb des rein dokumentarischen auch einen ästhetischen Charakter erhalten, gibt es dabei einiges zu beachten.

***Kinder im freien Spiel***
Am besten ist die Untersicht, die man auch haben kann, ohne in die Knie zu gehen, solange man das Kind dazu animieren kann, sich auf einen erhöhten Punkt zu begeben, in diesem Fall ein Klettergerüst. Sich Zeit zu nehmen, ist dabei das A und O, es gibt keine besseren Fotos als Kinder im freien Spiel. Kinder in diesem Alter führen zwar bereits Fotografenanweisungen aus, die Fotos sehen aber durch die Bank gestellt und verkniffen aus. Leider kümmern sich Kinder prinzipiell nicht darum, ob sie richtig im Licht stehen. Man muss also dafür sorgen, dass die Sonne richtig steht und nicht, dass das Kind richtig steht.

***Frontale bei Kleinkindern vermeiden***
Bei vielen Kleinkindern ist der Nasenrücken noch nicht richtig ausgebildet, dadurch kommt es zum Pseudostrabismus; dabei erweckt die Augenpartie den Eindruck eines mehr oder weniger starken Innenschielens. In diesem Fall befand sich der Fotograf in Bauchlage, durch das Halbprofil verschwindet die Pupille des zweiten Auges nahezu, der Pseudostrabismus ist nicht mehr sichtbar. Bei einem Erwachsenenporträt hätte man hier eventuell versucht, das Gesicht mit einem Diffusor abzuschatten, bei einem Kinderporträt ist das im Normalfall nicht möglich.

***Aufhellblitz bei Kinderporträts***
Aufhellblitzen ist eine Wissenschaft für sich. Bei Kinderporträts sollte man sich das noch zweimal mehr überlegen. Die Blitzerei ist nur auf kurze Entfernungen effektiv, und das Licht zieht die Aufmerksamkeit zwangsläufig auf den Fotografen. Kinder sollte man sowieso grundsätzlich nicht aus Entfernungen unter einem Meter anblitzen. Wenn Sie schon aufhellblitzen, regeln Sie den Blitz etwa 0,7 EV herunter. Er wirkt dann weniger stark, und Sie vermeiden den berüchtigten Kulisseneffekt, bei dem die angeblitzte Person wie in das Bild hineingeklebt wirkt.

***Single-Autofokus: besser als Motivprogramm***
Der Nutzen von Kinderprogrammen in Kameras ist zweifelhaft. Oft schaltet die Kamera für das Kinderprogramm in einen kontinuierlichen Autofokus (C-AF) um, der nur in den allerseltensten Fällen leistungsfähig genug ist, Kinder in Bewegung auch tatsächlich im Fokus zu halten. Zudem geht der C-AF meistens davon aus, das Motiv würde sich linear bewegen – was die allerwenigsten Kinder tun. Falls also Ihr Motivprogramm für Kinder keine zufriedenstellenden Ergebnisse liefert, schalten Sie per Hand auf Single-Autofokus (S-AF) und arbeiten damit. Einzige Ausnahme sind Rutschenbilder, wobei Kleinkinder

*Vermeiden Sie die Frontale, bei denen das Kind direkt auf Sie schaut.*

| AUFNAHMEDATEN | |
|---|---|
| Brennweite | 200 mm |
| Blende | f/3,5 |
| Belichtungszeit | 1/160 s |
| ISO | 100 |

| AUFNAHMEDATEN | |
|---|---|
| Brennweite | 130 mm |
| Blende | f/3 |
| Belichtungszeit | 1/500 s |
| ISO | 100 |

*Oben: Ein solcher Gesichtsausdruck wartet nicht, bis alle Reflektoren am richtigen Ende stehen. Zudem gibt der Sonnenfleck auch eine gewisse Natürlichkeit wieder.*

*Unten: Wenn das Motivprogramm versagt, hilft das Umschalten auf Single-Autofokus (S-AF) in den meisten Fällen weiter.*

| AUFNAHMEDATEN | |
|---|---|
| Brennweite | 158 mm |
| Blende | f/3,2 |
| Belichtungszeit | 1/640 s |
| ISO | 100 |

auf der Rutsche ebenso wie auf der Schaukel meist einen hoch konzentrierten Gesichtsausdruck annehmen.

### *Auf mittlere Telebrennweiten setzen*

Setzen Sie extreme Weitwinkel sparsam ein oder lassen Sie es lieber bleiben. Sie müssen den Kindern schon sehr weit auf die Pelle rücken, damit sie nicht im Rest des Bilds verschwinden. Und die dadurch verursachten Verzerrungen mögen zwar auf den ersten Blick witzig wirken – das sind aber meistens nicht die Bilder, die man dann der Verwandtschaft zeigt.

**AUFNAHMEDATEN**

| | |
|---|---|
| Brennweite | 72 mm |
| Blende | f/3,2 |
| Belichtungszeit | 1/400 s |
| ISO | 100 |

*Die Verwendung eines Teleobjektivs sorgt auch dafür, dass das Kind etwas vom Hintergrund freigestellt wird. Das gleiche Foto mit einem Normalobjektiv würde einen Eingriff in diese Szene bedeuten. Auch käme deutlich mehr vom Hintergrund mit aufs Bild, der bei diesem Bild überhaupt nicht interessiert.*

Setzen Sie auf mittlere Telebrennweiten und achten Sie darauf, immer auf Augenhöhe mit dem Kind zu bleiben. Dieses Bild wirkt ausschließlich dadurch, dass es aus der Kinderperspektive gemacht wurde. Die korrespondierenden Farben von Shirt und Krokussen sind in diesem Fall Zufall, hätten aber nicht besser gewählt werden können.

**CHECKLISTE: KINDER**

| | |
|---|---|
| **Pflicht** | Schneller Autofokus |
| | Geringe Auslöseverzögerung |
| **Brennweite** | 35–400 mm Kleinbildbrennweite |
| **Optional** | Graukarte |
| | Accessoires |

## Reportage und Street

Reportagefotografie ist fast immer ungeplant, spontan und nicht wiederholbar. Selbst wenn Sie ein einfaches Gruppenbild des Schützenvereins machen wollen, eine Wiederholung des Bilds zu einem späteren Zeitpunkt ist so gut wie ausgeschlossen. Reportagefotografie lebt deshalb vom Moment und der Bereitschaft, fotografische Kompromisse zu machen. Die Kunst dabei ist, auf die jeweiligen Situationen so gut vorbereitet zu sein, dass diese Kompromisse so gering wie möglich ausfallen. Das fängt schon damit an, dass Sie den richtigen Mann mit den richtigen Worten um eine Fotogenehmigung bitten, und hört mit dem richtigen Objektiv auf der Kamera noch lange nicht auf.

### Reportage: das tägliche Brot des Fotojournalisten

Reportagefotografie ist das tägliche Brot des Fotojournalisten. Meistens geht es um vergleichsweise einfache Fotografie: Gruppenbilder von Vorständen, Politikern oder Kindergärten – Fotos von gestellten Szenen. Das einzige Problem ist meist, eine Gruppe so zu dirigieren, dass das Licht passt und der Bürgermeister nicht den Jubilar verdeckt. Bisweilen gibt es aber auch anspruchsvollere Aufgaben.

#### *Feuerwehr- und Rettungseinsätze*

Vorab ein paar Worte zur Fotografie von Feuerwehr- und Rettungseinsätzen: Bei diesen Einsätzen geht es oft genug um Leben und Tod. Ein Fotograf, der, um ein besonders spektakuläres Bild zu bekommen, Rettungskräfte behindert oder Einsätze stört, gedankenlos Fahrwege blockiert oder sich selbst in Gefahr bringt, handelt gemeingefährlich. Rettungseinsätze sind nicht dafür da, Motive für Fotografen abzugeben. Dieser Fotokurs ist einzig und allein für Fotografen, die die Aufgabe haben, solche Einsätze zu dokumentieren – entweder für die Presse oder im Auftrag der Feuerwehren und Rettungsdienste selbst. Für diese sind die Dokumentationen von externen Fotografen von unschätzbarem Wert. Wer also solche Einsätze dokumentiert, sollte grundsätzlich Kopien der entsprechenden Bilder an die beteiligten Dienste geben.

Diese Bilder dienen zweierlei Dingen: der Dokumentation der eigenen Arbeit gegenüber den jeweiligen Geldgebern und vor allem der Einsatzkritik. Auf Pressebildern sind auch kleinste Fehler im Einsatz dokumentiert, die während der Übungen dann beseitigt werden können.

Sprechen Sie also, bevor Sie mit der Kamera im Weg stehen, kurz mit dem Einsatzleiter darüber, wo Sie stehen und fotografieren dürfen, und lassen Sie sich eine entsprechende Kontaktadresse geben bzw. verteilen Sie Ihre Visitenkarte. Es geht um Ihre eigene Sicherheit.

#### *Mischlicht: Weißabgleich auf Automatik*

Ein klassischer Scheunenbrand mit Löschangriff von allen Seiten. Als Beleuchtung dienen die Halogenscheinwerfer der Feuerwehr. Beachten Sie dabei immer, ausreichend Abstand zu halten. Im Gegensatz zur Ausrüstung der Feuerwehrleute sind die verbreiteten Plastikjacken nicht gegen Funkenflug geschützt. Fotografisch ist darauf zu achten, dass Sie am Einsatzort immer eine starke Mischlichtsituation vorfinden. Der Einsatz einer Graukarte im Motiv verbietet sich von selbst, ein Sofortweißabgleich scheitert oft am mangelnden Umgebungslicht. Stellen Sie den Weißabgleich auf Automatik oder fotografieren Sie gleich im RAW-Format und machen den Weißabgleich später am Computer.

*Hier dienen die Halogenscheinwerfer der Feuerwehr als Lichtquelle. Beachten Sie, dass bei einer Situation wie dieser immer eine starke Mischlichtsituation vorherrscht.*

| AUFNAHMEDATEN | |
|---|---|
| Brennweite | 14 mm |
| Blende | f/3,5 |
| Belichtungszeit | 1/8 s |
| ISO | 800 |

| AUFNAHMEDATEN | |
|---|---|
| Brennweite | 43 mm |
| Blende | f/5,5 |
| Belichtungszeit | 1/60 s |
| ISO | 200 |

| AUFNAHMEDATEN | |
|---|---|
| Brennweite | 14 mm |
| Blende | f/3,5 |
| Belichtungszeit | 1/30 s |
| ISO | 800 |

*Ein Feuerwehreinsatz mit Blitzlicht fotografiert.*

### *Lichtstarke Objektive und hohe ISO-Werte*

Lichtstarke Objektive sind ein Muss, hohe Empfindlichkeiten ebenfalls. Im obigen Bild stellen ISO 800 mit Blende 3,5 das Ende der Fahnenstange dar. Das Foto wurde ohne Stabilisator und Stativ gemacht, es ist blanker Zufall, dass es halbwegs scharf wurde. Lassen Sie Ihr Stativ zu Hause. Am Einsatzort ist es fehl am Platz. Sie sind zu unflexibel und stehen im Zweifelsfall damit im Weg.

### *Hier ist Blitzen tabu*

Lassen Sie den Blitz in der Fototasche. Feuerwehrleute sind von oben bis unten mit Reflexstreifen gepflastert. Die TTL-Belichtungsmessung regelt sofort ab, sodass im Bild alles außer den Reflexstreifen viel zu dunkel wird. Zudem können Sie nicht sicher sein, dass der Blitz nicht die Einsatzkräfte irritiert. Bei den infrage kommenden Abständen zum Motiv müssen Sie dazu noch sehr leistungsfähige Blitze verwenden, auch das sorgt nicht dafür, dass Sie sich beliebt machen. Bedenken Sie, dass eine auch noch so kurzzeitige Blendung einer Einsatzkraft sehr gefährlich sein kann.

Bei diesem Bild wurde der Blitz mit verlängerter Belichtungszeit eingesetzt, ein sogenannter Slowblitz, der noch dazu auf einer Blitzschiene sehr weit aus der optischen Achse des Objektivs versetzt wurde. Durch die vergleichsweise kurze Entfernung zum Feuerwehrmann reflektierten die Streifen nicht direkt ins Objektiv, die längere Belichtungszeit sorgte dafür, dass der Hintergrund nicht vollständig schwarz wurde, und durch die hohe ISO konnte der Blitz mit geringer Leistung, also sehr kurz, blitzen.

| AUFNAHMEDATEN | |
|---|---|
| Brennweite | 14 mm |
| Blende | f/3,5 |
| Belichtungszeit | 1/4 s |
| ISO | 800 |

***Equipment vor Löschwasserregen schützen***

Neben der Gefahr durch Funkenflug, einbrechende Dachstühle und einstürzende Mauern gibt es vor allem für die Elektronik ein weiteres Problem vor Ort: den Löschwasserregen. Bei einem Großeinsatz fällt die ganze Zeit Nieselregen, der indirekt aus den Schläuchen der Feuerwehr stammt. Vor diesem Nieselregen sollte man die Kamera – und vor allem einen eventuell verwendeten Aufsteckblitz – unbedingt schützen.

| AUFNAHMEDATEN | |
|---|---|
| Brennweite | 28 mm |
| Blende | f/3,1 |
| Belichtungszeit | 1/60 s |
| ISO | 1600 |

*Oben: Die gleiche Szene ohne Blitz. Szenisch beeindruckend, aber weder für die Zeitung noch für die Einsatzkritik brauchbar. Wohl aber für die Wand im Feuerwehrhaus.*

*Unten: Wenn es sich um eine Übung handelt: Halten Sie Ihre Frontlinse sauber und sorgen Sie dafür, dass Sie das Licht nicht von hinten bekommen. Gegenlicht, wie auf diesem Foto, oder Seitenlicht ist wesentlich besser. Ein Blitz bringt in dieser Situation gar nichts.*

| AUFNAHMEDATEN | |
|---|---|
| Brennweite | 107 mm |
| Blende | f/5 |
| Belichtungszeit | 1/80 s |
| ISO | 400 |

Eine weitere Gefahr für den Fotografen ist der Qualm. Auf diesem Foto stammt der dekorative Qualm aus einem ungefährlichen Nebelerzeuger zu Übungszwecken. Bei Übungen spricht nichts dagegen, solche Fotos zu machen. Im Echteinsatz sollte einem Fotografen klar sein, dass Atemschutzträger sich die Flaschen nicht umsonst auf den Rücken schnallen. Schon wenige Atemzüge in einem verqualmten Raum können die Lunge irreparabel schädigen. Bleiben Sie draußen.

### *Hubschrauber in der Luft fotografieren*

Ein bei Einsätzen häufiger beteiligtes Gerät ist der Hubschrauber, hier ein Eurocopter der Bundespolizei in der Abenddämmerung. Soll ein Hubschrauber in der Luft fotografiert werden, sollten die Belichtungszeiten über 1/1000 Sekunde gehalten werden. Wird kürzer belichtet, werden die Rotorblätter scharf abgebildet und scheinen deshalb stillzustehen. Die Dynamik geht verloren. Gute Belichtungszeiten liegen bei etwa 1/200 Sekunde oder noch länger. Positionsleuchten wie auf diesem Bild bekommt man natürlich nur in der Dämmerung. Verwenden Sie auf jeden Fall lange Teleobjektive und halten Sie gut Abstand.

Ein im Gelände landender Hubschrauber macht gewaltig Wind und sorgt dafür, dass Ihnen alles, was nicht niet- und nagelfest ist, um die Ohren fliegt, egal ob es alte Zeitungen oder Kieselsteine sind. Selbst wenn es Ihnen nichts ausmacht, der Frontlinse Ihrer Kamera eventuell schon. Zudem fliegen Hubschrauber, wenn es sich irgendwie machen lässt, den Landeplatz nicht senkrecht an, sondern in einem korrekten

Landeanflug. Das bedeutet, Sie werden auch in der Einflugschneise vom Rotorwind erwischt. Seien Sie darauf gefasst, es gab schon Leute, die vom „Downwash" von den Beinen geholt wurden.

***Bergung nach einem Verkehrsunfall***

Meist ist die Feuerwehr auch für technische Hilfeleistung und Bergung von Verletzten nach Verkehrsunfällen zuständig. Es versteht sich von selbst, dass der Fotograf die Rettungsarbeiten nicht behindert. Lange Brennweiten sind das Mittel der Wahl, in diesem Fall stand der Fotograf etwa fünf Meter entfernt, sodass er die Arbeiten nicht störte.

Bergung von Verletzten ist immer auch eine emotionale Geschichte. Menschen befinden sich in Grenzsituationen, und der Fotograf hat dem Rechnung zu tragen. In diesem Fall ist die verletzte Person durch die Feuerwehrleute verdeckt, entsprechende Bilder aus der Serie, bei der sie sichtbar ist, sind nicht zur Veröffentlichung geeignet. Hier ist der Rutscher neben die Straße glücklicherweise glimpflich ausgegangen, die Fahrerin blieb bis auf einen leichten Schock unverletzt. Bei allen Bildern dieses Fotokurses, die aus Echteinsätzen stammen, entstand lediglich Sachschaden.

| **CHECKLISTE: REPORTAGE** | |
|---|---|
| **Pflicht** | Staub- und spritzwassergeschütztes Equipment |
| | Hohe Empfindlichkeit ab ISO 800, besser ISO 3200 |
| | Absprache mit Einsatzleiter |
| **Brennweite** | 22–150 mm Kleinbildbrennweite, lichtstarke Objektive |
| **Optional** | Presseausweis |
| | Leistungsfähiger Blitz |
| | Optikputztuch |

| **AUFNAHMEDATEN** | |
|---|---|
| Brennweite | 54 mm |
| Blende | f/3,5 |
| Belichtungszeit | 1/400 s |
| ISO | 400 |

**AUFNAHMEDATEN**

| | |
|---|---|
| Brennweite | 20 mm |
| Blende | f/1,7 |
| Belichtungszeit | 1/125 s |
| ISO | 1600 |

**AUFNAHMEDATEN**

| | |
|---|---|
| Brennweite | 2 mm |
| Blende | f/3,5 |
| Belichtungszeit | 1/30 s |
| ISO | 1600 |

### Im Auftrag der Lokalredaktion zum Rockkonzert

Rockbands zu fotografieren ist ein hektisches Geschäft. In den allermeisten Fällen hat man gerade einmal zehn Minuten Zeit, sein Bild zu machen. Oft genug muss man sich den raren Platz auch noch mit anderen Fotografen teilen.

#### *Akkreditierung beim Veranstalter*

Nichts ist beim Fotografieren von Rockbands wichtiger als die vorherige Akkreditierung. Auch wenn die Veranstalter längst den Kampf gegen die Flut der Fotohandys und Kompaktknipsen aufgegeben haben, ein Platz im Fotografengraben ist durch nichts zu ersetzen. Eine Akkreditierung erhält man normalerweise beim Veranstalter, wenn Sie für die lokale Presse fotografieren, auch ohne Presseausweis. Sie werden dann auf die Gästeliste gesetzt, erhalten einen Fotografenpass und dürfen zehn Minuten zu Füßen der Stars verbringen.

#### *Erste Regel: drei Lieder, kein Blitz*

Sind die Stars ausgesprochene Vollprofis, liefern sie während der üblichen drei Lieder eine Spezialshow für die Fotografen ab. Diese besteht meistens aus dekorativen Posings am Bühnenrand, die dem Fotografen eine Steilvorlage für ein Weitwinkelmotiv liefern. Die Show am Bühnenrand sollte man als Fotograf auch zu schätzen wissen, im Allgemeinen bleiben die Musiker lieber im Bereich ihrer Monitorboxen und ihrer Standmikros, die Show wird also im Allgemeinen nur wenige Sekunden lang sein. Seien Sie

*Oben: Das Bild zeigt die britischen Hardrock-Urgesteine Uriah Heep bei der Arbeit.*

*Unten: Das Bild zeigt Dave Hill von Slade, links Mal McNulty, zwischen Hills Beinen Schlagzeuger Don Powell.*

also darauf vorbereitet, dass ein Musiker an den Bühnenrand kommt. Wenn in diesem Moment ein langes Teleobjektiv montiert ist, haben Sie verloren. Profis haben für diesen Zweck immer zwei Kameragehäuse umhängen: eines mit einem lichtstarken Tele und eins mit einem Standardzoom zwischen 24 und 100 mm Kleinbild.

Die zweite Regel heißt „kein Blitz". Einerseits ist es für die Künstler unangenehm, in ein Blitzlichtgewitter blicken zu müssen, aber durch die Inflation der Digitalknipsen, bei denen die Funktion zum Abschalten des Blitzes dem Bediener nicht bekannt ist, ist mittlerweile der Blitz gar nicht mehr das Problem für die Künstler. Der Blitz ist ein Problem für die Kollegen im Fotografengraben. Wer im Fotografengraben blitzt, riskiert eine gezielte, natürlich völlig zufällige und unabsichtliche Rempelei.

Was dabei herauskommt, wenn ein Anfänger in die Bilder der Fotografen hineinblitzt, sieht man hier. Man sollte immer berücksichtigen, dass im Fotografengraben Leute stehen, die ihre Brötchen mit den Fotos verdienen müssen. Heftige Blitzerei kann bedeuten, dass ein Fotograf von einem Termin völlig ohne brauchbares Bild heimgeht - und das wissen Profis zu verhindern.

### *Schussbereit im Fotografengraben*

Wenn Sie sich im Fotografengraben bewegen, tun Sie das schnell und effizient. Kollegen vor der Linse herumstehen ist ein No-go. Oft genug warten Fotografen geduldig mit der Kamera vor dem Auge auf eine bestimmte Perspektive oder eine bestimmte Mimik.

### *Schmutzunempfindliche Kleidung*

Denken Sie auch daran, dunkle, schmutzunempfindliche Kleidung anzuziehen. Wenn Sie mit Brennweiten im Bereich von 200 mm arbeiten und Belichtungszeiten von 1/80

**AUFNAHMEDATEN**

| | |
|---|---|
| Brennweite | 50 mm |
| Blende | f/2,8 |
| Belichtungszeit | 1/250 s |
| ISO | 1600 |

*Das Bild zeigt Marc Michalsky und Syd Twynham von der Band Mud 2.*

*Wer sich im entscheidenden Moment dazwischendrängelt, zeigt nur, dass er entweder eine miese Type oder ein Anfänger ist. Denken Sie auch daran, Ihren Fotografenpass sichtbar zu tragen und sich rechtzeitig vor dem ersten Lied bei der Security vorzustellen. Sobald die Band auf die Bühne kommt, müssen Sie schussbereit im Graben sitzen.*

| AUFNAHMEDATEN | |
|---|---|
| Brennweite | 158 mm |
| Blende | f/3,2 |
| Belichtungszeit | 1/60 s |
| ISO | 1600 |

*Rocklegende Mick Box, Uriah Heep.*

*Don Powell, Drummer von Slade.*

Sekunde haben, wie beim Bild des Drummers Don Powell, brauchen Sie einen guten, stabilen Stand. Gehen Sie in die Hocke, um Ihre Hose zu schonen, sinkt Ihre Chance auf scharfe Bilder, da die Hocke keine ruhige Kamerahaltung zulässt. Knien Sie sich mit mindestens einem Bein auf den Boden oder setzen Sie sich gleich im Schneidersitz hin.

### *Lange Brennweite für Drummer*

Im Fall von Don Powell, Drummer der Band Slade, ist das Drummerfoto kein Problem. Powell weiß, wie ein Tele aussieht und wann es auf ihn gerichtet ist. Die meisten anderen Schlagzeuger trommeln dagegen vor sich hin und schauen im Vertrauen auf die vor Ihnen aufgebaute Hardware eher gelangweilt durch die Gegend. Es kann bis zu einer Minute dauern, bis es gelingt, durch die Drumhardware hindurch einen guten Schuss anzubringen. In der Hocke ist das nicht möglich.

### *Lange Brennweite auch für Gitarrist und Sänger*

Lange Brennweiten werden natürlich auch für Gitarristen und Sänger eingesetzt, hier Rocklegende Mick Box von Uriah Heep. Dazu bewegen Sie sich auf die Seite der Bühne, sodass Sie den Untersichtwinkel verkleinern können. Der große Vorteil bei sehr langen, lichtstarken Brennweiten an der Bühne ist, dass man nicht um seinen Platz im Graben kämpfen muss. An der rechten oder linken Seite der Bühne ist meistens relativ viel Platz. Ein letzter großer Vorteil langer Brennweiten ist schließlich die Möglichkeit, nach Beendigung von „drei Lieder, kein Blitz" den Standort zu wechseln und aus dem Rückraum noch etwas Ambiente zu fotografieren. Dabei helfen die mittlerweile üblichen „Blinder", die das Publikum beleuchten. Man kann dabei ohne Skrupel auf das Publikum scharf stellen, die Musiker hat man ja bereits aus der Nähe erwischt, im Beispielbild die britische Band Smokie. Die deutlich sichtbaren Lens Flares am unteren Bildrand, die durch die Blinder verursacht sind, kann man dabei getrost als extra Lichteffekt verbuchen.

| CHECKLISTE: REPORTAGE ROCKKONZERT | |
|---|---|
| **Pflicht** | Vorherige Akkreditierung beim Veranstalter |
| | Kamera mit hoher Empfindlichkeit, ideal: 2 Bodys |
| **Brennweite** | 28–100 mm Kleinbildbrennweite, lichtstarkes Standardzoom |
| | 70–200 mm Kleinbildbrennweite, lichtstarkes Teleobjektiv |
| **Optional** | Dunkle, unempfindliche Kleidung |

## Streetfotografie: Szenen aus dem echten Leben

Streetfotografie ist mittlerweile ausgesprochen beliebt. Motive finden sich auf der Straße zuhauf, und meistens benötigt man außer einer Kamera kein weiteres Equipment. Wenn Sie Ergebnisse Ihrer Streetfotografie veröffentlichen wollen, benötigen Sie aber auf jeden Fall die Einwilligung Ihrer Motive – am besten schriftlich. Streetfotografie kann alles Mögliche sein. Der gemeinsame Nenner aller Streetfotos aber ist, dass sie nie gestellt sind und immer einen Ausschnitt aus dem echten Leben abbilden.

### *Schwarz-Weiß oder reduzierte Farben*

Es gibt Streetfotografen, die ausschließlich mit Normalbrennweiten arbeiten, und andere, die auf möglichst lange Teleobjektive setzen. Streetfotografie ist immer einmalig, schwer planbar und deshalb per definitionem einer Dokumentation, wie z. B. einem Workshop, nahezu unzugänglich. Um einige prinzipielle Dinge herauszuarbeiten, wird im ersten Beispiel auf eine gestellte Szene zurückgegriffen: ein Mädchen an der Ecke Sveavägen und Tunnelgatan in Stockholm. Hier wurde 1986 der schwedische Ministerpräsident Olof Palme ermordet. Die Gedenktafel im Boden liegt rechts knapp außerhalb des Bilds. Das Bild bekommt seine Bedeutung erst durch diese Zusatzinformation. Oft findet Streetfotografie in Schwarz-Weiß oder in sehr reduzierten Farben statt. Die zusätzliche Information der Farbe lenkt häufig vom Motiv ab und ist nebensächlich.

*Die Spiegelungen in der Fensterscheibe des Bilds sind nur in Schwarz-Weiß sichtbar. In Farbe dominiert die Schaufensterdekoration. Aber erst der Kontrast der vorübergehenden Schatten verstärkt die Emotion im Bild.*

| AUFNAHMEDATEN | |
|---|---|
| Brennweite | 32 mm |
| Blende | f/5 |
| Belichtungszeit | 1/500 s |
| ISO | 100 |

| AUFNAHMEDATEN | |
|---|---|
| Brennweite | 42 mm |
| Blende | f/5,6 |
| Belichtungszeit | 1/80 s |
| ISO | 500 |

*Die extremen Kontraste reduzieren die Personen auf Silhouetten, und der gesamte Hintergrund besteht aus Linien.*

***Extreme Schwarz-Weiß-Kontraste***

Während das erste Bild im wörtlichen Sinne auf der Straße aufgenommen und erst in der Bildbearbeitung am Computer in Schwarz-Weiß umgewandelt wurde, entstand dieses Foto im Kokerei-Café der Zeche Zollverein direkt in der Kamera.

***Situationen schnell erfassen***

Bei der Streetfotografie kommt es darauf an, die Situation schnell zu erfassen, die Kamera bereit zu haben und schnell abzudrücken. Die letzte Schärfe oder ein gerader Horizont sind eher nebensächlich. Es gibt in New York Streetfotografen, die es etwas übertreiben, indem sie mitten im Gewühl die Kamera hochreißen und Leuten mit kurzbrennweitigen Objektiven ins Gesicht blitzen. Die Ergebnisse sind schon allein dadurch spektakulär, dass die meisten Personen – durch den plötzlichen Fotoüberfall erschrocken – ihr Gesicht verzerren und ausgesprochen verfolgt aussehen. Außerhalb von New York sollte man solche Experimente lassen – das kann, mit Recht, sehr teuer werden.

| AUFNAHMEDATEN | |
|---|---|
| Brennweite | 182 mm |
| Blende | f/3,5 |
| Belichtungszeit | 1/320 s |
| ISO | 400 |

*Ein Straßenmusikant in Stockholm, aufgenommen in Schwarz-Weiß mit Blaufilter.*

### *Ein Streetklassiker*

Der Klassiker ist der Straßenmusikant mit uninteressierten Passanten, hier in Stockholm vor einem Supermarkt. Durch die lange Brennweite konnte das Foto von der gegenüberliegenden Straßenseite aus gemacht werden. Einige Münzen für den Akkordeonspieler sollten drin sein. Bei der Umwandlung in Schwarz-Weiß wurde ein Blaufilter eingesetzt, um die dunkle Hautfarbe des Musikers zu betonen.

### *Aufnahmehöhe bei Normalbrennweite und Zoomobjektiv*

Während die Aufnahmehöhe bei längeren Brennweiten keine große Rolle spielt, ist sie bei Normalbrennweiten entscheidend. Man sollte stets darauf achten, die Kamera etwa in Bauchnabelhöhe oder nicht viel höher zu halten. Eine Höhe von etwa einem Meter ist ideal. Fotografiert man mit Zoomobjektiven, ist ein strategisch guter Platz in einem Straßencafé richtig. Die Sitzperspektive ermöglicht auch gute Aufnahmen von Kindern.

| CHECKLISTE: STREET | |
|---|---|
| **Pflicht** | Unauffällige, schnelle Kamera mit Live-View oder Lichtschacht |
| | Kamera mit hoher Empfindlichkeit, ideal: 2 Bodys |
| **Brennweite** | 40–60 mm Kleinbildbrennweite |
| | 150–500 mm Kleinbildbrennweite |
| **Optional** | Location Release, Vordrucke für Veröffentlichungsgenehmigung |

**Eine zwiespältige Angelegenheit: im Delfinarium**

Egal wie man zu Delfinarien steht - es gibt kaum eine andere Möglichkeit, mit der Kamera so nah an diese herrlichen Tiere heranzukommen. Delfinarien sind bis auf wenige Ausnahmen überdachte Einrichtungen, die teilweise mit Tageslicht, teilweise mit Kunstlicht beleuchtet werden. Die deutschen Delfinarien in Duisburg, Nürnberg und Münster sind alle überdacht. Die erste Notwendigkeit ist demzufolge ein vernünftiger Weißabgleich - auch mithilfe einer Graukarte, falls die Kamera keinen zuverlässigen automatischen Weißabgleich besitzt.

Die Sitzplätze direkt am Becken sind vor allem im Nürnberger Delfinarium sehr begehrt, da es dort keine Absperrgitter gibt und deshalb die Tiere buchstäblich zum Greifen nah sind. Was für den Fotografen natürlich von Vorteil ist, hat aber auch ein paar Nachteile.

***Kameraausrüstung vor Spritzwasser schützen***

Tümmler sind gewaltige Tiere, die im Wasser ungeheure Geschwindigkeiten entwickeln. Es ist den Tümmlern ohne große Probleme möglich, fast spritzfrei aus dem Wasser zu springen und auch wieder zurückzutauchen. Im Allgemeinen machen sie sich bei Vorführungen aber einen Spaß daraus, mit einem möglichst kräftigen Platsch wieder einzutauchen. Als Fotograf in der ersten Reihe sollten Sie deshalb Ihre empfindliche Ausrüstung in Sicherheit bringen. Delfine sind Salzwassertiere, und demzufolge enthält auch das

*Delfinarium Nürnberg: Für die Lichtreflexe reicht die Saalbeleuchtung aus.*

| AUFNAHMEDATEN | |
|---|---|
| Brennweite | 150 mm |
| Blende | f/4,5 |
| Belichtungszeit | 1/160 s |
| ISO | 800 |

**AUFNAHMEDATEN**

| | |
|---|---|
| Brennweite | 40 mm |
| Blende | f/3,5 |
| Belichtungszeit | 1/500 s |
| ISO | 800 |

*Schützen Sie Ihre Kamera vor Spritzwasser, Delfine können unglaubliche Mengen an Wasser verspritzen.*

*Rechts oben: Schwierig: besser ohne Blitz und mit Serienbildfunktion fotografieren.*

*Rechts unten: Das Wasser wird durch die Unterwasserscheinwerfer blau gefärbt. Das blaue Becken spiegelt sich dadurch auf den nassen Bäuchen der Delfine.*

Beckenwasser Salz. Kontrollieren Sie regelmäßig Ihre Frontlinse auf Wasserflecken, ein Fläschchen destilliertes Wasser und ein Optikputztuch helfen bei der Reinigung. Getrocknete Salzwasserflecken vermindern die optische Qualität der Objektive doch etwas.

### Der Aufsteckblitz bleibt in der Fototasche

Lassen Sie Ihren Blitz in der Tasche - aus fotografischen Gründen und natürlich aus Rücksicht auf die Tiere. Die Wasserspritzer reflektieren den Blitz direkt und können die Belichtung irritieren. Um effektiv blitzen zu können, müssten Sie den Blitz an die Leistungsgrenze fahren, was mehrere Nachteile hat: Der Blitz dauert unter Umständen zu lang, sodass Sie die benötigten kurzen Belichtungszeiten nicht erreichen - sprich, der Delfin ist dann trotz Blitz unscharf. Zudem können Sie keine Serienbilder machen, weil Sie mit Blitz immer nur eine Chance haben: Bis der Blitz wieder geladen ist, ist der Delfin längst abgetaucht.

### Idealer Brennweitenbereich im Delfinarium

In Delfinarien werden die Vorführungen im Allgemeinen so gestaltet, dass die Tümmler dem Publikum in 90 % der Zeit den Rücken zuwenden, da sie auf ihre Trainer fixiert sind. Wenn Sie also einen Delfin von vorne fotografieren wollen, müssen Sie genau aufpassen. Bisweilen ergibt sich bei gesprungenen Loopings eine Möglichkeit. Diese Sprünge können über 4 Meter Höhe erreichen. Zusammen mit der gewaltigen Länge der Tiere sollten Sie immer berücksichtigen, dass Sie ein Objektiv benötigen, das Ihnen jederzeit einen Brennweitenbereich zur Verfügung stellt, der diesen Bildwinkel abdeckt.

Selbst ein Normalobjektiv mit 50 mm Kleinbildbrennweite reicht Ihnen nicht, um aus der ersten Reihe einen Delfin im Sprung so abzubilden, dass man abschätzen kann, wie hoch der Sprung ist. Im obigen Bild wurde ein 40-150mm verwendet (Kleinbild 80-300mm, an APS-C etwa ein 55-200mm), das, wie man sieht, nicht einmal kurz genug ist, um den Delfin in Gänze abzubilden. Ideal für das Delfinarium ist ein Brennweitenbereich zwischen 28 und 200 mm Kleinbild. Dieser Superzoombereich ist aber oft zu lichtschwach, ein guter Kompromiss sind die lichtstarken Standardzooms mit 28 bis 110 mm Kleinbild. Eine Detailaufnahme muss dann eben per Ausschnittvergrößerung gemacht werden.

| AUFNAHMEDATEN | |
|---|---|
| Brennweite | 40 mm |
| Blende | f/3,5 |
| Belichtungszeit | 1/250 s |
| ISO | 800 |

| AUFNAHMEDATEN | |
|---|---|
| Brennweite | 40 mm |
| Blende | f/3,5 |
| Belichtungszeit | 1/400 s |
| ISO | 800 |

Wenn Sie die Tümmler im Sprung erwischen, Ihnen aber die Verbindung zum Wasser abschneiden, wird das Ergebnis etwas seltsam: Die sehr schweren Tiere sehen auf einmal wie aufgeblasene Kinderluftballons aus Metallfolie aus.

Einen Vorteil haben kürzere Brennweiten zusätzlich: Ihre Schärfentiefe steigt an, für den Autofokus sind die Tiere nämlich meistens zu schnell. Wenn Sie die Möglichkeit haben, stellen Sie manuell auf die Mitte des Beckens scharf und hoffen, dass sich dort die spektakuläre Action abspielt. Ansonsten ist der Single-Autofokus die Methode der Wahl. Suchen Sie sich einen Fokuspunkt heraus und verfolgen Sie den Delfin Ihrer Wahl. Alternativ können Sie sich auch auf hochgehaltene Bälle oder im Wasser liegende Reifen konzentrieren.

| CHECKLISTE: DELFINARIUM | |
|---|---|
| **Pflicht** | Schnelle, spritzwassergeschützte Kamera |
| **Brennweite** | 28-100 mm Kleinbildbrennweite |
| **Optional** | Trockene Optikputztücher und Süßwasser |
| | Graukarte |

## Sport und Action

Oft wird kolportiert, dass nur mit extrem teuren Kameras Sport- und Actionbilder möglich sind. Doch das ist nicht wahr. Bereits in den 20er-Jahren des letzten Jahrhunderts gab es vollmechanische Kameras mit Sportsucher, mit denen versierte Fotografen beeindruckende Sportfotos hervorbrachten - mit manuellem Fokus über eine Mattscheibe, Normalobjektiven und beschichteten Glasplatten als Filmen. Die technische Seite der Fotografie ist einfacher geworden, keine Frage, aber nach wie vor ist es der Fotograf, der das Bild macht - nicht die Kamera. Bei einem guten, emotionalen Bild fragt niemand nach der Anzahl der Megapixel.

### Handball: schnelle Bewegungen einfrieren

Handball ist eine der anspruchsvollsten Fotografenaufgaben - sowohl für den Menschen als auch für die Kamera. Bei schlechtem Licht müssen extrem schnelle Abläufe auf unterschiedliche Entfernungen festgehalten werden.

#### *Beim Veranstalter akkreditieren*

Bei Hallenhandballspielen sollten Sie sich grundsätzlich vorher beim Veranstalter als Fotograf akkreditieren, auch bei Bezirksligaspielen ist es nicht selbstverständlich, dass Sie sich am Spielfeld aufhalten dürfen.

#### *Vorteilhafte Positionen für den Fotografen*

Es gibt beim Handball zwei günstige Positionen für den Fotografen: entweder hinter der Torlinie, aber noch „innerhalb" des Kreises, oder, falls Sie ein längeres Teleobjektiv haben und die Halle die Möglichkeit dazu bietet, über dem jeweils anderen Tor. Die Position an der Mittellinie ist die denkbar schlechteste.

#### *Blitz oder hohe ISO-Einstellung*

Turnhallen sind chronisch schlecht beleuchtet - zumindest wenn man Fotografen fragt -, und die Bewegungen sind schnell und überraschend. Entweder man geht mit einem leistungsfähigen Blitz, eventuell sogar noch durch einen in der Halle befestigten Slave unterstützt, ins Rennen, oder man muss sich auf hohe ISO-Einstellungen und lichtstarke Optiken verlassen. Bei Amateurveranstaltungen stört sich kaum jemand am Blitz, bei Ligaspielen ist das Blitzen am Spielfeldrand zu Recht untersagt.

### *Muss: sauberer Weißabgleich*

Wenn Sie nicht blitzen können oder wollen: Machen Sie unbedingt einen korrekten Weißabgleich. Die meisten Turnhallen haben durch Klinkerwände, Holzdecken und bräunliche Fußböden ein rotbraunes Licht in der Halle, das Details zumatscht. Mit einem sauberen Weißabgleich werden Sie das los.

### *Bewegungen scharf abbilden*

In Hallen haben Sie selbst unter optimalen Bedingungen nur einen Lichtwert von 7 bis 8 EV, meistens darunter. Um einen Sportler in Bewegung scharf abzubilden, benötigen Sie aber mindestens 1/250, ein Handballer beim Sprungwurf benötigt 1/500. Die folgende Tabelle zeigt Ihnen die notwendigen Kombinationen für eine Halle mit 7 EV.

| BLENDE | BELICHTUNGS-ZEIT BEI 7 EV | ISO |
|---|---|---|
| f/2 | 1/250 s | 800 |
| f/2,8 | 1/250 s | 1600 |
| f/4 | 1/250 s | 3200 |

### *Idealer Brennweitenbereich und Autofokus*

Als Brennweitenbereich benötigen Sie für Hallenhandball idealerweise 70 bis 200 mm Kleinbildbrennweite. Ein lichtstarkes Objektiv in diesem Bereich gibt es für nahezu jedes

*Nehmen Sie den ballführenden Spieler aufs Korn und versuchen Sie, den ausgewählten Autofokuspunkt auf dem Spieler zu halten. Einfach ist das bei einem Sololauf, da können Sie den angreifenden Spieler gut verfolgen. Schwieriger wird es beim normalen Kreisspiel. Sie müssen quasi vorausahnen, welcher der Spieler den Ball zum Torwurf bekommt, und ihn verfolgen.*

| AUFNAHMEDATEN | |
|---|---|
| Brennweite | 71 mm |
| Blende | f/2 |
| Belichtungszeit | 1/800 s |
| ISO | 1600 |

Spiegelreflexsystem. Systeme mit elektronischem Sucher sind für Hallenhandball nicht geeignet. Die Serienbildgeschwindigkeit ist zu gering, die Sucher selbst haben eine kleine Verzögerung.

Als Autofokussystem ist ein leistungsfähiges C-AF-System nötig. Ideal ist es, wenn die Kamera zusätzlich über eine C-AF-Sperre verfügt. Diese verhindert, dass Spieler, die ins Bild laufen, den Autofokus irritieren. Der C-AF ist in der Halle noch schwerer zu handhaben als im Freien, vor allem weil das Spiel in der Halle so schnell ist, dass Sie oft gar nicht genug Zeit haben, einen C-AF zu locken und zu verfolgen. Wenn Sie sich aber die Mannschaften genauer ansehen, ist meistens schnell klar, in wessen Umfeld spektakuläre Aktionen passieren werden. Auch in der Halle gilt: hellsehen und die Kamera in die Richtung halten, in der etwas passieren wird.

### *Serienbilder für den entscheidenden Moment*

Im entscheidenden Moment hilft eine schnelle Serienbildfunktion. Beachten Sie dabei aber, dass beim Serienbild bei fast allen Kameras Belichtung und Fokus gespeichert werden und mit diesen Werten durchfotografiert wird. Die Ausnahme ist natürlich der C-AF. Am Kreis kann es aber bisweilen sinnvoller sein, einen S-AF einzustellen. Die Bewegungen eines Angreifers beim Handball sind so plötzlich und so wenig linear, dass ein C-AF oft nicht folgen kann. Das ist jedoch von Kamera zu Kamera unterschiedlich und sollte vor Ort ausprobiert werden.

### *Blitzen in der Halle*

Blitzen in der Halle erfordert einen sehr leistungsfähigen Blitz, der seine Leistung in 1/500 Sekunde oder darunter abgeben

*Das Bild der Sportlerin beim Torwurf ist unscharf, obwohl sie ein Solo quer über das ganze Feld lief und während des gesamten Laufs per C-AF-Serienbild scharf war. Das Abschlussbild wurde unscharf, weil der Fotograf im entscheidenden Moment den Fokuspunkt nicht im Ziel gehalten hat. Der Fokus liegt auf der Verfolgerin im roten Trikot. Konzentration ist hier alles – nicht nur für die Akteure auf dem Feld.*

| AUFNAHMEDATEN | |
|---|---|
| Brennweite | 55 mm |
| Blende | f/2 |
| Belichtungszeit | 1/500 s |
| ISO | 1600 |

kann – einige Blitze benötigen für die volle Leistung 1/125 Sekunde. Ideal ist auch eine Synchronzeit der Kamera von 1/250 Sekunde. Belichten Sie länger, kann es passieren, dass Sie Wischeffekte bekommen. Diese sind nicht immer erwünscht.

Egal ob mit oder ohne Blitz: Bringen Sie Ihre Fototasche in Sicherheit und passen Sie auf, dass Sie keinen Ball aufs Objektiv bekommen. „Lucky Luke" Lars Kaufmann von Frisch Auf Göppingen wirft seine Bälle mit bis zu 130 km/h.

| CHECKLISTE: HANDBALL | |
|---|---|
| **Pflicht** | Schnelle DSLR-Kamera mit hoher Bildwiederholfrequenz: > 4 Bilder pro Sekunde |
| | Hohe Empfindlichkeit: ISO 800, besser ISO 3200 |
| **Brennweite** | 70–200 mm Kleinbildbrennweite, lichtstarke Objektive |
| **Optional** | Akkreditierung beim Veranstalter |

### Westernreiten: anspruchsvoll und lohnend

Westernreiten ist für fachunkundige Zuschauer meistenteils ähnlich unspektakulär wie Dressurreiten. Beide Disziplinen haben auch viel gemeinsam, da es beim Westernreiten vor allem um die Zusammenarbeit zwischen Pferd und Reiter bei der Arbeit auf der Weide geht. Dennoch ist die Fotografie bei Westernreitturnieren aus verschiedenen Gründen anspruchsvoll und lohnend. Westernreiten ist, im Gegensatz zum Springreiten, noch eine vergleichsweise bodenständige Reitsportart.

Die verschiedenen Westernreitverbände veranstalten jeweils eigene Meisterschaften, sodass sich ein wirklich großer Reitzirkus wie beim Spring- und Dressurreiten noch nicht entwickelt hat. Entsprechend kann man als Fotograf selbst auf deutschen Meisterschaften ziemlich ungehindert nah ans Geschehen heran und hervorragend Bilder machen.

***Rechtzeitig um einen guten Platz kümmern***

Für Fotografen spannend ist vor allem das „Reining", dabei wird mehrmals im Kreis um die Bahn galoppiert, es werden einige schnelle Drehs auf der Stelle und mehrere „Sliding Stops" eingelegt, bei denen sich das Pferd in vollem Galopp auf die Hinterbeine setzt und unter heftiger Staubentwicklung eine Vollbremsung hinlegt. Bei jedem Reining-Lauf gibt es sogenannte „Pattern", die normalerweise der Veranstalter bekannt gibt, damit auch das Publikum weiß, was überhaupt geritten werden soll. In diesen Pattern wird festgelegt, wo Galoppstrecken sind und wo und wann in etwa die Sliding Stops passieren sollen. Man kann sich also rechtzeitig entsprechend platzieren.

| AUFNAHMEDATEN | |
|---|---|
| Brennweite | 43 mm |
| Blende | f/3,7 |
| Belichtungszeit | 1/800 s |
| ISO | 100 |

*Galopp in der Kurve: Das Pferd ist mit allen Beinen in der Luft, das Motiv sieht nur von schräg vorne gut aus.*

*Rechts oben: Konzentrieren Sie sich beim Mitführen auf den AF-Punkt und überlassen Sie alles Weitere der Serienbildfunktion.*

*Rechts unten: Auch beim Sliding Stop von vorne hilft der C-AF, konzentrieren Sie sich aber mit dem Fokuspunkt auf den Reiter. Ein Sliding Stop ist ein Bremsvorgang, und der Autofokus geht von einer linearen Bewegung aus. Das bedeutet, dass der C-AF beim Stopp immer etwas vorauseilt, also einen leichten Front-Fokus entwickelt. Wenn man sich dabei auf den Reiter konzentriert, liegt der Fokus dann meistens korrekt auf dem Pferdekopf.*

***Brennweitenbereich für Wettbewerbe im Freien***

Wenn Wettbewerbe im Freien stattfinden, muss man lediglich dafür sorgen, dass man einen passenden Brennweitenbereich an der Kamera montiert hat. Pferd und Reiter können insgesamt schon deutlich über 2 Meter Höhe haben, steht man also direkt an der Bahn, können lange Tele sehr schnell zu lang werden. Das Pferd in der Kurve hat mit 86 mm Kleinbildbrennweite gerade noch aufs Bild gepasst. Ein idealer Brennweitenbereich liegt etwa bei 70 bis 200 mm Kleinbild. In diesem Bereich gibt es von nahezu allen Herstellern hervorragende, lichtstarke Objektive.

***Lichtstärke: in der Reithalle extrem wichtig***

Lichtstärke ist vor allem in der Reithalle extrem wichtig. Nicht jeder hat die Möglichkeit, mehrere große Blitzköpfe in der Halle zu montieren, mit denen die Veranstaltung dokumentiert werden kann. Eine helle, moderne Reithalle hat bei strahlendem Sonnenschein etwa 9 EV. Das bedeutet bei ISO 400 und Blende 2,8 eine Belichtungszeit von 1/250 Sekunde, für nicht allzu schnelle Pferde gerade eben ausreichend.

*Montierter Blitzkopf.*

***Schnelle Pferde im kontinuierlichen Autofokus***

Wenn die Pferde schneller werden, ist ein scharfes Einfrieren mit 1/250 Sekunde oder noch länger nicht mehr möglich, man kann also nur noch zum Mitzieher greifen. Der darf aber nicht zu lang werden, da galoppierende Pferde zwar noch wesentlich ruhiger laufen als trabende Pferde, aber sich trotzdem sehr schnell Unschärfen am Pferdekopf und am Reiter einstellen, die das Bild ruinieren,

Eine besondere Bedeutung bei galoppierenden Pferden kommt dem Autofokus zu. Wenn Sie einen leistungsstarken kontinuierlichen Autofokus (C-AF) haben, schalten Sie ihn ein, aktivieren das zentrale Fokusfeld und versuchen, das Fokusfeld bei der Annäherung des Pferds immer auf dem gleichen Körperteil des Pferds oder des Reiters zu halten. Das funktioniert meistens auch, wenn Sie während des Näherkommens des Pferds den Zoom verändern, solange Sie nur den Fokuspunkt im Ziel halten.

Ein Problem ist, das Pferd dann zu erwischen, wenn es mit den Vorderhufen ausgreift. Es gibt Profitipps, die besagen, dass man beim Mitführen der Kamera einfach auf einen Vorderhuf achten müsse und, sobald dieser eine bestimmte Stellung hat, abdrücken sollte. Meistens ist es aber effektiver, sich beim Mitführen auf den AF-Punkt zu konzentrieren und die Serienbildfunktion der Kamera den Rest machen zu lassen.

Ein Sliding Stop von der Seite ist mit einem kleinen Mitzieher auch mit 1/200 Sekunde noch scharf zu bewältigen. Solche Fotos werden übrigens von Veranstaltern und Reitern sehr gern gesehen, da der Zügel locker hängt und das Pferd offensichtlich kaum Hilfen benötigt.

| AUFNAHMEDATEN | |
|---|---|
| Brennweite | 76 mm |
| Blende | f/2,8 |
| Belichtungszeit | 1/200 s |
| ISO | 400 |

| AUFNAHMEDATEN | |
|---|---|
| Brennweite | 69 mm |
| Blende | f/2,8 |
| Belichtungszeit | 1/200 s |
| ISO | 800 |

| AUFNAHMEDATEN | |
|---|---|
| Brennweite | 92 mm |
| Blende | f/2,8 |
| Belichtungszeit | 1/125 s |
| ISO | 100 |

*Oben wurde die Kamera mitgezogen, unten nicht.*

| AUFNAHMEDATEN | |
|---|---|
| Brennweite | 101 mm |
| Blende | f/6,3 |
| Belichtungszeit | 1/60 s |
| ISO | 100 |

***Belichtungszeit bei riskanten Mitziehern***

Mitzieher bei Pferden sind, wie bereits erwähnt, immer ein Risiko, die Ausschussquote ist extrem hoch. Doch bisweilen kann man, wenn man die wichtigen Fotos bereits im Kasten hat, noch den einen oder anderen Mitzieher riskieren. Unter eine Belichtungszeit von 1/100 Sekunde sollten Sie dabei nicht gehen. Die Rasanz steigt zwar beeindruckend, aber wenn die Gesichter von Ross und Reiter unscharf werden, ist der Effekt nur halb so gut. Im Beispielbild hat sich das Risiko gelohnt. Das Pferd wurde auf der Hinterhand beim Angaloppieren erwischt, der Zügel hängt locker, und die Reiterin ist hervorragend bei der Sache.

Eine Belichtung mit 1/60 Sekunde zeigt, wie sich ein Pferd im Galopp, wenige Sekundenbruchteile vor dem Sliding Stop, fortbewegt, wenn nicht mitgezogen wird. An den Reflexen am Sattel sieht man, dass der Pferderücken einen Bogen beschreibt, sich also nicht linear bewegt. Ein Mitziehen, sodass Sattel und Reiter scharf werden, ist deshalb unmöglich. Einzige Hilfe: Blende auf und kürzer belichten.

***Pferde mit Weitwinkel fotografieren***

Weitwinkelpferdefotografie ist etwas für staubresistente, nervenstarke Fotografen. Auch wenn es hier aussieht, als hätte das Pferd noch einen komfortablen Abstand, die Hufe donnern nur knapp einen Meter neben dem Objektiv vorbei, und der Staub spritzt um die Linse. Achten Sie darauf, dass Sie abgedichtete Objektive besitzen. Einige offiziell staubgeschützte Canon-Objektive sind nur dann staubdicht, wenn Sie einen UV- oder Polfilter montiert haben, ziehen Sie im Zweifelsfall die Bedienungsanleitung Ihres Objektivs zurate.

***Schnelle Richtungs- und Standortwechsel***

Eine der spektakulärsten Disziplinen des Westernreitens ist das Team Penning, bei dem drei Reiter innerhalb von 90 Sekunden eine Anzahl Kälber aus einer Herde aussondern und in einen Pferch treiben müssen. Die Kombination aus Kälbern und Pferden sorgt für schnelle Richtungs- und extrem schnelle Standortwechsel. Ein C-AF ist dabei überfordert; Sie müssen sich auf einen schnellen Single-Autofokus (S-AF) verlassen. Manchmal hilft es auch, nicht auf die Tiere, sondern auf den Boden zu fokussieren und sich auf eine ausreichende Schärfentiefe zu verlassen.

Oft werden gerade die interessanten Team-Penning-Wettbewerbe am Abend durchgeführt – man sieht es im Bild am warmen Ton der tief stehenden Sonne –, und nach

| AUFNAHMEDATEN | |
|---|---|
| Brennweite | 14 mm |
| Blende | f/4,5 |
| Belichtungszeit | 1/1000 s |
| ISO | 100 |

*Mit Weitwinkel aufgenommen.*

| AUFNAHMEDATEN | |
|---|---|
| Brennweite | 54 mm |
| Blende | f/3,5 |
| Belichtungszeit | 1/200 s |
| ISO | 500 |

*Das direkte Abendlicht sorgt beim Team Penning für schwierige Lichtverhältnisse.*

Sonnenuntergang sind die notwendigen kurzen Belichtungszeiten nur noch mit einem leistungsstarken Blitz zu bewältigen. Damit dann der Hintergrund nicht in Schwarz absäuft, empfiehlt sich ein Slowblitz mit einer Reduktion der Hintergrundbeleuchtung um etwa 1,7 EV. Das reicht meistens, damit die Pferde keine unscharfen Schatten ziehen und andererseits der Rest der Halle noch erkennbar bleibt.

| CHECKLISTE: WESTERNREITEN | |
|---|---|
| **Pflicht** | Kamera mit leistungsfähigem C-AF |
| | Staubschutz für Kamera und Objektiv |
| **Brennweite** | 70–200 mm Kleinbildbrennweite, lichtstarke Objektive |
| **Optional** | Abends Blitz mit hoher Leitzahl |

### Flugzeuge bei Start und Landung

Flugzeuge zu fotografieren, scheint auf den ersten Blick simpel, hat aber ein paar kleine Haken, die man berücksichtigen muss. Einer der weitesten verbreiteten Fehler ist die zu kurze Belichtungszeit. Mit Belichtungszeiten unterhalb der Tausendstelsekunde hat man zwar alle Probleme mit Verwacklungen im Griff, speziell bei Propellermaschinen sehen die Flugzeuge aber immer aus, als wäre ihnen gerade der Sprit ausgegangen. Besonders deutlich wird das bei Turbopropmaschinen mit Sechsblattpropeller, die eine vergleichsweise geringe Drehzahl haben.

#### *Mehr Dynamik mit längerer Belichtungszeit*

Bei der zweimotorigen Maschine wurde stark abgeblendet, um die Belichtungszeit in den Keller zu bringen. Dank kamerainternem Bildstabilisator konnte die extreme Brennweite aus der Hand gut gehalten werden. Unter Umständen empfiehlt sich für solche

*Eine Vierblattpropellermaschine im Landeanflug. Noch kürzer sollte die Belichtungszeit nicht werden.*

| AUFNAHMEDATEN | |
|---|---|
| Brennweite | 500 mm |
| Blende | f/11 |
| Belichtungszeit | 1/320 s |
| ISO | 100 |

| AUFNAHMEDATEN | |
|---|---|
| Brennweite | 7 mm |
| Blende | f/5,6 |
| Belichtungszeit | 1/400 s |
| ISO | 100 |

Bilder ein Einbeinstativ. Durch die längere Belichtungszeit wirken die Propeller deutlich dynamischer. Bei Turbopropmaschinen sind Belichtungszeiten unter 1/200 Sekunde erforderlich.

### *Der richtige Aufnahmezeitpunkt*

Wichtig ist auch der richtige Aufnahmezeitpunkt. Ideal ist die Zeit ab etwa zwei Stunden vor Sonnenuntergang oder am frühen Morgen. Dabei geht es weniger um das goldene Abendlicht, das natürlich auch seinen Reiz hat, als vielmehr darum, dass die tief stehende Sonne die Maschinen optimal beleuchtet.

### *Manuell auf Hyperfokaldistanz einstellen*

Auch solche Ultraweitwinkelaufnahmen sind mit passender Beleuchtung natürlich noch spektakulärer. Der verwendete Bildwinkel beträgt diagonal 114°. Um ein solches Bild zu machen, sind eine schnelle Reaktion und eine Spiegelreflexkamera von Vorteil. Die Maschine befindet sich nur Bruchteile von Sekunden

*Eine Verkehrsmaschine bewegt sich im Landeanflug etwa 70 Meter pro Sekunde vorwärts. Bei der Länge des abgebildeten Airbus A320 von 37 Metern hat man nur ein halbe Sekunde, um beim richtigen Bildausschnitt abzudrücken. Kameras mit elektronischem Sucher sind dafür zu langsam – der Sucher kann dem notwendigen schnellen Schwenk nicht folgen.*

*Die Mittagssonne sorgt dafür, dass die Oberseite des Flugzeugs überstrahlt und die Unterseite im Dunkeln liegt. Durch das Licht von vorne sind sowohl das Flugzeug als auch der Himmel und die Umgebung optimal ausgeleuchtet, nichts frisst aus. Die sichtbaren Landescheinwerfer sind ein Extra-Goodie.*

| AUFNAHMEDATEN | |
|---|---|
| Brennweite | 300 mm |
| Blende | f/2,8 |
| Belichtungszeit | 1/1600 s |
| ISO | 100 |

| AUFNAHMEDATEN | |
|---|---|
| Brennweite | 116 mm |
| Blende | f/6,3 |
| Belichtungszeit | 1/400 s |
| ISO | 100 |

*Eine DeHavilland Dove der LTU beim Start. Durch die Sonne im Südwesten, verbunden mit der Startrichtung, werden Piloten und Passagiere direkt angestrahlt und sind gut zu erkennen. Die hohe Drehzahl der auf Startleistung gesetzten Motoren verhilft zur gewünschten Optik der Propeller. Wenn dann das Antikollisionslicht auch noch im richtigen Moment rot aufleuchtet, schlägt das Fotografenherz höher.*

so nah, dass sie auf einem solchen Bild überhaupt als Motiv wahrgenommen wird. Hier hat der Autofokus kaum eine Chance. Stellen Sie in diesem Fall manuell auf die Hyperfokaldistanz ein.

### Piloten im Cockpit erkennen

Ein weiterer Vorteil der tief stehenden Sonne ist nicht nur die Beleuchtung von Fahrwerkdetails und Flugzeugunterseite, sondern dass auch die Piloten buchstäblich im Licht sitzen. Mit entsprechend langen Brennweiten ist es problemlos möglich, die Crew bei der Arbeit zu fotografieren.

Mitzieher bereiten bei Flugzeugen die gleichen Probleme wie bei Autos: Die Perspektive von schräg vorne wirkt dynamischer, aber dafür bewegt sich das Flugzeug während der Aufnahme aus der Schärfe. Solange man keinen verwischten Erdboden als Hintergrund zur Verfügung hat, sind deshalb bei Mitziehern in der Luft die Belichtungszeiten möglichst kurz zu halten.

### Alternative für extreme Brennweiten

Eine Alternative für extreme Brennweiten ist eine Vorfeldgenehmigung des Flughafens. Die bekommt man beim zuständigen Flugbetriebsleiter (FBL), bei größeren Flughäfen von der Pressestelle oder von der Marketingabteilung. Das genaue Prozedere ist aber an jedem Platz anders wie auch die unter Umständen anfallenden Gebühren. Nicht unbedingt muss ein Flugzeug immer fliegen, damit eine dynamische Aufnahme gelingt. Das Bild der Concorde rechts entstand erst im August 2008, fünf Jahre nachdem die letzte Concorde endgültig gelandet war. Es handelt sich dabei um die F-BVFB, die in Sinsheim in Startposition schräg nach oben aufgestellt wurde.

### Vorsicht, hohe Staubgefahr!

Gewaltig unterschätzt wird die Rußbelastung in der Einflugschneise des Flughafens. Die Triebwerke produzieren einen wahren Nebel an kleinen und kleinsten Rußpartikeln

| AUFNAHMEDATEN | |
|---|---|
| Brennweite | 14 mm |
| Blende | f/3,5 |
| Belichtungszeit | 1/6400 s |
| ISO | 100 |

*Auch am Boden gelingen dynamische Bilder – mit entsprechendem Himmel sieht das Flugzeug fast so aus als ob es fliegen würde.*

direkt vor und nach der Landung. Dies wird vor allem dann sehr lästig, wenn Sie an Ihrer Digitalkamera das Objektiv wechseln wollen. Arbeiten Sie extrem schnell und versuchen Sie, nicht ausgerechnet dann das Objektiv zu wechseln, wenn gerade eine Verkehrsmaschine über Sie hinweggedonnert ist. Falls möglich, verwenden Sie abgedichtete Kameras und Objektive. Es rentiert sich in jedem Fall, nach der Fotoaktion den Sensor auf Staub zu überprüfen.

| CHECKLISTE: FLUGZEUGE | |
|---|---|
| Pflicht | Optischer Sucher |
| | Richtiges Licht und richtige Position |
| Brennweite | 50–600 mm Kleinbildbrennweite |
| Optional | Einbeinstativ |
| | Abgedichtetes Equipment |
| | Vorfeldgenehmigung und Fotogenehmigung |

### Parameter für rasante Mitzieher

Mitzieher sind vor allem im Rad- und Motorsport oder bei der Leichtathletik interessant. Das Problem ist, dass die Belichtungszeit lang genug sein muss, damit der Hintergrund eine deutliche Richtung hat. Wenn Sie eine Kamera mit eingebautem Bildstabilisator haben, müssen Sie darauf achten, dass Sie diesen nur dann einschalten, wenn er auch die Richtung des Mitziehens unterstützt. Übung ist wichtig, damit Sie den angepeilten Sportler auch wirklich scharf sowie an der angestrebten Position im Bild haben.

Ein guter Mitzieher verwischt zwischen 5 und 10 % der Bildfläche, wobei 10 % schon sehr „rasant" wirken. Die Belichtungszeit ermitteln Sie durch die Zeit, die das Motiv benötigt, um die Entfernung zurückzulegen. Diese Zeit hängt nicht etwa mit Ihrer gewählten Brennweite zusammen, sondern mit Ihrer Bildkomposition. Belegt das abzubildende Fahrzeug 50 % der Bildfläche,

| AUFNAHMEDATEN | |
|---|---|
| Brennweite | 32 mm |
| Blende | f/14 |
| Belichtungszeit | 1/25 s |
| ISO | 100 |

*Während die Gabel bei diesem Weitwinkelmitzieher scharf ist, wird das Hinterrad in die Länge gezogen.*

muss es in der Belichtungszeit 20 % seiner Länge zurücklegen, damit der Mitzieher rasant wirkt. Bei 25 % der Bildfläche sind es bereits 40 % seiner Länge – also die doppelte Geschwindigkeit. Die Tabelle links macht die Zusammenhänge deutlich.

Klären Sie vorher, wie schnell und wie groß das zu erwartende Fahrzeug ist, und stellen Sie dann die Belichtungszeit entsprechend ein. Stellen Sie auf *S* und kontrollieren Sie, ob Ihr Blendenbereich ausreicht. Wählen Sie in jedem Fall den manuellen Fokus und peilen Sie bereits vorab. Wenn Sie auf den Autofokus warten müssen, kann es zu spät sein. Zudem fährt das Auto meist zuerst auf Sie zu. Wenn Sie nun auf Dauerfeuer schalten, wird der Fokus des ersten Bilds übernommen – es sei denn, Sie haben einen leistungsfähigen kontinuierlichen Autofokus C-AF. Bei der Vorbeifahrt ist das Fahrzeug also garantiert aus dem Fokus. Wenn in der Anfahrtsphase eine andere Lichtsituation herrscht – Ihre Position liegt im Schatten, davor ist Sonnenschein – und Sie bereits während der Anfahrtsphase mitschwenken, um sich mit dem Fahrzeug zu synchronisieren, stellen Sie auch die Blende fest auf *M* ein. Nicht, dass Sie aus alter Gewohnheit den Sucher halb durchdrücken und damit die Belichtung in der Anfahrt mitspeichern.

| BILDANTEIL FAHRZEUG (5 M LÄNGE) | GESCHWINDIGKEIT | VERWISCHER | WEG | BELICHTUNGS-ZEIT |
|---|---|---|---|---|
| 85 % (bildfüllend) | 50 km/h = 13,88 m/s | 10 % | 0,59 m | 1/25 s |
| | | 5 % | 0,29 m | 1/50 s |
| 75 % | 50 km/h = 13,88 m/s | 10 % | 0,66 m | 1/20 s |
| | | 5 % | 0,33 m | 1/40 s |
| 50 % | 50 km/h = 13,88 m/s | 5 % | 0,50 m | 1/30 s |
| 25 % | 50 km/h = 13,88 m/s | 5 % | 1 m | 1/13 s |
| 75 % | 100 km/h = 27,77 m/s | 5 % | 0,33 m | 1/80 s |
| 75 % | 200 km/h = 55,5 m/s | 5 % | 0,66 m | 1/160 s |
| Fahrradfahrer (2 m Länge) | | | | |
| 50 % | 50 km/h = 13,88 m/s | 5 % | 0,2 m | 1/80 s |
| Elektrolok (15 m Länge) | | | | |
| 50 % | 200 km/h = 55,5 m/s | 5 % | 1,5 m | 1/40 s |
| Verkehrsflugzeug (30 m Länge) | | | | |
| 50 % | 250 km/h = 69,4 m/s (Landegeschwindigkeit) | 5 % | 2,8 | 1/25 s |
| Bobbycar (58 cm) | | | | |
| 50 % | 25 km/h = 6,94 m/s | 5 % | 0,058 m | 1/120 s |

Wird ein näher kommendes Motiv mitgezogen, kommt es, je nach Brennweite, zu einer Verzerrung des Bilds. Das Motiv kommt näher, und damit fährt das Motiv buchstäblich aus der Schärfeebene heraus. Zudem ändert sich die Perspektive, da mit fortschreitender Belichtungsdauer die Sicht von schräg vorn zu schräg seitlich wechselt. Das Fahrrad wird scheinbar länger. Wird nun z. B. der Lenker mitgezogen, scheint das Hinterrad auf einmal zu eiern.

## Schwierige Lichtsituationen

Die Digitalfotografie hat Bilder bei Lichtbedingungen möglich gemacht, von denen man früher nur träumen konnte. Die aktuelle Technik hat die Grenzen für Bilder ohne Blitz sehr weit verschoben, viele Kameras können selbst dann noch befriedigende Bilder machen, wenn der Autofokus hilflos ist, und der Fotograf durch den Sucher kaum noch etwas sieht. Trotzdem ist hohe Empfindlichkeit einer Kamera nicht alles. Der Fotograf hinter dem Sucher ist nach wie vor entscheidend für das Ergebnis, Perspektive und Bildkomposition können auch von der besten Spiegelreflexkamera nicht autonom eingestellt werden. Wie alle technischen Entwicklungen in der Fotografie sind hohe ISO-Werte niemals Selbstzweck, sondern nur Mittel zum Zweck.

## Licht mit Reflektoren spiegeln

Ein Reflektor ist wohl das am meisten unterschätzte Fotoequipment. Im Vergleich zum Nutzen der gespannten Tücher sind die Anschaffungskosten lächerlich gering. Für gelegentlichen Gebrauch sind auch die für wenige Euro im Internet erhältlichen Reflektoren völlig ausreichend. Das Prinzip ist einfach: Der Reflektor wird verwendet, um das vorhandene Licht an eine Stelle zu spiegeln, die normalerweise im Schatten liegt. Faltreflektoren gibt es in nahezu jeder Preisklasse, von höchstwertigen Reflektorsystemen von California Sunbounce bis zu einfachen Faltreflektoren mit Federstahlbügeln. Abgesehen von der unterschiedlichen Qualität der Materialien und damit der unterschiedlichen Effektivität ähneln sich die Einsatzmöglichkeiten der fünf Bespannungen in Schwarz, Weiß, Silber und Gold sowie transluzent.

### *Wirkung unterschiedlicher Bespannungen*

In diesem Fall wird mit der silbernen Seite des Reflektors das Licht ins Gesicht des Models gespiegelt. Die Reflektoren sind dabei nicht reine Spiegel, wie etwa ein Badezimmerspiegel, sondern durch die textile Oberfläche auch Diffusoren. Der Reflektor wirkt hier wie ein Aufhellblitz, nur dass er, im Gegensatz zum Aufhellblitz, die Farbtemperatur des Umgebungslichts hat. Wird statt der silbernen Seite die weiße Bespannung des Reflektors verwendet, ist der Effekt deutlich weicher.

*Die linke Aufnahme wurde ohne und die rechte Aufnahme mit Reflektor erstellt – mit gleichen Belichtungsparametern.*

| AUFNAHMEDATEN | |
|---|---|
| Brennweite | 55 mm |
| Blende | f/3,2 |
| Belichtungszeit | 1/250 s |
| ISO | 100 |

Reflektoren mit goldener Bespannung simulieren dagegen die Farbe des Abendlichts. Der Effekt ist oft deutlich zu stark und sorgt vor allem für Mischlicht. Das Gesicht wirkt gebräunt, und die Stellen, die der goldene Schein nicht erreicht, sehen dagegen fahl aus.

Als Alternative gibt es bei hochwertigen Reflektoren gold-silber gestreifte Bespannungen (Zebra von California Sunbounce oder Sunfire von Lastolite), die die Farbtemperatur des Lichts nur um etwa 400 K senken und damit zwar für einen gesünderen Hautton sorgen, aber kein auffallendes Mischlicht verursachen.

Zur Erinnerung: Wird die Farbtemperatur gesenkt, wird das Licht wärmer. Auch die Lichtausbeute ist mit hochwertigen Reflektoren deutlich größer.

***Schwierige Gegenlichtsituationen meistern***

Faltreflektoren gibt es auch mit schwarzer Bespannung, die Lichtreflexe oder Seitenlicht eliminieren kann. So ist es möglich, mit einem Reflektor gerichtetes Licht auf das Gesicht zu lenken und mit dem zweiten Reflektor das Gesicht selbst vor dem direkten Sonnenlicht zu schützen. Die entsprechenden Ergebnisse erinnern an Studiobeleuchtungen. Sehr zweckmäßig sind Reflektoren auch in Gegenlichtsituationen.

In Gegenlichtsituationen kann es vorkommen, dass trotz Streulichtblende Fehllicht ins Objektiv gelangt und die Bilder flau macht.

| AUFNAHMEDATEN | |
|---|---|
| Brennweite | 62 mm |
| Blende | f/3,2 |
| Belichtungszeit | 1/500 s |
| ISO | 100 |

*Oben: Zum Abschatten von Gegenlicht wird hier ein Faltreflektor mit der schwarzen Seite nach oben eingesetzt.*

*Mitte: Ein Gegenlichtporträt mit Streulicht.*

*Unten: Dieses Gegenlichtporträt entstand mit gleichen Aufnahmeparametern, aber mit Abschattung des Objektivs.*

Manche Fotografen behelfen sich dann, indem sie versuchen, die Frontlinse mit der Hand abzuschatten; speziell bei Weitwinkelaufnahmen ist die Verwendung eines Abschatters aber deutlich nervenschonender. In diesem Fall hätte ein zweiter Reflektor - und ein zweiter Assistent - noch das Gesicht aufhellen können, es ging aber darum, die Wirkung einzelner Reflektoren zu demonstrieren.

### *Weiches Licht trotz praller Sonne*

Oft unterschätzt ist die Wirkung des Diffusors, jenes dünnen, lichtdurchlässigen Stoffs, mit dem die meisten Faltreflektoren bezogen sind und den man erst sieht, wenn man die per Reißverschluss montierte Hülle abnimmt. Im Beispiel sind die vorher extrem überstrahlten Haare nun fein strukturiert. Es ist zwar noch eine Lichtrichtung erkennbar, der Lichtcharakter entspricht aber eher einem bewölkten Himmel. Ein Aufheller von vorn könnte nun zwar die Strukturen des Gesichts besser herausarbeiten, würde aber die melancholische Stimmung zerstören.

### *Geeignete Größen für Faltreflektoren*

Bezüglich der benötigten Größe von Faltreflektoren sollte man sich an die Regel halten: Faltreflektoren mit Federstahlrahmen sollten nicht mehr als einen Meter Durchmesser haben. Darüber werden sie instabil und sind nicht mehr zu richten - ganz zu schweigen von den Problemen, die bei Wind auftreten. Für Porträts und Oberkörperfotos sind 80-Zentimeter- und Ein-Meter-Reflektoren gut geeignet. Für eine komplette Person muss man mit einem kleinen Reflektor schon weiter zurückgehen und verliert damit Licht. Sollen regelmäßig ganze Personen oder gar Paare abgelichtet werden, empfiehlt sich auf jeden Fall die Investition in ein stabiles, hochwertiges Reflektorsystem mit starrem Rahmen (Lastolite oder Sunbounce).

*Um Spitzlichter zu vermeiden, wurde hier ein Reflektor mit weißer Bespannung als Diffusor eingesetzt. Der Diffusor sorgt trotz praller Sonne für weiches Licht.*

| AUFNAHMEDATEN | |
|---|---|
| Brennweite | 158 mm |
| Blende | f/3,2 |
| Belichtungszeit | 1/400 s |
| ISO | 100 |

### Konzert: im Fotografengraben und auf der Bühne

Möchten Sie bei Konzerten fotografieren, ist vorher eine Absprache mit dem Konzertveranstalter oder dem Management des Künstlers notwendig. Einen Kontakt gibt es entweder über die Website des Musikers oder die des Konzertveranstalters. In diesem Fotokurs stellt sich die Aufgabe, das Konzert der Solokünstlerin Barbara Clear zu fotografieren. Barbara Clear spielt Folk, Soul und Rock. Neben eigenen Stücken covert sie unter anderem Janis Joplin und Deep Purple.

#### *Infos zu Künstler und Location*

Die Bühnenbeleuchtung von Barbara Clear besteht seit Jahren aus einem vergleichsweise simplen Line-up mit einigen Spots und wenigen Projektoren. Als Hintergrund werden weiße Tücher verwendet, die unterschiedlich angestrahlt werden. Die Projektoren tragen zur Lichtleistung auf der Bühne so gut wie nichts bei. Barbara Clear trägt seit Jahren auf der Bühne weiße Blusen. Im Unterschied zu vielen anderen überregionalen Künstlern gibt es bei Barbara Clear kein Blitzverbot. Der Lichtwert auf der Bühne liegt zwischen 5 und 7 EV.
Diese Eckdaten sollten auch bei jedem anderen Künstler und jeder Location vorab geklärt werden. Das Internet ist für solche Zwecke eine hervorragende Quelle.

#### *Überblick über die Bühnensituation*

Anhand eines Überblicks über die Bühnensituation sind einige Probleme sofort deutlich zu machen: In den beiden Kreisen sind zwei Fotografen zu erkennen, im einen Kreis ein Fotograf im hellen Shirt mit hochgekrempelten Ärmeln und 18-85-mm-Objektiv, im anderen ein dunkel gekleideter Fotograf mit 50-200-mm-Objektiv. Der Fotograf im hellen Shirt fällt auf, wird Schwarzlicht eingesetzt, kann das ausgesprochen störend wirken und damit die Bewegungsfreiheit des Fotografen einschränken. Achten Sie also auf dunkle Kleidung, auch unter der Jacke.

| AUFNAHMEDATEN | |
|---|---|
| Brennweite | 38 mm |
| Blende | f/3,3 |
| Belichtungszeit | 1/4 s |
| ISO | 800 |

*Zwei Fotografen an unterschiedlichen Positionen vor der Bühne. Auch die verwendeten Objektive unterscheiden sich erheblich.*

Der Fotograf im hellen Shirt ist durch sein Objektiv an die abgebildete Entfernung zum Motiv gebunden. Geht er weiter weg, bekommt er die Künstlerin nicht mehr formatfüllend ins Bild, geht er näher heran, bekommt er eine starke Untersicht. Von rechts außen kann der Fotograf dagegen fast in Bauchnabelhöhe des Motivs fotografieren und damit eine verzerrungsfreie Darstellung erreichen.
Close-ups sind mit dem kurzen Objektiv aus der Entfernung nicht möglich. Für ein Close-up müsste der Fotograf deutlich näher ans Motiv heran, bekäme dann aber eine starke Untersicht, es sei denn, er steht auf, womit er jedoch den Unmut des Publikums auf sich ziehen würde. Der Fotograf rechts außen kann mit dem 100-400er sowohl Close-ups als auch Ganzkörperfotos machen.

## *Kamera-Objektiv-Kombination*

Man benötigt für den Abend eine Kamera-Objektiv-Kombination, die in jeder Brennweite mit 5 EV zurechtkommt. Die in der Tabelle aufgeführten Kombinationen können mit einer solchen Beleuchtung umgehen.

Bei Belichtungszeiten über 1/60 Sekunde gibt es nicht nur Probleme mit dem Verwackeln durch den Fotografen, sondern auch damit, dass sich der Künstler bewegt. Wenn irgend möglich, sollten Sie stets die Möglichkeit haben, unter 1/60 Sekunde zu bleiben.

Je größer Ihr Objektivpark ist, desto mehr Auswahl haben Sie, was die Aufnahmeperspektive anbelangt. Je kürzer die Brennweite, desto näher müssen Sie an Ihr Motiv heran. Bei einem Ultraweitwinkel mit 14 mm müssen Sie schon halb auf die Bühne klettern, um ein gutes Bild zu bekommen, bei dem man den Künstler noch als Hauptmotiv erkennt.

Rein aus praktischen Gründen sind beim Einzelinterpreten etwa 20 mm die unterste Grenze, die an der Bühne noch verwendbar ist. Nach oben liegt die sinnvolle Grenze etwa bei 400 mm. Damit bekommen Sie bei einer gängigen Bühnengröße vom Rand bildfüllende Close-ups. Noch größere Brennweiten werden immer schwieriger in der Handhabung. Zudem werden lichtstarke Optiken jenseits von 400 mm extrem teuer.

## *Position zu Beginn des Konzerts*

Wenn Sie sich nicht frei bewegen können, ist Ihre Position zu Beginn von entscheidender Bedeutung. Barbara Clear ist, wie die meisten Künstler, Rechtshänderin. Wenn sie das Mikrofon in die Hand nimmt, verdecken Hand und Mikrofon das Gesicht. In dieser Situation ist nur von der rechten Bühnenseite ein gutes Foto möglich. Doch auch die Gitarre kann Probleme beim Bildaufbau verursachen.

*Links:* *Bildbestimmendes Element ist die Gitarre, die so ausladend ist, dass der Gitarrenkopf abgeschnitten wird. Um die Gitarre vollständig abzubilden, müsste die Sängerin sehr viel kleiner werden. Wird Querformat gewählt, ist die Gitarre noch dominanter.*

*Rechts:* *Hauptmotiv ist ganz klar Barbara Clear, die Gitarre ist wesentlich unbedeutender, obwohl sie vollständig abgebildet ist. Durch die perspektivische Verkürzung wirkt die ganze Szene energiegeladener, kompakter, intensiver. Die Wege innerhalb des Bilds sind kürzer. Zudem verschwindet das Mikrofon samt Ständer im schwarzen Hintergrund.*

| KAMERA-OBJEKTIV-KOMBINATION | | | | |
|---|---|---|---|---|
| **ISO** | **Lichtstärke** | **KB-Brennweite mit IS** | **KB-Brennweite ohne IS** | **Belichtungszeit** |
| 1600 | f/2,8 | < 250 mm | 60 mm | 1/60 s |
| 3200 | f/2,8 | < 500 mm | 120 mm | 1/125 s |
| 3200 | f/4,0 | < 500 mm | 120 mm | 1/60 s |

### *Ansicht frontal von vorne*

Eine Ansicht frontal von vorne ist in diesem Saal nicht ohne Störung der Konzertbesucher möglich, da der Saal bis zur rückwärtigen Wand bestuhlt ist. Das sich bei einer Frontalansicht ergebende Problem sieht man aber auch bei dieser Ansicht von schräg rechts: Das Mikrofon verdeckt das Gesicht, die Gitarre zwingt dazu, rechts Platz für den langen Hals zu schaffen. Entweder man rückt das gesamte Motiv nach links, womit die Sängerin nicht mehr ins Bild, sondern links aus dem Bild hinausschaut, oder man schneidet eben, wie hier, die Gitarre ab. Beides ist unbefriedigend, aber bei der Frontalperspektive fast nicht zu vermeiden. Bisweilen hat man Glück, wenn sich der Künstler schräg zum Publikum aufstellt. Das geschieht aber vor allem bei Rockgitarristen, wenn sie mit dem Gitarrenhals auf das Publikum zielen.

*Unten: Mit etwas Geduld bekommt man dann trotzdem einen Blick aufs Gesicht. Über einen noch stärkeren Weitwinkel ist auch ein größerer Teil der Lightshow einzufangen. In diesem Fall kann es aber Probleme mit der Belichtungsmessung geben.*

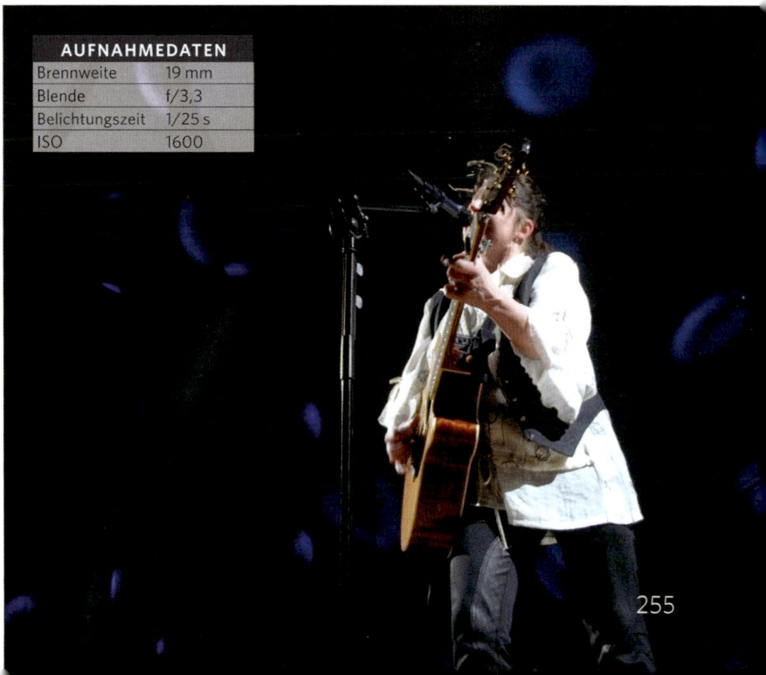


### *Im Fotografengraben*

Bei vielen Konzerten gibt es direkt vor der Bühne einen abgesperrten Bereich, den Fotografengraben. Sie kommen dort den Musikern sehr nahe und fotografieren buchstäblich von unten in die Nasenlöcher hinein. Bisweilen ergeben sich von dort interessante Perspektiven, vor allem reine Sänger können von dort gut getroffen werden. Mit Objektiven im Bereich zwischen 80 mm und 100 mm sind recht spannende Close-ups möglich.

Bei kürzeren Brennweiten tritt ein anderer Effekt auf. Durch die starke Untersicht kommt es nicht nur zu perspektivischen Verzerrungen - stürzende Linien im Bühnenhintergrund und Verzerrungen des Künstlers -, sondern auch zu Problemen mit dem Bühnenequipment. Barbara Clear arbeitet ohne Monitorboxen am Bühnenrand, sodass die Sicht vergleichsweise frei ist. Trotzdem wird aus dieser Perspektive deutlich: Irgendwas ist immer im Weg - entweder Gitarre oder Mikrofonständer.

***Der richtige Gesichtsausdruck***

Bei Musikern ist der richtige Gesichtsausdruck im Bild alles. Dabei ist das natürlich eine rein subjektive Einschätzung. Standard für Sängerbilder ist ein geöffneter Mund, je nach Interpret ist auch sehr ausgefallene Mimik möglich. Für ein solches Bild ist natürlich ein langes, stabilisiertes Teleobjektiv unabdingbar. Man kann zwar näher ans Motiv heran, erhält aber zunehmend Untersicht.

Um trotz der langen Belichtungszeit das Gesicht zumindest in Teilen scharf zu bekommen, muss man genauestens der Musik folgen und genau dann abdrücken, wenn die

| AUFNAHMEDATEN | |
|---|---|
| Brennweite | 200 mm |
| Blende | f/3,5 |
| Belichtungszeit | 1/40 s |
| ISO | 1600 |

## ESP-BELICHTUNGSMESSUNG

**Es gibt Kameras, die einen ESP-Modus mit AF-Follow anbieten. Dabei werden alle Messfelder berücksichtigt, mit einem Schwerpunkt auf dem relevanten Autofokusmessfeld. Je kleiner nun das helle Motiv im Verhältnis zum Gesamtbild wird, desto stärker versucht die Kamera, den Hintergrund korrekt auf 18%iges Grau zu belichten. Der Effekt ist ein ausgefressenes Weiß am Hemd und ein deutlich zu heller Hintergrund. Besitzt die Kamera lediglich eine ESP ohne AF-Follow, ist eine zentrale Spotmessung und anschließendes Verschwenken die bessere Lösung.**

## VORSICHT BEI RAW-DAUERFEUER

**Es gibt noch keine Kamera, die unbegrenzt RAW-Bilder in höchster Geschwindigkeit auf die Karte speichert. Im Zweifelsfall legt die Kamera genau dann eine Speicherpause ein, wenn die besten Motive vor der Kamera liegen. Wenn Sie Ihre Kamera unbedingt im Serienmodus laufen lassen wollen, verwenden Sie JPEG. Und wundern Sie sich nicht darüber, dass Ihre Nachbarn wegen des Geratters böse werden.**

Musikerin einen Ton länger aushält, sodass zumindest der Unterkiefer nicht bewegt wird. Ein verschwommener Unterkiefer sieht nicht nach Bewegung, sondern einfach nur unscharf aus. Für entsprechende Fotos ist sehr viel Geduld notwendig.

***Weißabgleich an der Bühne***

Ein letztes Problem an der Bühne ist der Weißabgleich. Prinzipiell gibt es für Bühnenlicht zwei Farbtemperaturen: klassisch mit ca. 3.000 K, also Glühlampenlicht, oder Tageslicht mit ca. 5.300 K. Bei professionellen Bühnenaufbauten wird dies nicht gemischt – auf manchen Bühnen wird die Vorgruppe mit dem etwas muffigeren Glühlampenset beleuchtet, während die Hauptgruppe dann das Tageslichtset bekommt. Welches Set in Betrieb ist, stellen Sie nach dem ersten Bild fest. Wenn auf Ihrem Display die Farben so ganz anders aussehen als in Wirklichkeit, müssen Sie umstellen.

Auch wenn Stage-Fotografie die Domäne von lichtstarken, teuren Objektiven und großen Spiegelreflexboliden ist: Mit einer modernen Kompakten können Sie ganz ansprechende Ergebnisse erzielen. Fürs Internet oder 10-x-15-Abzüge sind sie allemal ausreichend. Je mehr Sie dabei von Hand einstellen können, desto besser.

Ein letzter Profitrick noch: Bei größeren Konzerten erhalten Sie einen Stage-Pass, der Ihnen bei der Security freie Bahn in den Fotografengraben garantiert. Dieser Pass sollte sichtbar getragen werden. Besorgen Sie sich dafür ein Umhängeband mit Plastikhülle. Falls Sie eine Graukarte im Scheckkartenformat haben, sollten Sie diese sowieso zum Transport in eine transparente Schutzhülle stecken – Sie können sie dann gleich für den Stage-Pass verwenden.

| AUFNAHMEDATEN | |
|---|---|
| Brennweite | 28 mm |
| Blende | f/3,1 |
| Belichtungszeit | 1/10 s |
| ISO | 1600 |

*Bei diesem Bild ist der Weißabgleich falsch: Weißabgleich Tageslicht, die Bühnenbeleuchtung ist aber auf Glühlampenlicht 3.000 K abgestimmt. Umgekehrt, wenn die Kamera auf Kunstlicht und die Beleuchtung auf Tageslicht eingestellt ist, wird das Bild viel zu blau. Es spielt dabei keine Rolle, ob das Licht farbig ist. Wenn der Weißabgleich falsch ist, sind zwar die farbigen Scheinwerfer auch im resultierenden Bild farbig, aber eben andersfarbig.*

| CHECKLISTE: KONZERTE | |
|---|---|
| **Pflicht** | Akkreditierung und Stage-Pass |
| | Dunkle Kleidung |
| | Empfindlichkeit bis mindestens ISO 1600 |
| **Brennweite** | 35–100 mm, besser 20–400 mm |
| **Optional** | Systemblitz mit mindestens Leitzahl 32 |

| AUFNAHMEDATEN | |
|---|---|
| Brennweite | 158 mm |
| Blende | f/3,2 |
| Belichtungszeit | 1/160 s |
| ISO | 1000 |

*Hier ist die Beleuchtung noch ausreichend.*

| AUFNAHMEDATEN | |
|---|---|
| Brennweite | 43 mm |
| Blende | f/3,3 |
| Belichtungszeit | 1/100 s |
| ISO | 100 |

*Der Blitz macht die ganze Szene flach, und die Bühne verliert an Tiefe.*

## Im Theater: gute Fotos trotz wenig Licht

Theaterfotografie kommt häufiger vor, als man denkt. Oft genug muss man Schulaufführungen oder die örtliche Laienspielgruppe dokumentieren. Wenn Sie den Auftrag erhalten, eine Theaterinszenierung zu dokumentieren, versuchen Sie, zu einer Haupt- oder Generalprobe zu kommen. Sie haben dann den Zuschauerraum für sich allein, können mit Stativ und Blitz hantieren und fallen nur dem Regisseur auf den Wecker.

### *Hoher ISO-Wert und lichtstarkes Objektiv*

Im Allgemeinen reicht das Licht auch auf kleinen Bühnen aus, vorausgesetzt, Sie haben die Möglichkeit, die ISO-Empfindlichkeit auf mindestens 800 aufzudrehen, und eine lichtstarke Optik im Gepäck. Bühnenfotografie mit Kompaktkameras endet meist in kaputt geblitzten, toten Bildern.

Bisweilen scheitern aber auch Profiboliden, etwa wenn sich die Regie in den Kopf gesetzt hat, eine Hexe im tiefen, dunklen Wald im Kerzenscheine Zaubersprüche murmeln zu lassen. Dann herrscht auf der Bühne -1 EV, die meisten Kameras scheitern bereits beim Autofokus, und der Fotograf muss den Blitz auspacken. Selbst ein Stativ hilft nicht weiter – zwar würde die Bühnendeko scharf abgebildet, die Akteure wären jedoch schemenhaft zu erkennen.

### *Systemblitz frontal*

Der manchmal unvermeidliche Blitz plättet die Szene natürlich sofort. Die Bühne verliert die Tiefe, die Mimik wird flach, weil auch die Gesichtsfalten durch den frontalen Blitz geglättet werden. Geeignete Reflexionsflächen stehen auf der Bühne meist nicht zur Verfügung. Auf größeren Bühnen sind die Decken durch Lichttechnik verbaut und ansonsten schwarz gehalten, auf den Volksbühnen dominieren Holzdecken, die ebenfalls ungeeignet sind.

### *Selektive Lichtsetzung per Spotblitz*

Eine kleine Bastelarbeit kann da etwas Abhilfe schaffen: ein Spotblitz. Ein solcher Aufsatz ist nichts anderes als eine Papiertüte mit einem mehr oder weniger großen Loch am einen Ende, das mit der großen Öffnung über den Blitz gestülpt wird. Der Spoteffekt wird durch die Größe des Lochs reguliert. Natürlich kann man das Ganze beliebig professionell ausbauen.

Etwas stabiler und wiederverwendbar ist der obere Teil einer Flasche Alcolix-Scheibenenteiser, der ideal auf einen Systemblitz passt und nur noch mit etwas Gaffer-Tape abgedunkelt werden muss. Auch Selbstbaulösungen für Wabenspots kursieren im Internet, die aus einer auf den Blitz passenden Kartonröhre mit einer aus schwarzen Strohhalmabschnitten bestehenden Wabe bestehen.

| AUFNAHMEDATEN | |
|---|---|
| Brennweite | 20 mm |
| Blende | f/3,5 |
| Belichtungszeit | 1/100 s |
| ISO | 200 |

*Ein Spotblitz ermöglicht Ihnen ausreichend Licht auf der Bühne und trotzdem eine selektive Lichtsetzung.*

### *Während der Aufführung fotografieren*

Ist man gezwungen, während der Aufführung zu fotografieren, hat man in den seltensten Fällen freie Sicht auf die Bühne. Meistens sind die Köpfe des Publikums im Weg, sodass eine Totale vor allem dazu dient, das ausverkaufte Haus zu dokumentieren. Auch ein Platz in der ersten Reihe hilft nicht weiter. Solange man nicht aufsteht, was auf die Dauer zu Unmutsäußerungen führt, bekommt man Untersicht – in diesem Fall etwa auf die Unterseite des Tischs –, was optisch selten befriedigend ist. Liegt die Bühne nicht deutlich höher, sollte man sich mit langen Brennweiten auf Portrats konzentrieren und die Beinarbeit der Akteure vernachlässigen.

| AUFNAHMEDATEN | |
|---|---|
| Brennweite | 40 mm |
| Blende | f/3,5 |
| Belichtungszeit | 1/250 s |
| ISO | 800 |

*Eine Totale der Bühne ist nur sinnvoll, um die vollen Zuschauerränge zu dokumentieren.*

| AUFNAHMEDATEN | |
|---|---|
| Brennweite | 54 mm |
| Blende | f/3,5 |
| Belichtungszeit | 1/125 s |
| ISO | 1000 |

***Ideal: Lichtstarke Normalbrennweiten***

Auch dieses Bild entstand während der Hauptprobe. Der Fotograf stand und konnte mit vergleichsweise kurzer Brennweite arbeiten. Während der Aufführung sind für ähnliche Fotos lichtstarke Telebrennweiten um 400 mm Kleinbild notwendig, die dann entweder einen leistungsfähigen Stabilisator oder eine Einbeinstativ erfordern. Die extrem lichtstarken Normalbrennweiten, die man häufig preiswert bekommen kann und die eigentlich ideal für die Theaterfotografie sind, können leider während der Aufführungen nur selten eingesetzt werden.

***Beste Bilder meistens von rechts***

Meistens bekommt man die besten Bilder von rechts, da viele Schauspieler eher mit rechts gestikulieren als mit links. Idealerweise haben Sie das Stück gelesen und sind auf Schlüsselszenen vorbereitet.

***Helle Spots und buntes Licht***

Im Theater wird oft mit Verfolgern gearbeitet, extrem hellen Spots mit definiertem Rand. Die Kontraste innerhalb eines Spots sind brutal. Messen Sie über die Spotmessung das Gesicht an und kümmern Sie sich nicht um den Rest, Sie bekommen dabei nur graue Haare. Falls Sie keine Spotmessung in Ihrer Kamera haben, versuchen Sie ESP mit einer Belichtungskorrektur von -1,3 EV.

Wirklich knifflig wird es, wenn Sie mit buntem Licht auf der Bühne zu kämpfen haben. Berüchtigt sind rote Scheinwerfer, sie reduzieren den Kontrast auf der Bühne und lassen rote Flächen ausbrennen. Rot erzeugt einen geringen Helligkeitseindruck, kann aber trotzdem sehr intensiv sein. Auch die Belichtungsmessung tendiert dazu, rote Bühnenbeleuchtung überzubelichten, teilweise wird sogar der Autofokus irritiert. In den letzten Jahren kamen auch farbige LED-Scheinwerfer in Mode, die zwar wesentlich geringere Leistungen verbraten, aber den Effekt des „Ausbrennens" auch bei Blau beherrschen.

***Auslösen bei lauten Szenen***

Selbstverständlich herrscht bei der Aufführung selbst Blitzverbot – auch wenn sich die Knipser im Publikum nicht dafür interessieren, denn meist wissen sie gar nicht, wie sie den automatischen Blitz ihrer Kamera abschalten können. Wenn Sie die Wahl haben, machen Sie Ihre Fotos bei lauten Szenen. Es stört doch etwas die Stimmung, wenn beim zärtlichen Höhepunkt der traurigen Abschiedsszene von hinten rechts der Verschluss zu klicken anfängt. Manche Theaterfotografen schießen Dauerfeuer, um bei der schlechten Beleuchtung wenigstens ein gutes Bild der Szene im Kasten zu haben, dafür benötigen sie aber eine sehr gut schallgedämmte Kamera.

***Geräuschdämmende Blimps***

Müssen Sie häufiger im Theater oder auch bei klassischen Konzerten fotografieren, empfiehlt sich die Anschaffung eines Blimp. Ein Blimp ist eine geräuschdämmende Schutzhülle, die es speziell für Theater- und Wildlifefotografen gibt.

**CHECKLISTE: THEATER**

| | |
|---|---|
| **Pflicht** | Low-Light-fähiger Autofokus |
| | Hohe Empfindlichkeiten, mindestens ISO 800 |
| **Brennweite** | 50–400 mm Kleinbildbrennweite |
| **Optional** | Graukarte |
| | Spotblitz |
| | Geräuschdämmender Blimp |
| | Einbeinstativ |

**Herausforderung Mond**

Eines der beliebtesten Motive ist der Mond, aber er birgt auch einige fotografische Fallstricke. Relativ einfach ist der Vollmond selbst abzubilden. Dazu benötigen Sie zwei Dinge: klares Wetter und sehr, sehr lange Brennweiten. Um den Mond bildfüllend auf den Sensor zu bekommen, benötigen Sie etwa 2 Meter Äquivalenzbrennweite. Das Bild zeigt den Vollmond drei Stunden nach Mondaufgang, unbeschnitten.

*Vollmondaufnahme mit Stativ und Spiegelvorauslösung.*

***Belichtung vorzugsweise per Spotmessung***

Der Vollmond im Zenit hat etwa 13 EV, die Farbtemperatur des Monds liegt bei 5.300 K, also Tageslicht. Die Belichtung wird am besten per Spotmessung ermittelt, sofern Ihre Kamera diese Messmethode unterstützt. So schön der Vollmond ist: Durch das frontale Licht gibt es keine Schatten auf dem Mond, der Trabant wirkt flach und strukturlos.

***Optimale Bedingungen im Gebirge***

Der Halbmond ist deutlich besser strukturiert. Wesentlich ist jedoch auch immer das „Seeing", also wie klar die Luft ist. Optimale Bedingungen herrschen im Flachland nur in wenigen Nächten im Jahr, im Gebirge ist es besser. Wer sich die zum Teil extrem teuren langbrennweitigen Objektive nicht leisten kann, hat jedoch auch andere Möglichkeiten, den Mond wirkungsvoll in Szene zu setzen.

| AUFNAHMEDATEN | |
|---|---|
| Brennweite | 600 mm |
| Blende | f/10 |
| Belichtungszeit | 1/15 s |
| ISO | 100 |

*Halbmond mit Stativ. Durch die Kraterschatten wirkt das Bild plastischer.*

***Mondbilder mit kürzeren Brennweiten***

Mondaufnahmen mit kürzeren Brennweiten erfordern etwas mehr „Drumherum", damit der Mond nicht langweilig als heller Fleck auf Schwarz daherkommt. Das Problem dabei ist vor allem der extreme Kontrast zwischen hellem Mond und dunkler Umgebung. Es gibt mehrere Möglichkeiten, diesen Kontrast so weit zu verringern, dass ein Bild möglich ist. Leider ist ein HDR-Bild keine dieser Möglichkeiten, da der Mond zu schnell ist. Der Erdtrabant wandert in zwei Minuten um seinen Durchmesser weiter. Bei der für eine Nachtszene notwendigen Belichtungszeit von etwa 30 Sekunden ist der Vollmond keine runde Scheibe mehr, sondern ein völlig überstrahlter ovaler Fleck, mit dem die HDR-Software erhebliche Probleme bekommt. Entweder Sie beleuchten also die Szene auf der Erde mit leistungsstarken Scheinwerfern oder Blitzgeräten, oder Sie fotografieren bei Tage.

Das Beispielbild wurde eineinhalb Stunden vor Sonnenuntergang gemacht. Der Fokus liegt auf dem Schornstein, die Belichtung auf dem Mond. Die Hyperfokaldistanz bei der gewählten Brennweite liegt bei 180 Metern. Mit einer Kompaktkamera mit Format-

## VORSICHT BEI BILLIG-OBJEKTIVEN

**Oft gibt es extrem lange Brennweiten billig auf diversen Auktionsplattformen. Die allermeisten dieser Objektive sind für die digitale Fotografie ungeeignet. Ihre Auflösung reicht nicht aus, sodass meistens eine Ausschnittvergrößerung aus einem Bild mit halber Brennweite besser ist als das Ergebnis des langbrennweitigen Objektivs. Die einzigen Objektive mit extremen Brennweiten, die trotz eines vergleichbar niedrigen Preises qualitativ mithalten können, sind die Spiegelteleskope nach Maksutov, und auch da nur die teureren Originale - das MTO 1000/10 oder das Rubinar 500/5,6.**

faktor 5,7 wäre bei der dann entsprechenden Brennweite von 33,7 mm das Foto kein Problem – die Hyperfokaldistanz liegt gerade bei 60 Metern.

Mit der verwendeten FourThirds-Kamera hätte man auf f/16 abblenden müssen und wäre damit bereits in den Bereich der Beugungsunschärfe gekommen. Mit einer Kleinbildkamera ist dieses Bild, will man es scharf haben, nicht möglich.

### *Mondbilder mit Nachtwolken*

Nicht ganz einfach sind Mondbilder mit Nachtwolken. Die beeindruckenden Wolken, die, durch den Mond beleuchtet, über den Nachthimmel ziehen, haben einen Lichtwert von unter 4 EV. Entweder man lichtet also die Wolken korrekt ab oder den Mond.

### *ISO erhöhen und Stativ*

Unter ganz bestimmten Voraussetzungen ist aber beides möglich: Der Mond muss durch eine dünne Schicht Wolken in der Helligkeit so weit reduziert sein, dass er ebenfalls nicht mehr als 4 EV erreicht. Damit nun die Belichtungszeiten nicht zu lang werden – die Wolken und der Mond sollen nicht zu stark verwischt werden –, muss die Empfindlichkeit des Sensors erhöht werden und das Objektiv ausreichend lichtstark und langbrennweitig sein. Zudem ist ein Stativ Pflicht.

Das Foto der partiellen Mondfinsternis entstand zwar aus der Hand, aber bei 1/8 Sekunde und 200 mm Brennweite ist das Gelingen des Bilds eher im Bereich „sagenhafter Glückszufall" anzusiedeln – trotz des internen Stabilisators der Kamera.

| AUFNAHMEDATEN | |
|---|---|
| Brennweite | 96 mm |
| Blende | f/5,6 |
| Belichtungszeit | 1/640 s |
| ISO | 200 |

*Halbmond mit Flugzeug und Schornstein an der Zeche Zollverein, Essen.*

| AUFNAHMEDATEN | |
|---|---|
| Brennweite | 200 mm |
| Blende | f/3,5 |
| Belichtungszeit | 1/8 s |
| ISO | 800 |

*Teilweise Mondfinsternis mit beleuchteten Wolken.*

***Ein Wort zum Autofokus***

Bei gutem Wetter haben die meisten Autofokussysteme kein Problem, den Mond scharf zu stellen. Einige Ausnahmen: Soll der Mond beim Mondauf- oder -untergang fotografiert werden, kann es zu Problemen kommen, weil direkt über dem Horizont die Luftunruhe so groß sein kann, dass der Mond keine ausreichend scharfe Kontrastkante bietet. Das manuelle Scharfstellen ist zwar möglich, der Mond bleibt jedoch unscharf.

Beim Mondaufgang im Flachland sollte man sich also auf Vordergrundmotive konzentrieren. Einige Kameras, vor allem mit Kontrastautofokus, können den Mond aber auch bei gutem Seeing nicht scharf stellen. Da hilft nur manuelles Scharfstellen, soweit das die Kamera zulässt. Beachten Sie dabei, dass bei AF-Objektiven der Endanschlag nicht „unendlich" bedeutet, sondern „dahinter". Das hat vor allem technische Gründe. Wenn Sie also das Objektiv auf Anschlag stellen, wird der Mond sicher nicht scharf sein. Sie müssen wieder etwas näher heran.

| CHECKLISTE: MOND | |
|---|---|
| **Pflicht** | Optimale Wetterverhältnisse |
| | Stativ oder Bildstabilisator |
| **Brennweite** | 300-1500 mm Kleinbildbrennweite |
| **Optional** | Astrostativ mit Nachführung |

### Partybilder und Nightlifeaufnahmen

Partybilder werden mit allem gemacht, was eine Linse und einen Sensor hat. Ob das ein Handy oder eine Kleinbild-DSLR ist, geknipst wird, was die Akkus hergeben. Mit ein bisschen Know-how können dabei auch ganz ansehnliche Ergebnisse herauskommen. Als Partybilder werden jene Art Bilder bezeichnet, mit denen sich Partygänger zu nächtlicher Stunde in mehr oder weniger stark alkoholisiertem Zustand ablichten lassen, um sich am nächsten Tag im Internet bewundern zu können.

Teils ist das Partyvolk selbst an einer lückenlosen Dokumentation des eigenen Nightlife interessiert, teils beauftragen auch Wirte einen Fotografen, ein entsprechendes Event professionell zu dokumentieren, wozu dann natürlich nicht nur Eventfotografie von Rockbands und Coyote-Ugly-Shows gehört, sondern eben auch die Fotos der Partygänger.

***In der Regel mit 50 mm Normalbrennweite***

Prinzipiell kann man mit nahezu jeder Kamera Partybilder machen, wichtig sind einzig und allein ein Blitz und ein Autofokushilfslicht. Die meisten Partybilder werden im Bereich der Normalbrennweite 50 mm (Kleinbild) gemacht.

Normalerweise sind Brennweiten jenseits der 80 mm Kleinbildbrennweite für die Partyfotografie unbrauchbar. Man kommt meist gar nicht weit genug weg. Zudem verleiten Telebrennweiten dazu, Menschen aus der Deckung abzuschießen, das ist bei Partybildern nicht gewollt und kann bei einer späteren Veröffentlichung zu Problemen führen. Schließlich geht es bei Partybildern gerade darum, dass sich die Abgelichteten vor der Kamera produzieren und dabei auch ihr Image transportieren wollen. Hat man trotzdem mit langer Brennweite durch den Raum fotografiert, sollte man hinterher eine entsprechende Erlaubnis zur Veröffentlichung einholen.

Weniger als etwa 30 mm Kleinbild sollte man in der Partyfotografie auch nicht verwenden. Ab dieser Brennweite werden die Personen am Rand des Bilds verzerrt: Sie sehen deutlich breiter aus als in Wirklich-

*Ein Partyfotograf bei der Arbeit. Der Abstand liegt unter einem Meter, Kamera Canon EOS 350D, Objektiv Tamron 28-75mm. Das Objektiv wird hier „am Anschlag" verwendet, an der APS-C-Kamera entsprechen die 28 mm fast einem Normalobjektiv.*

keit. Der Systemblitz ist nach oben gerichtet, die Hauptbelichtung wird durch die ausgezogene Reflektorkarte erreicht. Durch die sehr hohe Decke im Raum ist die indirekte Belichtung eher gering.

### *Weißabgleich auf Tageslicht*

Partybilder werden grundsätzlich geblitzt, demzufolge ist der Weißabgleich auf Tageslicht einzustellen, wenn Sie ausschließlich direkt blitzen, oder auf Blitz, 5.500 K, das gibt einen etwas wärmeren Hautton. Sehen Sie in der Betriebsanleitung Ihres Blitzes nach, es gibt auch Elektronenblitze mit 5.600 K. Wenn Sie allerdings indirekt blitzen, sollten Sie auf 5.300 K umstellen. Der von der Umgebung reflektierte Blitz ist fast immer deutlich wärmer im Ton als das reine Blitzlicht und sorgt von allein für eine gesündere Gesichtsfarbe.

### *Auf Nasenhöhe mit dem Motiv*

Bleiben Sie mit Ihrer Kamera auf Nasenhöhe mit Ihren Motiven und wahren Sie Abstand. Der Abstand bewahrt Sie davor, Ihre Opfer mit Weitwinkel abzulichten, und sorgt dafür, dass der Blitz auch dort ankommt, wo er soll. Wenn Sie mit Reflektorkarte nach schräg oben blitzen, reflektiert die Karte im 90°-Winkel nach vorn, aber nicht beliebig nah vor die Kamera. Wenn Sie stehen, eventuell 1,90 Meter groß sind, einen Systemblitz 60° nach oben geklappt haben und mit Reflektor betreiben, erreicht der gebouncte Blitz erst in 1,50 Meter Abstand das Kinn einer 1,60 Meter großen Frau, die vor Ihnen steht.
Gehen Sie näher heran, bekommt Ihr Motiv das Licht von oben, damit dunkle Ringe unter den Augen und einen aparten Nasenschatten. Gehen Sie also notfalls in die Knie

und halten Sie Abstand. Denken Sie daran, eine Porträtbrennweite sind 100 mm Kleinbildäquivalent.

Neben den normalen Fotos der Partygäste, die meistens auf Wunsch geschossen werden, sind auch kleinere Ereignisse am Rande von Interesse, um das Bild abzurunden. Auch hier sollte immer wieder ein wenig Aufmerksamkeit auf die verwendete Blende gerichtet werden. Kompaktkameras sind hier weniger empfindlich, da sie oft genug sowieso keine einstellbare Lamellenblende besitzen und deshalb die Schärfentiefe immer gleich groß ist.

### *Die richtige Blende für Low-Light*

Bei Kameras ab FourThirds aufwärts wird die Frage nach der der richtigen Blende bei Low-Light-Fotografie immer wichtiger. Eine Faustregel für Kleinbildkameras besagt, dass Blende 8 eigentlich eine gute Allroundblende ist. Die entsprechende Blende liegt bei APS-C oder DX bei Blende 5,6 und bei FourThirds bei Blende 4. Darunter sollte man die Schärfentiefe schon sehr genau im Auge behalten. Heben Sie lieber die ISO-Empfindlichkeit der Kamera etwas an, um die Belichtungszeiten in vertretbarem Rahmen zu halten. Bei Kompaktkameras schaltet man normalerweise das Motivprogramm für Nachporträts ein, und den Rest macht die Automatik.

| CHECKLISTE: PARTYBILDER | |
|---|---|
| **Pflicht** | Blitz mit Autofokushilfslicht |
| | Umstellen auf Slowblitz oder Nachtporträt |
| | Auf Schärfentiefe achten |
| **Brennweite** | 28-80 mm Kleinbildbrennweite |
| **Optional** | Blitzschiene und Blitzkabel |

## Spielereien mit Licht

Fotografie ist auch das Spiel mit Licht und den Gesetzen der Optik. Neben der blanken Abbildung der Wirklichkeit, wie wir sie Tag für Tag sehen, kann man die Kamera auch kreativ einsetzen, um Wirklichkeiten zu schaffen, die so noch niemand gesehen hat und die so auch nicht wiederholbar sind. Viel davon hat damit zu tun, wie wir die Realität sehen und welche Assoziationen wir mit Spuren des Lichts auf einem Bild verbinden. Es ist verblüffend leicht, Spiele mit unserer Wahrnehmung zu treiben und surreale Dinge zu fotografieren. Und es macht eine Menge Spaß.

### Besondere Effekte mit Zoomobjektiven

Zoomobjektive an Spiegelreflexkameras haben eine interessante Eigenschaft: Man kann ihre Brennweite während der Aufnahme verändern. Um während der Belichtungszeit die Brennweite eines Zoomobjektivs zu verändern, braucht man zuerst einmal genügend Zeit. Belichtungszeiten unterhalb einer Sekunde sind dazu eigentlich zu kurz. Wenn Sie also nicht mit Graufiltern arbeiten möchten, müssen Sie wohl oder übel warten, bis es ausreichend duster ist.

### *Zoomeffekte mit Graufiltern*

Gute Orte für solche Zoomeffekte sind Kirchen. Dort ist es meistens ausreichend dunkel, und es gibt Glasfenster, die beim Hochzoomen wie Lichtstrahlen wirken. Bei diesem Beispiel, Kruzifix in S. Bartolomeo, Barberino Val d'Elsa, wurde die Kamera auf ein Stativ gesetzt und mit 40 mm Brennweite begonnen. Nach etwa der Hälfte der Belichtungszeit wurde langsam bis auf 150 mm gezoomt. Dabei treten mehrere Effekte auf: Neben den Zoomspuren fällt auf, dass das gezoomte Bild unscharf ist. Das liegt daran, dass moderne

| AUFNAHMEDATEN | |
|---|---|
| Brennweite | 40 mm |
| Blende | f/22 |
| Belichtungszeit | 15 s |
| ISO | 100 |

*Der Altarraum von S. Bartolomeo, Barberino Val d'Elsa, Toskana. Nach sieben Sekunden von 300 mm auf 80 mm (Kleinbild) gezoomt.*

Autofokusobjektive den Fokus während des Zoomens nicht behalten. Analoge, manuell fokussierte Objektive behielten den Fokus beim Zoom, was zum genauen Scharfstellen auch unbedingt nötig war.

Heutzutage haben nur noch hochwertige Video- und Filmobjektive diese Eigenschaft, damit der Fokus während einer Zoomfahrt nicht nachgeregelt werden muss. Der zweite Effekt ist, dass offensichtlich helle Stellen die dunkleren überdecken. Die unbeleuchtete Kirchenwand spielt im Bild nur dort eine Rolle, wo das Kruzifix im Laufe der Zoomfahrt das Fenster dahinter abgedeckt hat. Auch die Orgel ist nur dort sichtbar, wo das Kruzifix sie beim Einzoomen verdeckt.

Ein Nachteil des Ganzen ist, dass das Kruzifix selbst eigentlich zu dunkel ist, da es ja nur die Hälfte der eigentlichen Belichtungszeit abbekommt. Mittels eines Spotblitzes, der ausschließlich das Kruzifix erhellt, wäre hier etwas zu machen, es reicht ja, wenn das Kruzifix nur kurz ausreichend erhellt wird.

### *Auszoomen statt einzoomen*

Man kann auch auszoomen, statt einzuzoomen, also mit der langen Brennweite beginnen und dann in den Weitwinkel gehen. Beim Bild von Malcesine am Gardasee wurde die erste Hälfte der Belichtungszeit mit 150 mm belichtet, um die beleuchteten Gebäude zu bekommen, und dann erst ausgezoomt. Der Bildeindruck ist demzufolge falsch, weil die Lichtspuren der Kaibeleuchtung zwar auf die Häuser zulaufen, am Ende dieser Lichtspuren aber wesentlich kleinere Häuser stehen müssten. Zudem sieht es so aus, als würden mitten im See starke Lichter brennen. Im umgekehrten Fall wären die Häuser aber fast nicht zu sehen und bekämen im Verlauf des Einzoomens seltsame Lichtschatten.

| AUFNAHMEDATEN | |
|---|---|
| Brennweite | 150–48 mm |
| Blende | f/5 |
| Belichtungszeit | 15 s |
| ISO | 100 |

*Um die Umrisse der beleuchteten Häuser zu betonen, wurde die erste Hälfte der Belichtungszeit mit 150 mm belichtet und dann erst ausgezoomt.*

Die Regel ist also klar: Ist das Hauptmotiv dauerbeleuchtet, also hell, muss man mit der langen Brennweite anfangen, da dann durch den Zoom das Hauptmotivs immer kleiner wird. Bei einem geblitzten Motiv dagegen fängt man mit der kurzen Brennweite an und zoomt ein. Dadurch wird die Umgebung des Motivs keine Streifen ins Motiv ziehen, sondern vom Motiv wegzeigen.

Natürlich kann man sich auch einfach den nächsten Busch suchen und draufhalten, der Effekt ist rasant, nutzt sich aber mit der Zeit etwas ab. Zu beachten dabei ist, dass bei den meisten Zoomobjektiven die Blende nicht über die gesamte Strecke gleich ist. Das bedeutet nicht nur, dass die zur Verfügung stehende Offenblende über den Brennweitenbereich unterschiedlich ist, sondern auch eine weiter geschlossene Blende unterschiedliche Auswirkungen hat. Während des Zoomlaufs werden die Blendenlamellen nicht bewegt, die Auslösung der Blende erfolgt ja mit dem Druck auf den Auslöser. Der Effekt ist, dass unterschiedlich belichtet wird, je nachdem, ob man einzoomt oder auszoomt, obwohl nominal der gleiche Blendenwert eingestellt ist. Das kann bis zu zwei Blenden Unterschied ausmachen. Abhilfe gibt es nicht, aber man sollte darauf gefasst sein. Je weiter man abblendet, desto geringer wird natürlich der Effekt.

| CHECKLISTE: BRENNWEITE | |
|---|---|
| **Pflicht** | Stativ |
| **Brennweite** | Manuell zoombares Objektiv |
| **Optional** | Blitz |
| | Manuell einstellbare Kamera |

| AUFNAHMEDATEN | |
|---|---|
| Brennweite | 14–54 mm |
| Blende | f/4,5 |
| Belichtungszeit | 1,6 s |
| ISO | 100 |

*Bei einem geblitzten Motiv beginnt man mit einer kurzen Brennweite und zoomt ein. Die Lichtstreifen ziehen sich dann vom Motiv weg.*

### Stereobilder: Renaissance im Sog der 3-D-Filme

Diese uralte Art der Fotografie kommt in den letzten Jahren durch eine Schwemme an 3-D-Filmen wieder vermehrt ins Bewusstsein der Fotografen. Prinzipiell wird ein Stereobild dadurch erzeugt, dass man zwei parallele Kameras auslöst und die beiden resultierenden Bilder jeweils nur mit einem Auge betrachtet. Dafür gibt es mehrere Möglichkeiten: über Projektionen mit polarisiertem Licht, über eine Schieltechnik oder über die Anaglyphentechnik. Dabei werden die Farben des Bilds so umgerechnet, dass man mittels einer Rot-Cyan-Brille einen dreidimensionalen Eindruck bekommt.

### *Ein einfaches Stereobild anfertigen*

Das Anfertigen eines Stereobilds ist kein Hexenwerk. Sie benötigen dazu eine Kamera, ein Stativ und eine Stereoschiene. Zuerst suchen Sie sich ein Motiv heraus, das als 3-D-Bild reizvoll erscheint. Dann wird das Bild so fotografiert, dass es etwas nach rechts verrutscht ist, die Kamera um etwa sieben Zentimeter verschoben und noch mal ein Bild gemacht. Die beiden Bilder werden dann mit dem Freewareprogramm StereoPhoto Maker zu einem Bild zusammengerechnet. Fertig.

| AUFNAHMEDATEN | |
|---|---|
| Brennweite | 7 mm |
| Blende | f/6,3 |
| Belichtungszeit | 1/125 s |
| ISO | 100 |

*In diesem Beispiel wurde mangels Stereoschiene einfach das gesamte Stativ um einige Zentimeter verrückt.*

*Die Kamera wurde auf einen Makroschlitten montiert.*

Der Stereoeffekt beruht darauf, dass die Stereobasisbreite - also die Verschiebung der Kamera - und der Abstand zum Motiv in einem vernünftigen Verhältnis stehen. Als Faustregel gilt: Zwischen 1 und 10 Meter Abstand sind 7 Zentimeter gut, bis 20 Meter kann man 12 Zentimeter Basisbreite verwenden, und wenn es mehr wird, verstellt man besser das Stativ. Um von einem Aussichtspunkt aus die gegenüberliegende Bergkette aufzunehmen, können auch 6 Meter Basisbreite richtig sein.

Bei näheren Aufnahmen verringern Sie die Basisbreite. Im Makrobereich reichen bereits wenige Millimeter aus. Das große Problem dabei ist, die Kamera beim Verschieben nicht zu kippen und die beiden optischen Achsen parallel zu halten. Aus diesem Grund sind Stereofotos aus der Hand zwar möglich, aber nur mit gehöriger Erfahrung befriedigend zu bewältigen.

### *Günstige Möglichkeit für eine Stereoschiene*

Eine günstige Alternative zur Stereoschiene ist ein Makroschlitten. Gut geeignet ist der Manfrotto 454, wenn es längere Stereobasisbreiten sein sollen, ist eine Novoflex-Lösung aus einem Q-Mount und einer X-Base-Schiene ideal. Der Q-Mount ist eine Schnellklemmung, die mit Wechselplatte auf den Stativkopf gebaut wird, die X-Base-Schiene eine lange Standardschiene von Novoflex. Sie ist nicht im normalen Katalog enthalten, kann aber direkt bei Novoflex bestellt werden. Selbstbaulösungen aus Kabelkanälen sind nur für extrem leichte Kameras zu empfehlen.

Der hier gezeigte Manfrotto hat die Möglichkeit, die Zahnstange über einen kleinen Hebel abzukoppeln, sodass die Kamera mit einem Griff über die ganze Länge der Schiene verstellbar ist. Dadurch kann ein Stereobild innerhalb weniger Sekunden angefertigt werden. Es versteht sich von selbst, dass sich die Kamera im vollständig manuellen Modus befinden muss. Fokus und Belichtung dürfen sich zwischen den beiden Bildern nicht ändern. Manche Kameras besitzen einen Panoramamodus, bei dem Fokus und Belichtung fixiert werden. Die beiden fertigen JPEG-Bilder werden schließlich in das Programm StereoPhoto Maker geladen. Merken Sie sich nur, welches Bild das linke und welches das rechte ist.

### ⊡ LESEZEICHEN

**http://stereo.jpn.org/ger/stphmkr/index.html**

Hier erhalten Sie den StereoPhoto Maker.

Die Bilder werden jetzt justiert – für die meisten Fälle ist die automatische Justage perfekt. Dabei werden leichte Dreher korrigiert und die links und rechts überstehenden Bildteile abgeschnitten.

Wie Sie am Beispiel des Programms StereoPhoto Maker sehen, sind diese schnellen Stereofotos nur die Spitze eines Eisbergs aus unglaublichen Möglichkeiten, die erst beim Stereokugelpanorama enden. Im Gegensatz zu nahezu allen anderen Bildern sind Stereofotos vergleichsweise resistent gegen Manipulationen durch Photoshop. Schon kleinste Retuschen machen sich in Störungen des Stereoeindrucks bemerkbar. Auf diese Art sind keine Bilder von bewegten Motiven zu machen. Fahrende Autos, Passanten oder ähnliche Objekte stören den Stereoeindruck nachhaltig. Sollen entsprechende Motive abgelichtet werden, benötigen Sie zwei identische Kameras, die dann synchron eingestellt, parallel ausgerichtet

| AUFNAHMEDATEN | |
|---|---|
| Brennweite | 14 mm |
| Blende | f/7,1 |
| Belichtungszeit | 0,8 s |
| ISO | 100 |

und gleichzeitig ausgelöst werden. Entsprechende Lösungen werden am besten über einen Y-Fernauslöser realisiert, der meist selbst gelötet ist. Schnappschusstauglich ist jedoch auch diese Lösung nicht.

| CHECKLISTE: STEREOBILDER | |
|---|---|
| **Pflicht** | Makroschlitten oder Stereoschiene |
| | Kamera mit manuellem Modus und fixierbarem Fokus |
| | Stereosoftware |
| | Stativ mit Wasserwaage |
| **Brennweite** | 20–100 mm Kleinbildbrennweite |
| **Optional** | Zweite identische Kamera und Y-Fernauslöser |

## Dunkle Räume per Wanderblitz erkunden

Ein Elektronenblitz muss nicht unbedingt von der Kamera gesteuert werden. In Zeiten des Magnesiumpulvers konnte man auch fotografieren - ganz ohne Kabel, Funkauslöser und TTL-Blitzsteuerung. Die Tatsache, dass ein Blitz nichts anderes ist als eine ziemlich kurz leuchtende, starke Taschenlampe, gerät oft etwas in Vergessenheit, genauso wie die Möglichkeit, in dunkler Umgebung den Verschluss einfach länger offen zu halten. Beides zusammen ermöglicht Bilder, die mit einem herkömmlichen Aufsteckblitz nicht zu realisieren sind.

| AUFNAHMEDATEN | |
|---|---|
| Brennweite | 14 mm |
| Blende | f/5,6 |
| Belichtungszeit | 1 s |
| ISO | 100 |

### *Freihand mit externem Elektronenblitz*

Dieses Bild, der Altar der Stabkirche Borgund in Norwegen, wurde mit einer Kamera ganz ohne eingebauten Blitz aus der Hand gemacht. Generell ist das Fotografieren in der Stabkirche, ob mit oder ohne Blitz, verboten. Ausnahmegenehmigungen sind beim Betreiber, Fortidsminneforeningen, zu beantragen. Hier war die Kamera auf manuelle Belichtung eingestellt, der Assistent mit dem manuell zu betätigenden Elektronenblitz stand links außerhalb des Bilds. Sobald er das Öffnen des Verschlusses hörte, löste er per Hand den Blitz aus. Mit einem auf der Kamera montierten Elektronenblitz wären die beiden Säulen im Vordergrund stark überstrahlt. Indirektes Blitzen ist in der Stabkirche nicht möglich, das rohe Holz und die verwinkelte Architektur machen alle entsprechenden Versuche zunichte.

Die Abstimmung von Blende und Blitzleistung muss von Fall zu Fall ausprobiert werden. Je nach Blitz kann man den Elektronenblitz auch im Automatikmodus betreiben, das Problem dabei ist, dass der Blitz die Lichtmenge misst, die sein eigener Sensor erhält. Das muss aber nicht die Lichtmenge sein, die an der Kamera ankommt. Ein Hindernis vor dem Blitz kann dafür sorgen, dass die Automatik abregelt, obwohl das Hindernis überhaupt nicht auf dem Bild ist. Am einfachsten ist es, den Blitz vollständig manuell zu betreiben. Dies trifft vor allem dann zu, wenn Rauch oder Nebel im Spiel ist.

*Trotz der langen Belichtungszeit von einer Sekunde ist das Bild knackscharf - das geringe Licht in der Kirche, Lichtwert 2 EV, trägt zur Belichtung so gut wie nichts bei.*

### *Ruinen im Dunkel der Nacht*

Nächtliche Szenen von Ruinen sind eine andere Anwendung der Wanderblitztechnik. Dabei wird auch klar, woher der Name kommt. Die Kamera wird auf ein Stativ gestellt, mit sehr langer Belichtungszeit ausgelöst, und der Fotograf wandert im Bild umher und beleuchtet, was ihm hervorhebenswert erscheint. Aufpassen muss man nur, dass man während der Blitzangabe nicht zwischen beleuchteter Fläche und Kamera steht, da man sonst einen eindeutigen Schatten wirft.

### *Auf Reflexionslicht achten*

Generell ist beim Wanderblitz immer auf Reflexionslicht zu achten. Selbst wenn der Blitz über den eingebauten Reflektor auf größte Brennweite gestellt wird, produziert er an jeder Fläche Streulicht. Im Freien ist das nicht sonderlich schlimm, solange die Luft klar ist. In geschlossenen Räumen können durch mehrere Wanderblitze Kreuzschatten, Überstrahlungen und Kontrastverluste entstehen. Eventuell ist es sinnvoll, neben dem Blitz auch einen Abschatter mitzunehmen, um das Streulicht des Blitzes zu minimieren.

| **CHECKLISTE: WANDERBLITZ** | |
|---|---|
| **Pflicht** | Kamera mit manuellem Modus und Langzeitbelichtung |
| | Stativ |
| | Manuell einstellbarer und auslösbarer Blitz |
| **Brennweite** | 14–80 mm Kleinbildbrennweite |
| **Optional** | Kabelfernauslöser oder Bulb-Fernauslöser |

| AUFNAHMEDATEN | |
|---|---|
| Brennweite | 7 mm |
| Blende | f/4 |
| Belichtungszeit | 60 s |
| ISO | 100 |

*Das Beispielbild zeigt die Aussicht von Burg Lichtenegg bei Nacht. Am Horizont sind die Lichter von Sulzbach-Rosenberg zu sehen. Ohne Blitz wären lediglich die durch den Scheinwerfer erhellten Fensterhöhlen zu sehen gewesen. Ein einfacher Blitz hätte das Gitter im Vordergrund und einen Teil der Mauer erhellt, der Rest läge im Dunkel. So kletterte der Fotograf während der laufenden Belichtung an den Fuß der Mauer und blitzte von dort zweimal nach oben.*

| AUFNAHMEDATEN | |
|---|---|
| Brennweite | 7 mm |
| Blende | f/4 |
| Belichtungszeit | 1/20 s |
| ISO | 100 |

*Hier wurde der Blitz direkt vom Kamerastandpunkt ausgelöst. Die Mauer bleibt strukturlos, die Fenster in der Mauer verschwinden fast, dafür sind Gras und Zaun bildbestimmend.*

| AUFNAHMEDATEN | |
|---|---|
| Brennweite | 47 mm |
| Blende | f/11 |
| Belichtungszeit | 1/160 s |
| ISO | 100 |

*Als Kamera eignet sich jede Kamera mit einem Blitzschuh und der Möglichkeit, Fokus und Blende manuell einzustellen. In diesem Beispiel wurde eine Olympus E-PL1 mit einem Metz 54 MZ-4i, montiert auf einem Stativ mit Manfrotto-Dreiwegeneiger, eingesetzt. Als Wasserbehälter diente hier eine Auflaufform, es ist jede Wanne verwendbar, vorausgesetzt sie ist innen schwarz. Über der Wanne wurde ein 50-x-70-Abzug einer Honda Goldwing als Reflexionsfläche aufgehängt, Als Wassertropfer ist eine Dokumentenhülle ideal, in die ein winziges Loch gestochen wird.*

## Glitzernde Tropfen über einer Wasseroberfläche

Jeder kennt diese Bilder von glitzernden Tropfen, die über einer Wasseroberfläche zu schweben scheinen. Solche Fotos sind mit etwas Know-how höchst einfach zu realisieren.

### *Geeignete Brennweiten und Kameras*

Sie benötigen als Erstes ein makrofähiges Objektiv mit längerer Brennweite. 80 mm Kleinbildbrennweite ist ganz in Ordnung, 90 mm oder 100 mm sind besser. Wenn es sehr viel länger wird, geht die Schärfentiefe in den Keller, und Sie müssen stark abblenden. Kürzer sollte das Objektiv aber auch nicht sein, damit man etwas Abstand zum Tropfen halten kann. Kommen Sie zu nah heran, wird die Frontlinse immer wieder nass.

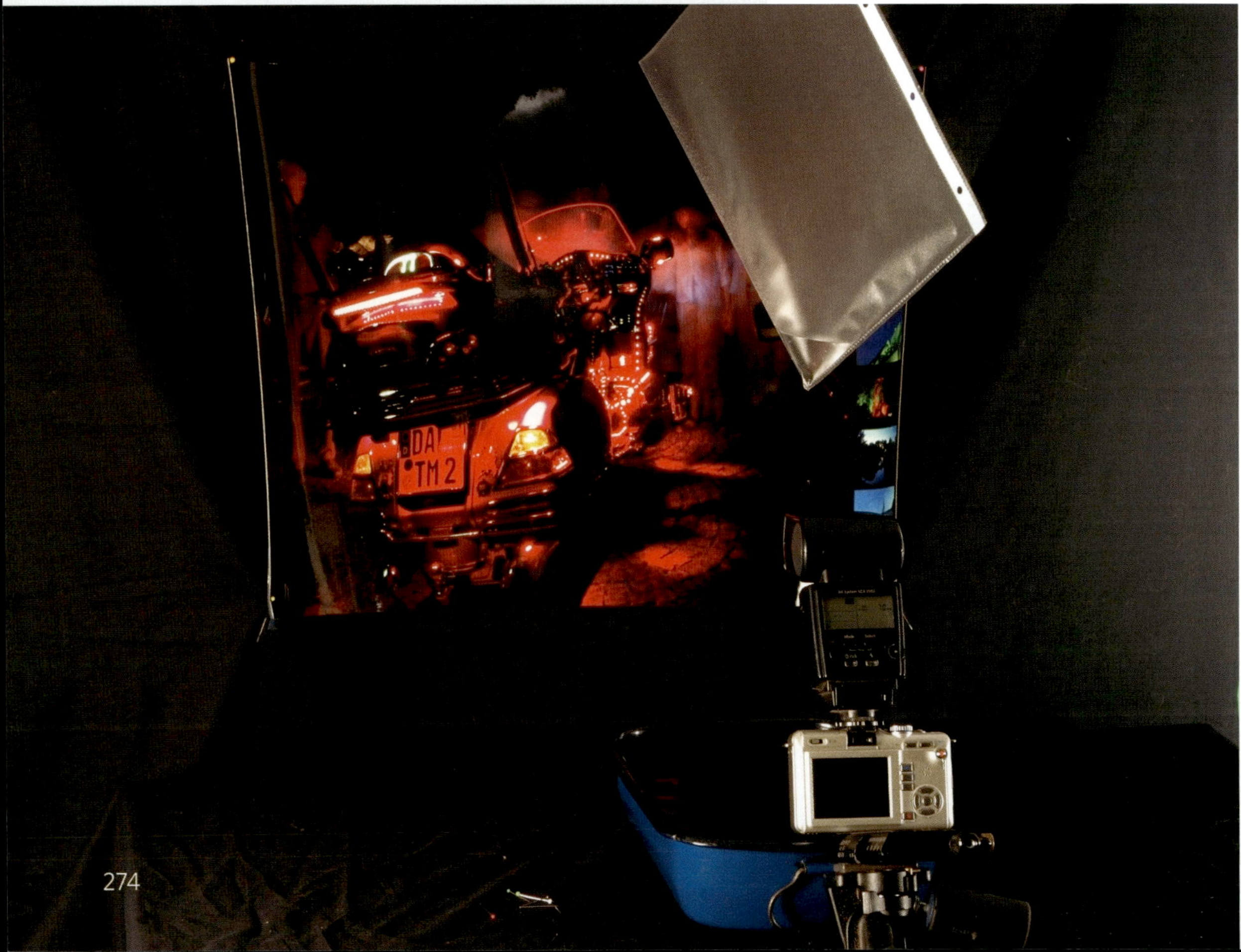

***Manuell auf die Tropfstelle fokussieren***

Sobald das Wasser tropft, wird an die Tropfstelle ein Kugelschreiber gehalten, auf den manuell fokussiert wird, danach kann es losgehen. Der fotografische Anspruch beschränkt sich nun darauf, auf den Auslöser zu drücken und die Ergebnisse am Display zu begutachten. Was genau auf den Sensor kommt, ist blanker Zufall.

***Eine brauchbare Schärfentiefe erzielen***

Um eine brauchbare Schärfentiefe zu erreichen, sollte auf jeden Fall auf mindestens Blende 8 abgeblendet werden, bei Kleinbild ist auch Blende 16 eine gute Ansage. Denken Sie daran, dass Sie wirklich einen leistungsfähigen Blitz benötigen. Das im Beispiel verwendete Bild enthält große Schwarzanteile und reflektiert deshalb sehr wenig Licht. Der verwendete Blitz muss, da auch die Blende sehr weit geschlossen ist, mit voller Leistung arbeiten. Das bedeutet bei diesem Typ eine Blitzdauer von 1/200 Sekunde - zu wenig, um einen fallenden Wassertropfen immer scharf abzubilden. Durch eine Reduktion der Blitzleistung kann die Blitzdauer verkürzt und damit die Bewegungsunschärfe minimiert werden. Um die Blitzleistung wiederum zu reduzieren, kann die Reflexionsfläche näher an das Wasserbassin herangebracht oder auch - ganz einfach - ein anderes Bild verwendet werden.

**CHECKLISTE: WASSERTROPFEN**

| | |
|---|---|
| **Pflicht** | Wasserschale mit schwarzer Innenseite |
| | Leistungsfähiger Blitz |
| | Manuell fokussierbare Kamera mit manuellem Modus |
| | Plastiktüte mit Deckenaufhängung |
| **Brennweite** | 100 mm Kleinbildbrennweite, makrofähig |
| **Optional** | Farbige Reflexionsfläche |

*Links:* Hier wurde manuell auf die Tropfstelle fokussiert.

*Rechts:* Bei diesem Foto wurde das Bild einer toskanischen Landschaft verwendet, das sich zum Teil im Wassertropfen widerspiegelt. Dabei wurde das Bild sehr nah an das Wasserbassin herangebracht. Um die Reflexionen des Blitzes auf der Wasseroberfläche loszuwerden, müssen Sie darauf achten, dass Ihre farbige Fläche möglichst matt ist.

| AUFNAHMEDATEN | |
|---|---|
| Brennweite | 42 mm |
| Blende | f/13 |
| Belichtungszeit | 1/80 s |
| ISO | 400 |

| AUFNAHMEDATEN | |
|---|---|
| Brennweite | 42 mm |
| Blende | f/13 |
| Belichtungszeit | 1/80 s |
| ISO | 400 |

## Adrenalin pur: surreale Bilder durch Cameratossing

Sie haben schon alles gemacht? Dann probieren Sie es mal mit Cameratossing. Je nach Einkaufswert der Kamera ist das Adrenalin pur. Cameratossing wurde 2005 von Ryan Gallagher aus Austin, Texas, erfunden, den einfach seine uralte Agfa Digicam nervte. Außer Langzeitbelichtungen konnte man damit nichts anstellen, schließlich warf er sie in die Luft - und was dabei herauskam, animierte ihn, weiterzumachen.

### *Gallaghers Mini-How-to-Cameratossing*

Gallagher hat sich zwischenzeitlich auf nächtliche Leuchtreklamen spezialisiert und erzielt dabei fantastische, surreale Lichtspuren. In seinem Mini-How-to erklärt er das Cameratossing in wenigen einfachen Schritten:

- Besorge dir eine Digitalkamera.
- Finde eine Motiv (gibt es überall).
- Verwende den Selbstauslöser oder Langzeitbelichtung.
- Drücke den Auslöser.

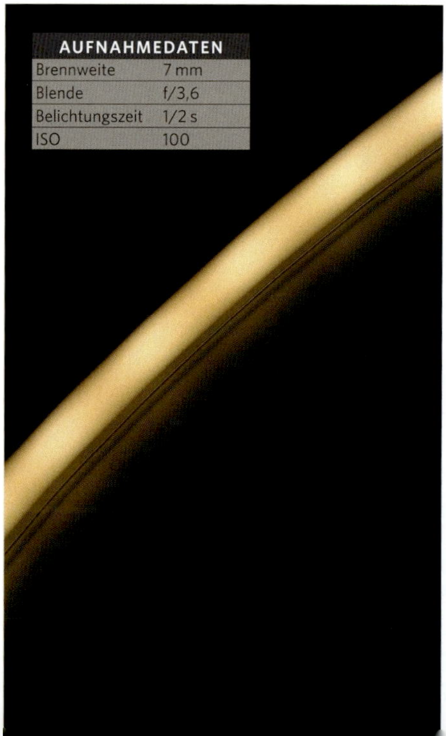

| AUFNAHMEDATEN | |
|---|---|
| Brennweite | 7 mm |
| Blende | f/3,6 |
| Belichtungszeit | 1/2 s |
| ISO | 100 |

- Werfe die Kamera während oder kurz vor der Belichtung in die Luft.
- Fang die Kamera (optional).
- Schau dir die Resultate an.

Es gibt tausenderlei Methoden mit ganz unterschiedlichen Ergebnissen. Ob man die Kamera rotieren lässt oder versucht, sie möglichst ruhig fliegen zu lassen, ob man einen Blitz einschaltet oder nicht, die Ergebnisse sind fast immer überraschend, nie wiederholbar und so gut wie nie durch Photoshop zu ersetzen. Hier sehen Sie den Leuchtstreifen einer Straßenlaterne.

Bei diesem Foto, das auf einem Friedhof während der blauen Stunde entstand, wurde der Fokus auf den Baum gesetzt, manuell belichtet und der Blitz zugeschaltet. Dann wurde die Kamera geworfen. Das Blattwerk erscheint scharf, der Abendhimmel im Hintergrund verwischt. Eingesetzt wurde eine Camedia 3040 Zoom von 2001, deren Auslöseverzögerung so lang ist, dass sie weder eine Langzeitbelichtung noch einen Selbstauslöser braucht. Fokussieren, auslösen und werfen.

Das Blitzen bei vollständiger Nacht ist allerdings nicht zu empfehlen. Es kann jederzeit passieren, dass die Kamera einem direkt ins Gesicht blitzt, und es ist etwas schwierig, eine Kamera zu fangen, die einen gerade geblendet hat. Generell ist es schon sehr schwierig, überhaupt im Dunkeln eine Kamera zu fangen, vor allem wenn man die Kamera in Drehungen versetzt hat. Solange man sich auf der Wiese oder zumindest auf halbwegs weichem Boden aufhält, ist die Hemmschwelle, seine Kamera in die Luft zu werfen, relativ gering. Haarig wird es bei Betonböden.

**AUFNAHMEDATEN**

| | |
|---|---|
| Brennweite | 7 mm |
| Blende | f/2,8 |
| Belichtungszeit | 1/30 s |
| ISO | 100 |

***Bestens geeignete Tossing-Kameras***

Die idealen Kameras für das Tossing sind die neuen Kompaktkameras der Tough-Reihe von Olympus. Die Kameras besitzen kein hervorstehendes Objektiv und sind bis 1,5 Meter Fallhöhe stoßgeschützt. Spiegelreflexkameras sind dagegen für Cameratossing nicht die idealen Sportgeräte.

| **CHECKLISTE: CAMERATOSSING** | |
|---|---|
| **Pflicht** | Stabile Kamera |
| | Gute Reflexe und Nerven des Fotografen |
| **Brennweite** | 28–60 mm Kleinbildbrennweite |
| **Optional** | Handbesen zum Auffegen der Einzelteile |

**AUFNAHMEDATEN**

| | |
|---|---|
| Brennweite | 7 mm |
| Blende | f/2 |
| Belichtungszeit | 1/15 s |
| ISO | 100 |

## Sternenspuren einfangen: einfach, aber zeitraubend

Sternenspuren entstehen durch die Erdrotation, sie zu fotografieren ist nicht schwer: Stellen Sie eine Kamera auf ein Stativ, richten Sie es auf den Himmel, stellen Sie etwa Blende 4 ein, öffnen Sie den Verschluss und gehen Sie Kaffeetrinken. Zumindest ging das zu analogen, mechanischen Zeiten so. Da gab es extra einen Schalter *T* auf der Kamera, der dafür sorgte, dass der Verschluss nach dem Betätigen des Auslösers so lange offen blieb, bis man ihn per nochmaligem Druck auf den Auslöser wieder schloss. Wenn man lustig war, konnte man das Spielchen die ganze Nacht lang treiben und erhielt perfekte Kreise an den Himmel gezaubert.

### *Halbe Stunde Belichtung, halbe Stunde Dark Frame*

Die meisten aktuellen Kameras können überhaupt nur noch 30 Minuten den Verschluss offen halten, eine längere Sternenspur ist demzufolge unmöglich. Zudem muss nach jeder langen Belichtung ein Dark Frame geschaltet werden, um das Sensordunkelrauschen aus der Aufnahme herauszurechnen. Nach einer halben Stunde Belichtung folgt eine halbe Stunde Dark Frame, und damit ist es auch unmöglich, beispielsweise durch direkt folgende Aufnahmen die Spuren wenigstens auf Raten zu bekommen, um sie hinterher am Computer zusammenzuflicken. Bei der Aufnahme der Burg Lichtenegg wurde die Kamera direkt nach Norden ausgerichtet und mit einem Ultraweitwinkel bestückt, um die Burg eindrucksvoll in Szene zu setzen. Die Sternenspuren wären aber auch mit einem extremen Tele jeweils genauso lang, solange die optische Achse nach Norden weist. Längere Spuren erhalten Sie nur, wenn Sie Ihr Objektiv aus dieser Linie herausbewegen und beispielsweise nach oben richten.

| AUFNAHMEDATEN | |
|---|---|
| Brennweite | 7 mm |
| Blende | f/4 |
| Belichtungszeit | 20 s |
| ISO | 100 |

*Burg Lichtenegg gegen Norden. Stativ und Bulb mit anschließendem Dark Frame.*

| CHECKLISTE: STERNENSPUREN | |
|---|---|
| **Pflicht** | Stativ |
| | Kamera mit Möglichkeit zur Langzeitbelichtung und Fernauslöser |
| **Brennweite** | 15–50 mm Kleinbild-brennweite |
| **Optional** | Klappstuhl für den Fotografen |

### Lightpainting: Lichtquellen vor der Kamera bewegen

Lightpainting ist eine uralte Kunstform, vermutlich so alt wie die Fotografie selbst. In den letzten Jahren erlebt sie jedoch eine erstaunliche Renaissance.

| AUFNAHMEDATEN | |
|---|---|
| Brennweite | 80 mm |
| Blende | f/5 |
| Belichtungszeit | 5 s |
| ISO | 100 |

***Das Lightpainting-Prinzip***

Das Prinzip von Lightpainting ist, während einer längeren Belichtungszeit vor der Kamera eine Lichtquelle zu bewegen und dabei entweder ein Motiv zu beleuchten oder den bewegten Lichtpunkt selbst als Motiv zu definieren. Im Beispiel wurde das Model mit der Taschenlampe mitten in der Bewegung von rechts per Hand geblitzt. Dadurch wurden Gesicht und Hand scharf, während der restlichen Belichtung verschwand das Model im Dunkeln und trug nichts zur Belichtung bei.

Den Effekt kann man auch völlig ohne Elektronik erzeugen: Beim Bild des Feuerjongleurs wurde das Gesicht zu Beginn durch die Fackeln erhellt, und dann erst wurden die Feuerspuren gezeichnet. Wesentlich dabei ist, dass das Gesicht durch die späteren Spuren nicht überschrieben wird. Neben der Methode, die Lichtquelle bei stehender Kamera zu bewegen, gibt es die Möglichkeit, das Aufnahmemedium zu bewegen. Oft werden auch dadurch Kreise und Figuren gezeichnet, im urbanen Umfeld entstehen dabei höchst grafisch anmutende Strukturen.

Die dabei entstehenden Lichtspuren haben oft eine seltsame Perlenschnurstruktur – Neonreklamen flackern nämlich mit der Netzfrequenz von 50 Hz, und bei einer entsprechenden Geschwindigkeit der Bewegung und entsprechend kurzer Belichtungszeit wird das Flackern auf dem Foto sichtbar. Von der in einem anderen Fotokurs besprochenen Wanderblitztechnik unterscheidet sich das Lightpainting dadurch, dass Dinge erzeugt werden, die gar nicht da sind oder eventuell nicht während der gesamten Belichtungszeit. Ein ganz simples Lightpainting ist ein vorbeifahrendes Auto, dessen Lichtspur zwar sichtbar ist, das Auto selbst aber nicht. Es ist also beim Lichtmalen durchaus auch erlaubt, reale Objekte zu beleuchten,

| AUFNAHMEDATEN | |
|---|---|
| Brennweite | 80 mm |
| Blende | f/2,8 |
| Belichtungszeit | 4 s |
| ISO | 1600 |

so weit das in irgendeiner Weise dem Motiv eine neue Bedeutung gibt. Einfach ein Motiv während einer Langzeitbelichtung mit einer Taschenlampe anzuleuchten erzeugt kein Lichtgemälde, sondern eine fleckige Beleuchtung.

Lightpainting ist eine hektische Angelegenheit. Solange Sie ein stockdunkles Studio zur Verfügung haben, können Sie auch Belichtungszeiten von mehreren Minuten realisieren, im Freien ist oft schon eine Belichtungszeit von zwei Minuten nur abgeblendet machbar. Aufwendige Lightpaintings werden deshalb häufig im Team mit mehreren Lichtmalern realisiert. Das abgebildete Tabletop auf der nächsten Seite entstand mit einer einfachen LED-Taschenlampe sowie einer roten und einer blauen Farbfolie. Sehr viel mehr ist in einer Belichtungszeit von 60 Sekunden nicht zu machen. Immerhin findet das Painting in fast völliger Finsternis statt.

| AUFNAHMEDATEN | |
|---|---|
| Brennweite | 11 mm |
| Blende | f/2,8 |
| Belichtungszeit | 1,5 s |
| ISO | 400 |

| AUFNAHMEDATEN | |
|---|---|
| Brennweite | 24 mm |
| Blende | f/8 |
| Belichtungszeit | 60 s |
| ISO | 100 |

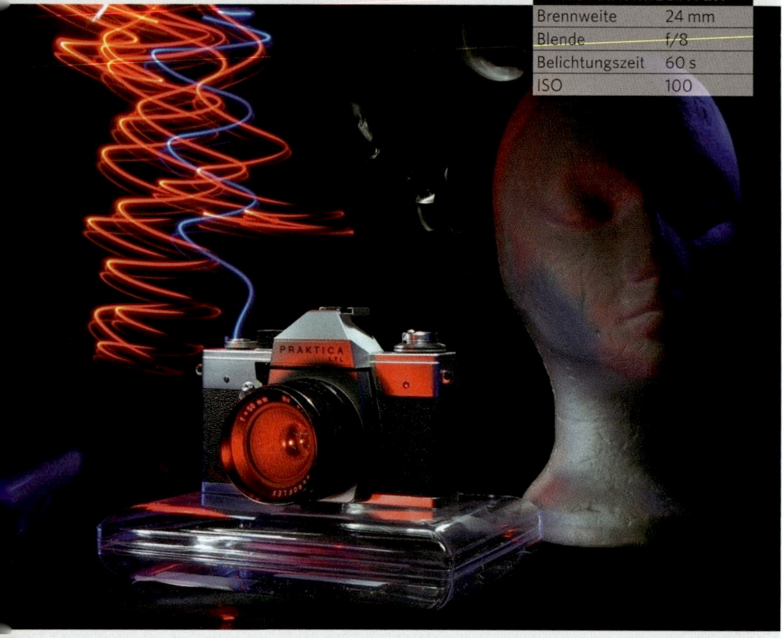


*Lightpainting bei einem Tabletop.*

| AUFNAHMEDATEN | |
|---|---|
| Brennweite | 25 mm |
| Blende | f/4 |
| Belichtungszeit | 60 s |
| ISO | 100 |

*Rote Blitze im Innenraum und eine LED-Lampe für die Lichtspuren.*

Bei größeren Objekten können Sie dann auch wieder einen Blitz einsetzen. Im Fall des 2CV wurden im Innenraum des Fahrzeugs vier rote Blitze mit je 1/16 Sekunde Leistung per Hand gezündet. Die beiden Scheinwerfer wurden mit einer kleinen Taschenlampe angestrahlt und die Spuren mit einer LED-Lampe mit blauer Filterfolie per Hand gezogen. Auch hier sind 60 Sekunden äußerst knapp. Die Gesamtbeleuchtung wurde durch 4/5 Vollmond hergestellt.

Einfach das Standlicht des Fahrzeugs einzuschalten ist übrigens keine Lösung. Bei 60 Sekunden Beleuchtung würden die Scheinwerfer gnadenlos überstrahlt, ebenso wie eine Dauerbelichtung des Innenraums keine Lösung ist.

Sehr beliebt bei Lightpaintern sind übrigens die modernen, farbwechselnden LEDs. Mit diesen Lampen gelingen attraktive Bilder mit regelmäßigen Farbmustern. Auch die eigentlich für Star-Wars-Fans produzierten Lichtschwerter sind hervorragend zum „Painten" geeignet.

| CHECKLISTE: LIGHTPAINTING | |
|---|---|
| **Pflicht** | Stativ |
| | Verschiedene transportable Lichtquellen |
| | Kamera mit manuellem Modu und Langzeitbelichtung |
| **Brennweite** | 22-100 mm Kleinbildbrennweite |
| **Optional** | Dunkle Kleidung |

### Nebelmaschinen im Heimstudio

Nebelmaschinen sind mittlerweile auf fast jeder Bühne und in jeder Diskothek zu Hause. Mit ein bisschen Know-how sind sie auch im Heimstudio mit Gewinn einzusetzen. Bühnennebel gibt es in drei Versionen: Es gibt sogenannte Hazer, die über eine Ultraschallvernebelung arbeiten und eigentlich nur Dunst produzieren, den altbekannten Trockeneisnebel, wie er in Diskotheken bis Mitte der 70er-Jahre üblich war, und den heute verbreiteten Fluidnebel.

#### *Trockeneisnebel erzeugen*

Trockeneisnebel wird dadurch erzeugt, dass Trockeneisstücke in warmes Wasser mit einer Temperatur zwischen 35 und 70 °C gelegt werden. Durch das verdampfende $CO_2$ (Kohlenstoffdioxid) werden Wassertröpfchen mitgerissen, die den Nebel bilden. Trockeneisnebel bleibt, da $CO_2$ schwerer als Luft ist, am Boden – so lange, bis sich die Temperaturen von Trockeneisnebel und Umgebungstemperatur angeglichen haben.

#### *Fluidnebel: die bessere Alternative*

Im Studio setzen Sie also sinnvollerweise auf Fluidnebel. Im Bild des Models mit dem Motorrad sehen Sie den Effekt. Fluidnebel, wie er aus der Maschine kommt, ist nur eine vergleichsweise geringe Zeit für Fotografiezwecke verwendbar. Innerhalb weniger Minuten steigt er zu hoch bzw. verteilt sich gleichmäßig im Raum und reduziert damit Kontrast und Schärfe der Bilder. Zu einer Nebelmaschine gehört damit auch immer ein leistungsfähiger Industrieventilator, um das Sichtfeld im Studio wieder schnell frei zu bekommen.

| AUFNAHMEDATEN | |
|---|---|
| Brennweite | 185 mm |
| Blende | f/8 |
| Belichtungszeit | 1/160 s |
| ISO | 100 |

*Studioaufnahme mit Fluidnebel.*

| AUFNAHMEDATEN | |
|---|---|
| Brennweite | 80 mm |
| Blende | f/14 |
| Belichtungszeit | 1/160 s |
| ISO | 100 |

Eine für ein Studio ausreichende Nebelmaschine zwischen 600 und 800 Watt Heizleistung mit mitteldichtem Fluid ist im Fachhandel schon für unter 150 Euro zu bekommen. Von Billigstgeräten, die es bereits für ein Drittel der Summe gibt, ist abzuraten. Die Maschinen sind nicht exakt genug zu steuern. Schließlich geht es im Studio nicht darum, mal schnell einen Raum möglichst dicht einzunebeln, sondern kleine Mengen Nebel exakt zu platzieren. Platzhirsch im mittleren Preissegment ist hier die Firma Martin.

### *Nebel an die geplante Stelle leiten*

Der Nebel aus Nebelmaschinen kann sehr einfach mithilfe von Flexrohren an die Stellen geleitet werden, an denen man ihn braucht, in diesem Fall zum Beispiel in einen Getränkekühlschrank. Ein Blitzkopf im Kühlschrank sorgt für die effektvolle Beleuchtung, ein zweiter mit einem Sunbounce-Reflektor außerhalb dafür, dass das Model nicht zu einem puren Schattenriss wird. Auf jeden Fall muss für einen dunklen Hintergrund gesorgt werden – Nebel ist vor einem hellen Hintergrund nicht sichtbar. In diesem Fall wurde dafür ein schwarzer Vorhang verwendet.

### *Nebel mit passender Konsistenz produzieren*

Soll Nebel nicht wie hier wild durch das Studio ziehen, sondern auf dem Boden bleiben, müssen Sie eine Bodennebelmaschine einsetzen, die es z. B. von JEM gibt. Diese Maschinen, die die Ausmaße mittlerer Kühlschränke und über 100 kg Gewicht haben, sind nichts anderes als leistungsfähige Fluidverdampfer, die den Nebel, der zu Beginn 300 °C hat, sehr stark abkühlen. Da kalte Luft nach unten sinkt, bleibt auch der Nebel dort und fließt sehr effektiv über den Boden.

[ i ]

## VORSICHT BEIM EINSATZ VON TROCKENEISNEBEL

**So schön Trockeneisnebel ist, er hat ein paar handfeste Nachteile. Wird das heiße Wasser nicht beständig erwärmt, etwa mittels eines Tauchsieders, kann es zu einem soliden Block gefrieren. Das Trockeneis, das in diesem Wasserblock eingeschlossen ist, verdampft jedoch weiter, sodass es zu einer regelrechten Explosion des Eisblocks kommen kann. Was das in einem Fotostudio bedeutet, kann sich jeder selbst ausmalen. Zudem bleibt das $CO_2$ am Boden und verdrängt mit der Zeit den Luftsauerstoff. Das kann bei unzureichender Belüftung vor allem für Tiere und Kinder lebensgefährlich werden. Der letzte Grund dafür, dass Trockeneisnebel in Fotostudios out ist, ist die Tatsache, dass hier große Mengen kalten Wasserdampfs in den Raum gebracht werden, was der Vielzahl elektrischer Geräte in einem Studio nicht gut tut.**

| AUFNAHMEDATEN | |
|---|---|
| Brennweite | 112 mm |
| Blende | f/4 |
| Belichtungszeit | 1/160 s |
| ISO | 100 |

*Disconebel: Studioblitze mit rotem und gelbem Farbfilter. Für das Model im Vordergrund wurden weiße Blitze mit Softbox eingesetzt.*

Wenn Sie nicht gerade größere Lkws mit Bodennebel ablichten oder ganze Filmsets einnebeln wollen, gibt es auch eine etwas preiswertere Methode: Sie besorgen sich eine Kühlbox, bohren vorne und hinten ein Loch hinein, vorne wird der Schlauch von der Nebelmaschine aufgesteckt, hinten dann der Abluftschlauch. Im Inneren der Kühlbox ist ein Drahtgitter eingehängt, auf das Eiswürfel geschüttet werden. Der Nebel kühlt sich über den Eiswürfeln ab und fällt zu Boden. Fertige Geräte nach diesem Prinzip gibt es bereits ab 350 Euro (z. B. Eurolite), für Fotoanwendungen reicht die Kühlleistung auf jeden Fall aus.

### *Nebel effektvoll ausleuchten*

Ist der Nebel mit passender Konsistenz produziert, geht es vor allem noch darum, ihn effektvoll auszuleuchten. Dazu kommen am besten wieder Farbfolien auf den Blitzköpfen zum Einsatz – für den Nebel im Beispielbild in Gelb und Rot. Das Model im Vordergrund dagegen wurde mit weißem Licht beleuchtet.

### *Steuerung der Nebelmaschine*

Die Steuerung der Nebelmaschinen ist bei den preiswerteren Modellen per Knopfdruck an einer Steuerleitung möglich, die professionellen Geräte werden üblicherweise per DMX gesteuert, dem Beleuchtungsprotokoll für Bühnentechnik. Sie benötigen also unter Umständen dann noch einen Mann am DMX-Mixer. Geht es nur um sehr geringe Mengen Nebel, wie etwa beim Kühlschrank, sollte ebenfalls jemand am Ausschalter der Maschine platziert sein, um die Nebelproduktion schnell genug zu stoppen, bevor das gesamte Studio vernebelt ist. Auch hier bewahrheitet sich wieder: Fotografieren ist Teamarbeit.

| CHECKLISTE: STUDIONEBEL | |
|---|---|
| **Pflicht** | Dunkler Hintergrund |
| | Nebelmaschine mit mitteldichtem oder schwerem Fluid |
| | Kamera mit Blitzsteuermöglichkeit |
| | Blitzanlage mit Lichtformern und Reflektoren |
| **Brennweite** | 35–300 mm Kleinbildbrennweite |
| **Optional** | Farbfolien |
| | Nebelkühler |

# 6

# BLITZGERÄTE UND BLITZ-TECHNIKEN

An den harten Schatten und der eingefrorenen Bewegung erkennt man, dass hier mit Blitz gearbeitet wurde.

# 6 Blitzgeräte und Blitztechniken

*Blitzlicht wird von manchen Fotografen strikt abgelehnt, weil es Szenen „totblitzen" würde. Dabei ist Blitzlicht kein wesentlich anderes Licht, als es von der Sonne, von der Deckenlampe oder aus dem Scheinwerfer kommt. Es ist nur extrem stark und leuchtet sehr kurz. Bei richtigem Einsatz erleichtert es das Leben des Fotografen, ermöglicht besser ausgeleuchtete Bilder, kürzere Belichtungszeiten und damit schärfere Fotos.*

## Blitzstärke und Leitzahl

Die wichtigste Kennzahl von Blitzen ist die Leitzahl. Sie gibt grob an, wie stark ein Blitz ist. Eigentlich ist die Leitzahl das Produkt aus der Blendenzahl B und dem Abstand zwischen Blitz und Motiv. Vorausgesetzt wird eine korrekte Belichtung einer 18%igen Graukarte und eine Filmempfindlichkeit von ISO 100. Bis zur Einführung von Zoomreflektoren waren Leitzahlen von 45 den großen Stabblitzen vorbehalten. Diese Geräte können ganze Hallen ausleuchten - bei Blende 2,8 reicht der Blitz bis zu 16 Meter weit. Die gleichen Geräte haben nun einen Zoomreflektor und durch den Reflektor Leitzahl 76. Sie reichen damit fast 30 Meter weit.

Wenn Sie die Empfindlichkeit der Kamera höher drehen, kommen Sie bei gleicher Blende noch weiter. Bei ISO 800 gewinnen Sie 3 EV, also schaffen Sie mit dem Blitz 76 Meter - quer über einen Fußballplatz. Viele Hersteller tricksen mit Zoomreflektoren und Bezugsgrößen, um eine möglichst hohe Leitzahl angeben zu können. Seriöse Hersteller wie Nikon, Canon, Olympus und Metz geben dagegen auf ISO 100 bezogene und damit vergleichbare Leitzahlen an.

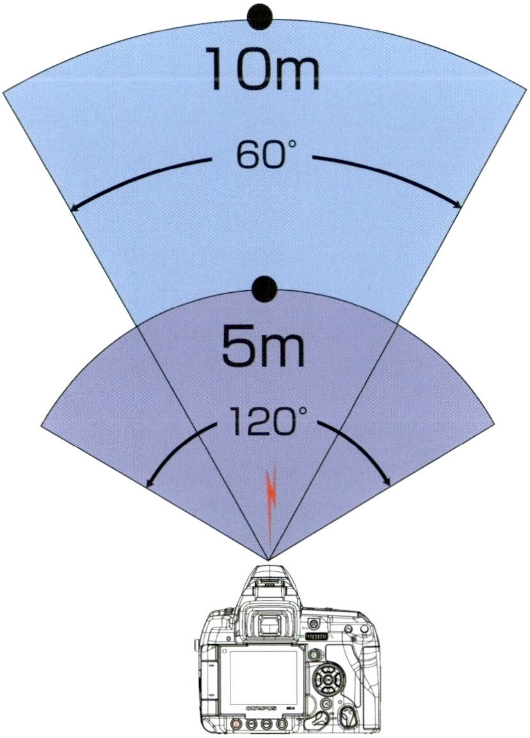


*Reichweite des Kamerablitzes.*

### Leuchtdauer eines Blitzes

Ein weiterer wichtiger Wert für einen Blitz ist die Leuchtdauer. Je kürzer die Leuchtdauer bei gleicher Leistung, desto besser können schnelle Bewegungen eingefroren werden. Systemblitze haben dabei prinzipbedingt das Nachsehen gegenüber Studioblitzen, da sie im Inneren der Geräte lediglich 330 Volt haben dürfen. Dadurch ist die Abbrenndauer der Blitzröhre länger als bei den höheren Spannungen der Studioblitzgeräte. Die unterschiedlichen Angaben in den Datenblättern der Blitzhersteller kommen lediglich dadurch zustande, dass der Blitz kreativ definiert wird.

Metz definiert den Blitz als solchen, sobald er 10 % seiner Leistung erreicht hat. Andere Hersteller definieren den Blitz erst ab 50 % der Leistung als Blitz und kommen dadurch zu wesentlich kürzeren Blitzzeiten. Für einen Blitz mit einer auf Normalbrennweite bezogenen Leitzahl - also ohne Reflektor - von 45 liegt die Blitzdauer bei 1/125 Sekunde bei einer 10-%-Messung, bei einer Leitzahl von etwa 35 bei 1/250 Sekunde. Diese Blitze werden, mit Reflektoren versehen, mit Leitzahl 70 oder Leitzahl 50 verkauft.

Geht es also um das Einfrieren von schnellen Bewegungen, gibt es nur zwei Möglichkeiten: entweder extrem leistungsfähige, moderne Studioblitze oder die Lichtleistung der Systemblitzgeräte reduzieren - damit sinkt auch die Blitzdauer - und stattdessen mehrere Blitzgeräte einsetzen.

### Blitzlicht genau planen

Um Blitzlicht genauer planen zu können, sollte man sich klarmachen, dass Licht, so es sich ungehindert ausbreiten kann, mit dem Quadrat der Entfernung schwächer wird. Dies trifft jedoch nur im Vakuum zu und auch nur dann, wenn es sich zufälligerweise um einen frei im Raum schwebenden Leuchtkörper handelt. Im wirklichen Leben also nie. Trotzdem ist das Prinzip gleich: Je breiter ein Lichtstrahl wird, desto weniger Photonen treffen pro Quadratzentimeter auf das Motiv und desto dunkler bleibt dieses. Eine Binsenweisheit, die jeder Besitzer einer Taschenlampe mit verstellbarem Reflektor kennt.

Leider wird diese Weisheit bei Blitzgeräten gern außer Acht gelassen. Beleuchten Sie etwas mit einem Blitz und steht der Blitz zu nah am Motiv, erhalten Sie in der Mitte einen hellen Fleck, und der Rest wird unterbelichtet. Soll also ein punktförmiger Blitz etwas gleichmäßig beleuchten, muss er so weit entfernt sein, dass das gesamte Motiv auf der gedachten Oberfläche einer Kugel rund um den Blitz liegt. Erst dann wird es gleichmäßig beleuchtet.

Hat man nun einen Menschen, den man entsprechend beleuchten will, wäre die fragliche Kugel gut fünf Meter groß, der Blitz müsste also mindestens zweieinhalb Meter von der Person entfernt stehen. Leider geht damit aber fast die gesamte Blitzleistung in den Raum und nicht aufs Motiv. Aus diesem Grund (und einigen anderen Gründen) ist man von den früher verwendeten Magnesiumblitzen abgekommen und verwendet nun Blitzröhren, die mit Lichtformern kombiniert werden können, ohne sofort abzubrennen. Lichtformer mache nichts anderes, als die gleichmäßige Ausbreitung des Lichts geplant zu behindern.

### Regeln für direktes Blitzen

Es gibt Situationen, in denen Sie keine andere Chance haben, als direkt mit dem Systemblitz zu blitzen. Das ist meistens dann der Fall, wenn die Blitzleistung für indirektes Blitzen nicht ausreicht oder keine farbneutrale Reflexionsfläche zur Verfügung steht. In so einem Fall sollten Sie zumindest versuchen, den Blitz so weit wie möglich aus der optischen Achse zu entfernen.

Wodurch die berüchtigten rote Augen entstehen, ist mittlerweile als bekannt vorauszusetzen. Auch hier gibt es nur die Möglichkeit, den Blitz weiter aus der optischen Achse zu bewegen, sei es durch Blitzschienen oder sogar durch entfesseltes Blitzen.

Bedenken Sie dabei aber einen anderen Effekt: Je weiter Sie den Blitz aus der optischen Achse bringen, desto stärkere Schatten erhalten Sie im Bild. Nicht immer ist der „Schattenmann" hinter dem Motiv beabsichtigt. Den werden Sie erst durch indirekte Blitztechniken los.

### Regeln für indirektes Blitzen

Die erste Regel ist: Alles, was Sie sehen, reflektiert Licht, sonst würden Sie es nicht sehen. Und damit reflektiert es auch Ihr Blitzlicht. Wenn Sie also den Blitz wie im Lehrbuch in genauem Winkel nach oben richten und hoffen, dass nun ein wunderbar weiches Licht auf das Gesicht Ihres Gegenübers fällt, lassen Sie sich gesagt sein: Die Hoffnung stirbt zuletzt. Das indirekte Blitzen hat mehr Fallstricke als das deutsche Steuerrecht.

#### *Die Reflexionsfläche*

Achten Sie darauf, wohin Sie Ihren Blitz richten. Wenn die Farbe der Fläche nicht 100%iges Weiß ist, lassen Sie es bleiben – es sei denn, Sie wollen sowieso nur in Schwarz-

Weiß fotografieren oder stehen auf überraschende Farbeffekte. Wenn Sie in einem Saal mit roter Decke indirekt eine Gruppe Menschen anblitzen, erhalten Sie eine attraktive Versammlung Rothaariger mit Sonnenbrand. Holzdecken sorgen für Urlaubsbräune, je nach Farbe der Holzdecke von „ein Nachmittag am Baggersee" bis „drei Monate Malle". Ganz gemein sind frisch gestrichene weiße Decken, da in vielen Wandfarben optische Weißmacher enthalten sind, die in Wirklichkeit blau sind und den so Angeblitzten ein ungesundes Aussehen verleihen.

Dass eine spiegelnde Reflexionsfläche fast schlimmer ist als gar keine, versteht sich von selbst. Achten Sie deshalb darauf, dass der Raum, in dem Sie indirekt blitzen wollen, keine spiegelnden Flächen an der Decke hat. Das ist gar nicht so selten, wie es sich anhört: Viele Deckenlampen haben heutzutage spiegelnde Reflexionsflächen, berüchtigt sind vor allem die Einbaurasterleuchten, die für völlig unvorhersehbare Lichtreflexe im Bild sorgen können. Wenn Sie definiert indirekt blitzen wollen oder müssen, nehmen Sie eine Styroporplatte oder einen der im Handel erhältlichen Taschenreflektoren, ein reflektierender Stoff, der im Rand einen Federstahlbügel eingenäht hat und sich selbstständig entfaltet.

***Die Deckenhöhe***

Höhe ist Entfernung, und die Leistung des Blitzes nimmt im Quadrat zur Entfernung ab. Wenn vor Ihnen in 2 Metern Abstand die zu erhellende Person steht und Sie über eine 3 Meter hohe Decke blitzen wollen, muss Ihr Lichtblitz nicht mehr 2 Meter zurücklegen, sondern:

2 x Wurzel aus ((Höhe bis zur Decke)$^2$ + (0,5 x Abstand zum Motiv)$^2$)

In diesem Fall also 3,30 Meter. Wenn man nun noch die Lichtverluste durch die Streuung an der Decke berücksichtigt, kommt beim Motiv höchstens noch ein Viertel der Lichtleistung des Blitzes an. Bei 4 Metern Raumhöhe oder wenn Sie knienderweise ein kleines Kind fotografieren wollen, sind es schon 5 Meter, und ein Blitz mit Leitzahl 12 ist selbst mit Blende 2,8 am Ende seiner Leistungsfähigkeit angelangt. Werden die Decken noch höher, ist es oft intelligent, nicht über die Decke, sondern über die Wand zu blitzen.

Ein weiterer Effekt wird durch den Zoomreflektor des Systemblitzes verursacht. Dieser stellt sich nämlich automatisch auf die Brennweite des Objektivs ein, um die Reichweite des Blitzes zu steigern. Er geht jedoch davon aus, dass er direkte Sicht zum Motiv hat, und bündelt den Strahl entsprechend, damit nicht mehr ausgeleuchtet wird, als aufgrund des Bildwinkels unbedingt nötig ist. Wenn Sie nun aber den Blitz nach oben richten, bleibt der Winkel des Zoomreflektors gleich, obwohl aufgrund der gestiegenen Entfernung der benötigte Leuchtwinkel des Blitzes geringer ist als der Bildwinkel des Objektivs. Sie verschenken Leistung, was umso gravierender ist, je weiter die Reflexionsfläche entfernt ist.

**Ein Beispiel:** Sie fotografieren mit 50 mm Brennweite eine Gruppe in 2 Metern Entfernung. Der verwendete Blitz stellt seinen Reflektor auf 50 mm und blitzt. Bei 50 mm hat genannter Blitz z. B. eine Leitzahl von 30, das Objektiv eine Blende von 4,7, der Blitz reicht also 6,3 Meter weit. Die Decke sollte also nicht höher sein als etwa 4 Meter, sonst ist der Blitz am Ende und beleuchtet von der Gruppe nur noch die Gesichter – der Rest säuft ab. Wenn man das weiß, kann man den Reflektor per Hand auf eine längere Brennweite einstellen und hat auf einmal deutlich mehr Blitzleistung am Motiv zur Verfügung.

### *Der Winkel*

Von großer Bedeutung ist der Winkel, über den Sie indirekt blitzen. Wird der Winkel zu steil, etwa weil Sie eine direkt vor Ihnen stehende Person über die Decke anblitzen, erhalten Sie das Licht von oben. Das Licht ist zwar weich, aber Augenbrauen und Nase, Mützen, Haare, alles wirft heftige Schatten. Je steiler der Winkel ist, desto stärker ist der Effekt. Um das abzumildern, gibt es die Möglichkeit, Bouncer einzusetzen - kleine, weiße Plastikplatten, die entweder direkt aus dem Blitz herausgezogen oder an den Blitz geschnallt werden. Durch den Bouncer wird ein Teil der Blitzleistung im rechten Winkel zum Blitz nach vorne abgestrahlt. Damit können die Schatten, die durch den indirekten Blitz entstehen, aufgehellt werden.
Einige Blitze haben keinen solchen Bouncer, sondern einen regelbaren Zweitreflektor, der mit verminderter Leistung nach vorne blitzt. Leider hat dieser den Nachteil, dass er wieder näher an der optischen Achse liegt und deshalb etwas dazu neigt, rote Augen zu produzieren.

## Blitzen mit Bouncer

Das Problem des direkten und harten Blitzens einerseits und der unkalkulierbaren Decken andererseits hat die Zubehörindustrie und ungezählte Bastler dazu bewogen, Bouncer und Diffusoren in jeder nur denkbaren Form und jedem greifbaren Material zu entwickeln. Ein in manchen Kreisen recht verbreiteter Bouncer besteht zum Beispiel aus einer leeren Zigarettenschachtel, die über den eingebauten Blitz gestülpt wird und über die darin befindliche Folie nach oben reflektiert.
Aus der aufgeklappten Schachtel kommt oben der Blitz - zwar mit stark verminderter Leistung, aber rote Augen sind passé, und das amüsierte Grinsen des Motivs ist bereits eingebaut. Für Bouncer gibt es Unmengen von Selbstbaulösungen - meist aus festem Karton, Alufolie und einem Einweckgummi - und genauso Massen an kommerziellen Aufstecklösungen.
Allen Bouncern gemeinsam ist, dass die Energie des Blitzes gestreut wird - und zwar nicht immer dorthin, wohin man es sich gewünscht hätte. Ein Bouncer, der nur um wenige Grad verdreht ist, beleuchtet unter Umständen nicht das Motiv, sondern den Schrank daneben. Diese schlechte Steuerbarkeit der Bouncer, zusammen mit dem Leitzahlverlust und dem eigentlich immer noch harten Licht, sorgt dafür, dass Diffusoren wesentlich verbreiteter sind.

## Blitzen mit Diffusoren

Diffusoren sind kleine, weiße Plastikhauben, die über den Blitz gesteckt werden und das Licht stärker streuen. Einige Systemblitzgeräte haben einen solchen im Lieferumfang, bei anderen kann man ihn extra ordern. Angesichts der simplen Konstruktion gibt es auch allerhand Bastellösungen, eine der einfachsten ist eine Flasche Algorix-Scheibenenteiser: Boden abschneiden, aufstecken, fertig. Aus dem oberen Flaschenende kann man dann sogar noch mit etwas Gaffer-Tape einen Spotblitz anfertigen. Solche Bastellösungen sind nett und auch unterwegs gut einzusetzen, solange man darauf achtet, dass immer genug Luft zwischen Blitzfrontscheibe und Bastelarbeit bleibt. Papiertaschentücher sind definitiv tabu. Wenn Sie allerdings höhere Anforderungen an die Farbtreue stellen, kommen Sie um Profidiffusoren nicht herum.

Wenn Sie mit Diffusoren blitzen, sollten Sie wissen, was ein Diffusor bewirkt. Trifft der Blitz auf einen Diffusor, wird das Licht gestreut, und zwar nicht definiert wie in der Streuscheibe eines Autoscheinwerfers oder durch die ausklappbare Weitwinkelstreuscheibe des Blitzes, sondern diffus, also in alle Richtungen. Wenn Sie vorher die Blitzleistung aufgrund des Zoomreflektors vornehmlich in eine Richtung abgestrahlt haben, verteilt sich die Leistung nun in buchstäblich alle Richtungen – sprich: Die Leitzahl Ihres Blitzes geht in die Knie.

Mit einem herkömmlichen Diffusoraufsatz direkt zu blitzen bringt nicht viel, Sie bekommen Reflexionen aus der Umgebung, das Hauptlicht kommt aber nach wie vor von vorn, die Belichtung steuert auf das Motiv aus, und der Rest des Raums versinkt in Schwarz. Seine Stärken spielt der Diffusor beim Blitz nach oben aus. Da beleuchtet nur die dem Motiv zugewandte schmale Seite des Diffusors das Bild direkt, die Hauptfläche strahlt nach oben, Sie bekommen also sehr viel diffuses Licht aufs Bild, bevor der TTL-Blitz abregelt – immer vorausgesetzt, Sie befinden sich nicht im Freien.

Auch Diffusoren gibt es in jeder Preisklasse zu kaufen. Besonders auffallend sind aufblasbare Softboxen und Domes, quasi die beiden Extreme der Diffusoren. Die Softbox produziert gerichtetes, aber weiches Licht, der Dome beglückt absolut jeden Winkel des Raums, mit Ausnahme des Raums unter der Kamera, mit gleichmäßigem Licht. Letzteres ist eine wunderbare Erfindung – wenn man einen Blitz mit richtig viel Leistung und entsprechend gute Akkus dabeihat.

*Ein Dome im Einsatz an einem Metz 54.*

Die Softbox dagegen macht sehr weiches Licht für Porträts, gegen den abgesoffenen Hintergrund muss man sich dann aber etwas anderes einfallen lassen. Beim Dome sollte man darauf achten, dass man einen bekommt, der aus relativ klarem Plastik besteht. Gute Domes, wie der Lightsphere-II, erreichen ihre Lichtstreuung nicht durch eine milchige Färbung des Materials, sondern durch Riffelungen, wie sie eben auch Scheinwerfer besitzen. Sie verlieren dadurch weniger Leistung.

Achten Sie darauf, dass Sie mit dem Lightdome nur dann nach vorne blitzen, wenn Ihr Objektiv samt Gegenlichtblende lang genug ist. Sonst bekommen Sie direktes Licht vom Diffusor auf die Frontlinse. Überhaupt ist das Blitzen mit dem Dome gewöhnungsbedürftig. Abgesehen davon, dass er fast jede Fototasche sprengt, ist ein nach oben gerichteter Dome mit Standarddeckel ein heftiger Blitzleistungskiller. Der Anteil an reflektiertem Licht liegt bei 90 %. Oft wird der Chromdeckel verwendet und sogar noch das Loch im Deckel mit Alufolie geschlossen, da dann die Blitzleistung genauer zu dosieren ist und nicht durch reflektiertes, gefärbtes Licht von der Decke Probleme auftreten.

## Stroboskopblitzen

Stroboskopblitzen klingt auf den ersten Blick bestechend: Innerhalb eines definierten Zeitraums wird eine Anzahl Blitze mit fester Frequenz abgegeben. Bewegt sich in dieser Zeit das Motiv, entstehen mehrere Bewegungs-

*Drei Blitze pro Sekunde. Der Kontrast wurde etwas verstärkt. Es handelte sich bei dem runden Ding nicht um Seifenblasen, sondern um eine Edelstahlkugel.*

| AUFNAHMEDATEN | |
|---|---|
| Brennweite | 41 mm |
| Blende | f/4 |
| Belichtungszeit | 2 s |
| ISO | 100 |

bilder. Man kann fallende Gegenstände fotografieren, sich bewegende Sportler oder flatternde Schmetterlinge.
Das Problem dabei: Während der Blitzabgabe bleibt der Verschluss offen, es handelt sich also um eine Langzeitbelichtung. Der Raum muss daher stockdunkel sein, sonst sieht man auf dem Bild nicht nur die eingefrorenen Bewegungen, sondern auch die verwischten Schatten dazwischen. Außerdem sollte der Raum möglichst reflexionsarm sein, denn der Blitz sorgt sonst dafür, dass die Wände des Raums beleuchtet werden, und das sich bewegende Motiv wirkt dann vor diesem Hintergrund durchscheinend und geisterhaft. Wenn Sie also „Strobo-blitzen" wollen, sorgen Sie für einen möglichst großen, schwarzen Raum.
Natürlich sollten Sie dafür sorgen, dass Ihre Schärfentiefe groß genug ist, damit das sich im stockdunklen Raum bewegende Motiv auch innerhalb des Schärfebereichs bleibt. Wie Sie sehen, wird das Bild bei Überlappung sehr schnell heller. Wenn Sie eine sich bewegende Person per Stroboskop einfangen und sie nicht zu einer Versammlung von hellen, durchsichtigen Geistern machen wollen, müssen Sie die Blitzfrequenz auf 2 bis 4 Hz reduzieren.
Alles, was von mehreren Blitzen beleuchtet wird und danach nicht sichtbar werden soll, sollte grundsätzlich so mattschwarz oder so weit entfernt wie möglich sein. Eine Reduzierung der Blitzleistung hilft Ihnen nicht weiter - Ihr darzustellendes Motiv wird dann einfach schlechter beleuchtet, das Rauschen steigt, Sie müssen die Blende weiter aufmachen, damit Sie überhaupt noch etwas sehen - und damit haben Sie noch mehr Streulicht auf dem Bild. Setzen Sie also Ihre Blende, damit Sie die passende Schärfentiefe bekommen, und dann richten Sie die Blitzleistung danach aus.

## Slowblitz

Sie haben es in der Betriebsanleitung sicher bereits gelesen: Viele Systemkameras unterstützen das Blitzen auf den 1. oder den 2. Vorhang mit Hintergrundbelichtung. Das nennt sich Slowblitz oder Langzeitsynchronisation. Beim Slowblitz übernimmt der Blitz nicht etwa die gesamte Beleuchtung des Bilds, sondern nur die Beleuchtung des Vordergrunds. Für den Hintergrund ist das Umgebungslicht zuständig. Dadurch säuft nicht mehr alles hinter dem geblitzten Motiv in endlosem Schwarz ab, sondern es ergibt sich eine Tiefe im Bild.
Beim Blitzen auf den 1. Vorhang zündet der Blitz, sobald der Verschluss den Sensor vollständig freigegeben hat. Beim Blitzen auf den 2. Vorhang (Rear- oder Slow-Funktion) zündet der Blitz erst, kurz bevor der Verschluss wieder schließt.
Die Auswirkungen sind interessant: Beim Blitzen auf den 1. Vorhang bewegt sich das Motiv nach dem Blitz weiter. Je nachdem, ob das Motiv nun beleuchtet wird oder nicht, trägt es nach der Blitzbelichtung einen Teil zum Bild bei - das Motiv zieht Schlieren. Da es aber zuerst geblitzt wurde und sich dann erst bewegt hat, zieht es die Schlieren nicht hinter sich her, sondern schiebt sie vorneweg. Und weil der Sensor nicht unterscheidet, ob die Belichtung am Anfang oder am Ende der Öffnung stattgefunden hat, endet die Schliere auch abrupt und läuft nicht aus.
Der Blitz auf den 2. Vorhang erweckt den Eindruck, das Motiv ziehe eine Bewegungs spur nach. Auf den ersten Blick klingt das gut, ist aber ein Vabanquespiel. Man hat nämlich keinerlei Einfluss mehr auf den Standort oder - bei Menschen - den Gesichtsausdruck des Motivs. Man sieht im Sucher etwas, löst aus, der Messblitz geht los, und am Ende der Belichtungszeit, die

*Links: Metz 54MZ-4i und Stativ. Slow auf den 1. Vorhang. In diesem Fall ist nicht das Motiv beleuchtet, sondern der Hintergrund (Sonnenuntergang). Nach dem Blitz hat sich das Model noch weiterbewegt und dabei den beleuchteten Abendhimmel abgeschattet. Sie schiebt also quasi einen Schatten vor sich her.*

*Rechts: Metz 54MZ-4i und Stativ. Slow auf den 2. Vorhang. Hier wird zuerst belichtet und dann geblitzt. Das Model zieht also den Schatten hinter sich her.*

durchaus mal 1/10 Sekunde oder mehr dauern kann, wird der dann vorhandene Zustand des Motivs festgehalten. Bei Menschen sollte man auf den 1. Vorhang blitzen – da ist es meist egal, ob die Bewegung zum Blitzzeitpunkt bereits abgeschlossen ist oder erst startet.

Bei Fahrzeugen sieht das anders aus – da muss man sich aufs pure Glück oder knallharte mathematische Berechnungen samt flinkem Zeigefinger verlassen. Bei Autos ist das noch nicht so kritisch, schließlich fährt häufiger eines vorbei. Bei Zügen kommt die nächste Chance erst eine oder zwei Stunden später – und wenn man auch noch blauen Himmel und/oder Mond mit auf dem Bild haben will, kann man unter Umständen Wochen warten, bis sich wieder eine Gelegenheit ergibt.

Die Strecke in Metern, die ein Fahrzeug in der Sekunde zurücklegt, berechnet sich aus der Geschwindigkeit in km/h durch 3,6. Wenn Sie einen ICE mit 250 km/h auf den 2. Verschlussvorhang bei einer Belichtungszeit von 1/20 Sekunde blitzen wollen, müssen Sie also eine Strecke von 250 / 3,6 / 20 = 3,47 Meter vorhalten. Auch hier ist die Hyperfokaldistanz Ihr Freund, weil man sich tunlichst weit genug entfernt von einem ICE, der 250 km/h fährt, aufhalten sollte. Hierbei meint „weit genug" mehrere Meter, idealerweise mit einem stabilen Gitter dazwischen. Der Sog, den ein solcher Zug entwickelt, darf nicht unterschätzt werden. Ein Fallstrick ist beim Blitzen auf den 2. Vorhang eine spezielle Kombination aus Synchronzeit und Belichtungszeit. Der Blitz schaltet ja nicht wirklich erst dann, wenn

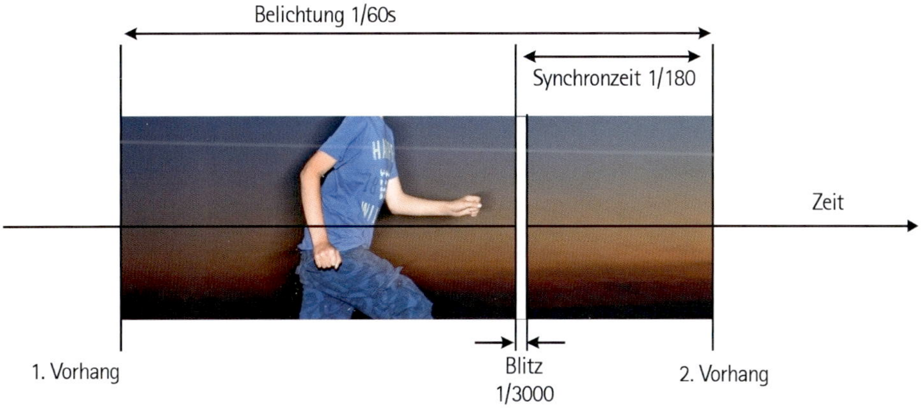


*Ein kleines Beispiel: Belichtungszeit 1/60 s, Blitzsynchronzeit 1/180 s Der Blitz wird also nicht am Ende der Belichtungszeit ausgelöst, sondern nach zwei Dritteln. Der Blitz wird mit 1/8 der Blitzleistung betrieben und blitzt deshalb nicht 1/200 s, sondern nur 1/3000 s Damit bewegt sich das Motiv nach Ende des Blitzes noch fast 1/180 s weiter – und zieht Schatten oder Lichtstreifen.*

der 2. Vorhang losläuft, sondern er wird um die Blitzsynchronzeit vorher gezündet. Ist nun die Belichtungszeit nicht viel länger als die Synchronzeit, kann es passieren, dass der Blitz kurz nach dem 1. Vorhang zündet. Das kann vor allem bei schnellen Bewegungen einen deutlichen Unterschied ausmachen – weil eben die Bewegungsspur nicht nur hinten, sondern vorne und hinten ist. Dies trifft vor allem dann zu, wenn die Blitzdauer deutlich kürzer als die eingestellte Synchronzeit ist.

Anhand der Bilder sieht man, dass man durch eine Verlängerung der Blitzdauer zwar das „Loch" bis zum 2. Vorhang „zublitzen" kann, man sich damit aber Bewegungsunschärfen einhandelt – denn das, was derzeit noch ungewollter Schatten ist, wäre dann beleuchtetes Bild – und damit unscharf.

| AUFNAHMEDATEN | |
|---|---|
| Brennweite | 22 mm |
| Blende | f/4,5 |
| Belichtungszeit | 1/15 s |
| ISO | 100 |

*Rechts: Metz 54MZ-4i und Stativ. Slow auf den 2. Vorhang. Hier ist der Effekt durch die längere Belichtungszeit deutlicher – aber auch hier hat sich das Model nach dem Blitz noch weiterbewegt.*

## Akkus und Ladegeräte

Ein weiteres Endlosthema sind die Akkus für die Systemblitze. Auch wenn die Discounter-Sonderangebote verlockend sind: Lassen Sie die Billigakkus, wo sie sind, und kaufen Sie sich sogenannte Ready-to-run-Akkus. Das sind bereits vorgeladene Akkus, die ihre Ladung teilweise Monate halten. Vertreter dieser Akkusorte sind die Eneloops von Sanyo, die Infinium von Panasonic oder die Varta Ready2Use. Herkömmliche NiMH-Akkus verlieren ihre Ladung bereits nach einer Lagerdauer von wenigen Tagen zum großen Teil und müssen, um dauernd einsatzbereit zu sein, praktisch ständig geladen werden. Zudem erlauben die Ready-to-run-Akkus höhere Blitzfolgezeiten.

Auch beim Ladegerät für diese Akkus sollte man keinesfalls sparen. Ideal sind Ladegeräte, die den Zustand jedes einzelnen Akkus anzeigen können, sodass kritische Akkus aus einem Satz entfernt werden können. Denn ein Vierersatz funktioniert nur dann, wenn alle Akkus in gleichem Zustand sind. Ein einziger Akku, der einen Schaden hat, sorgt dafür, dass der gesamte Satz keine Leistung mehr bringt - sooft man ihn auch auflädt. Sie benötigen also ein Ladegerät, das Einzelschachtüberwachung bietet, idealerweise einen ganzen Vierersatz gleichzeitig lädt und Ihnen direkt sagt, welcher Akku der Übeltäter ist.

Ein Ladegerät, das diesen Komfort bietet, ist zum Beispiel das AV4 der Firma IVT aus Hirschau. Erst mit einem solchen Ladegerät gibt es eine Antwort auf die Frage: „Warum ist mein Blitz trotz frisch geladener Akkus so fürchterlich langsam?" Zudem können solche Ladegeräte nicht nur einzelne Zellen aussortieren, sondern auch eigentlich bereits erledigte Akkus wiederbeleben. Akkus, die in anderen Ladegeräten nur noch 20 % ihrer Kapazität erhalten, aber jedes Mal als voll geladen durchgehen, können nach Behandlung mit dem AV4 wieder 80 oder 90% erreichen. Die Angabe in der Betriebsanleitung: „Das kann mehrere Stunden dauern." ist allerdings eine leichte Untertreibung. Die Revitalisierung eines Satzes AA-Akkus vom Discounter, die knapp zwei Jahre mit einem ungeeigneten Lader malträtiert worden waren, dauerte gut zwei Tage.

*Der Akkulader AV4 lädt drei verschiedene Zellen seit 13 Minuten mit maximal je 1.150 mA, die Zelle in Schacht 3 ist defekt.*

Achten Sie auch darauf, dass die Akkus im Ladegerät nie heiß werden. Einen Akkulader, in dem Ihre Akkus wärmer als etwa 40 °C werden, sollten Sie entsorgen. Diese Erhitzung ist eine Folge von Überladung - und die sorgt dafür, dass Sie bald neue Akkus kaufen müssen.

## Ring- und Zangenblitze

Für Makros sind Aufsteckblitze oder Stabblitze ungeeignet. Aufsteckblitze können den Bereich direkt vor dem Objektiv selbst mit Streuscheibe nicht ausleuchten, Stabblitze können das Motiv zwar von einer Seite anleuchten, sorgen dafür aber auf der anderen

Seite für harte Schatten. Auch die entfesselten Blitze, die per internem Blitz gesteuert werden, stoßen hier an ihre Grenzen. Man könnte die Blitze zwar links und rechts des Motivs aufstellen, läuft aber Gefahr, dass sie dann außerhalb des 120°-Winkels des internen Blitzes stehen. Zudem könnte es passieren, dass das Motiv in der Zeit, in der man die Blitze aufstellt und justiert, davonläuft, um sich anderweitig zu vergnügen.

Die Alternative für die Makrofotografie sind Ringblitze und Zangenblitze. Diese werden fest an der Kamera montiert und sorgen für eine gleichmäßige Ausleuchtung des Motivs. Der Ringblitz eliminiert dabei sämtliche Schatten, die von der Kameraperspektive aus erkennbar sind, und sorgt damit für einen flächigen Bildeindruck.

*Beispiel eines Ringblitzes an der Olympus E-1 mit FC-1.*

Der Zangenblitz liefert das Licht nur aus zwei Richtungen, erhält also trotz guter Beleuchtung noch Tiefe im Bild. Feinste Details können aber durch die Schatten verfälscht werden. Im Porträtbereich werden Zangenblitze selten verwendet, für Ringblitzporträts gibt es dagegen eine gewisse Szene, in der die typischen, kreisrunden Ringreflexe in den Augen bevorzugt werden. Um diese Reflexe zu erreichen, sind jedoch spezielle Studioringblitze notwendig. Diese haben oft sehr starke Einstellscheinwerfer in der Größenordnung von 200 Watt, um den bei Ringblitzen, die ja um die optische Achse herum angeordnet sind, auftretenden Rote-Augen-Effekt zu minimieren. Eine weitere Sorte Ringblitze sind sehr große Ringblitze mit Durchmessern von über einem Meter. Sie werden verwendet, wenn Ganzkörpershootings mit Ringblitz zu machen sind. Die Makroblitze sind jedoch deutlich weiter verbreitet.

Ring- und Zangenblitze mit unterschiedlichsten Lichttechnologien von LED bis Neonröhre gibt es außer von den Kameraherstellern auch von Novoflex, Dörr, Walimex, Bower und vielen anderen. Ein recht neues Gerät ist der Metz 15MS-1, der ohne Kabel auskommt und mit dem eingebauten Blitz der Kamera gesteuert werden kann

Ein hochwertiger Ringblitz gibt ein deutlich homogeneres Licht, und ein Zangenblitz ist mit einzeln im Raum ausrichtbaren Reflektoren nochmals flexibler. Durch die RC-Steuerung, die einzeln schwenk- und steuerbaren Reflektoren und die kompakte Bauweise ist er aber eine hervorragende Alternative, wenn es um einen mobilen Einsatz geht. Wirklich nett ist das per Knopfdruck zuschaltbare Fokushilfslicht mit einer weißen LED.

*Das MT-24EX ist ein Zangenblitz für die Makrofotografie, das mit allen Canon-Makroobjektiven verwendet werden kann. Die Blitzreflektoren werden vorn am Objektiv angebracht. Sie sind mit einer auf den Blitzschuh aufgesteckten Steuereinheit verbunden. Die Leitzahl beträgt 24 (ISO 100/21°). Beide Blitzköpfe sind vertikal und horizontal verstellbar, die Leistung der Blitzröhren lässt sich unabhängig voneinander regulieren, wodurch schöne Licht-Schatten-Effekte in der Makrofotografie möglich sind.*

## Alte Elektronikblitze

Prinzipiell können an nahezu allen Systemkameras auch uralte Elektronikblitze angeschlossen werden, zum Beispiel einige der schon angesprochenen 45er-Blitze von Metz. Diese werden über den Mittenkontakt ausgelöst und sind mit etwas Übung wunderbar einzusetzen – und meistens für kleinstes Geld zu haben. Einige Blitze dürfen aber aufgrund der hohen Zündspannung auf keinen Fall auf den jeweiligen Kameras montiert werden. Das Olympus-E-System hält bis zu 200 Volt Zündspannung aus und verkraftet damit viel mehr als manche Mitbewerber. Canon etwa ist lediglich auf 15 Volt Zündspannung spezifiziert. Bei anderen Blitzen sollten Sie vor dem Anschluss immer erst mit einem Voltmeter die Spannung zwischen Mittenkontakt und Massekontakt messen! Dazu muss der Blitz eingeschaltet sein und frische Batterien haben.

i

### ELEKTRONENBLITZE MIT VORSICHT EINSETZEN

**Egal welche Blitze Sie verwenden: Elektronenblitze sind äußerst energiereich und sollten grundsätzlich mit Vorsicht verwendet werden. Direkter Kontakt mit der Frontscheibe des Blitzes beim Blitzen ist zu vermeiden. Es gibt Berichte über Bleichflecken an Blue Jeans, die in direktem Kontakt waren. Es versteht sich von selbst, dass Sie Menschen nie direkt ins Gesicht blitzen dürfen. Der Sicherheitsabstand liegt bei einem Meter. Die Unsitte, kleine Kinder direkt anzublitzen, ist Körperverletzung. Überhitzen Sie die Blitze nicht. Heftiges Dauerfeuer kann die Frontscheibe zum Schmelzen bringen und die Elektronik überlasten.**

## Blitzen im RC-Modus

Viele der aktuellen Systemkameras beherrschen den RC-Modus (RC = Remote Control) für TTL-Blitze. Dabei steuert der eingebaute Klappblitz oder ein aufgesetztes Master-Blitzgerät über codierte Lichtsignale mehrere Slave-Blitze. Damit können recht effektvolle Beleuchtungen realisiert werden. Für die Blitzgeräte gibt es zu diesem Zweck kleine Plastikfüße, mit denen man die Blitze im Raum positionieren oder auf Stativen befestigen kann. Das Problem dabei ist, dass die Blitze von der Kamera aus sichtbar sein müssen, eine verdeckte Aufstellung ist nur dann möglich, wenn sichergestellt wird, dass die Blitze vom Signal des eingebauten Blitzes erreicht werden.
Die Kommunikation zwischen den Blitzen geschieht mittels Infrarot. Man kann also den Blitz mit einem überbelichteten Negativ (schwarz) abdecken oder einen speziellen Infrarotfilter davor verwenden, und die Steuerung funktioniert trotzdem, ohne dass der interne Blitz bildwirksam wird oder störende Reflexe verursacht. In Innenräumen und auf kürzere Distanzen ist ein Auslösen zumeist durchaus erfolgreich. Keine Funktionsgarantie haben Sie hingegen bei starker Sonneneinstrahlung, hier versagt nahezu jedes System.

### Remoteblitzen mit Farbfolien

Richtig spannend wird das Remoteblitzen aber erst mit Farbfolien. Von LEE-Filters gibt es einen Musterfächer mit allen von

| AUFNAHMEDATEN | |
|---|---|
| Brennweite | 43 mm |
| Blende | f/3,3 |
| Belichtungszeit | 1/80 s |
| ISO | 100 |

*Oben: Tabletop-Aufbau eines Schachbretts. FL-50R von links, FL-36R von rechts. Der schwarze Springer wird deutlich herausgearbeitet.*

*Mitte: LEE-Filterfächer, Designers Edition.*

*Unten: Farbfilter: LEE 781 Terry Red und LEE 352 Glacier Blue.*

LEE lieferbaren Filtern. Diese Filtermuster haben die Abmessung 9 x 4 Zentimeter und damit bereits die perfekte Größe für viele Systemblitze.

Wenn man im obigen Aufbau den linken Blitz mit einem roten Filter und den rechten Blitz mit einem blauen Filter versieht, wird aus dem Schachspiel die Tanzfläche einer Disco.

Diese Filter kann man neben dem Einsatz bei RC-Blitz-Spielereien auch zum aktiven Bekämpfen von Mischlicht verwenden. Wenn etwa in einer Halle mit grünlichem Kunstlicht geblitzt werden muss, kann man auf den Systemblitz ein passendes Grün klemmen, den Weißabgleich anpassen, und schon sind die grünen Schatten im Hintergrund verschwunden. Der LEE-Fächer ist noch dazu so klein, dass er auch in die Fototasche passt. Allerdings sollte man den rosa Stift, der den Fächer zusammenhält, durch eine praktischere Mechanik ersetzen.

So simpel sich das Prinzip auch anhört, der Aufbau der Remoteblitze erfordert häufiges Um-die-Ecke-Denken, denn nicht immer erreicht der Steuerblitz den Sensor des Remoteblitzes so, wie man sich das als Fotograf vorgestellt hat. Da der Sensor für den Lichtsignalempfang nicht immer auf der richtigen Seite sitzt, muss man den Blitzkopf gelegentlich auch nach hinten drehen.

i

FARBFOLIEN FÜR ELEKTRONENBLITZE

**Verwenden Sie an Elektronenblitzen ausschließlich Farbfolien, die vom Hersteller für Beleuchtungszwecke freigegeben sind. Die bekanntesten Hersteller sind LEE und Rosco. Verwenden Sie auf keinen Fall Buntpapier aus dem Schreibwarenhandel, bedruckte Plastikfolien von Verpackungen und andere Behelfe. Die Folien aus der Lichttechnik sind hitzebeständig und färben nicht ab. Ein Elektronenblitz, der mit voller Leistung arbeitet, kann ungeeignete Folien und Papiere verschmoren oder entzünden. Ein Blitz, in dessen Streuscheibe Folienreste eingebrannt sind, ist ein Fall für den Service.**

## Blitzanlagen für Studios

Blitzanlagen für Studios haben mit den Blitzen, die man auf eine Kamera stecken kann, nicht viel gemeinsam – außer dass beide erhellen. Die Blitzleistung von Studioblitzen wird nicht über die Leitzahl angegeben, sondern über die tatsächliche Blitzleistung in Wattsekunden (Ws). Blitzanlagen für Studios werden grundsätzlich nicht durch die Kamera gesteuert, sondern lediglich durch die Kamera ausgelöst. Dafür gibt es drei verschiedene Methoden: per Synchronkabel, per Fotozelle oder per Funkauslöser.

Einige Systemkameras haben keinen Synchronanschluss, eine Steuerung der Studioblitze, die meistens mit Fotozellen ausgerüstet sind, können Sie ohne Zusatzanschaffungen also nur per eingebautem Blitz vornehmen. Schalten Sie dazu Ihre Kamera auf manuelle Belichtung – das müssen Sie im Studio sowieso tun – und drehen Sie die Lichtleistung des eingebauten Blitzes herunter. Nun müssen Sie nur noch darauf achten, dass die Fotozellen der Blitze von Ihrem Kamerablitz erreicht werden, und schon kann es losgehen.

Die nächstgünstigere Lösung ist ein Synchronadapter für den Blitzschuh, der den

Vorteil hat, dass der Blitz auch hinter Ihnen zuverlässig zündet, aber die Kabel sind ziemliche Stolperfallen. Wenn Sie sehr oft im Studio sind, werden Sie um einen Funkauslöser nicht herumkommen. Die sinnvollste Anschaffung in diesem Bereich sind klar die Funkauslöser der jeweiligen Blitzhersteller, teilweise können damit Sonderfunktionen der Studioblitze gesteuert werden, was sehr komfortabel ist.
Einsteiger legen sich gern eines der Multiblitzsets zu, die Serie 202 wird oft im Internet für wenige Hundert Euro gebraucht verkauft. Da in den Sets gleich ein paar Lichtformer, Synchronkabel und leichte Stative enthalten sind, ist das eine gut einsetzbare Ausrüstung. Die 202er-Serie ist zwar im Wesentlichen nicht kaputt zu kriegen, aber es gibt keinerlei Ersatzteile mehr. Auch passende Lichtformer bekommt man nur zu horrenden Preisen auf dem Gebrauchtmarkt. Zudem haben die Blitze zwar ein 100-Watt-Einstelllicht - also einen Halogenscheinwerfer, der zeigt, wie die spätere Beleuchtung in etwa aussehen wird -, aber die Blitzleistung ist nur in drei Stufen regelbar: *Aus*, *Halb* und *Voll*.
Wenn Sie ein gerichtetes, hartes Licht brauchen oder aufgrund von Raumbeschränkungen den Blitzbrenner nicht mehrere Meter vom Motiv entfernt platzieren können, müssen Sie die Kamera bis auf Blende 13 oder 14 zumachen, um vernünftig belichtete Bilder zu bekommen. Und nicht immer will man auf die Tour zu mehr Schärfentiefe gezwungen werden.

Achten Sie also bei der Anschaffung von Studioblitzen auf mehrere wichtige Eckdaten:

- Gibt es ausreichend Lichtformer dazu?
- Ist das Stativ stabil genug, um auch eine wirklich große Softbox mit Gittern zu tragen?
- Ist der Blitz regelbar, idealerweise gleich mit Blendeneinteilung? Absolutes Minimum ist eine Regelung von 1/1 bis 1/16 - also 5 Blendenstufen. Sehr gute Blitzköpfe können 9 Blenden. Allerdings liegt dann die volle Leistung oft bei 800 Ws und nicht bei 250 Ws.
- Gibt es vom gleichen Hersteller Funkauslöser, die Funktionen des Blitzes fernsteuern können?
- Gibt es problemlos Ersatzteile, z. B. Blitz- oder Einstelllichtbirnen?

Es müssen nicht die teuersten Blitzgeräte sein, und oft sind gebrauchte Blitzanlagen aus Studioauflösungen günstig zu haben. Achten Sie aber immer auf die obigen Punkte. Früher oder später ärgern Sie sich, wenn Sie ins falsche System investiert haben. Natürlich kann man nahezu beliebig Geld in Licht versenken, aber relativ schnell werden Sie feststellen, dass eines der größten Probleme nicht die Elektronik ist, sondern die Studiogröße.
Beachten Sie, dass manche Studioblitze eine vergleichsweise lange Brenndauer haben, bei 1/160 Sekunde geht es los. Das kann sich bei schnellen Bewegungen in ganz untypischen Wischeffekten bemerkbar machen. Reduzieren Sie in diesem Fall die Blitzleistung, dann geht auch die Dauer zurück.
Ein Wort noch zum Einstelllicht. Je geringer die Leistung des Einstelllichts ist, desto geringer ist der Einfluss dieses Lichts auf die Belichtung des Bilds. Das Einstelllicht brennt nämlich während der Blitzauslösung oft weiter - der Halogenbrenner kann gar nicht so schnell heruntergefahren werden. Trotzdem braucht man natürlich für den Autofokus ausreichend Leistung, und bei Personenaufnahmen ist zu berücksichtigen, dass die Helligkeit des Einstelllichts den Öffnungsgrad der Pupille bestimmt. Ist

das Einstelllicht zu dunkel, bleibt die Pupille weiter offen, was sehr dunkle Augen hervorruft.

Man kann mit zwei Blitzköpfen bereits sehr viele Aufgabenstellungen bewältigen, aber oft genug ist ein dritter Kopf nötig, um einen Hintergrundschatten zu eliminieren, ein Licht zu setzen oder den Hintergrund per Farbfolie einzufärben. Rechnen Sie also damit, sich drei Köpfe zuzulegen. Sparen Sie lieber an der Leistung. In einem Raum mit 20 Quadratmetern sind drei regelbare 250-Ws-Köpfe für jede denkbare Anforderung ausreichend.

## Die Baustrahlermethode

Im Internet kursieren dutzendweise Anleitungen, wie man aus drei Baustrahlern aus dem Supermarkt ein Studio aufbauen kann. Wenn Sie Spaß daran haben, probieren Sie das aus. Die Baustrahlermethode hat zwei Nachteile und einen Vorteil: Die beiden Nachteile: Sie verbraten irrsinnig Strom, ohne dass großartig Lichtleistung dabei herauskommen würde - und alle Lichtformerbasteleien laufen Gefahr, recht schnell abzufackeln. Der große Vorteil: Das Model muss nicht dauernd Blitze verkraften.

Zum Ermitteln der notwendigen Lichtleistung, um auch nur einen einzigen billigen Blitzkopf zu ersetzen, berechnen Sie die Blitzdauer eines einfachen Kopfs mit 1/160 Sekunde und 250 Ws.

Der Kopf gibt also, würde er eine Sekunde brennen, eine Leistung von 40 kW ab. Eine solche Leistung mit Baustrahlern zu installieren ist illusorisch. Ein Baustrahler gibt Ihnen je nach Studioumgebung 9 EV, für 10 EV brauchen Sie schon einen zweiten. Mit 1,5 kW wird es bereits recht warm, und Sie bekommen vielleicht knapp 11 EV. Das ist Blende 5,6 und 1/60 Sekunde. Wenn Sie dann noch ein paar Bereiche „abnegern" (Bereiche durch schwarze Blenden abschatten), ist es mit den 11 EV sehr schnell auch wieder vorbei. Bewegen darf sich bei solchen Lichtverhältnissen weder Kamera noch Model.

## Lichtformer

Alles was Licht richtet - oder eben auch nicht -, läuft unter Lichtformer, ob das nun eine simple Schreibtischlampe oder eine aufwendige Wabensoftbox ist. Selbst eine Jalousie ist ein Lichtformer - und noch dazu ein ziemlich spannender. Wie bei den Bouncern und Diffusoren gibt es eine unendliche Vielfalt an Gerätschaften, für die nahezu beliebig Geld ausgegeben werden kann. Prinzipiell sind zwar alle Lichtformer den Grundgruppen Reflektor, Diffusor und Abschirmer zuzuordnen, aber viele Lichtformer beinhalten alle drei Gruppen. Eine Wabensoftbox ist im Inneren der Softbox reflexiv beschichtet, um die Lichtausbeute zu erhöhen, die Front der Softbox ist ein Diffusor, und vor der Streufläche sind Waben angebracht, um das weiche Licht besser zu richten. Jeder Blitzkopf ist ausgestattet mit einem Standardreflektor, der sehr hartes Licht liefert, ähnlich einem Systemblitz. Meistens will man jedoch weicheres, also diffuseres Licht haben.

### Reflektoren

Die erste Möglichkeit ist, den Blitz, genau so wie den Systemblitz, über die Decke umzuleiten. Die Variationsmöglichkeiten sind dabei deutlich beschränkt. Eine simple Styroporplatte als Reflektor hilft weiter. Zusammen mit einem kleinen, rollbaren Ständer (z. B. einem umgebauten Blumenroller) kann man damit schon recht flexibel Licht an die richtige Stelle bringen.

### Schirmreflektoren

Die nächste Ausbaustufe ist ein Schirmreflektor, der aussieht wie ein kleiner Sonnenschirm und mit seinem Griff in eine entsprechende Aussparung des Blitzkopfs gesteckt wird. Schirmreflektoren gibt es mit weißer, silberner und goldener Beschichtung, die sich auf der Innenseite des Schirms befindet und zum Motiv gerichtet wird - der Blitzkopf schaut also vom Motiv weg. Die goldene Beschichtung erzeugt Licht mit etwa 3.800 K, eine Art simuliertes Abendlicht. Den Schirm gibt es auch mit durchscheinender Bespannung, dann wird der Blitzkopf auf das Motiv gerichtet, und die Bespannung wirkt als Diffusor.

*Schirmreflektor mit weißer Beschichtung.*

Die gleiche Wirkung kann man allerdings auch mit einem weißen Tuch erreichen, das man vor den Blitz hängt - nicht darüber, sonst herrscht Brandgefahr! Schirme gibt es bis zu einem Durchmesser von fast 4 Metern, die teuren davon kann man justieren, sodass man den Brennpunkt des Schirms verstellen kann. Großer Vorteil gegenüber den Softboxen ist, dass man bei vielen Brennern zwischen Blitzlampe und Schirm noch Farbfolien unterbringen kann, sodass man weiches, farbiges Licht zur Verfügung hat.

### Softboxen

Bei Softboxen oder auch Lichtwannen, also Softboxen mit festem Reflektor aus Plastik, ist das mit den Farbfolien bedeutend schwieriger, dafür produzieren sie kein Streulicht wie die Schirme, da sie an der Seite geschlossen sind. Softboxen gibt es in allen Formen und Größen: 40-x-40-Boxen für Porträts sowie auch mehrere Quadratmeter große Boxen, mit denen man Autos beleuchten kann. Diese Softboxen bestehen auf der Rückseite aus lichtundurchlässigem, auf der Innenseite reflektierendem Material, auf das auf der Vorderseite eine weiße Diffusionsfläche gespannt ist. Einige Boxen besitzen bereits im Inneren einen Diffusor, der das Licht vorsoftet und auch für eine noch bessere Lichtverteilung in einer großen Box sorgt.

*Kleine 40-x-40-Softbox für den Multiblitz 202.*

Normalerweise sind Softboxen an der Front rechteckig, teilweise aber auch oktagonal. Da Softboxen gerichtetes Licht produzieren, kann man mit Formblenden vor der Softbox eine Art Spoteffekt produzieren. Weit verbreitet sind Wabengitter aus Stoff vor dem Diffusor, die das Streulicht minimieren und eine bessere Kontrolle ermöglichen.

| AUFNAHMEDATEN | |
|---|---|
| Brennweite | 42 mm |
| Blende | f/11 |
| Belichtungszeit | 1/160 s |
| ISO | 100 |

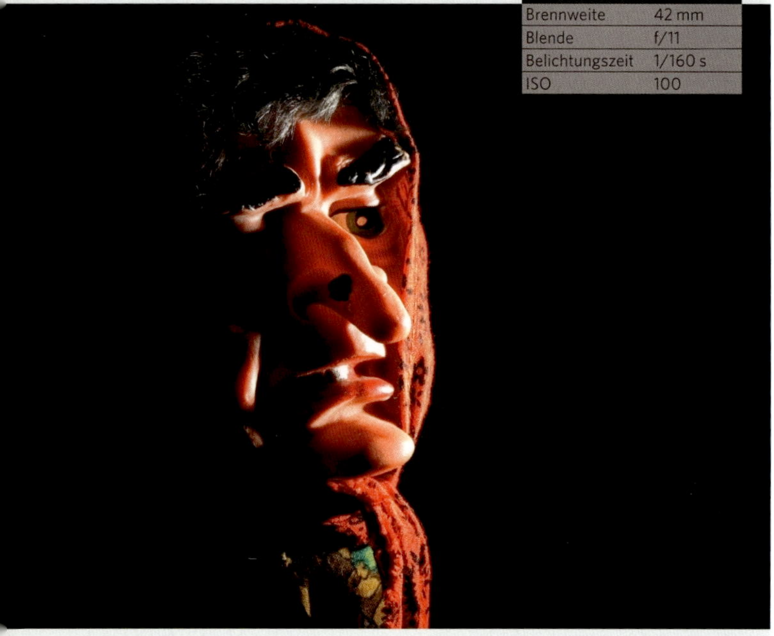

*Striplight von rechts. Handpuppe aus den späten 50ern. Striplights müssen sehr nah ans Motiv herangebracht werden, weil sonst der Effekt des Lichtstreifens verloren geht. Durch eine Wabe vor dem Strip kann die Reichweite etwas vergrößert werden.*

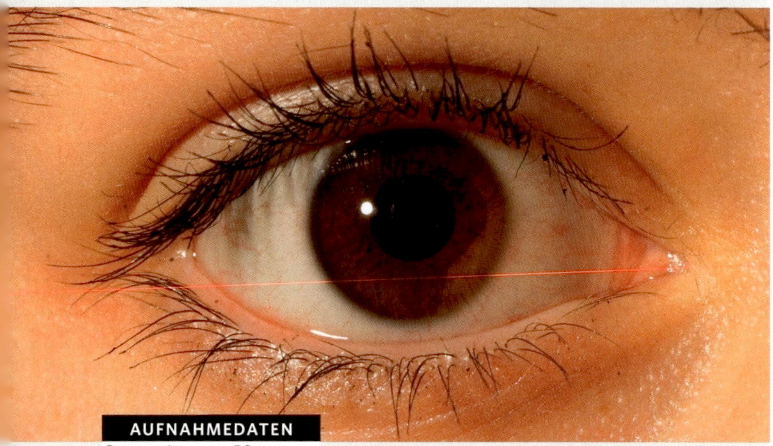

| AUFNAHMEDATEN | |
|---|---|
| Brennweite | 50 mm |
| Blende | f/11 |
| Belichtungszeit | 1/200 s |
| ISO | 100 |

*Standardreflektor vor Multiblitzbrenner mit kleinem Diffusor von links. Einstelllicht 70 Watt.*

Wenn die Softboxen ein Seitenverhältnis von mehr als 1:3 haben, also sehr hoch sind, spricht man von einem Striplight. Man kann auch eine normale Softbox mit ein paar Kartons an den Seiten abschatten und hat damit ein Striplight, muss dann aber mit dem doch dramatischen Lichtverlust leben. Striplights werden dazu verwendet, schmale Lichtstreifen zu erzeugen, um Konturen des Motivs herauszuarbeiten.

Natürlich gilt: Je größer die Softbox, desto weicher wird das Licht. Allerdings bringt es nichts, für ein Porträt eine vier Meter große Softbox zu verwenden. Abgesehen davon, dass mit einer solchen Softbox sehr viel Streulicht produziert wird, wird auch der Reflex im Auge des Models größer. Ein kleiner Lichtreflex wirkt lebendig, wenn aber das halbe Auge durch die Reflexe der Softboxen verdeckt wird, verliert das Auge an Ausdruck. Ein Extrembeispiel für große Lichtreflexe in den Augen sind die Porträts von Martin Schöller, der mit zwei Neonlampen links und rechts beleuchtet und damit die Iris fast komplett verdeckt.

### Striplights

Striplights können sehr harte Kontraste hervorrufen. Um nun die dem Blitzkopf abgewandte Seite des Motivs zu beleuchten, kann man entweder ein zweites Striplight einsetzen oder, wenn es nicht so hell sein soll, einen Reflektor. Diese Reflektoren gibt es ebenfalls in allen Formen und Größen. In Low-Cost-Studios sind simple Styroporplatten – vier bis fünf Zentimeter, sonst brechen sie zu schnell – üblich, die ein ganz brauchbares Licht ergeben, aber niemals an einen Blitz gelehnt werden dürfen.

Metallische, glatte Oberflächen wie Spiegel oder Chromplatten schaden eher. Wenn schon stark reflektierend, sollten es spezielle Flächenreflektoren sein, die es auch mit unterschiedlichen Beschichtungen (in Weiß, Silber oder Gold) gibt. Auch diese Reflektoren gibt es als Handreflektoren in Suppentellergröße bis hin zu mehrere Quadratmeter großen Outdoor-Reflektoren, mit denen man dunkle Torwege mit Sonnenlicht ausleuchten kann.

Beim Einsatz von Reflektoren ist, noch mehr als beim normalen Fotografieren, Teamwork wichtig. Haben Sie nicht noch irgendwelche zusätzlichen Stative herumfliegen und möchten auch nicht dauernd vom Blitz zum Reflektor und zurück zur Kamera rennen, um das Licht zu überprüfen, ist ein guter Assistent, der auf Zuruf das richtige Eck des Motivs beleuchtet, eine sehr gute Investition.

Wenn Sie nicht gleich in ein wirklich gutes Reflektorsystem wie das California Sunbounce investieren wollen und über einen Assistenten verfügen, können Sie sich für einige Euro zusätzlich zur Styroporplatte eine Autorettungsdecke besorgen. Zerknüllen Sie die Decke einmal richtig, dann haben Sie einen brauchbaren Reflektor mit silberner und goldener Seite. Soll der Reflektor nur für das Studio sein, spannen Sie die Rettungsdecke auf eine Styroporplatte. Fertig.

### Wabenspots

Im Unterschied zu den Softboxen und Reflektoren sind Wabenspots für extrem konzentriertes Licht zuständig. Mit einem Wabenvorsatz produziert ein Blitzkopf räumlich eng begrenztes Licht, ähnlich einem Bühnenspot, jedoch nicht wie beim Bühnenspot über eine Linse konzentriert und damit sehr

*Ein California Sunbounce Micro Mini mit Zebra-Bespannung im Einsatz bei einem AL-Porträt-Fotokurs. (Foto: Alexander Wagner)*

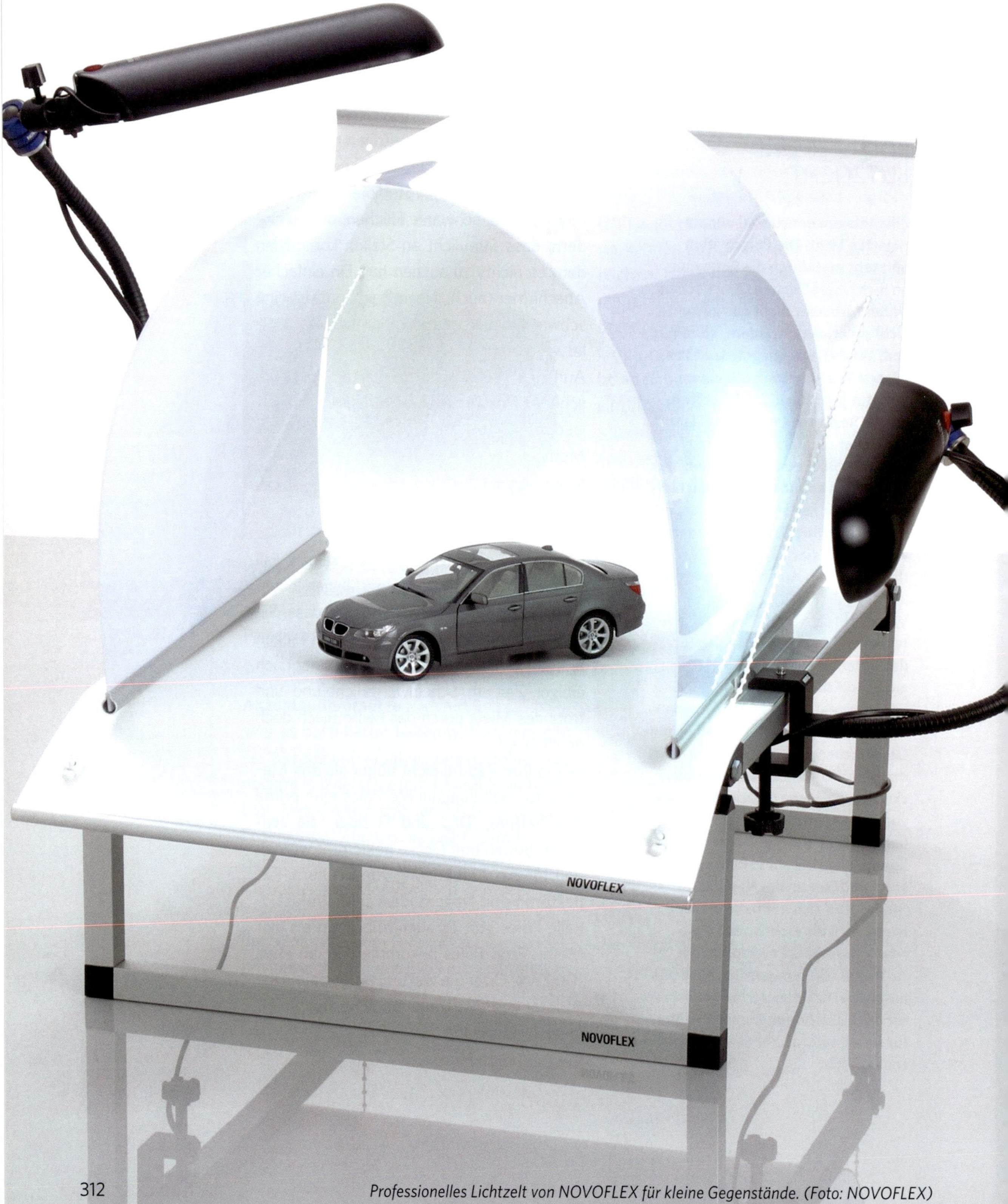




*Professionelles Lichtzelt von NOVOFLEX für kleine Gegenstände. (Foto: NOVOFLEX)*

## MIETSTUDIO

**Selbst mit einer ganzen Batterie von Blitzköpfen, Stativen und Reflektoren können Sie aus Ihrem Wohnzimmer wahrscheinlich noch kein gutes Studio machen. Sie können nun natürlich entsprechende Räumlichkeiten anmieten und dort Ihr eigenes Studio aufbauen. Je nach Auslastung dieses Studios kann es aber sinnvoller sein, ein komplett ausgerüstetes Studio zu mieten. Diese haben meist nicht nur moderne Beleuchtungstechnik und ausreichend Platz – auch nach oben – zu bieten, sondern auch Schminkplätze, Duschen, Möbel und Hintergrundpappe in mehreren Farben. Sie müssen zwar mit etwa 25 Euro pro Stunde aufwärts rechnen, wenn Sie aber die Kosten für ein eigenes Studio samt Equipment kalkulieren, sind Sie sehr oft mit einem Mietstudio deutlich preisgünstiger dran. Adressen in Ihrem Umkreis finden Sie im Internet.**

### Blitzbeamer

Blitzbeamer sind nichts anderes als innen reflektierend ausgelegte Trichter, die am vorderen Ende eine Fresnel-Linse aufweisen und am hinteren Ende über den Systemblitz gestülpt werden. Durch die Linse wird der Blitz besser fokussiert und erreicht damit eine größere Reichweite. Der Leitzahlgewinn liegt bei bis zu 100 % – ein Blitz, dessen Reflektor auf eine Brennweite von maximal 105 mm eingestellt ist, kann mit einem Beamer bei 300 mm Brennweite die doppelte Lichtleistung aufs Motiv bringen. Dies macht zwei Blenden aus und ist vor allem in der Wildlifefotografie sehr praktisch.

# HDR-FOTO-GRAFIE

7

# HDR-Fotografie

*Der Hamburger Hauptbahnhof im typischen HDR-Look.*

# 7 HDR-Fotografie

*HDR, High Dynamic Range, ist vom Prinzip her nichts Neues. Bereits die ersten Fotografen hatten das Problem, dass Bilder nicht den ganzen Kontrastumfang abbilden konnten, den der Fotograf sah. Der Erste, der die Sache dann wissenschaftlich anging, war Fred Archer in den späten 30er-Jahren des vorigen Jahrhunderts. Er formulierte in einer Artikelserie ein Zonensystem, um bereits bei der Aufnahme die technischen Gegebenheiten der späteren Filmentwicklung mit in die Überlegungen einbeziehen und den maximalen Kontrast abbilden zu können. Ansel Easton Adams entwickelte das System weiter und war vor allem einer seiner erfolgreichsten Anwender.*

- Später wurde neben der Filmentwicklung auch der Abzug mit in das System einbezogen. Sinn und Zweck des Zonensystems war es, das Motiv so gründlich zu analysieren, dass man quasi im Geist bereits die Möglichkeiten der Filmentwicklung und des Abzugs bei der Belichtung berücksichtigte. Das Ergebnis waren Bilder, die buchstäblich die damals vorhandene Chemie bis an ihre Grenzen ausreizte.

Durch das digitale HDR-Verfahren ist das Zonensystem mittlerweile überflüssig geworden, denn zu jeder Zeit ist jede beliebige Belichtungseinstellung nachträglich abrufbar. Der Fotograf muss sich nicht mehr formal auf chemische Gegebenheiten konzentrieren, sondern kann sich auf das Motiv konzentrieren und ist dabei nicht auf einen schwarz-weißen Bildaufbau beschränkt.

HDR hat in den letzten Jahren stark an Bedeutung gewonnen, der spezielle Look von HDR-Bildern ist Allgemeingut geworden. Fast alle aktuellen Bildbearbeitungsprogramme haben Funktionen eingebaut, um HDR-Bilder - oder zumindest deren Optik - zu erzeugen.

HDR ist aber wesentlich mehr als die Erzeugung von Bildern mit den schon bekannten Eigenschaften wie beispielsweise harten Details und gesättigten Farben. HDR ist eine andere Art, mit Bildinformationen umzugehen. Dieser Abschnitt soll Ihnen helfen, HDR zu verstehen, sodass Sie die HDR-Technologie in Ihrer täglichen Arbeit mit der Kamera einsetzen können.

## Das HDR-Missverständnis

Die HDR-Fotografie wurde vor einigen Jahren durch Veröffentlichungen von typisch bunten, überscharfen Fotos in das Bewusstsein der Öffentlichkeit gerückt. Die HDR-Technologie ist aber schon Jahrzehnte alt und bereits Tausende Male in Kinofilmen eingesetzt worden, ohne dass jemand außerhalb des engen Kreises der Spezialisten davon irgendwie Kenntnis genommen hätte. Erst dadurch, dass Bilder auf den Markt kamen, die eigentlich „falsch" berechnet waren und die durch diesen Fehler einen bisher nicht gesehenen Effekt erzielten, fand das Thema HDR eine breitere Öffentlichkeit. Heute wird HDR fast synonym mit „bonbonbunt und überschärft" verwendet. Mit HDR hat das aber nur so viel zu tun wie ein Kochlöffel mit einem Bœuf Stroganoff. Man braucht ihn, um das Ragout umzurühren, aber niemand würde später am Esstisch den Inhalt der Schüssel als Kochlöffel bezeichnen.

## HDR ist pure Mathematik

HDR (High Dynamic Range) ist eigentlich pure Mathematik. Es ist ein mathematisches Modell, um die Beschränkungen herkömmlicher Fotografie aufzuheben. Prinzipbedingt kann weder ein Film noch ein Sensor oder irgendein anderes Medium die Wirklichkeit komplett einfangen, und ein Monitor kann sie auch nicht naturgetreu wiedergeben. Während Dunkelheit noch recht einfach ist, ist eine naturalistische Wiedergabe einer Kerze schon eine recht heiße Sache und die realistische Darstellung der Sonne schlicht unmöglich - wobei natürlich auch die Darstellung echter Dunkelheit ein Ding der Unmöglichkeit ist. Es ist schon ein Kunststück, wirklich schwarzes Schwarz zu drucken, mit echter Dunkelheit hat das jedoch noch gar nichts zu tun. Selbst wenn Sie Ihren Monitor ausschalten, sehen Sie ihn noch. In einem wirklich stockdunklen Raum sehen Sie aber nicht einmal den Bildschirm mehr.

## DAS AUGE

**Das Auge hat einen fünfstufigen Helligkeitsregler, um mit dem Kontrastumfang der Natur von 1:1011 zurechtzukommen. Die Pupille ist die erste Stufe. Sie kann ihren Durchmesser zwischen 1 und 8 mm variieren, benötigt dazu zwischen 0,3 und 0,8 Sekunden und kann damit 5 Blendenstufen abblenden**
**Die nächste Stufe im Auge sind die Rezeptoren, die Stäbchen und Zapfen. Wie auch der Sensor in der Digitalkamera besitzt der Mensch drei verschiedene Zapfen, die in unterschiedlichen Frequenzbereichen des Lichts empfindlich sind. Sobald es zu dunkel wird, verlieren die Zapfen ihre Funktion – daher auch der Name „Zapfenstreich" –, und die Stäbchen treten in Funktion. Diese haben eine andere Empfindlichkeit als die Zapfen und produzieren eine Art blaugrünen Farbstich; Mondlicht erscheint uns dadurch kalt, obwohl es eigentlich Sonnenlicht ist.**
**Um jedoch auch extrem helle Situationen zu meistern, bedient sich das Auge zweier zusätzlicher Tricks, und zwar einerseits einer fotochemischen Regulierung der Neubildung des Sehfarbstoffs und andererseits eines regelbaren Widerstands in der Signalleitung. Der Sehfarbstoff zerfällt bei Lichteinfall, und die Zerfallsprodukte lösen einen Reiz aus. Damit nicht irgendwann der Sehfarbstoff aufgebraucht ist, wird er kontinuierlich neu gebildet: Je stärker der Lichteinfall ist, desto geringer wird die Farbstoffkonzentration. Das Auge legt also selbsttätig gewissermaßen einen Film mit passender Empfindlichkeit ein. Das dauert allerdings etwas, höhere Empfindlichkeiten etwa bis zu 40 Minuten. Umgekehrt ist die Adaption auf helles Licht in wenigen Sekunden erledigt.**

**Gegen Lichtblitze hat das Auge noch den einstellbaren Signalwiderstand. Wenn die Reizstärke an der Sehzelle den gerade eingestellten Bereich kurzfristig überschreitet, etwa durch einen Elektronenblitz, wird innerhalb von maximal 5 Hundertstelsekunden der Pegel am Ausgang der Nervenzelle stark begrenzt. Nach Ende des Helligkeitsereignisses kann es dann über eine Sekunde dauern, den Pegel wieder auf den vorherigen Wert „hochzufahren". In dieser Zeit ist das Auge auf den hellen Pegel des Blitzes eingestellt und geblendet. Über diese Begrenzung der Verstärkung wird der Hauptteil der Adaption des Auges durchgeführt, denn nur damit ist das Auge schnell genug, die großen Kontraste einer Szene wahrzunehmen. Das Auge kann über diese elektrische Lösung in 0,2 Sekunden 5 Blenden ausgleichen. Wie bereits im Kapitel „Objektivtechnik und Objektivtypen" besprochen, muss das Auge kein komplettes oder hochkontrastiges Bild erzeugen, sondern immer nur kleine Ausschnitte, die dann vom Gehirn erst zum Bild der Wirklichkeit zusammengefügt werden.**
**Wenn es noch heller wird, gibt es eine fünfte Möglichkeit: den Lidschlussreflex, quasi ein vorschaltbarer Graufilter. Damit kann einerseits der langsame Pupillenreflex vorübergehend ersetzt und andererseits die Lichtmenge selbst bei geschlossener Pupille durch eine vorgesetzte Schlitzblende verringert werden.**

HDR bedeutet nicht weniger als die Darstellung dieser Unmöglichkeiten zumindest im mathematischen Bereich. Das bedeutet, Sie haben einen mathematischen Wert für die Dunkelheit und für gleißende Helligkeit. Nun hängt es nur noch davon ab, was Sie daraus machen.

HDR wurde seinerzeit nicht dafür entwickelt, bonbonbunte, überschärfte Bilder zu ermöglichen, sondern diente dazu, künstliche Realitäten zu schaffen, die mit realen Szenerien verrechnet werden konnten, sodass die resultierende Szene trotz der darin vorkommenden digitalen grünen Männchen völlig realistisch wirkte, weil sich auf dem Helmvisier des grünen Männchens sogar die reale Umgebung der Szene korrekt widerspiegelte. Dabei dient das HDR nicht nur als bunter Hintergrund (Textur), sondern auch als Beschreibung der Lichtsituation (Lightmap), bei der man Belichtungsstärken direkt aus dem Bild ablesen kann. Nicht anders wird es bei vielen Abbildungen in der Fahrzeugwerbung gemacht. Dort sind die Fahrzeuge oft nur noch detaillierte 3-D-Vektorkonstrukte, die digital in ein natürliches HDR-Panorama gerendert werden.

### Logarithmische und lineare Wahrnehmung

Unsere Wahrnehmung ist in den allermeisten Fällen nicht linear, sondern logarithmisch, weil unsere Sinne sonst von jedem stärkeren Ereignis hoffnungslos überfordert wären. Einer der Sinne, die logarithmisch arbeiten, ist der Gesichtssinn.

#### *Lichtwert und Kontrastumfang*

Das Auge kann sich an extrem hohe oder niedrige Signalpegel anpassen – also adaptieren. Zudem sorgt eine lineare Zunahme des Lichts nicht für eine lineare Zunahme des Helligkeitseindrucks. Wie bereits im Kapitel „Die Kamera wirklich verstehen" erwähnt: Unsere Augen sind im Dunkeln wesentlich empfindlicher als bei Helligkeit. Um das in einer Einheit auszudrücken, gibt es den „Lichtwert", auf Englisch „Exposure Value", die Abkürzungen lauten entsprechend LW bzw. EV. Helligkeit wird natürlich durch die Anzahl der Lichtteilchen bestimmt, die auf eine bestimmte Fläche, in dem Fall unser Auge, in einer bestimmten Zeit fällt – je mehr, desto heller. Da das Auszählen der Photonen aber etwas mühsam ist, wird hier ein Verhältnis gebildet, nämlich der Kontrast. Ein Motiv hat eine bestimmte Helligkeit, das danebenliegende eine hundertmal höhere Helligkeit, der Kontrast zwischen den beiden Motiven ist also 100:1. Der Lichtwert wird folgendermaßen berechnet:

**EV = log2 (Kontrastverhältnis)**

So ergibt sich für das Kontrastverhältnis von 100:1 ein Lichtwert von 6,6439. Auch hier gibt es wieder eine kleine Tabelle, die die Bedeutung der Einheit Lichtwert verdeutlichen soll. Als Nullpunkt der Skala wurde der Lichtwert vereinbart, der bei einer hypothetischen Kamera mit Blende 1, 1 Sekunde Belichtungszeit und ISO 100 eine 18-%-Graukarte korrekt belichtet. Wird es dunkler, geht der Lichtwert ins Negative.

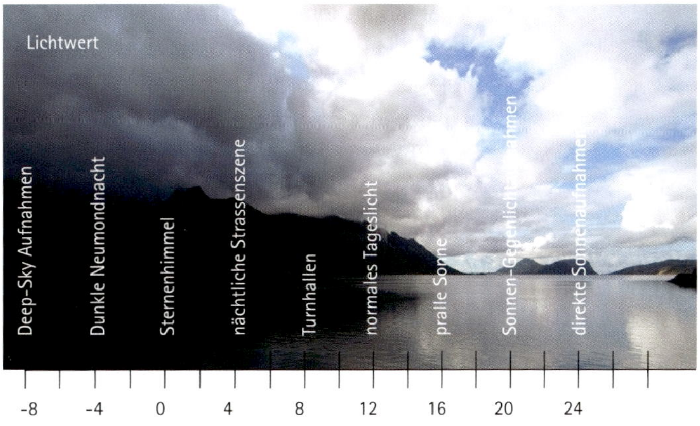


*Lichtwertetabelle: Wird es dunkler, geht der Lichtwert ins Negative; wird es heller, geht der Lichtwert ins Positive.*

1987 entwickelte Greg Ward aus völlig anderen Gründen ein Dateiformat, das endlich jeden denkbaren Kontrastumfang abbilden konnte: das Radiance-Format mit der Dateinamenserweiterung *.hdr*. Da 1987 TByte-(Terabyte-)Festplatten noch Science-Fiction waren, verwendete Greg Ward einen mathematischen Trick, um nicht 32 Bit pro Farbkanal speichern zu müssen. Er verwendete vier Kanäle, drei davon mit 8 Bit und einen vierten mit einem Exponentialfaktor, der auf die drei RGB-Kanäle angewendet wird.

Das Ergebnis ist eine Gleitkommazahl für jeden Kanal, die einen Wert zwischen 0 und 2.128 annehmen kann. 2128 sind grob eine 34 mit 37 Nullen dahinter. Tatsächlich darstellbar sind allerdings pro Kanal „nur" 65.536 Farben, mithin insgesamt also 281.474.976.710.656 unterschiedliche Farben.

Obwohl das wunderbar klingt, ist der praktische Nutzen dieser möglichen Farben etwas beschränkt: Die meisten Farben entfallen auf Helligkeiten, die jene der Sonnenoberfläche bei Weitem überschreiten, oder auf Dunkelheiten, die nicht einmal im Inneren eines geschlossenen Kühlschranks erreicht werden.

Das Radiance-Format kann nämlich einen Kontrastumfang von 253 Lichtwerten speichern – der Unterschied zwischen der Helligkeit an der Sonnenoberfläche und einer Deep-Sky-Galaxie liegt bei etwa 44 Lichtwerten. Im fotografischen Alltag kommt man kaum in die Verlegenheit, mehr als 20 Blendenstufen in einem Bild verarbeiten zu müssen.

Das HDR-Format ist also die berühmte Kanone, die die Spatzen aufs Korn nimmt und dabei leider vergisst, dass neben schierer Kraft auch Präzision von Bedeutung ist. Wenn es um exakte Farbdarstellung geht, hat das RGB-Format seine Schwächen: Der Farbraum ist vergleichsweise beschränkt.

### EXR-Format

Als Alternative zu Radiance wurde im Jahr 2000 das EXR-Fomat entwickelt und 2003 als Open Source freigegeben. EXR hat zwar prinzipbedingt „nur" 10 Bit pro Farbkanal, also 1.024 Werte, aber diese hat es für jeden der darstellbaren 32 Lichtwerte. Da ein Punkt immer nur einen Lichtwert haben kann, muss man also nicht unglaubliche Zahlenräume freihalten, sondern man gibt nur noch „Hellblau" und „Lichtwert 16" an, und schon hat man die Farbe des Sommerhimmels.

Da ein gut belichtetes Bild 8 Blenden umfasst, hat man also pro Bild rund 8 Milliarden Farben zur Verfügung (1 Milliarde pro Lichtwert). Das reicht im fotografischen Alltag aus, und auch 32 Lichtwerte darstellbarer Kontrastumfang ist für alles, was an Alltagsbelichtungen auf einen zukommt, mehr als ausreichend.

EXR wurde seinerzeit für die digitale Bearbeitung von Kinofilmen entwickelt, es sollte damit möglich sein, sowohl digitale Renderings als auch beliebige Effekte in das Kinobild hineinzurechnen. EXR ist zwar prinzipiell ebenfalls ein RGB-Format, aber es ist jederzeit durch einen vierten Kanal erweiterbar, der nahezu beliebige weitere Informationen enthalten kann.

### Fließkomma-TIFF

Ein drittes Dateiformat für HDR-Dateien ist Fließkomma-TIFF oder auch Floatingpoint-TIFF. TIFF ist eine Art Dinosaurier unter den Dateiformaten: Dinosaurier sind groß, es gibt sie in allen möglichen Formen, kaum einer kennt alle – und manchmal werden sie verwechselt. Beim TIFF ist es nicht anders. Da TIFF nahezu alles kann, kocht sich fast jede Software ihr eigenes TIFF-Süppchen, und beim Austausch kommt es regelmäßig zu überraschenden Effekten, wenn die Formate überhaupt lesbar sind.

Unkomprimiertes Fließkomma-TIFF beherrschen zwar die meisten Programme, die überhaupt mit HDR-Dateien umgehen können, aber das Format hat einen kleinen Nachteil: Es ist absurd groß. Es speichert volle 32 Bit pro Kanal – und das als Fließkomma –, erlaubt zusätzliche Kanäle, jeden nur denkbaren Farbraum, 253 Lichtwerte Dynamikumfang und 4,7 Trillionen Farben pro Lichtwert.

Das hat seinen Preis. Ein 10-Megapixel-HDR hat im Radiance-Format 30 MByte, im OpenEXR-Format 20 MByte und im TIFF-Format 110 MByte. Ein HDR-Panoramabild in TIFF kann schnell mehrere GByte (Gigabyte) groß werden.

Für den Normalanwender ist Fließkomma-TIFF darum eher uninteressant. Es kommt dann zum Zuge, wenn allerhöchste Ansprüche an die Farbtreue auch nach vielen Bearbeitungen gestellt werden. Da TIFF gnadenlos die Fließkommawerte speichert, kann es nicht zu Rundungsfehlern kommen, wie etwa bei Radiance oder OpenEXR. Über die Sichtbarkeit dieser Rundungsfehler gibt es allerdings unterschiedliche Auffassungen. Da OpenEXR auch von Hollywoodstudios verwendet wird, kann man wohl behaupten, dass die entsprechenden Fehler eher in wenigen Ausnahmefällen störend wirken. Wenn das der Fall ist, treten solche Probleme nur bei gerenderten Computergrafiken auf. Im fotografischen Bereich sind diese Probleme irrelevant.

In der täglichen Arbeit sollte die Auswahl des Dateiformats nach der zur Verfügung stehenden Software getroffen werden. Unterstützt die Software alle Formate, ist sicher OpenEXR die ökonomischste Lösung.

**Photomatix Pro-Radiance-Format**

Bei Photomatix Pro, einem der führenden Programme für das Erzeugen von HDR-Bildern, liegt die Sache etwas anders: Photomatix Pro arbeitet intern mit dem Radiance-Format und konvertiert lediglich zum Abspeichern in OpenEXR. Diese Konvertierung ist verlustbehaftet, sodass OpenEXR-Files aus Photomatix Pro zwar auf den ersten Blick identisch mit der Radiance-Datei aussehen, aber sobald man sich die jeweiligen Histogramme ansieht, sind die Werte deutlich unterschiedlich. Aus Gründen der möglichst weitgehenden Erhaltung der Originaldaten ist es also zu empfehlen, bei Photomatix Pro auf Radiance zu setzen und auch HDR-Dateien als Radiance abzuspeichern. Nur in Ausnahmefällen, wenn andere Programme mit dem Radiance-Format von Photomatix Pro nicht zurechtkommen, sollte man zu OpenEXR konvertieren.

**Fließkommazahlen bei Bildern**

Oben ist ein neuer Begriff aufgetaucht: Fließkommazahlen. Das sind Zahlen, die nicht nur Abstände von 1 kennen, sondern auch alle Zwischenwerte, also 1,3 oder 14,7895. Der Vorteil des Rechnens mit Fließkommazahlen bei Bildern liegt darin, dass Bildbearbeitungen wesentlich genauer werden. Wird beispielsweise ein Bild aufgehellt, kann es bei ganzen Zahlen passieren, dass in den hellen Bereichen genug Werte vorhanden sind, um die Aufhellung gleichmäßig umzusetzen, in den dunklen Bereichen aber die Helligkeit sprunghaft ansteigt.

Bei der Fließkommaberechnung kann der aufgehellte Bereich nicht nur die Werte 3, 4 oder 5 annehmen, sondern auch den Wert 4,2. Da das auf alle Bildpunkte zutrifft, kann mit Fließkommaberechnung das Bild sehr viel feiner justiert werden. Diese feine und genaue Bearbeitung ist speziell für HDR-Bilder notwendig, da hier sehr umfangreiche Rechenoperationen am ursprünglichen Bild vorgenommen werden. Würden nur ganze Zahlen zur Verfügung stehen, würden sich die zwangsläufig ergebenden Rundungsfehler zu haarsträubenden Artefakten und Tonwertabrissen summieren.

Man sollte bei der Betrachtung nicht vergessen: Ein falscher Wert sorgt im fertigen Bild für eine falsche Farbe, und eine Linie von drei oder vier gleichen Werten, die aus irgendwelchen Gründen durch Rundungsfehler entstehen, ist im fertigen Bild sofort als störendes Artefakt zu erkennen. Durch die Verwendung von Fließkommazahlen ist ein solches Problem so gut wie ausgeschlossen.

## Die Gammakorrektur

Einen weiteren Vorteil, den HDR-Dateien haben, ist, dass sie nicht auf ein Ausgabegerät bezogen sind. Sie speichern quasi das Motiv und alles, was das Motiv ausmacht, und wenn jemand das Bild ansehen oder ausdrucken will, muss er es erst für das vorgesehene Ausgabegerät interpretieren. JPEG-Dateien sind im Gegensatz dazu bereits für das Ansehen auf dem Monitor oder den Ausdruck optimiert. Dies geschieht dadurch, dass beim ursprünglichen Bild die mittleren Tonwerte stark angehoben werden.

Das nennt man Gammakorrektur. Die Gammakorrektur verändert das Bild und verursacht damit einen Verlust von Originaldaten. Wird nun ein gammakorrigiertes Bild erneut verändert, gehen immer mehr Farbwerte verloren, es kommt zu Farbstufen, ausgefressenen Lichtern und abgesoffenen Schatten. Das gammakorrigierte 8-Bit-JPEG ist schlicht nicht dafür gebaut, noch verändert zu werden.

Auch die Notwendigkeit der Gammakorrektur hat ihren Ursprung im menschlichen Auge. Das hat nämlich ebenfalls eine Gammakorrektur eingebaut, und zwar etwa mit dem Faktor 0,4. Das Auge hebt also die Mitteltöne an, dadurch kann es Details in dunklen Bereichen besser wahrnehmen.

Ein Monitor dagegen bildet eigentlich linear ab, nur nehmen wir das aufgrund unserer eingebauten Gammakorrektur nicht wahr. Damit nun das Bild auf dem Monitor unseren Sehgewohnheiten entspricht, werden heutzutage alle Monitore vom Betriebssystem mit einem zum ungefähren Wert 0,4 reziproken Wert betrieben: 2,2. Selbst Apple ist mit der neuesten Version des Betriebssystems Mac OS X Snow Leopard vom Wert 1,8 auf 2,2 umgeschwenkt.

Da es sich bei der Gammakorrektur um eine Funktion handelt, die auf die vorher gültige Tonwertkurve angewendet wird, bedeuten die Werte der Gammakorrektur nicht „absolute" Werte, sondern lediglich die Veränderung gegenüber der vorherigen Kurve. Leider haben einige Grafiktreiber die Faktoren in ihrer Anzeige vertauscht, sodass Sie beim Verändern des Gammas Ihres Monitors unter Umständen in die falsche Richtung regeln.

## Das Tone Mapping

Ein HDR ist nicht gammakorrigiert, die Korrektur für das Ausgabegerät findet erst beim sogenannten „Tone Mapping" statt. Ein HDR ist, wenn man so will, das ultimative RAW für ein Bild. Und genau aus diesem Grund verwendet man zur Erstellung eines HDR sinnvollerweise gleich eine RAW-Datei. Die unter Verlust gammakorrigierten JPEGs müssen nämlich vom Programm zur HDR-Erstellung erst wieder „zurückgerechnet" werden, was ein gewisses Vabanquespiel dahin gehend ist, wie das Bild vor der Korrektur gewesen sein könnte. Die RAWs, die nicht korrigiert sind, ersparen der Software das Rätselraten und enthalten zudem auch noch mehr Daten.

**⊡ LESEZEICHEN**

http://bit.ly/d2ae2v

Hier erhalten Sie eine voll funktionsfähige Photomatix Pro-Demoversion, dem Nummer-eins-Tool für die Erstellung faszinierender HDR-Bilder. Der Unterschied zur lizenzierten Version liegt darin, dass die mit der Demoversion erzeugten Bilder jeweils ein Wasserzeichen enthalten.

### Tone Mapping in Photomatix Pro

Einer der Vorteile des HDR-Formats ist, dass man aus diesem Abbild der Wirklichkeit gleichsam beliebige Scheiben ausschneiden kann, also gewissermaßen mit einer virtuellen Kamera losziehen und beliebige Belichtungstests machen kann, ohne auch nur einmal die warme Stube zu verlassen. Es ist für die Software kein Problem, aus dem HDR ein Bild mit einer speziellen Belichtungszeit, also einem bestimmten Lichtwert zu extrahieren, das in Wirklichkeit nie aufgenommen wurde. Photomatix Pro erlaubt das bereits während der Betrachtung schlicht durch Drücken der Tasten [F11] und [F12].

#### *HDR- und Tone-Mapping-Einstellungen*

Zurück zum Begriff Tone Mapping, der bereits mehrfach auftauchte. Während die Erstellung eines HDR eigentlich recht simpel ist - ein Bild wird einfach in ein anderes Datenformat umgerechnet -, ist der umgekehrte Weg deutlich komplexer. Ein HDR mit im Extremfall 25 Lichtwerten, also 25 Blendenstufen, Kontrastumfang in ein Bild umzurechnen, das auf Papier mit 6 Blendenwerten Kontrastumfang gut aussieht, ist nicht trivial. Zu diesem Zweck muss die Software die hellen Stellen gewaltig abdunkeln, die dunklen Stellen aufhellen und den ganzen Rest brutal komprimieren, ohne dabei Details zu verlieren oder einen unnatürlichen Eindruck hervorzurufen. Genau dieses Abbilden eines hohen Kontrastumfangs auf einen niedrigen Kontrastumfang nennt man Tone Mapping, weil dabei die Farbtöne des Bilds übertragen werden.

Die einfachste Möglichkeit eines Tone Mapping ist, einen 6 Blenden breiten Ausschnitt aus dem HDR herauszupicken und diesen abzubilden. Da im HDR alle Lichtdaten gespeichert sind, ist das ganz leicht möglich. Man sucht sich eine bevorzugte Belichtungssituation heraus und exportiert sie als 8-Bit-JPEG - fertig. Auf einmal haben Sie ein Bild, das Sie so nie fotografiert haben - Sie hätten es aber so fotografieren können.

So beeindruckend diese Möglichkeit ist, im Allgemeinen wird das Tone Mapping verwendet, um JPEG-Bilder zu erstellen, die scheinbar einen höheren Kontrastumfang abbilden. Wichtig ist dabei das „scheinbar", da sie das natürlich nicht tun. Es sind immer noch Low-Dynamic-Resolution-Bilder, kurz LDR-Bilder. Und wie alles, was nur so aussieht, als ob, ist die Herstellung eines LDR aus einem HDR keine exakte Wissenschaft, sondern eine höchst ungenaue Angelegenheit, die viel mit dem Können und dem Wollen des Künstlers zu tun hat.

Die Software Photomatix Pro hat für die Erstellung des HDR-Bilds lediglich vier Schalter, für das Tone Mapping aber insgesamt 22 Schieberegler. Während die Erstellung eines HDR eine rein mathematische Angelegenheit ist, hat das Tone Mapping also sehr viel mit persönlichem Geschmack zu tun.

Prinzipiell gibt es beim Mappen des Bilds zwei Ansätze: einen möglichst natürlichen Eindruck zu erzielen und einen hyperrealistischen oder dramatischen Effekt zu erzeugen. Um eine natürliche Anmutung des Bilds zu erreichen, wird meistens lediglich der Kontrastumfang komprimiert und das Ergebnis gammakorrigiert. Diese Kurve kann man noch anpassen und bestimmte Bereiche aufhellen oder abdunkeln sowie den Mikrokontrast – also den Kontrast innerhalb von Bildteilen – verstärken. Da bei dieser Maßnahme natürlich Datenmaterial des HDR-Originals verloren geht, sollte man dabei sorgfältig vorgehen, eine spätere Bearbeitung der gemappten Datei ist schlechter möglich. Den Ergebnissen sieht meistens nur noch der Kenner an, dass er ein aus einem HDR gemapptes LDR vor sich hat.

Bekannter sind die eher künstlerisch angehauchten Mapping-Ergebnisse. Sie komprimieren nicht nur den Dynamikumfang des Bilds, sondern kehren den Kontrast in Teilen des Bilds um – eigentlich helle Wolken werden beispielsweise dunkler als die darunterliegende Landschaft –, der Effekt ist dramatisch. Der Hintergrund der Kontrastumkehr ist eigentlich eine Beschränkung des im 8-Bit-Format darstellbaren Kontrastumfangs: Wird ein Bild mit mehr als 16 EV Kontrastumfang in ein 8-Bit-Bild konvertiert, reichen die verfügbaren Farbtöne nicht mehr aus, um selbst komprimiert das Bild in allen Details darzustellen. Um nun die Details nicht zu verlieren, wird eine lokale Kontrastumkehr vorgenommen, also Farben verfälscht, um überhaupt noch Mikrokontraste darstellen zu können: Der typische HDR-Look ist geboren.

Diese Methode kann natürlich auf jedes 8-Bit-Bild angewendet werden, um diesen Look zu erzeugen, wichtig ist nur, dass das zugrunde liegende Bild keine rein weißen oder rein schwarzen Stellen hat, da dann diese Kontrastumkehr nicht mehr funktioniert. Es entstehen typische, neutralgraue Flächen. Mit High Dynamic Range hat das natürlich nichts zu tun, es fällt in den Bereich „künstlerische Effektfilter" und ist nicht Thema dieses Kapitels.

Auch eine andere verwandte Methode zur Erhöhung des abbildbaren Kontrastumfangs soll kurz erwähnt werden: das „Exposure Blending". Dabei werden mehrere Bilder einer Belichtungsreihe so zusammengerechnet, dass Bereiche ohne Zeichnung im einen Bild durch entsprechend anders belichtete Bereiche aus anderen Bildern ersetzt werden. Das Ergebnis ist ähnlich dem aus einem HDR mit einfachem Mapping erzeugten Bild, es liegt ihm jedoch kein HDR zugrunde. Das Bild ist, obwohl es einen höheren Kontrastumfang als das einzelne Ursprungsbild zeigt, immer noch ein LDR-Bild.

## HDRs fotografieren

Die Grundlage für ein HDR-Bild ist eine Reihe mehrerer Bilder eines Motivs, die unterschiedlich belichtet werden. Diese Belichtungsreihen werden bei der HDR-Erstellung zusammengerechnet, und dabei werden aus den verschiedenen Bildern immer die Teile verwendet, die Zeichnung haben. Um nun ein vollständiges HDR zu bekommen, benötigen Sie Bilder, die in Summe den gesamten Belichtungsbereich des Motivs abdecken.

Daher muss jeder einzelne Bildpunkt mindestens einmal, besser zweimal, in seiner natürlichen Farbe auftauchen. Das Histogramm muss also schrittweise durch den gesamten Bereich wandern, sodass zum Schluss mindestens eine Aufnahme dabei ist, bei der kein Licht ausgefressen, und eine, bei der kein Schatten in Schwarz abgesoffen ist. Während die Schatten meistens nur dann Probleme bereiten, wenn man keine Möglichkeit hat, lange genug zu belichten, wird das mit den Lichtern oft genug problematisch, wenn die Sonne noch mit aufs Bild soll. Vor allem tagsüber haben viele Kameras nicht die Möglichkeit, kurz genug zu belichten, um die Sonne anders als als weißen Fleck abzubilden.

## Belichtungszeit einstellen

Es gibt mehrere Möglichkeiten, unterschiedlich belichtete Bilder ein und desselben Motivs anzufertigen. Die klassische Methode ist natürlich die Variation der Belichtungszeit. Dabei wird die Blende an der Kamera fixiert und lediglich die Belichtungszeit von Bild zu Bild geändert. Es gibt Kameras, die solche Belichtungsreihen (englisch: Bracketing) von Haus aus beherrschen. Nicht immer sind sie aber für ein HDR auch tatsächlich zu gebrauchen. Bei vielen Kameras sind lediglich Belichtungszeitvariationen um plus/minus einen Lichtwert möglich, für HDR zu wenig, aber immerhin besser als gar nichts. Ideal sind Kameras, die fünf Belichtungen im Abstand von jeweils zwei Lichtwerten zulassen. Der Abstand von zwei Lichtwerten wird plausibel, wenn man sich die Histogramme ansieht. Erst durch diesen Abstand verschiebt sich der Belichtungsabstand so signifikant, dass neue Informationen für die HDR-Erstellung zur Verfügung stehen. Größere Mengen an Belichtungen mit geringeren Abständen sorgen nicht für eine genauere oder bessere HDR-Erstellung, sondern für eine höhere Fehlerquote. Zudem steigt der Anteil der Mitteltöne im Vergleich zu den Tönen am unteren und oberen Rand, da ja bei jeder neuen Belichtung die bisherigen Mitteltöne nochmals abgelichtet werden – und zwar in einem Bereich, der als korrekt durchgehen kann. Die Software hat also das Problem, zu entscheiden, welche der im Zweifelsfall drei oder vier Belichtungen der Mitteltöne nun korrekt ist oder eben nicht.

Hat die Kamera die entsprechende Funktion nicht, wird es etwas schwieriger. In diesem Fall muss die Belichtungszeit von Hand eingestellt werden. Das Problem ist dabei nicht etwa, die Belichtungszeit zu verstellen, sondern die Kamera möglichst nicht zu bewegen. Freihand-HDRs sind mit solchen Kameras nicht möglich.

## Ein gutes Stativ ist Pflicht

Dies führt zur nächsten Voraussetzung für gute HDRs: ein gutes Stativ. Die Software zur HDR-Konvertierung kommt zwar auch mit gewissen Differenzen in den Bildern zurecht und kann sie ausgleichen, trotzdem ist das immer mit Schärfeverlust in den Details verbunden. Selbst die schnellsten Kameras benötigen für eine Belichtungsreihe mit 5 Bildern und jeweils 2 Lichtwerten Abstand etwa eine Sekunde – das ist aus der Hand nicht mehr wackelfrei zu halten, selbst wenn man die längeren Belichtungszeiten um 1/8 Sekunde oder noch länger vielleicht dank interner Stabilisatoren noch bewältigen kann. Die bei normalen Fotos durchaus brauchbaren Bastellösungen, wie Schnurstative und Bohnensäckchen, sind für HDRs nicht zu verwenden. Die Wahrscheinlichkeit, beim Verstellen der Belichtungszeit das Bohnensäckchen zu verschieben, ist recht hoch.

Berücksichtigen Sie auch, dass Sie selbst auf einem hochauflösenden VGA-Display der Kamera ein Verrutschen des Bildausschnitts erst dann erkennen können, wenn es bereits etwa 20 Pixel erreicht hat. Eine Kontrolle der Belichtungsreihe durch den Sucher verbietet sich von selbst. Die Gefahr, dabei die Kameraposition zu verändern, ist zu groß.

Die nächste Falle lauert beim Auslöser. Unterschätzen Sie nicht die Vibrationen, die Sie durch das Drücken dieses Knöpfchens verursachen. Dabei geht es gar nicht um den berühmt-berüchtigten Spiegelschlag bei DSLR-Kameras, sondern tatsächlich darum, dass Sie durch das Drücken des Auslösers am Stativ herumschubsen. Die entsprechenden Vibrationen sind um ein Vielfaches stärker als ein Spiegelschlag, und bei Kameras ohne Spiegel wirkt sich der Druck noch stärker aus – diese Kameras sind nämlich üblicherweise kleiner und leichter und reagieren damit nochmals empfindlicher auf die ausgeübte Kraft.

Verwenden Sie also entweder einen Fernauslöser, oder, falls das nicht geht, eine Spiegelvorauslösung mit mindestens zwei Sekunden Verzögerung. Bei einigen Kameras finden Sie diese Funktion unter *Anti-Schock* – interessanterweise sogar bei Kameras ganz ohne Spiegel. Wenn Sie weder Spiegelvorauslösung noch Fernauslöser zur Verfügung haben, aktivieren Sie den Selbstauslöser mit einer möglichst kurzen Zeit. Auch damit können Sie die Kameraauslösung wirkungsvoll verzögern, bis sich die Schwingungen des Stativs gelegt haben.

## Vorsicht Falle: der Autofokus

Eine weitere Gefahr wartet ebenfalls am Auslöser: der Autofokus. Es gibt prinzipiell zwei Autofokusarten: den Kontrastautofokus und den Phasendetektionsautofokus. Manche Kameras haben beide eingebaut, manche nur jeweils einen. Beide AF-Versionen haben aber einen prinzipiellen Nachteil: Es kann passieren, dass Sie bei mehrmaligem Scharfstellen an unterschiedlichen Schärfepunkten landen. Der Unterschied kann so gering sein, dass Sie ihn am Display nicht sehen und erst später bei der Bildbearbeitung feststellen, dass da irgendetwas nicht passt. Stellen Sie also bei Belichtungsreihen einmal scharf und schalten Sie dann den Autofokus ab. Haben Sie eine Kamera, die bei Belichtungsreihen auf Serienmodus Schärfe und Belichtung speichert und auf alle Bilder anwendet, nutzen Sie diesen Komfort – soweit Ihr Stativ das erlaubt.

### Optische Qualität der Objektive

Selbstverständlich sollte sein, dass Sie die optische Qualität Ihrer Objektive im Auge haben. Dies betrifft nicht nur die Schärfeleistung der Objektive an sich, sondern auch eventuelle Vignettierungen. Abschattungen und Unschärfen in den Ecken werden durch HDR nicht gemindert, sondern verstärkt. Blenden Sie also lieber eine Blende ab, bevor Sie Objektivabbildungsfehler bekommen. Speziell bei Vignettierungen sollten Sie genau hinsehen. Wenn Sie HDR-Panoramen erstellen wollen, kann ein Serie vignettierender Bilder beim Stitchen für abgekaute Fingernägel sorgen.

### Auf Bodenschwingungen achten

Zu guter Letzt: Achten Sie auf Ihren Fußboden. Sobald Sie sich nicht auf wirklich massiven Betonplatten, gewachsenem Fels oder einer Asphaltdecke befinden, müssen Sie damit rechnen, dass der Boden anfängt zu schwingen, sobald Sie sich bewegen. Holz- und Turnhallenböden sind besonders schlimm. Da reicht schon das Verlagern des Gewichts auf den anderen Fuß, um das Stativ zu bewegen. Auch Brücken mögen stabil wirken, aber schon ein paar fest auftretende Fußgänger können die Brücke in feine Schwingungen versetzen, die Ihre Bilder ruinieren.

### Unschärfebereiche in HDR-Bildern

Bisweilen ist Unschärfe in Fotos erwünscht – bei HDR ist das anders. Prinzipiell können Sie natürlich auch HDR-Bilder mit großen Unschärfebereichen erstellen. Sie sollten dabei aber darauf achten, dass die Lichtquellen und Spitzlichter nicht in diesem Bereich landen. Ein HDR-Bokeh ist zwar interessant, aber nicht hübsch.

Die allgemeine Unschärfe entspricht der Unschärfe bei der größten Blende, also 3,2, aber jede einzelne Blende erzeugt einen weiteren Unschärfebereich, der bei der Überlagerung durch die HDR-Software scharfe Ränder bildet. Bei speziellen Bildideen mag der Effekt willkommen sein, im Normalfall ist er unerwünscht.

Unten: *Anhand dieses Motivs kann man auch gleich die Auswirkungen einer Belichtungssteuerung über die Blende sehen. Ein HDR dieses Motivs, bei dem die Belichtungsreihe durch ein schrittweises Schließen der Blende realisiert wurde, hat folgendes Ergebnis: links das Ergebnis einer Belichtungsreihe mit durchgängig Blende 8, rechts dagegen das Ergebnis mit einer Belichtungsreihe von Blende 3,2 bis Blende 18.*

Oben: *Bei diesem Bild liegen die Lichter im Unschärfebereich. Aus den Spitzlichtern sind schmutzige Flecken geworden, die Mängel des überkorrigierten Bokeh treten überdeutlich hervor, und auch die bunten Lichter sehen seltsam aus. Der Kontrastumfang liegt bei 17000:1 – vor allem dank des schwarzen Metronoms im Vordergrund. Das Bild wurde mit Blende 3,5 und einer Brennweite von 316 mm (Kleinbild) gemacht.*

## Belichtungsreihen

Nachdem nun die technischen Voraussetzungen geklärt sind, kommt das schwierigste Kapitel der Belichtungsreihe: die Belichtungsparameter selbst. In den meisten Fällen werden Sie nicht mit dem Handbelichtungsmesser Ihr Motiv ausmessen, sondern den in Ihrer Kamera eingebauten Belichtungsmesser verwenden. Berücksichtigen Sie dabei, dass der Belichtungsmesser in der Kamera nicht etwa das Licht misst, das direkt am Objekt herrscht, sondern das reflektierte Licht, das vom Objekt im Objektiv der Kamera landet. Je nach Anzahl der Belichtungsmessfelder und Art der Belichtungsmessung kann das einen erheblichen Unterschied machen.

Da beim HDR ja eben nicht versucht wird, ein ausgewogenes Bild zu erreichen, sondern das Ziel das vollständige Erfassen des Motivs ist, muss als Erstes die gesamte Dynamik des Motivs erfasst werden. Man benötigt also die Belichtungszeit, um die dunkelste im Motiv vorkommende Ecke korrekt zu belichten, und andererseits die Belichtungszeit für die hellste, im Motiv vorkommende Stelle. Nun müssen aber diese beiden Extreme nicht identisch belichtet werden, es reicht, wenn die Zeichnung in den Schatten und in den Lichtern ausreichend ist.

Dazu müssen Sie sich wieder etwas mit Ihrer Kamera beschäftigen. Jeder Hersteller kocht im Hinblick auf die Durchzeichnung von Schatten und Lichtern sein eigenes Süppchen. Während etwa die Olympus E-1 sehr schnell ausgefressene Lichter bekam, aber in den Schatten verblüffenden Detailreichtum versteckte, haben viele Canon-Kameras extreme Reserven in den Lichtern, dafür ist dort in den dunklen Bereichen nicht mehr viel zu holen. Der Unterschied in dieser Charakteristik kann bis zu zwei Lichtwerte ausmachen. Es rentiert sich also, die eigene Kamera auf diesen Umstand zu untersuchen.

Sie benötigen dazu entweder den RAW-Konverter Ihres Kameraherstellers oder Adobe Photoshop mit dem Camera Raw-Konverter. Da Adobe Photoshop CS5 bislang neben dem freien CinePaint, das nur auf Mac und Linux läuft, die einzige Software ist, die mit HDR-Dateien ernsthaft umgehen kann, kommen Sie um diese Software, so Sie unter Windows mit HDR-Dateien arbeiten wollen, sowieso nicht herum. Verwenden Sie eine Kamera, die kein RAW-Format anbietet, und müssen deshalb den Test im 8-Bit-JPEG machen, ist das Verfahren ähnlich, nur dass die zur Verfügung stehende Reserve in den Lichtern gleich null ist.

Zuerst benötigen Sie das RAW-Bild eines Motivs mit sehr hohem, aber kontinuierlich verlaufendem Kontrast, überstrahlten Lichtern und abgesoffenen Schatten. Ideal ist eine Sonnenuntergangsszene mit Wolken und davor befindlichen Schattenrissen.

Nun öffnen Sie das Bild im RAW-Konverter Ihrer Wahl und korrigieren zuerst die Belichtung so lange nach unten, bis in den Lichtern keine zusätzlichen Details mehr auftauchen. Bei der im Beispiel verwendeten Kamera ist das bei einer Belichtung von -0,75 Lichtwerten der Fall. Schwieriger ist die Beurteilung der Reserven in den Schatten. Es ist zwar in Photoshop möglich, die Belichtung bis zu vier Lichtwerte nach oben zu korrigieren, die ans Licht geholten Details zeigen aber erhebliches Rauschen – was auch verständlich ist, da selbst im 12-Bit-RAW die unteren Belichtungsstufen nur wenige Werte zur Verfügung haben. Die Balance zwischen Rauschen und Detailverlust ist Geschmackssache und liegt im Auge des Betrachters. Aus diesem Grund differieren auch Dynamikwerte für Sensoren je nach Testmethode sehr stark. Es ist zu viel persönlicher Geschmack dabei, und auch das Testmotiv hat einen Einfluss darauf, ab wann der Rauschanteil das Bild unbrauchbar macht.

Da es in diesem Fall aber um HDR geht, das in Bezug auf Bildstörungen ziemlich gnadenlos ist, sollten eher enge Maßstäbe angelegt werden. Rauschen kann durch den *Details Enhancer* von Photomatix Pro so verstärkt werden, dass das resultierende HDR unbrauchbar wird. Auch wenn Photomatix einen Noise-Filter eingebaut hat – es ist besser, die Datenbasis sauber zu halten, als dass sie im Nachhinein erst noch unter Verlust poliert werden muss.

Im Fall des obigen Bilds kann man die Belichtung um 1,2 Lichtwerte anheben, bevor in den Schatten ein störendes Rauschen erkennbar wird. Das RAW hat also einen um knapp 2 Lichtwerte höheren nutzbaren Bereich als das resultierende JPEG.

Wenn Sie nun die Belichtungsparameter für die geplante Belichtungsreihe ermitteln wollen, müssen Sie zuerst den voraussichtlich dunkelsten Punkt des Bilds suchen und diesen anmessen. Dazu stellen Sie die Belichtungsmessung Ihrer Kamera auf Spotmessung und visieren den Punkt an. Die Spotmessung macht nun aus dem dunkelsten Punkt des Bilds ein 18-%-Grau, was natürlich viel zu hell ist. Sie können also den ermittelten Belichtungswert getrost nach unten korrigieren. Das 18-%-Grau entspricht auf dem Histogramm dem Beginn des oberen Drittels, und entsprechend können Sie die Belichtung ohne Probleme drei Lichtwerte nach unten korrigieren, ohne dass Sie Angst haben müssen, dass Ihr dunkles Eck absäuft.

Sie sollten dabei allerdings darauf achten, dass Sie auch wirklich die dunkelste Stelle ausgemessen haben. Jenseits der drei Lichtwerte bleiben Ihnen nur noch die ausgemessenen 1,2 Lichtwerte Reserve. Wenn Sie im Zweifel sind, machen Sie ein Probebild nur dieser Stelle und überprüfen das Bild am Display unter Zuhilfenahme des hoffentlich vorhandenen Histogramms der Kamera. Wenn Sie wirklich die dunkelste Stelle erwischt haben, sollte das linke Drittel des Histogramms keine Werte mehr enthalten. Falls Sie den Luxus eines RGB-Histogramms besitzen, kann es sein, dass Sie im blauen Bereich noch Werte haben, in den anderen Bereichen aber nicht mehr. Das ist normal, da in Schattenbereichen das Licht bläulicher ist – es handelt sich um Streulicht vom blauen Himmel und nicht um direktes Sonnenlicht.

Angenommen, Sie haben beim Anmessen der dunkelsten Stelle einen Belichtungswert von 1/8 Sekunde bei Blende 8 ermittelt, so wäre der erste Belichtungswert für Ihre Reihe demzufolge 1/30 Sekunde. Die Blenden und Belichtungsreihen können Sie aus folgender Lichtwerttabelle ablesen.

Auch die hellste Stelle wird mit Spotmessung ausgemessen. Dieser Wert sollte jedoch maximal um einen Lichtwert überschritten werden, es sei denn, Sie haben festgestellt, dass Ihre Kamera in den Lichtern noch Reserven von mehr als einem Lichtwert hat. Im Normalfall sollte bei einem Spotmesswert von 1/4000 Sekunde bei Blende 8 die kürzeste Belichtungszeit nicht länger als 1/2000 Sekunde werden. Diese Werte hängen nicht nur von der Charakteristik des Sensors, sondern auch von der Charakteristik der Spotbelichtungsmessung ab. Da diese von Hersteller zu Hersteller und auch von Kamera zu Kamera differieren, führt kein Weg an einem eigenen Ausmessen der Kamera vorbei.

Klassiker unter den Tools für Fotografen ist eindeutig Photomatix Pro. Das Programm wird laufend weiterentwickelt und ist trotz der auch vom Anfänger beherrschbaren Oberfläche eines der leistungsfähigsten Programme auf dem Markt. Solange Sie einfach nur ein HDR-Bild erstellen und es anschließend mappen wollen, ist Photomatix Pro erste Wahl. Sie erhalten dann eine 8- oder 16-Bit-Datei, die Sie mit den meisten Bildbearbeitungsprogrammen weiterverarbeiten können.

Für die Panoramaerstellung im HDR-Workflow gibt es nicht viele Alternativen. Während fast jede Anwendung heutzutage einfache Panoramen zusammenbauen kann, kommen mit HDR-Formaten wie OpenEXR und Radiance nur recht wenige Programme zurecht. Unter den kommerziellen Programmen sind Autopano Pro 2.0 und PTGui zu nennen, Freeware ist das mit PTGui eng verwandte Hugin. Berücksichtigen Sie aber bei Ihrer Programmauswahl, dass das Stitchen von HDR-Dateien ausreichend Arbeitsspeicher voraussetzt. Resultierende Dateien können schnell im Gigabyte-Bereich landen. Die in diesem Buch gezeigten Panoramen wurden alle mit Autopano Pro 2.0.4 erstellt.

Für die Retusche von HDR-Bildern gibt es überhaupt nur zwei Programme: Adobe Photoshop CS5, und wenn Sie unter Linux arbeiten, führt kein Weg an CinePaint, einem GIMP-Ableger, vorbei. Arbeiten Sie mit einem Mac, können Sie sich immerhin zwischen beiden entscheiden.

Alle diese Programme können Sie kostenfrei ausprobieren. Photomatix Pro, PTGui und Autopano Pro sind in Demoversionen erhältlich, Hugin und CinePaint sind vollständig frei, und Adobe Photoshop können Sie einmalig in einer 30-Tage-Version gratis testen.

## Das erste HDR

„Die besten HDRs sind diejenigen, denen man es nicht ansieht." Wie nun bekannt ist, hat ein HDR von Haus aus nichts mit den überschärften, bonbonbunten Bildern zu tun, die gemeinhin als HDR bezeichnet werden. Ein HDR-Bild ist eigentlich nur ein anderes, leistungsfähigeres Bildformat, es ist also eher eine rein technische Angelegenheit als eine künstlerische, bildnerische Herangehensweise. Von HDR-Puristen wird der Bunt-Look als „impressionistischer Stil" bezeichnet - auch um ihn von der naturalistischen Arbeitsweise zu unterscheiden.

Um ein HDR zu erzeugen, benötigt man als Erstes ein Bild, das in das HDR-Format umgewandelt wird. Ein einfaches RAW ist für den Zweck ausreichend, einige prinzipielle Vorgehensweisen sind daran schon deutlich zu machen.

Das Bild hat einen Kontrastumfang von 347:1, also knapp 8,5 Lichtwerte, gerade ausreichend, dass JPEG den Kontrastumfang nicht mehr vollständig abbilden kann.

Photomatix Pro bietet zwei Möglichkeiten, das HDR nun wieder in ein 8-Bit-JPEG umzuwandeln: den *Details Enhancer* und den *Tone Compressor*. Der *Details Enhancer* berücksichtigt für jeden Bildpunkt die Umgebung und verstärkt den lokalen Kontrast. Der Effekt ist ein scheinbar überschärftes Bild - Bildschärfe ist Kantenkontrast - mit knalligen Farben.

*Oben: Der Jøckelfjord in Nordnorwegen. JPEG-Bild direkt aus der Kamera. Die parallel aufgezeichnete RAW-Datei wurde mit Photomatix Pro in ein HDR-Bild umgewandelt.*

*Unten: Das resultierende Bild hat keine Gammakorrektur, und so sieht die Szenerie aufgrund der starken Schatten und Lichter deutlich dramatischer aus. Aus dem ursprünglichen RAW mit 9,4 MByte ist nun ein OpenEXR mit 19,7 MByte geworden. Das kann nun gemappt werden.*

Photomatix Pro 3.2 (64 bits)
File Process Automate Utilities View Window Help
HDR Viewer
P8102569.ORF (29%)
X: 1643 Y: 2732 Lumin: 9.60
R: 5.10 G: 10.09 B: 19.55
Show HDR image help
The HDR image is in unprocessed state.
Standard monitors can not directly display the large range of information available in an unprocessed HDR image.
Processing the HDR image through Tone Mapping will reveal the image details in highlights and shadows.
Tone Mapping
3720x2800 (1082x818) 3 channels 32 bits

*Hier wird deutlich, warum man von einem „impressionistischen Stil“ spricht. Das Bild wirkt übertrieben, wie ein pointillistisches Gemälde. Das ist aber nicht notwendigerweise der Effekt.*

*Die Sättigung (Saturation) wurde bei der Gelegenheit gleich etwas angehoben, alle anderen Regler stehen an unkritischen Stellen.*

Das ist jedoch nicht zwangsläufig so, denn der *Details Enhancer* kann sehr genau eingestellt werden, sodass man mit der Prozedur auch sehr natürliche Bilder erhalten kann. Zur Demonstration wurde obiges Bild mit dem *Details Enhancer* dramatisiert, um den erzielbaren Effekt zu veranschaulichen.

Eine andere Möglichkeit des Tone Mapping bietet der *Tone Compressor*, der einfach nur den vorhandenen Kontrastumfang in das 8-Bit-JPEG hineinpresst. Seinen Vorteil spielt der *Tone Compressor* vor allem bei weichen Farbübergängen wie einem blauen Himmel aus. Während im oberen Bild der Himmel gegen rechts bereits deutlich dunkler wird - der *Details Enhancer* versucht, den lokalen Kontrast zu erhöhen -, hellt der *Tone Compressor* im Wesentlichen dunkle Stellen auf und dunkelt zu helle Stellen ab, wenn im Kontrastumfang des HDR entsprechende Daten vorhanden sind. Der Jøckelfjord mit *Tone Compressor* sieht eigentlich ganz manierlich aus.

Photomatix Pro wird laufend weiterentwickelt - aktuell ist die Version 4 -, und aus diesem Grund ist es nicht möglich, in diesem Kapitel auf alle Besonderheiten und Reglereinstellungen des Programms einzugehen. Zudem ist Photomatix zwar eines der besten, aber beileibe nicht das einzige Programm, mit dem HDRs verarbeitet werden können.

Um einige prinzipielle HDR-Vorgehensweisen zu beschreiben, folgt nun ein echtes HDR mit einer Belichtungsreihe und einigen Problemstellungen. Als Beispielbild wird im Folgenden ein Sonnenuntergangsbild des Hafens von Stockholm verwendet. Motiv ist der Regenbogen von Carl Milles oder auch „Gud Fader på Himmelsbågen", der „Gott Vater auf dem Himmelsbogen", der vom Engel Gabriel die Sterne zur Montage gereicht bekommt.

*Bild 1 der Belichtungsreihe.*

*Bild 2 der Belichtungsreihe.*

*Bild 3 der Belichtungsreihe.*

*Bild 4 der Belichtungsreihe.*

Dem HDR zugrunde liegen vier Bilder mit Belichtungszeiten zwischen 1/50 Sekunde und 1/13 Sekunde, ISO 100 und Äquivalenzbrennweite 22 mm bei Blende 8.
Die Bilder liegen im JPEG-Format und im gleichzeitig aufgenommenen 12-Bit-RAW-Format vor. Das Motiv ist der Albtraum eines HDR-Motivs ohne Menschen. Meer, Wolken und das Wasser des Bogens bewegen sich, zudem herrscht an dieser Stelle sehr starker Schiffsverkehr. Dabei handelt es sich nicht nur um große Kreuzfahrtschiffe, sondern auch um viele Fähren und extrem schnelle Sportboote. Prompt ist auf Bild 3 links eine Fähre ins Bild gefahren. Photomatix muss damit also nicht nur das Wasser, sondern auch die Fähre in den Griff bekommen.

## RAW oder JPEG?

Solange RAW-Dateien zur Verfügung stehen, sind diese natürlich immer die bessere Wahl. RAW-Daten sind prinzipiell für die HDR-Erstellung besser geeignet. Das hat seinen Grund darin, dass das JPEG prinzipbedingt Artefakte enthält, die zwar optisch nicht auffallen, wenn die Kompression gering genug ist, aber die Datenqualität trotzdem mindern. Zudem wurde ja bereits bei der Entwicklung des RAW zum JPEG ein Teil der Originaldaten zwangsläufig abgeschnitten, der dann natürlich für das HDR nicht mehr zur Verfügung steht.
Auch das von einigen Kameras gelieferte TIFF-Format ist, obwohl es keine Artefakte enthält, nicht so gut geeignet, da es sich bei TIFF-Bildern um gammakorrigierte Daten handelt und Photomatix Pro aus diesen Daten erst die eigentlich benötigten linearen Daten zurückrechnen muss. Wie immer gibt es auch für diese Regel ein paar Ausnahmen.

Einige Kameras entzerren mittlerweile ihre Motive digital. Was sehr harmlos klingt, birgt erheblichen Sprengstoff: Die von diesen Kameras gelieferten RAW-Dateien enthalten keine Korrekturen der Objektivfehler. Solche Korrekturen beschränken sich längst nicht mehr nur auf eine Anhebung von mangelhaftem Eckenkontrast oder eine Vignettierungskorrektur. Mittlerweile werden von Kameras auch starke Tonnenverzerrungen korrigiert und Farbfehler herausgerechnet. All diese Fehler sind aber im RAW noch drin und können ohne die herstellerspezifischen Korrekturdaten nicht sauber entfernt werden.

Es ist also dringend anzuraten, sich einmal die RAWs und JPEGs aus der verwendeten Kamera im direkten Vergleich anzusehen – und zu diesem Zweck nicht etwa den herstellereigenen RAW-Konverter zu verwenden, der diese Korrekturdaten eingebaut hat, sondern einen freien RAW-Konverter wie RAW-Therapee. Auch die großen RAW-Konverter wie Adobe Photoshop Lightroom 3, Apple Aperture 3 oder Silkypix Developer Studio 4 werden von den Herstellern mit Korrekturdaten versorgt, nicht aber die Hersteller von HDR-Software wie Photomatix Pro 4. Diese verwenden meistens freie Programmbibliotheken.

## Pseudo-HDR

Es gibt eine Situation, in der JPEG-Bilder dem RAW-Format überlegen sind. Das betrifft Pseudo-HDRs, die lediglich aus einem RAW erzeugt werden. Im RAW-Konverter des Kameraherstellers ist es möglich, aus einem RAW mehrere unterschiedlich belichtete JPEG-Bilder zu entwickeln. Je nach Motiv sind bis zu zwei Blendenstufen Belichtungskorrektur möglich. Werden aus dieser RAW-Datei nun drei JPEG-Bilder entwickelt, jeweils in mindestens einer Blendenstufe Abstand,

*RAW oben, JPEG unten: Während das aus den JPEGs entwickelte Bild am Kopf und Arm noch in allen Details Zeichnung zeigt, ist das aus dem RAW entwickelte HDR bereits großflächig am Ende, abgesoffene, schwarze Bereiche sind nicht zu übersehen, parallel wird der Hintergrund körnig.*

*Die deutlich bessere Qualität der JPEGs gegenüber dem RAW fällt auch hier auf.*

*Das Histogramm des aus der RAW-Datei entwickelten Bilds zeigt am linken Rand eine deutliche Spitze, und die untere Linie* Minimum *läuft bei* 0,00. *Der rechte Wert* Perzentil *gibt an, in welchem Bereich des Histogramms der angezeigte Wert angesiedelt ist: in diesem Fall bei* 0,3. *Und an diesem Punkt steht der korrigierte Wert immer noch bei* 0,00 *– also keine Zeichnung. Wie das dann aussieht, ist im Ausschnitt oben zu sehen.*

und diese in Photomatix Pro oder in Adobe Photoshop CS5 zu einem HDR zusammengerechnet, hat das resultierende HDR in den meisten Fällen einen größeren nutzbaren Tonwertumfang.

Die Unterschiede sind deutlich sichtbar. Als Beispiel dient die Aufnahme eines Brunnens in Lagaholm. Die Aufnahme der schwarzen Figuren gegen den blauen Himmel brachte abgesoffene Silhouetten und ein relativ konturloses Himmelsblau. Durch ein Pseudo-HDR konnten die Strukturen der Figuren herausgeholt werden. Parallel wurde dann ein HDR direkt aus einem RAW entwickelt, außerdem wurden aus dem identischen RAW drei JPEGs mit jeweils 1,5 EV (Lichtwerten) Abstand entwickelt und anschließend in Photomatix Pro zu einem HDR verrechnet.

Um solche schwarzen Bereiche schnell zu erkennen, muss man sich nun nicht durch die Regler des Tonemappers durchkämpfen, um die Bilder entsprechend an die Grenze zu bringen, für diese Zwecke gibt es das HDR-Histogramm.

Dadurch, dass die 0,3-%-Linie, die für die Ermittlung des Gesamtkontrasts (Dynamic Range) im Bild verwendet wird, bei 0 liegt, steigt natürlich der Kontrastumfang in utopische Höhen. Aber auch das JPEG-Histogramm hat noch etwas Zusatzinformation zu bieten. Auf der rechten Seite zeigt das Histogramm einen schwarzen, senkrechten Balken, der im RAW-HDR nicht zu finden ist. Das Maximum im RAW-HDR entspricht dem kleinen Berg zwischen 0,26 und etwa 7 des JPEG-HDR. Die Herkunft des Balkens wird klar, wenn man sich eines der zugrunde liegenden JPEGs genauer ansieht.

Diese Eigenheit von HDR-Dateien sollte man immer im Auge behalten: Auch wenn man es beim Tone Mapping nicht sieht und sich die Regler in Photomatix Pro eigentlich eher wie ein Photoshop-Filter anfühlen – man schneidet aus einem großen Kuchen nur ein kleines Stück heraus, und das noch dazu in stockfinsterer Nacht mit einer Lampe, die nur das gerade ausgeschnittene Stück beleuchtet. Meistens steckt noch viel mehr drin, als man denkt.

Aus dieser Erkenntnis nun aber den Schluss zu ziehen, generell bei der HDR-Erstellung auf RAW zu verzichten, ist wieder zu kurz gesprungen. Eine einwandfrei belichtete RAW-Belichtungsreihe, bei der das Histogramm des dunkelsten RAW auf der rechten Hälfte und beim hellsten RAW auf der linken Hälfte leer ist, ist einem HDR aus den entsprechenden JPEG-Bildern überlegen. Nur wenn aus irgendwelchen Gründen nicht ausreichend Belichtungen zur Verfügung stehen, ist der Umweg über die JPEG-Dateien eine gute Alternative.

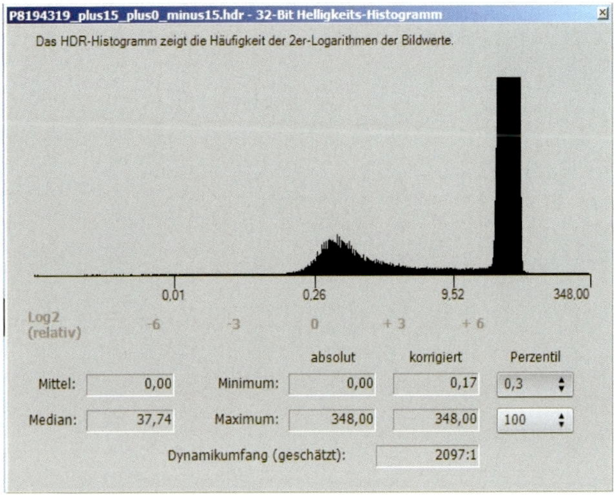


*Das Histogramm des JPEG-HDRs hat die Spitze bei null nicht, es gibt zwar Nullwerte, aber nicht großflächig. Bei der 0,3-Linie steht der Wert bereits auf 0,17, was im Fließkomma-HDR gute Zeichnung ist.*

### Analoge Aufnahmen

Eine weitere Anwendung für ein Pseudo-HDR sind analoge Aufnahmen. Oft haben die entsprechenden Durchlichtscanner gar nicht die Möglichkeit, den gesamten Tonumfang eines Films wiederzugeben, HDR ist hier eine Lösung. Dabei wird vom Dia oder Negativ eine reguläre Belichtungsreihe abgenommen, bei der der Scanner vom niedrigsten Wert jeweils 2 EV heller belichtet. Natürlich sind nicht alle Bilder dafür geeignet, aber Bilder mit hohen Kontrasten können deutlich an Qualität und Brillanz gewinnen.

Sobald man aus dem Dia ein Pseudo-HDR fabriziert hat, kann man damit natürlich auch andere Dinge anstellen. So kann man aus einem Bild der Pilsener Sirková aus dem Jahr 1981, das mit vier Belichtungen (0, +2, +4 und +5 EV) eingescannt wurde, nicht nur ein normales Bild mit besserer Durchzeichnung von Lichtern und Schatten herstellen,

*In diesem Bild ist der Himmel bereits großflächig ausgefressen. Das HDR, welches die gesamte Lichtsituation beinhaltet, enthält demzufolge auch diese weißen Stellen.*

SE SOVĚTSKÝM SVAZEM NA VĚČNÉ ČASY

SE SOVĚTSKÝM SVAZEM NA VĚČNÉ ČASY

sondern mit dem Photomatix Pro-Filter *Malerisch* auch eine Variante, die mehr die Stimmung vor Ort einfängt, also ein im wahrsten Sinne des Wortes impressionistisches Bild.

### JPEG-Import

Beim Import der JPEG-Dateien in Photomatix Pro erscheint das Dialogfeld *HDR erzeugen*. Die Ausrichtung (*Ausgangsbilder ausrichten mit*) der Bilder ist wichtig und sollte aktiviert sein. Selbst bei Bildern vom Stativ ist das notwendig, da Schwankungen des Stativs um Bruchteile eines Millimeters bereits Verschiebungen des Bilds auf dem Sensor verursachen können. Da die Bilder pixelgenau übereinanderpassen sollten, ist eine genaue Ausrichtung ein Muss. Wenn die Bilder der Belichtungsreihe aus der Hand gemacht wurden, ist die Methode *Ausgangsbilder ausrichten mit* eher von Vorteil, da sie auch leichte Drehungen oder sogar ein leichtes Schwanken des Fotografen ausgleichen kann.

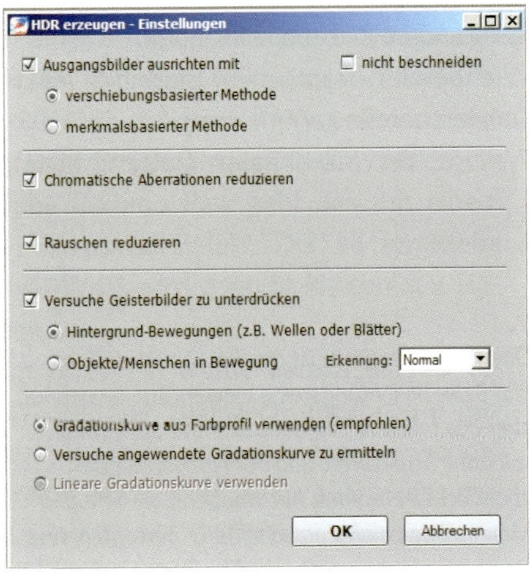


*Einstellungen im Photomatix Pro-Dialog* HDR erzeugen.

Da durch die Justage der Bilder übereinander natürlich an den Rändern Überhänge entstehen, werden diese standardmäßig allseitig abgeschnitten. Das resultierende HDR ist also im Allgemeinen kleiner als die ursprünglichen Dateien, und bei einem HDR-Panorama aus mehreren Bildern hat dann jedes Bild eine andere Größe. Leider gibt es Panoramasoftware, die damit nicht zurechtkommt, wie etwa der Realviz Stitcher, der mittlerweile von Autodesk vertrieben wird. In diesem seltenen Fall sollte das Beschneiden des HDR-Bilds ausgeschaltet sein.

Das Reduzieren der chromatischen Aberrationen ist in jedem Fall wichtig. Diese auch als Purple Fringing bekannten lilafarbenen und grünen Ränder an harten Hell-dunkel-Kontrasten treten vor allem bei Belichtungsreihen verstärkt auf, da hier immer einige Bereiche überstrahlen.

Die Reduktion des Rauschens ist umso wichtiger, je weiter die einzelnen Bilder in den dunklen Bereich hineinkommen. Das Rauschen wird vor allem in den dunklen Bereichen unangenehm, da dort eben nur noch wenige einzelne Werte zur Verfügung stehen und schon kleine Abweichungen zu deutlichen Artefakten führen können.

Das Beseitigen von Geisterbildern ist eine diffizile Angelegenheit. Prinzipiell gibt es zwei Arten Geisterbilder: einerseits tatsächlich Objekte, die in einem Bild vorhanden sind, in allen anderen aber nicht, und andererseits, was wesentlich häufiger ist, Wolkenbewegung, Wasserbewegung oder leicht schwankende Äste. Der Erkennungsalgorithmus von Photomatix Pro kann sich allerdings nur auf eine der beiden Arten konzentrieren. Was dabei herauskommt, kann man am Bild der Regenbogenbrücke sehen.

*Oben: Das Originalbild, eingescannt mit einem Agfa-Diascanner.*

*Unten: Gleiches Bild, aber nach dem Erstellen des HDR mit dem Photomatix Pro-Filter* Malerisch *gemappt.*

## HDR-Technik in der Praxis

Die Technik der Belichtungsreihen krankt daran, dass schnell bewegte Motive nicht dargestellt werden können. Der einzige Ausweg aus diesem Dilemma ist das bereits besprochene Pseudo-HDR. Als Beispiel für diese Art HDR wird nun ein Bild vom „London Eye" verwendet.

### Pseudo-HDR aus einem RAW

Das Riesenrad steht nicht still, sondern läuft ununterbrochen. Mit einer Langzeitaufnahme kann man zwar sehr schöne Wischspuren erzeugen, ein scharfes HDR aus einer Belichtungsreihe ist jedoch nicht möglich, auch weil die Winkelgeschwindigkeit und damit der Versatz der verschiedenen Riesenradteile unterschiedlich ist.

1 Im RAW-Konverter erzeugen Sie nun drei JPEG-Dateien in möglichst großem Belichtungsabstand. Der Belichtungsabstand wird durch die beiden Faktoren Dunkelrauschen und Lichter bestimmt.

2 Behalten Sie bei der Entwicklung der RAW-Datei immer das Histogramm im Auge. Bei der Überbelichtung befinden sich die entscheidenden Stellen in den Schatten. Sobald dort signifikant Rauschen sichtbar wird, ist das Ende erreicht.

Vergessen Sie nicht, dass Mikrokontrast das Rauschen zusätzlich steigert. Wenn die zur Verfügung stehenden RAW-Dateien auch in den Schatten sauber sind, spricht nichts dagegen, das RAW mit einer Überbelichtung von 2 EV zu entwickeln. Bei den Lichtern ist die Grenze dort erreicht, wo keine neuen Details mehr aus den Lichtern zum Vorschein geholt werden können.

3 Beim Import von Dateien, die aus einem einzelnen RAW erzeugt wurden, hat man natürlich den Vorteil, weder fließendes Wasser noch Verwacklungen herausrechnen zu müssen. Diese Optionen können ausgeschaltet bleiben.

4 Beim an die HDR-Erstellung anschließenden Tone Mapping wird der *Details Enhancer* eingesetzt, denn es geht ja darum, aus dem vergleichsweise geringen Kontrastumfang des Bilds mehr Details herauszuholen. Aus diesem Grund wird die Stärke des Kontrasts sehr weit angehoben, das recht einfarbige Bild stärker gesättigt, das Bild anschließend geglättet und der Weißpunkt etwas angehoben, damit von der Sonne noch etwas zu sehen ist.

*Links: Das Bild krankt an den üblichen Problemen: Der Himmel ist teilweise ausgefressen, andere Teile des Bilds saufen ab. Wie bereits gezeigt, ist der Weg zu einem HDR-Bild direkt über das vorhandene RAW-File in Photomatix suboptimal.*

Am Bildschirm sieht das Ganze so aus:

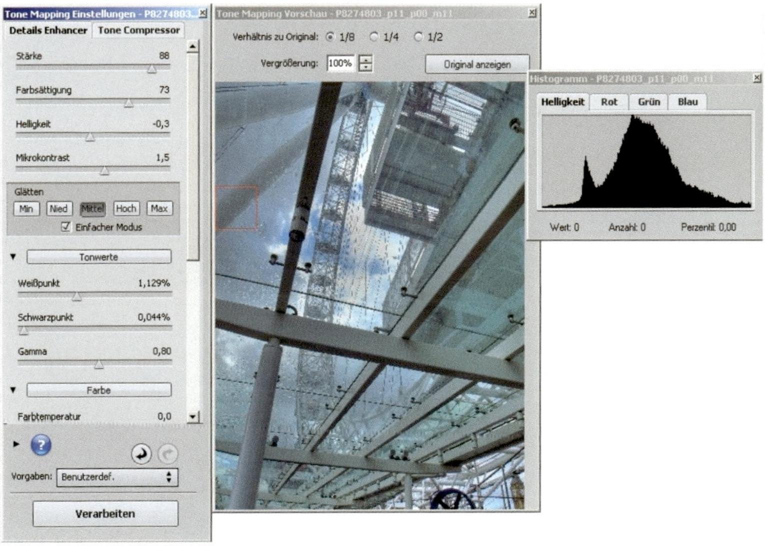

### Fusion aus der Hand

Eine klassische Anwendung für das Exposure Blending sind Aufnahmen im sonnigen Süden. Die starke Sonne produziert sehr harte Schatten, sodass man bei den Urlaubsfotos meist nur die Wahl zwischen ausgefressenem Himmel und finsteren Gassen hat. Als Beispiel dient hier ein kleiner Platz in Campiglia Marittima, einem kleinen toskanischen Bergdorf.

*Oben: Das Bild zeigt die typischen Probleme eines Urlaubsfotos. Die Wolken am Himmel sind bereits ausgefressen, das Himmelsblau ist blass, die Gemäuer liegen dafür im finstersten Schatten. Der Kontrast der Szene liegt bei 12 Blendenstufen. Die Ergebnisse der Belichtungsreihe werden zuerst in Photomatix Pro geladen.*

*Links: Das fertige Bild zeigt deutlich mehr Details und kommt dem tatsächlichen Eindruck näher.*

1. Die Belichtungsreihe wurde bei 28 mm Kleinbildbrennweite aus der Hand geschossen, Blende 4,5, längste Belichtungszeit 1/160 Sekunde, kürzeste Belichtungszeit 1/2500 Sekunde, Bildfolgegeschwindigkeit 5 Bilder pro Sekunde.

   Je schneller die Kamera ist, desto besser wirkt sich das auf das Ergebnis aus. Falls Sie einen Stabilisator in der Kamera oder im Objektiv besitzen, ist nun der richtige Zeitpunkt, ihn einzuschalten. Achten Sie vor allem anderen darauf, dass Sie Ihre Blende nicht weiter schließen als unbedingt notwendig.

2. Wenn Sie fünf Bilder mit je 1 EV Abstand schießen, vervierfachen sich die Belichtungszeiten Ihres ersten Bilds. Wenn Sie in diesem Fall Blende 8 gewählt hätten, wären Sie zwar im ersten Bild noch bei 1/125 Sekunde gewesen, beim hellsten Bild der Reihe hätten Sie aber bereits 1/30 Sekunde belichten müssen, was bei 28 mm Brennweite knapp wird. Die meisten Kameras haben zudem die längste Belichtung der Reihe am Ende, und genau da wird es sowieso etwas schwieriger mit dem Halten.

3. Die Ausgangsbilder müssen ausgerichtet werden. Da es sich um ein Bild aus der Hand handelt, ist die merkmalsbasierte Methode passend.

4. Der letzte Schritt ist dann nur noch, anhand von Histogramm und optischem Eindruck die entsprechenden Schwerpunkte zu setzen. In diesem Fall bleiben trotz Exposure Blending schwarze Schatten in den Toreinfahrten und Fenstern übrig. Dies entspricht aber dem natürlichen Eindruck und ist kein Fehler.

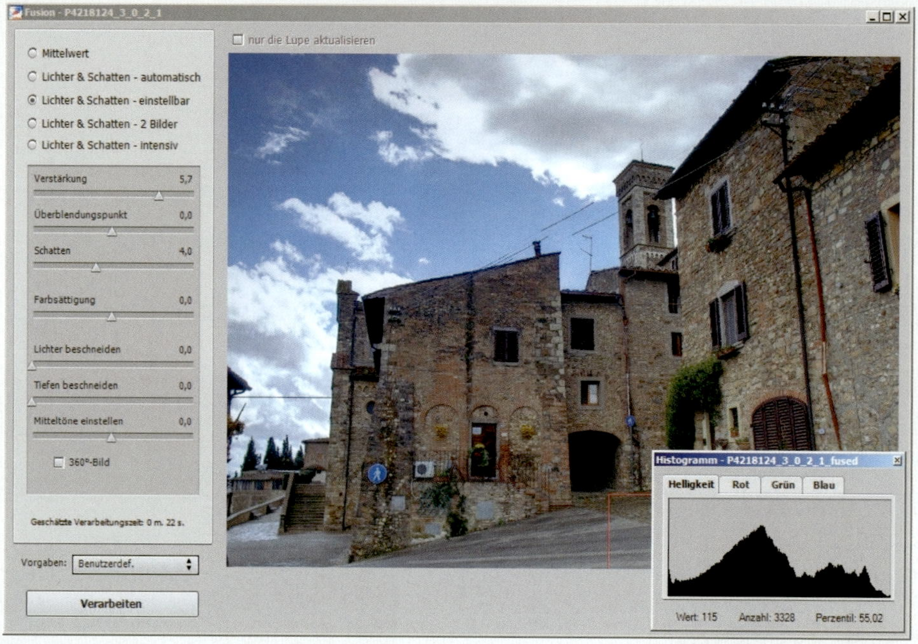


*Oben:* Mit dem Histogramm Schwerpunkte setzen.

*Unten:* Das Ergebnis nach der Bearbeitung mit dem Histogramm.

5 Das gleiche Bild als Mapping aus einem HDR bekommt eine völlig andere Charakteristik. Man kann nun zwar auch das Moped in der Tordurchfahrt und die Balken unter dem Dachüberstand erkennen, das Bild wirkt aber flacher, da die Schatten beim Tone Mapping ausgeglichen wurden. Es ist klar, dass die helleren Schatten ausgebügelt werden, wenn die tiefsten Schatten verschwinden, um dort Details sichtbar zu machen. Dabei war bei der Erstellung des HDR-Mappings durchaus ein noch natürlicher Eindruck beabsichtigt.

## HDR-Innenraumaufnahmen

Besonders gern werden Interieurs mit Belichtungsreihen realisiert. In Innenräumen hat man keine Probleme mit Passanten, die durchs Bild laufen, Wind und Wolken spielen kaum eine Rolle, und man kann eigentlich immer ein Stativ aufstellen. Solange man nicht den Blick aus dem Fenster detailgenau abbilden will, reichen meistens auch wenige Aufnahmen für einen ausreichenden Kontrastumfang.

Wenn es nur um die Darstellung des Innenraums geht, gibt es ein paar Tricks, deren Berücksichtigung sich lohnt. Es geht in diesem

*Ganz anders als gegenüber das gleiche Bild als Mapping aus einem HDR.*

*Rechts: Aufnahme mit Lensbaby. Das Bild wurde in ein Pseudo-HDR umgewandelt und gemappt. Durch das HDR werden Details aus dem Schatten geholt, und bei der Gelegenheit wird der Sonnenuntergang auch gleich noch etwas aufgepeppt.*

*Unten: Ein HDR einer Dorfgaststätte, in der seit gut 50 Jahren fast nichts mehr geändert wurde. In dieser Aufnahme sind gleich mehrere Fehler und Probleme sichtbar, beispielsweise stürzende Linien und mangelnde Schärfentiefe.*

Abschnitt nicht um Panoramen, sondern um einzelne Innenaufnahmen. Diese werden meist mit Weitwinkelobjektiven gemacht, wenn vorhanden mit sogenannten Tilt- und Shift-Objektiven.

**Tilten und Shiften**

Beim „Tilten" eines Objektivs wird das Objektiv zur Sensorebene so verschwenkt, dass die Scheimpflug-Regel erfüllt ist. Was sehr mathematisch klingt, hat dramatische Auswirkungen auf die Schärfeebene. Ein Objektiv, das nur geshiftet wird, bildet zwar das Haus entzerrt ab, die oberen Stockwerke sind aber immer noch unscharf. Wird das Objektiv zusätzlich auch noch „getiltet", ist das gesamte Haus nicht nur gerade, sondern auch noch scharf. Was im Freien noch nicht allzu dramatisch ist, wird im Makrobereich spektakulär. Eine Raupe, von der man normalerweise, wenn man sie von vorne fotografiert, nur den Kopf scharf bekommt, ist auf einmal von vorn bis hinten scharf. Ein Detail - etwa ein Kieselstein - auf einer Straße fotografiert, kann mit einem Shift-Objektiv so aufgenommen werden, dass die Straße bis zum Horizont scharf ist - und das bei offener Blende.

**Alternative Lensbaby**

Eine Mischung aus Tilt- und Shift-Objektiv ist das Lensbaby, das es mittlerweile in drei verschiedenen Versionen gibt und in zweien davon sogar reproduzierbare Ergebnisse erlaubt - eine wichtige Voraussetzung für Belichtungsreihen. Hat man lediglich ein Lensbaby „Muse", bleibt einem nur die Erstellung eines Pseudo-HDR aus einem RAW.

*Das Bild des Speisesaals der Villa Palagione wurde mit 18 mm Brennweite und Blende 4 aufgenommen. 5 Belichtungen zwischen 1/4 und 1/60 s wurden mit dem* Photomatix Pro Details Enhancer *zu einem Bild montiert. Problematisch dabei ist vor allem das Mischlicht im Raum. Sowohl auf dem Tischtuch als auch in der Spiegelung auf dem Bilderrahmen kommt das bläuliche Tageslicht durch, während der Raum durch Glühlampenlicht erleuchtet ist. Da oft bei gemappten Bildern die Sättigung erhöht wird, fällt das noch stärker auf.*

So weit der kurze Exkurs zu Tilt- und Shift-Objektiven. Für eine korrekte Darstellung von Innenräumen sind sie fast unentbehrlich. Es wimmelt nur so von waagerechten und senkrechten Linien, dazu kommt das Problem, einen Raumeindruck wiederzugeben, der nicht durch den 50°-Winkel des Gesichtsfelds bestimmt wird, sondern durch den Gesamteindruck. Wenn Sie mit einem 50-mm-Normalobjektiv versuchen, einen Innenraum zu fotografieren, erhalten Sie lediglich einen engen Ausschnitt, der über den gesamten Raum nicht viel aussagt. Der Innenraum ist also die Domäne von auskorrigierten Ultraweitwinkeln und guten HDR-Belichtungen. Prinzipiell können Sie mit etwas Sorgfalt mit allen Objektiven, die Brennweiten unter 35 mm Kleinbild anbieten, Innenräume fotografieren, Sie müssen dabei aber eventuelle Tonnenverzerrungen am Rand im Auge behalten.

Ein Problem von Innenräumen ist prinzipiell die Raumhöhe. Bei einer Raumhöhe von 2,50 Metern oder darunter liegt die Mitte und damit die Objektivhöhe, die Boden und Decke in gleichem Verhältnis abbildet, bei knapp über einem Meter. Die Perspektive von da unten ist aber die eines Kindes. Sie liefert nur in den wenigsten Fällen den gewünschten Raumeindruck. Wird die Kamera aber auf einer Augenhöhe von etwa 1,70 Metern platziert, ist die Zimmerdecke deutlich überbetont, der Raum wirkt drückend, die Decke zu niedrig.

Die Alternative ist, die Kamera zwar auf Augenhöhe zu halten, aber dann nach unten zu schwenken. Genau das wurde beim Bild der Gaststube gemacht – mit dem Effekt von wild stürzenden Linien. Mit dem verwendeten 28 mm hält sich das noch in Grenzen, bei einem 14-mm-Weitwinkel würde das Foto schon sehr abgefahren wirken. Aus diesem Grund werden bei professionellen Interieurs gern Shift-Objektive eingesetzt.

Bei Innenaufnahmen mit einem lichtstarken Weitwinkelobjektiv sollte man unbedingt auf die Schärfentiefe achten. Beim Bild der Gaststube wurde genau das nicht gemacht und bei offener Blende auf die hintere Gaststubenecke scharf gestellt. Der Effekt sind deutliche Unschärfen an der Decke und im Vordergrund. Dafür ist die Welt außerhalb der Gaststube knackscharf - umgekehrt wäre besser gewesen. Es kann sich rentieren, im Innenraum den Autofokus abzuschalten und über eine eventuell vorhandene Live-View-Lupe die Schärfeebene genau so zu legen, dass der Innenraum scharf, die Außenwelt aber etwas verschwommen ist. Je kürzer allerdings die Brennweite ist, desto weniger Probleme gibt es mit der Schärfentiefe.

Bei der Vorbereitung von Belichtungsreihen sollte also bereits auf das Licht geachtet werden. Entweder beziehen Sie das Mischlicht kreativ in die Bildgestaltung ein oder verzichten komplett auf Kunstlicht. Durch eine entsprechende Auslegung der Belichtungsreihen können auch dunkle Ecken durchgezeichnet dargestellt werden. In diesem Fall konnten die stürzenden Linien vermieden werden, weil der Saal deutlich höher als ein normales Zimmer und die Decke zudem durch den Torbogen und die Linien an der Wand gut gegliedert ist.

## HDR-Nachtaufnahmen

Nachtaufnahmen sind ein beliebtes Sujet für HDRs. In den allermeisten Fällen benötigt man aufgrund der langen Belichtungszeiten sowieso ein Stativ, und dann sind weitere Belichtungen auch kein großes Problem mehr. Einzige Ausnahme sind Aufnahmen des Nachthimmels. Durch die Erdrotation wandern die Sterne so schnell, dass die verschiedenen Belichtungen die Himmelskörper an unterschiedlichen Stellen sehen. Dabei handelt es sich nicht nur um eine Verschiebung, die Photomatix ausgleichen kann, sondern um eine Rotation, deren Mittelpunkt nur dann auf dem Bild ist, wenn man zufälligerweise Richtung Norden fotografiert hat.

Bei der Astrofotografie werden zwar durchaus auch Mehrfachbelichtungen eingesetzt, das dort verwendete Verfahren hat jedoch mit dem beim HDR-Tone-Mapping eingesetzten nicht viel gemeinsam. Zudem sind viele beeindruckende Bilder von Sternennebeln und Galaxien ein Konglomerat aus Bildern, von denen nur die wenigsten in das sichtbare Spektrum aufgenommen wurden. Wenn man so will, ist Astrofotografie ein Frequenz-DRI, während HDR ein Amplituden-DRI (DRI = Dynamic Range Increase) ist.

Bei der Astrofotografie werden unterschiedliche, vom Menschen visuell nicht erfassbare Spektren (Infrarot, Ultraviolett, Röntgenstrahlung, Gammastrahlung) aufgefangen und in sichtbare Farben umgesetzt. Welche Farbe dabei welches Spektrum symbolisieren soll, liegt im Ermessen dessen, der das Bild umsetzt. Röntgenstrahlung hat in dem Sinne keine Farbe, ob man sie nun im Bild rot, grün oder violett darstellt, ist Geschmackssache, denn keine Farbe ist „richtiger" als eine andere. Das normale HDR ist dagegen eine reine Amplitudenkompression. Die dargestellten Frequenzen des Spektrums bleiben gleich, die Farbsättigung mal außen vor gelassen, nur die Intensität wird komprimiert.

**i**

## VORSICHT BLITZ-EINSCHLAG!

**Blitze zu fotografieren kann gefährlich sein, wenn Sie sich dabei im Freien aufhalten. Einen sicheren Abstand zum Gewitter gibt es nicht. Der Blitzeinschlag ist völlig unberechenbar, und es kann Sie nicht nur der direkte Blitzeinschlag umbringen, sondern auch die Schrittspannung. Wenn Sie also breitbeinig dastehen und in einem Bereich von zehn Metern der Blitz einschlägt, verursacht die Erde, die einen gewissen Widerstand hat, einen Spannungsabfall zwischen der Position Ihres linken und Ihres rechten Beins. Da auch Ihr Körper kein Isolator ist, wird ein Teil des Blitzstroms im Boden durch Ihren Körper fließen und zu unkontrollierbaren Muskelkontraktionen führen. Gummisohlen helfen nur in den Randbereichen des Spannungstrichters und auch nur dann, wenn sie trocken und sauber sind.**

### Gewitter fotografieren

Es gibt aber noch eine Sorte Nachtaufnahmen, die zwar normalerweise vom Stativ stattfindet, aber trotzdem keine Belichtungsreihen erlaubt: die Gewitterfotografie.

**⊡ LESEZEICHEN**

http://www.blids.de

Um zur richtigen Zeit am richtigen Ort zu sein, gibt es Informationsdienste im Internet, bei denen man den Verlauf einer Gewitterfront verfolgen kann. Eine der Adressen ist beispielsweise der Blitz-Informations-Dienst von Siemens.

- Stellen Sie die Kamera auf manuellen Fokus und ihre Hyperfokaldistanz. Und beachten Sie, dass Kameras und Stative aus Metall bestehen. Stellen Sie also sicher, dass sowohl Kamera als auch Stativ geschützt sind und auch Sie besser im Trockenen sitzen.

  Es gibt auch Spezialisten, die im Auto bleiben, die Kamera samt Stativ auf den Beifahrersitz verfrachten und durch das geöffnete Seitenfenster fotografieren. Sie sollten sich dann aber während der Belichtungszeit nicht rühren, das Auto wackelt sonst mit. Falls Sie nicht über ein Fahrzeug mit senkrecht stehenden Seitenscheiben verfügen, kann das allerdings für den Innenraum des Fahrzeugs eine gewisse Grundfeuchte zur Folge haben. Sich bei starkem Wind und Regen mitsamt Auto unter einen Baum zu stellen, ist ebenfalls keine brauchbare Idee.

- Bei sehr starkem Wind müssen Sie das Stativ besonders sichern, einerseits um die Bilder verwacklungsfrei zu halten, andererseits um die Kamera zu schützen. Stellen Sie das Stativ möglichst niedrig, klappen Sie die Beine so weit wie möglich aus und beschweren Sie die Stativfüße mit Steinen.

- Das nächste Problem ist die Ausrichtung. Meistens fotografiert man in die Richtung, aus der das Gewitter kommt – mithin gegen den Wind. Regen weht also direkt auf die Frontlinse. Speziell wenn Sie ein Weitwinkel benutzen, kann das die Blitzjagd sehr schnell beenden. Es gibt im Zubehörhandel Gummisonnenblenden, die in solchen Fällen etwas helfen können.

- Stellen Sie die Kamera auf Blende 5,6 und ISO 100 ein, das ist ein guter Anfang. Je weiter Sie die Blende zumachen, desto dunkler werden auch die Blitze. Je nach Heftigkeit des Gewitters müssen Sie die Blende noch weiter schließen. Die Belichtungszeit richtet sich nach dem Umgebungslicht. In stockdunkler Nacht können Sie den Verschluss über die Bulb-Funktion der Kamera mit einem Fernauslöser so lange offen halten, bis der Blitz kommt. Ist ein beleuchteter Ort mit auf dem Bild, können 30 Sekunden allerdings schon zu lange sein.

- Bulb hat gegenüber einer fest eingestellten Zeit den Vorteil, dass Sie direkt nach einem Blitz die Belichtung abbrechen können.

- Schalten Sie auf jeden Fall den Dark Frame ein, falls Ihre Kamera das anbietet. Dabei wird nach jeder Langzeitbelichtung eine weitere Aufnahme in identischer Länge, aber mit geschlossenem Verschluss gemacht. Dadurch kann in der Kamera das Bildrauschen reduziert werden.

- Letzte, wichtige Einstellung: RAW.

*Nach dem Mappen mit dem Photomatix Pro Details Enhancer, bei dem die Sättigung etwas angehoben wurde, ist auch vom Vordergrund etwas zu sehen. Gegenüber dem Linearbild in Sachen Effekt ein deutlicher Rückschritt, aber gegenüber dem JPEG aus der Kamera ein sichtbarer Gewinn an Zeichnung. Dabei wurde auch bei diesem Bild Wert auf ein eher natürlich wirkendes Ergebnis gelegt.*

*Ein einfaches Gewitterfoto als JPEG direkt aus der Kamera sieht eher unspektakulär aus.*

*Das gleiche Bild, in Pseudo-HDR umgewandelt und als lineare Vorschau in Photomatix Pro, ist deutlich knackiger. Leider ist der Feuerball dann doch etwas übertrieben.*

### Stadtszenen bei Nacht

Immer wieder gern sieht man nächtliche Stadtszenen als HDR. Hier hat sich bei den HDR-Programmen in den letzten Jahren Erhebliches getan. Während die ersten Versionen mit fahrenden Autos überhaupt nicht zurechtkamen und statt der Scheinwerferspuren, die nur in einem Bild auftauchten, dicke, schwarze Streifen platzierten, haben das aktuelle Versionen gut im Griff. So kann man nun auch belebte Straßenkreuzungen fotografieren.

Der Weißabgleich für dieses Bild wurde auf Tageslicht, 5.300 K, gesetzt. Prinzipiell wäre es natürlich möglich gewesen, den Weißabgleich per Graukarte auf die erforderlichen 16.000 K zu justieren, dadurch würde auch das Gebüsch eine natürliche, grüne Farbe erhalten. Alle Straßen würden jedoch in Orange versinken.

Letztlich ist es Geschmackssache, ob man eher die warmen Farben des Kunstlichts bevorzugt oder den Widerschein der blauen Stunde. Definitiv keine Lösung ist der Weißabgleich auf Kunstlicht. Die Fenster sind dann zwar wunderbar weiß erleuchtet, der Rest des Bilds ist aber absolut blau. Lediglich der gut beleuchtete rote Zug im Bahnhof sticht heraus.

*Oben: Als Beispiel hier ein Sonnenuntergang über Halden.*

*Mitte und Unten: Die beiden Bilder zeigen die beiden Extreme der Belichtungsreihe mit vier Bildern zwischen 8 und 1/8 s, jeweils bei Blende 5 und 100 mm Brennweite.*

Während das Sonnenuntergangsbild von Halden mit dem *Details Enhancer* gemappt wurde, ist es natürlich auch möglich, den *Tone Compressor* zu verwenden. Das wurde bei der Aufnahme der Straßenkreuzung gemacht.

Die Ausgangssituation: Die fünf Belichtungen liegen zwischen 1/4 und 3,2 Sekunden bei Blende 5. Während der Belichtungsreihe fuhr ein Pkw auf der rechten Spur auf die Kreuzung zu und bog nach rechts ab. Von links kam ein Kleintransporter. Zudem kam von rechts auch noch ein großer Lkw, und einige Ampeln wechselten von Rot auf Grün.

Wird als Berechnungsmethode *Bewegte Objekte* verwendet, erscheint der Transporter links wie durch Zauberhand, der Lkw ist dafür vollständig verschwunden, und auch die Bremsspuren des Pkws sind auf einmal wie weggeblasen. Dafür sind an der Kreuzung auf einmal hässliche Flecken auf der Straße zu erkennen. Die Bilder haben einen Abstand von 1 EV. Wird nun das HDR nicht mit allen Bildern, sondern lediglich mit den drei wichtigen in 2 EV Abstand berechnet, ist mit der Option *Hintergrund-Bewegung* auf einmal alles okay.

*Auf den Einzelbilder der Belichtungsreihe waren mehrere Fahrzeuge zu sehen. Das Ergebnis nach der Bearbeitung: Pkw und Transporter sind einwandfrei entfernt, der große Lkw von rechts ist an der Ampel aber noch schemenhaft zu erkennen. Die Lichtspuren sind da, dafür sind die Artefakte verschwunden.*

Auch dieses Beispiel zeigt wieder: Der optimale Abstand für Belichtungen einer Belichtungsreihe sind 2 EV. Mehr Belichtungen machen das Bild nicht besser, sondern meistens schlechter. Der mathematische Hintergrund ist klar: Bei jeweils 1 EV Abstand wird für jedes Pixel in den Mitteltönen der Mittelwert von 5 Belichtungen verwendet (insgesamt 4 EV Abstand), da ja alle Pixel in diesem Bereich gültige Werte haben (weder abgesoffen noch ausgefressen). Dadurch schleichen sich aber zwangsläufig Unschärfen ein, denn auch das Ausrichten der Bilder kann immer nur mit einer bestimmten, endlichen Genauigkeit passieren. Wenn für die Ermittlung nur 3 Pixel zur Verfügung stehen, ist das immer noch ausreichend, da ja eigentlich sogar ein einziges, korrekt belichtetes Pixel ausreicht.
Wenn also HDR-Fotografen davon sprechen, dass sie bei einer Belichtungsreihe mit 1 EV Abstand jedes zweite Bild wegwerfen, hat das nichts mit Sorglosigkeit zu tun, sondern mit Qualitätsbewusstsein. Weniger ist hier mehr.

### Aufnahme mit Vollmond

Beim nächsten Bild zum Thema Nacht handelt sich um eine Aufnahme mit Vollmond, bei der die gesamte Belichtung fast eine

*Oben: Die Statue wurde von einem kleinen Strahler von links außerhalb des Bilds beleuchtet. Das Bild ist das mittlere von drei Bildern mit 8 s Belichtungszeit. Die Belichtung mit 2 s zeigte einen kleineren Mond und außer den erleuchteten Fenstern so gut wie keinen Hintergrund. Bei der 15-s-Belichtung dagegen ist bereits die Front der Statue hoffnungslos ausgefressen.*

*Mitte: Mit Photomatix Pro verrechnet und mit dem* Details Enhancer *gemappt, kommen schon deutlich mehr Details ans Licht.*

*Unten: Bei diesem Bild wurde im* Details Enhancer *nur die* Stärke *geringfügig reduziert und die* Helligkeit *leicht angehoben, und schon ist aus der Nacht eine Dämmerung geworden.*

Minute dauerte, davon die letzte Belichtung 15 Sekunden. Wenn man weiß, dass der Vollmond in zwei Minuten um seinen Durchmesser weiterwandert, müsste das Resultat eigentlich unbefriedigend sein. Zudem fällt auf, dass das Bild kleiner ist als das zugrunde liegende Bild und zudem die Mauer auf einmal parallel zum Bildrand liegt. Des Rätsels Lösung: Vor dem 15-Sekunden-Bild wurde offensichtlich die Kamera etwas verrückt. Photomatix Pro gleicht den Versatz aus und reduziert den Bildausschnitt auf den kleinsten gemeinsamen Nenner. Der Bildeindruck des gemappten HDR-Bilds liegt nun deutlich näher an der Wirklichkeit. Natürlich kann Photomatix Pro aus den Bildern auch noch mehr Details herausholen und buchstäblich die Nacht zum Tage machen. Derlei Spielereien finden natürlich ihre Grenzen im Rauschen, das nun aus den aufgehellten Schattenbereichen aufsteigt. Wenn man aber ausreichend Belichtungen gemacht hat, ist theoretisch auch eine scheinbare Tageslichtaufnahme möglich.

## HDR-Personenaufnahmen

Im vorherigen Abschnitt wurden Abend- und Nachtaufnahmen besprochen, als Einführung zum Thema HDR-Personenaufnahmen folgt nun gleich wieder eine Abendaufnahme. Anders als bei einigen der bereits gezeigten Tagesaufnahmen ist aufgrund der notwendigen langen Belichtungszeiten am Abend ein Stativ zwingend erforderlich.

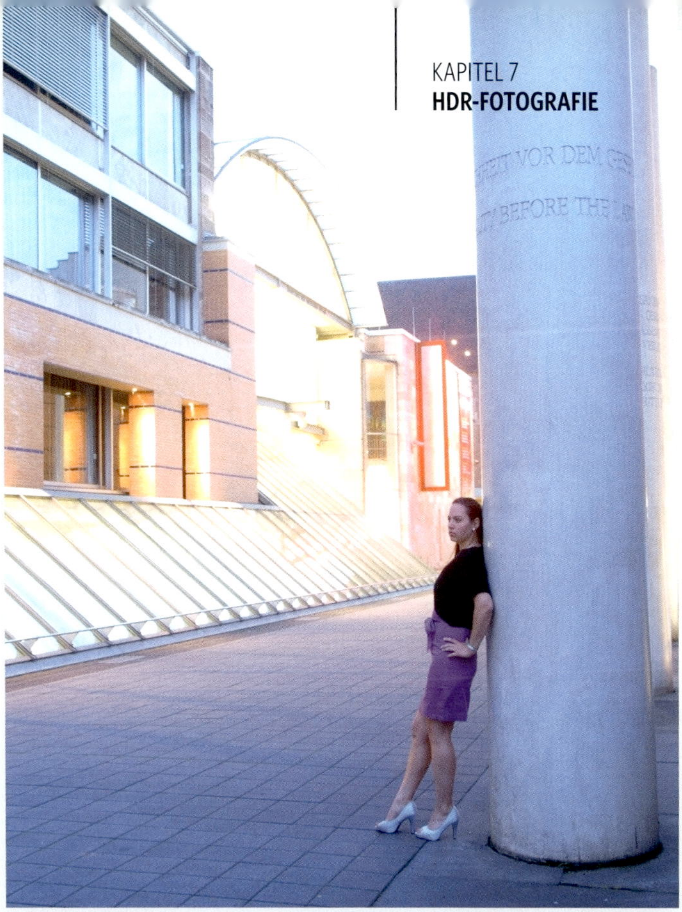

Oben: *Zur blauen Stunden an der Straße der Menschenrechte in Nürnberg. Das Germanische Nationalmuseum ist völlig überstrahlt, die Dame rechts steht im Schatten.*

Unten: *Das Ergebnis nach einem Tone Mapping mit Photomatix Pro mit* Stärke 100, *leicht erhöhter* Sättigung, *maximaler* Helligkeit *und einem* Weißpunkt *auf* 0,2 % *entspricht dem typischen HDR-Look von Abendaufnahmen zur blauen Stunde.*

Um nun den hohen Kontrastumfang dieser Szene bewältigen zu können, ist eine Belichtungsreihe notwendig. Das Bild hat bereits 8 Sekunden Belichtungszeit bei Blende 5 und 40 mm Brennweite. Die folgenden Bilder wurden in jeweils 2 EV Abstand bis auf 1/8 Sekunde geschossen. Da zwischendurch auch noch Passanten durchs Bild liefen, dauerte die gesamte Prozedur 51 Sekunden, in denen das Model stocksteif stehen bleiben musste.

Der Originalweißabgleich liegt auf *Tageslicht*, aus diesem Grund herrschen die Blautöne des reflektierten Himmelslichts vor. Eine Änderung des Weißabgleichs, die den Säulen ihre graue Originalfarbe zurückgibt, resultiert bei ansonsten gleichen Einstellungen in einer etwas konventionelleren Farbgebung.

Das größte Problem ist dabei, wie immer, der Mensch. Menschen können nicht ruhig stehen, das ist physiologisch ausgeschlossen. Genauso wie ein Fahrradfahrer nicht exakt geradeaus fahren kann, ohne umzufallen, kann ein Mensch nicht frei stehen, ohne zu schwanken. Dieses Schwanken erlaubt dem Menschen, die Balance zu halten. Die ständige Bewegung hilft den Bewegungssensoren im Ohr, die Lage des Körpers im Raum festzustellen und zu korrigieren. Je nach Empfindlichkeit des Gleichgewichtsorgans und der Reaktionsschnelligkeit des Muskelapparats ist das Schwanken mehr oder weniger stark ausgeprägt. Im Normalfall fällt das Schwanken nicht auf und der Person selbst sowieso nicht, da das Gehirn das Schwanken intern verrechnet und zum Beispiel auch das vom Auge gelieferte Bild intern korrigiert.

Im konkreten Fall der HDRs folgt daraus, dass eine Person auf einer länger belichteten HDR-Aufnahme entweder liegen oder

*Oben: Ein geänderter Weißabgleich gibt den Säulen die graue Originalfarbe wieder.*

*Unten: Bei dieser Version versuchte das Model während der Belichtungszeit, den Kopf frei zu halten. Trotz durchtrainierter Physis ein Ding der Unmöglichkeit, obwohl diese Serie nur 38 s dauerte.*

sich irgendwo anlehnen muss. Auch der Kopf schwankt nämlich, wenn er nicht irgendwo angelehnt wird.
Personen auf HDR-Aufnahmen sollten also so platziert werden, dass sämtliche Extremitäten unterstützt werden - oder die Personen müssen so klein abgebildet werden, dass der Schwankungsweg unterhalb der Auflösung des Sensors liegt. Einfacher wird es bei Aufnahmen am Tag. Wenn die einzelnen Belichtungen innerhalb von höchstens zwei Sekunden durchgeschossen werden können, sind auch Aufnahmen von sitzenden oder stehenden Personen möglich - wozu eine Kamera mit hoher Serienbildgeschwindigkeit und der Möglichkeit für automatische Belichtungsreihen notwendig ist.

## HDR-Panoramen

HDR-Panoramen gelten zu Recht als die Königsdisziplin im Bereich HDR-Fotografie. Einfache Panoramen werden mittlerweile von fast jeder Kompaktkamera automatisch erstellt, fast jede Software erstellt automatisch aus mehreren Bildern Panoramen. Trotzdem sind gute Panoramen nicht einfach. Sie erfordern erhebliche Vorarbeit und Sorgfalt bei der Erstellung. Während bei normalen Panoramen immer auch etwas mit der Bildbearbeitung ausgebügelt werden kann, ist dies bei HDR-Panos nur mit extremem Aufwand möglich. Aus diesem Grund wird hier noch auf die grundlegenden Vorgehensweisen eingegangen, ohne in Bezug auf unterschiedliche Projektionsarten zu sehr ins Detail zu gehen.

### Der Nodalpunkt

Es ist wie der alte Streit um den Schraubendreher. Seit einigen Jahrzehnten heißt das Gerät ganz offiziell laut DIN so, und der alte Begriff „Schraubenzieher", der noch aus Holzschraubenzeiten stammte, als man Schrauben anzog, ist eigentlich nicht korrekt. Das hindert den Schraubenzieher aber nicht daran, zu Millionen in deutschen Haushalten in der Schublade zu liegen - neben dem Zollstock, der eigentlich korrekt Gliedermaßstab heißt und keine Zoll auf der Skala hat.
Beim Nodalpunkt liegt die Sache ähnlich, aber etwas schlimmer. Den Nodalpunkt gibt es nämlich wirklich, aber in fast allen Fällen an einer anderen Stelle als die gesuchte Eintrittspupille. Macht sich nun jemand schlau, was denn eigentlich der Nodalpunkt ist, landet er auf der falschen Fährte. Leider ist auch die Eintrittspupille eines Objektivs eine recht spröde Größe, da sie nur bei manchen Objektiven zufällig mit der Frontlinse übereinstimmt, bei Nikon-Objektiven kann man die Eintrittspupille gelegentlich in der Nähe des goldenen Rings finden, und es gibt Objektive, bei denen die Eintrittspupille gar nicht im Objektiv liegt, sondern auf der Höhe des Bajonetts. Die Sache ist also reichlich virtuell.
Wenn Ihnen also jemand erklärt, Sie müssten den Nodalpunkt, den bildseitigen Knotenpunkt, ermitteln, um Panoramen erstellen zu können, reichen Sie ihm einen Schraubenzieher und einen Zollstock, damit er sein Objektiv aufschraube und nachmesse. Leider hat sich der Nodalpunkt auch bei den Herstellern der Panoramaadapter in den Köpfen festgesetzt, und so spricht sogar Novoflex auf seiner Website davon, dass das - mechanisch hervorragende - VR-System dazu diene, die Kamera um den Nodalpunkt zu drehen. Der Nodal Ninja hat die falsche Bezeichnung sogar im Namen, was dem Hersteller durchaus bewusst ist und was er auch auf der Website richtigstellt. Bei Manfrotto geht es ebenfalls um den „Nodal Point".

*Ein Beispiel für einen Parallaxenfehler, der durch Nichtbeachtung des Nodalpunkts entstanden ist, sehen Sie hier. Es ist Teil eines HDR-Panos, das zwar vom Stativ, aber ohne Nodalpunktadapter gemacht wurde.*

*Wer genau hinschaut, sieht, dass das hintere Schutzblech des hinteren Motorrads, die Sitzbank und das vordere Schutzblech gegeneinander verschoben sind. Auch wenn es hier im Buch nicht nach viel aussieht, in der Datei ist der Fehler immerhin 100 Pixel breit, was ein erfolgreiches Stitchen verhindert.*

i

## DER NODALPUNKT

**Als Nodalpunkt wird meistens fälschlicherweise der Punkt der Eintrittspupille eines Objektivs bezeichnet. Tatsächlich ist der Nodalpunkt (Knotenpunkt) der Punkt auf der optischen Achse, auf den die Lichtstrahlenden scheinbar zulaufen, wenn sie vor und hinter dem Objektiv im gleichen Winkel austreten. Die beiden „echten" Nodalpunkte (vorne und hinten) werden Sie in der fotografischen Praxis eher nicht brauchen. In der Panoramafotografie wird aber immer vom Nodalpunkt gesprochen. Gemeint ist dabei aber die Eintrittspupille oder auch der Drehpunkt des Objektivs bei einer bestimmten Brennweite. Da Nodalpunkt aber so schön fachmännisch klingt und die entsprechenden Zubehörteile eben auch als Nodalpunktadapter verkauft werden, hat sich der Begriff eingebürgert. Der englische, korrekte Begriff ist „No-parallax-point" und als solcher deutlich anschaulicher benannt.**

## DIE DAUMENSPRUNGREGEL

**Für eine Ermittlung der Entfernungen im Motiv ist die „Daumensprungregel" von Nutzen. Strecken Sie Ihren rechten Arm nach vorne aus und peilen Sie mit einem Auge über den Daumen einen Gegenstand im Motiv an, dessen Entfernung Sie schätzen möchten. Nun schließen Sie das eine Auge und peilen mit dem anderen, ohne Ihren Daumen zu bewegen. Der angepeilte Gegenstand ist anscheinend zur Seite gesprungen. Schätzen Sie nun die scheinbare „Sprungweite", also den Abstand zwischen Daumen 1 und Daumen 2. Multiplizieren Sie diesen Abstand mit 10, und Sie erhalten die ungefähre Entfernung zum Motiv.**

Seien Sie sich also darüber bewusst, dass es, wenn es in diesem Buch um den Nodalpunkt geht, in Wirklichkeit um die Eintrittspupille des Objektivs geht und nicht um einen der beiden Knotenpunkte.

Die Kenntnis des Nodalpunkts verhindert, dass Ihnen ein sogenannter Parallaxenfehler einen Strich durch Ihre Panoramarechnung macht. Einen Parallaxenfehler kennen Sie vielleicht noch von den früher üblichen Sucherkameras. Der Blick durch den Sucher zeigte, vor allem im Nahbereich, ein anderes Bild als das, was später auf dem Film auftauchte. Einen ähnlichen Fehler erhalten Sie, wenn Sie eine Kamera auf dem Stativ schwenken, wie Sie es mit einer Filmkamera machen können.

Man darf die Wichtigkeit des Nodalpunkts aber auch nicht überbewerten. Bei Panoramen, bei denen das kameranächste Objekt weiter als 20 Meter entfernt ist, benötigen Sie keinen Nodalpunktadapter mehr, ein einfacher Drehteller auf dem Stativ reicht - es sei denn, Sie arbeiten mit extrem hochauflösenden Kameras.

In diesem und in allen Fällen, in denen Sie im Vordergrund Details haben, müssen Sie für jede Objektiv-Kamera-Kombination und für jede Brennweite den Nodalpunkt ermitteln.

### ⊡ LESEZEICHEN

**http://bit.ly/9HQRsk**

Wenn Sie zufällig mit dem Olympus-E-System fotografieren und ZUIKO-Digitalobjektive verwenden, können Sie den folgenden Abschnitt überspringen und sich hier die komplette Liste aller Nodalpunkte und aller Objektiv-Kamera-Brennweiten-Kombinationen herunterladen.

**Nodalpunkt ermitteln**

Panoramasoftware arbeitet nicht mit Augenmaß, sondern mit digitalen Daten. Wenn der Nodalpunkt nicht hundertprozentig stimmt, büßen Sie das später mit ungenauen Stitching-Ergebnissen und Aufwand bei der Korrektur. Arbeiten Sie also bei der Ermittlung des Nodalpunkts extrem sorgfältig. Prinzipiell gibt es zwei Vorgehensweisen, je nachdem, ob Sie eine Kamera mit Live-View - also mit der direkten Anzeige des Sucherbilds am Display - besitzen oder eine Kamera, die dieses Feature nicht aufweist. Zudem sollte die Live-View-Kamera eine Sucherlupe besitzen, die eine 1:1-Ansicht ermöglicht.

Wenn Sie keine Kamera mit so einer Lupe besitzen, kommen Sie nicht darum herum, viele Bilder zu schießen und sie jedes Mal am Computerbildschirm genau zu untersuchen. Falls Ihre Kamera die Möglichkeit bietet, die aufgenommenen Bilder in 1:1-Ansicht (also 100-%-Ansicht) auf dem Kameramonitor anzuschauen, sparen Sie sich zumindest den Weg zum PC.

- Zuerst benötigen Sie einen Panoramakopf - oder auch Nodalpunktadapter. Solange Sie keine mehrzeiligen Panoramen (Multi-Row-Panoramen) machen wollen, reicht eigentlich schon eine Art Blechwinkel mit einem Langloch, durch das die Stativschraube passt, in dem Sie die Kamera festschrauben und in der Längsrichtung verstellen können.
- Als Nächstes sorgen Sie dafür, dass sich die optische Achse Ihres Objektivs und die Drehachse des Stativs schneiden. Wenn die Stativschraube der Kamera nicht in der optischen Achse liegt, müssen Sie sich für Ihren Panoramaadapter ein entsprechendes T-Stück besorgen,

*Im Bild sichtbar ist ein Nodal Ninja 3 auf einem Manfrotto-Neiger.*

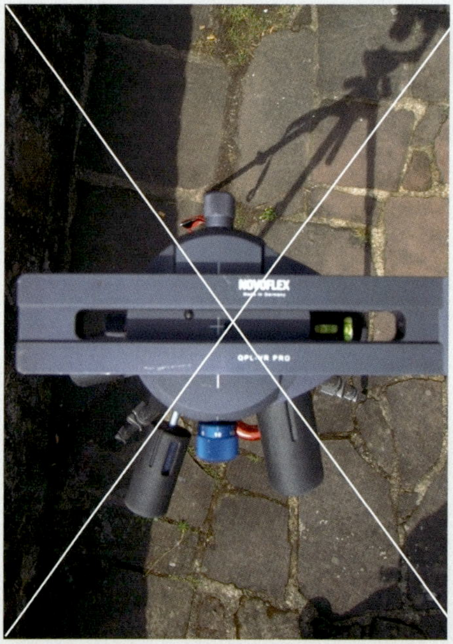


*In diesem Bild wurde die optische Achse nach Sicht mit dem Drehpunkt auf Flucht gebracht. Erst mit dem Lineal konnte festgestellt werden, dass die Genauigkeit nicht ausreichte. Am Schatten des Stativs sehen Sie übrigens, wie die Konstruktion aussieht. Auch hier empfiehlt es sich, die entsprechenden Punkte in aller Ruhe zu Hause auszumessen.*

damit Sie Ihre Kamera entsprechend versetzen können. Alle Panoramaadapter haben in der Mitte der Panoramaplatte eine Markierung, die den Drehpunkt der Platte anzeigt. Beim Nodal Ninja ist das ein Kreis mit acht schwarz-weißen Kreissegmenten, beim Novoflex-Adapter es ein simples weißes Kreuz.

- Montieren Sie Ihre Kamera nun an den Panoramaadapter und richten Sie das Objektiv senkrecht nach unten. Wenn Sie jetzt ein Bild machen, sollte die Mittenmarkierung exakt in der Mitte des Bilds sein. Ist sie das nicht, justieren Sie Ihren Adapter so lange, bis es passt. Da Sie diesen Punkt nur einmal für jede Kamera finden müssen, können Sie ihn markieren. Der Nodal Ninja hat speziell für diesen Zweck sogar kleine anschraubbare Plastikplättchen, mit denen Sie einen entsprechenden Anschlag realisieren können.
- Wenn Sie eine Kamera mit abnehmbarem Batteriegriff haben, nehmen Sie ihn für das Panorama auch ab. Der Verstellweg des Novoflex reicht zwar auch für richtig große Kameras aus, die Kamera hängt aber in diesem Fall nur an einer Stativschraube an der Seite. Eine Hundertprozentfixierung ist das nicht. Die Eloxierung der Schienen sorgt zwar für pflegeleichte Oberflächen, verhindert aber bei manchen Kameras auch, dass sie sich drehsicher befestigen lassen. Deshalb sollten Sie so weit wie möglich das Gewicht auf dem Ausleger reduzieren.

***Auflagemaß verschiedener Bajonetttypen***

Nun muss noch ein Wert erklärt werden, der zur rationellen Ermittlung des Nodalpunkts notwendig ist: das Auflagemaß. Bei allen Kameras mit Wechselobjektiv ist der Abstand von der Filmebene zur Bajonettoberfläche ein bestimmter Wert, eben das Maß von der Filmebene bis zur Auflage des Objektivs. Dies nennt sich Auflagemaß. Es ist für jedes Bajonett spezifisch.

- Diesen Wert können Sie an Ihrer Kamera nachmessen und sich am Gehäuse eine Markierung an der Stelle machen, an der die Sensor- oder Filmebene sitzt. Die Markierungen, die die Hersteller teilweise dort anbringen, müssen nicht zwangsläufig stimmen.
- Der nächste Schritt ist, den Abstand des Mittelpunkts der Stativschraube zur Filmebene zu ermitteln. Auch dafür ist ein gutes Lineal vonnöten. Nahezu jede Kamera hat hier einen anderen Abstand. Nodalpunkte werden von den Objektivherstellern grundsätzlich ab Filmebene angegeben, am Nodalpunktadapter wird aber ab Stativschraube eingestellt. Wenn Sie Nodalpunktangaben innerhalb eines Systems übertragen und nicht nach einem Kamerawechsel alle Punkte neu ausmessen wollen, müssen Sie auch diesen Wert getrennt behandeln.
- Nun wird der Nodalpunkt selbst ermittelt. Stellen Sie Ihren Nodalpunktadapter am Ausleger auf Mittelstellung und suchen Sie sich in Ihrer Wohnung zwei hintereinanderliegende scharfe Kanten. Die erste Kante sollte kurz hinter der Naheinstellgrenze des Objektivs liegen, die zweite Kante etwa drei bis vier Meter dahinter.
- Nehmen Sie zum Beispiel ein mit Tesafilm am Türrahmen befestigtes Geodreieck, das zeigt, dass der Parallaxenfehler bereits auf der kurzen Entfernung zwischen Geodreieck und Türrahmen zuschlägt. In diesem Fall muss die Kamera am Adapter deutlich nach hinten geschoben werden. Die Richtung, in die korrigiert werden muss, ergibt sich aus der Perspektive.

*Testaufbau zum Ermitteln des Nodalpunkts. Hier wurde mit einem 22-mm-Objektiv bei Blende 11 durch die Tür in einen Flur fotografiert. Im linken Bild sind der Türrahmen der zweiten Tür im Flur und die Kante des Türblatts in Kontakt, auf dem rechten Bild ist deutlich Raum dazwischen.*

- Schiebt man die Kamera in Richtung Tür, wird der Abstand zwischen Türblatt und Rahmen größer werden, da man näher an das Türblatt heranrückt. Also wird die Kamera nach rückwärts verlagert. Dies wird so lange wiederholt, bis die beiden Linien in beiden Bildern den gleichen Abstand zueinander haben. Um das nicht schätzen zu müssen, wurde das Lineal mitfotografiert. Speziell wenn Sie den Abstand nicht auf dem Computer beurteilen, sondern am Bildschirm der Kamera, egal ob mit LiveView oder erst beim gespeicherten Bild, ist der Maßstab eine deutliche Hilfe.

| AUFLAGEMASSE VERSCHIEDENER BAJONETTTYPEN IN MM | | | | | | | |
|---|---|---|---|---|---|---|---|
| M42 | Canon EOS | Nikon F | Pentax K | Leica M | Minolta AF | Olympus OM | Olympus FT |
| 45,5 | 44 | 46,5 | 45,5 | 27,8 | 44,5 | 46 | 38,85 |

Oft werden Straßenlaternen, Säulen oder sonstige runde Peilpunkte verwendet. Diese sind nicht genau genug begrenzt, zudem sind an den Kanten von runden Gegenständen die Hell-dunkel-Kontraste zum Hintergrund meist reduziert. Scharfe Türkanten sind dagegen ideal. Eine gute Schärfentiefe ist natürlich Voraussetzung für die exakte Ermittlung des Nodalpunkts. Wenn Sie im Live-View mit Lupe arbeiten, sollten Sie Ihre Abblendtaste, falls vorhanden, nutzen.

Eine Ermittlung des Nodalpunkts im Freien ist selten einwandfrei möglich. Oft bekommen Sie gerade an den wichtigen Kanten Überstrahlungen von der Sonne oder im schlimmsten Fall sogar chromatische Aberrationen, die die Ermittlung des Nodalpunkts zur Qual werden lassen. Berechnen Sie die Schärfentiefe mit dem korrekten Zerstreuungskreis, nicht mit einem 1/1500 der Bilddiagonalen. Vor allem bei höher auflösenden Kameras würden Sie damit erheblich an Genauigkeit verlieren.

In vielen Anleitungen wird geraten, einfach beim Schwenken durch den Sucher zu sehen und sich den Abstand der beiden Linien zu merken. Diese Methode ist schnell, und die Ergebnisse sind blanker Zufall. Sie haben schon allein im Sucher nur eine Gesichtsfeldauflösung von gerade 2 Megapixeln. Eine genaue Beurteilung eines gemerkten Abstands ist schlichtweg nicht möglich und sorgt nochmals für einen Fehler. Bei Versuchen hatten mit der Suchermethode geschätzte Nodalpunkte einen Fehler von durchschnittlich +/- 8 mm. Mit der hier vorgestellten Methode betrug der Fehler gegenüber der Herstellerangabe maximal 1mm. Sorgfalt und Aufwand zahlen sich also aus.

Es gibt Veröffentlichungen, in denen geraten wird, die gleiche Prozedur zusätzlich auch für den Hochkantschwenk vorzunehmen, also für die Multi-Row-Panoramen für den Schwenk nach oben. Das ist jedoch unnötig. Es gibt nur einen Punkt der Eintrittspupille, völlig egal, in welche Richtung Sie schwenken. Falls Sie beim Hochkantschwenk einen anderen Nodalpunkt ermitteln als beim Seitwärtsschwenk, sollten Sie die Nodalpunktermittlung entweder jemand anderen machen lassen oder das verwendete Objektiv in Reparatur schicken.

### Panoramaadapter Marke Eigenbau

Im Internet werden reihenweise Selbstbauanleitungen für Panoramawinkel veröffentlicht, meistens spielt dabei Flachmaterial aus dem Baumarkt eine wichtige Rolle. Auch Stahlwinkel, die normalerweise zum Befestigen von Blumenkästen an Balkonbrüstungen dienen, werden gern verwendet, da sie bereits über Langlöcher verfügen. Für ein Quick-and-dirty-Panorama reichen diese Konstruktionen, für HDR-Panoramen sind sie nicht zu empfehlen. Für ein gutes HDR-Panorama stehen Sie bis zu zwei Stunden am Stativ. Wenn während dieser Zeit irgendetwas wackelt oder eine Klemmung nachgibt, sehen Sie das erst, wenn Sie die Bilder stitchen wollen.

**Einstellen der Kamera**

Wie bei allen Panos ist die Vorbereitung auch bei HDR-Panoramen die halbe Miete. Im Unterschied zum normalen Panorama, bei dem Sie einen Beleuchtungskompromiss zwischen den verschiedenen Ecken des Panoramas finden müssen, können Sie beim HDR-Panorama die dunkelste Stelle und die hellste Stelle anmessen, dazwischen mit 2 EV Ihre Belichtungspunkte festlegen und dann loslegen. Falls Ihre Kamera keine Möglichkeit hat, eine frei definierbare Belichtungsreihe abzuarbeiten, rentiert es sich, die ermittelten Belichtungszeiten auf einen kleinen Zettel zu schreiben, nach dem man sich dann richten kann.

Wie bei einem Panorama üblich, sollten Sie den Fokus fest auf die Hyperfokaldistanz stellen und anschließend das Objektiv nicht mehr anfassen. Die Aktivierung der Spiegelvorauslösung sollte selbstverständlich sein, wenn längere Belichtungszeiten anstehen, ist ein nachgeschalteter Dark Frame von Vorteil.

Als ISO-Einstellung empfiehlt sich der kleinstmögliche Wert. Es gibt mittlerweile Kameras, die als Basis-ISO nicht mehr ISO 100 besitzen, sondern ISO 200. Bei ISO 100 haben diese Kameras meist einen um eine Blende verminderten Dynamikumfang in den Lichtern. Trotzdem ist das Rauschen bei ISO 100 nochmals reduziert. Den verminderten Dynamikumfang können Sie durch eine zusätzliche Unterbelichtung ausgleichen, höheres Rauschen nicht. Es gibt nur einen Grund, höhere Empfindlichkeiten zu verwenden: wenn Sie unter extremem Zeitdruck arbeiten müssen und eventuelle Belichtungszeiten von mehreren Sekunden nicht realisierbar sind. Achten Sie aber darauf, dass Sie nicht am anderen Ende mit der kürzestmöglichen Belichtungszeit der Kamera in Konflikt geraten.

Falls Sie einen internen Bildstabilisator haben, stellen Sie ihn nur dann an, wenn Sie in Versuchen vorher festgestellt haben, dass die Fotos vom Stativ damit besser werden. Im Normalfall sollte der Stabilisator aus bleiben.

**Gute Planung ist alles**

Bei Panoramen stehen Sie fast immer unter Zeitdruck. Die Lichtverhältnisse ändern sich, die Schatten wandern, und wenn man Pech hat, wandern auch Passanten durchs Bild. Bei HDR-Panoramen gilt Gleiches – es ist nur noch schlimmer. Gute Planung ist hier alles. Wenn Sie ein Innenraumpanorama machen wollen, suchen Sie sich einen möglichst trüben Tag zur Mittagszeit aus. Ziehende Wolken können dafür sorgen, dass Ihre gesamten Belichtungsreihen durcheinanderkommen.

Wenn Sie outdoor fotografieren, ist ebenfalls die Mittagszeit ideal, beginnen Sie am besten etwa eine Stunde vor der wahren Mittagszeit. Natürlich ist das Licht abends besser, Sie sollten dann aber unbedingt darauf achten, dass Sie keine wandernden Schatten im Bild haben und das Panorama nicht zu sehr ausdehnen. Für ein Outdoor-Pano müssen Sie pro HDR-Bild eine Minute rechnen, wenn alles klappt. Für ein Multi-Row-Panorama sind sehr schnell 30 Bilder nötig, für ein Kugelpano können es auch mal 40 oder mehr Bilder sein. Nehmen Sie also ausreichend Zeit und Geduld mit.

**Eine Frage des Formats**

Schießen Sie HDR-Panoramen immer im Hochformat. Der Grund ist ganz einfach: Beim Stitchen wird die gerade Kante des Bilds gebogen. Sie erhalten also an der Kante des Panoramas eine Wellenlinie. Je breiter nun Ihr ursprüngliches Bild ist, desto stärker ist die Wellenlinie.

*In diesem HDR (einem Teil eines größeren Panoramas) wurden zwei Querformatbilder gestitcht, die schräg nach unten fotografiert wurden. Die Ursprungsbilder waren im 4:3-Format. Bei dem bei DSLRs üblichen 3:2-Format ist der Effekt noch stärker.*

Im Hochformat brauchen Sie für das Panorama mehr Bilder. Die Frage ist, wie viele Sie tatsächlich benötigen. Dazu ist wieder Mathematik notwendig, denn Sie müssen zuerst den Bildwinkel Ihres Objektivs feststellen. Wenn Sie jetzt denken, das sei kein Problem, da das im Datenblatt stünde, liegen Sie damit nicht zwangsläufig richtig. Die meisten Hersteller geben nämlich den diagonalen Bildwinkel des Objektivs an.

Wenn Sie nun ein Fisheye-Objektiv mit 180° diagonalem Bildwinkel am Kleinbildsensor im Hochformat betreiben, bleiben von diesen 180° gerade noch etwa 120° übrig. Bei mindestens 30 % Überlappung haben Sie noch 90° Abdeckung pro Bild. Sie benötigen also mindestens vier Bilder, um ein 360°-Panorama zu erstellen.

Speziell beim Fisheye kommt aber dazu, dass die Bilder nicht korrigiert sind und Sie naturgemäß in großen Teilen des Bilds Fußboden oder Himmel mit abgelichtet haben. Am Himmel findet der Stitcher wenig Kontrollpunkte, am Boden ist es ebenfalls manchmal schwierig. Aus diesem Grund gelten die vier Bilder für das 360°-Panorama nur bei optimalen Bedingungen. Besser sind sechs Bilder. Sie haben dann pro Bild 60° Abdeckung und können sicher sein, auch genug Strukturen für einen Stich zu haben.

### Bildanzahl für ein 360°-Panorama

Die folgende Tabelle macht Ihnen das Leben etwas leichter und zeigt Ihnen für die wichtigsten Sensorgrößen und Panoramabrennweiten die Anzahl der notwendigen Bilder für ein 360°-Panorama. In der ersten Tabelle finden Sie zunächst eine gerundete Bildwinkel-Brennweiten-Umrechnung für die verschiedenen Sensorgrößen. Dabei geht es nicht um

den diagonalen Bildwinkel, sondern um den Bildwinkel an der kurzen Seite, also den für die Hochkantpanoramafotografie wesentlichen Winkel. Die Brennweiten wurden, außer beim 1/1,7"-Sensor, auf den nächstliegenden Millimeter gerundet. Die Tatsache, dass die Brennweiten in dieser Tabelle aufgeführt werden, bedeutet allerdings nicht, dass es diese Brennweiten für diesen Sensor auch auf dem Markt gibt.

| BILDWINKEL | BRENNWEITE BEI SENSORFORMAT | | | | | | |
|---|---|---|---|---|---|---|---|
| | 40,2 x 53,7 | 36,8 x 49,1 | Kleinbild | APS-N | APS-C | FT | 1/1,7" |
| 85° | 22 | 20 | 13 | 9 | 8 | 7 | 3 |
| 80° | 24 | 22 | 14 | 9 | 9 | 8 | 3,3 |
| 70° | 29 | 26 | 17 | 11 | 11 | 9 | 4 |
| 60° | 35 | 32 | 21 | 14 | 13 | 11 | 4,9 |
| 50° | 43 | 39 | 26 | 17 | 16 | 14 | 6 |
| 40° | 55 | 50 | 33 | 22 | 20 | 18 | 7,7 |
| 30° | 75 | 69 | 45 | 29 | 27 | 24 | 10,7 |
| 20° | 114 | 104 | 68 | 45 | 42 | 37 | 16 |

Die nächste Tabelle gibt an, wie viele Bilder beim jeweiligen Bildwinkel mit 30 % Überlappung für ein 360°-Panorama nötig sind. Da es hier nur um den Bildwinkel geht, spielen Sensorgröße und Brennweite keine Rolle mehr.
Je nach Panoadapter können Sie die Schrittweite oder die Anzahl der Aufnahmen einstellen. Für Bildwinkel und Brennweiten, die zwischen den aufgeführten Werten liegen, gilt natürlich Entsprechendes.

**Mehrzeilenpanoramen**

Eine weitere Tabelle brauchen Sie bei Mehrzeilenpanoramen (Multi-Row), wenn Sie mehrere Panoramen übereinander ablichten. Leider sind die Seitenverhältnisse der Sensoren unterschiedlich, sodass sich die Bildwinkel unterscheiden. Es sind also zwei Tabellen für die unterschiedlichen Seitenverhältnisse notwendig. Dabei werden die einzelnen Brennweiten mit dem in der vorherigen Spalte angegebenen kleineren Bildwinkel angegeben. Der tatsächlich über die Längsseite aufgenommene Bildwinkel ist natürlich größer.
Es gibt Fotografen, die bei Multi-Row-Panoramen mit der waagerechten, mittleren Reihe beginnen und dann beim Schwenk nach oben oder unten weniger Bilder machen, da ja auch der Drehwinkel kleiner wird. Dieses Verfahren hat mehrere gravierende Nachteile: Sie müssen am Panoramakopf mehrmals den Drehwinkel umstellen, was schiefgehen kann. Und Sie müssen des Weiteren für jede Brennweite die korrekte Anzahl der verminderten Bilder ausrechnen. Schließlich kann auch noch Ihr Zenit-Stitch danebengehen, wenn Sie sich irgendwo verrechnet haben.
Es ist deshalb aus ganz praktischen Gründen sinnvoll, einen Drehwinkel für das gesamte Panorama beizubehalten – es sei denn, Sie haben einen motorisierten Panoramakopf, der sämtliche Drehwinkel automatisch berechnet und einstellt.

**ANZAHL DER NOTWENDIGEN BILDER FÜR EIN 360°-PANORAMA**

| Bildwinkel | 180°-Fisheye | 85° | 80° | 70° | 60° | 50° | 40° | 30° | 20° |
|---|---|---|---|---|---|---|---|---|---|
| Anzahl | 6 | 6 | 7 | 8 | 9 | 11 | 13 | 18 | 26 |
| Schrittweite | 60° | 60° | 51,5° | 45° | 40° | 33° | 28° | 20° | 14° |

**ANZAHL REIHEN FÜR EIN 180°-PANORAMA BEI 4:3-SENSOREN (MITTELFORMAT, FOURTHIRDS, KOMPAKTKAMERA)**

| Bildwinkel | 180°-Fisheye | 85° | 80° | 70° | 60° | 50° | 40° | 30° | 20° |
|---|---|---|---|---|---|---|---|---|---|
| Anzahl | 1 | 2 | 2 | 2 | 3 | 3 | 4 | 6 | 9 |
| Schrittweite | - | 60° | 60° | 60° | 45° | 45° | 36° | 25° | 18° |

**ANZAHL REIHEN FÜR EIN 180°-PANORAMA BEI 3:2-SENSOREN (APS UND KLEINBILD)**

| Bildwinkel | 180°-Fisheye | 85° | 80° | 70° | 60° | 50° | 40° | 30° | 20° |
|---|---|---|---|---|---|---|---|---|---|
| Anzahl | 1 | 2 | 2 | 2 | 3 | 3 | 4 | 5 | 8 |
| Schrittweite | - | 60° | 60° | 60° | 50° | 50° | 40° | 30° | 20° |

Weder das Zenit- noch das Nadirbild, also das Bild des Himmels und das Bild des Bodens, ist grundsätzlich enthalten. Zu Zenit- und Nadirbild sowie zum Aufbau von Multi-Row- und Kugelpanoramen erfahren Sie später mehr.

**Vorbereitungen vor Ort**

Wenn Sie vor Ort angekommen sind und Ihren Panoramastandort ausgewählt haben, überprüfen Sie Folgendes:

- Wirft mein Stativ Schatten? Stativschatten sind manchmal vermeidbar, indem man sich gleich in den Schatten stellt. Das erspart einem später die mühsame Retusche des Schattens in Photoshop.

*Aufnahme der Straße der Menschenrechte mit Fisheye-Objektiv Mitte April kurz nach 15 Uhr. Die Schatten sind bereits sehr lang, Fotograf und Stativ sind überdeutlich im Bild.*

- Steht das Stativ hundertprozentig stabil? Lachen Sie nicht. Es gab Situationen, in denen nach der Hälfte des Panoramas auf einmal der Untergrund nachgab und ein Bein des Stativs langsam, aber sicher einsackte. Damit war die bisherige Arbeit reif für den Datenschredder. Kandidaten für wackelnde Stative sind auch Holzböden. Denken Sie daran, dass Sie bei einigen Bildern des Panoramas unter Umständen nach Auslösen der Kamera schnell außer Sicht laufen müssen. Wenn Sie dabei den Holzboden nicht berücksichtigen, kann das Stativ springen.
- Ist Ihre Kameraausrüstung außer Sicht? Ein Standardfehler. Vor allem bei 360°-Panoramen landet man irgendwann an dem Punkt, an dem die Kameratasche steht. Da HDR-Panoramen „blind" geschossen werden, fällt das erst auf, wenn man mit offenem Mund vor dem Computer sitzt und die Ergebnisse stitchen will. Dabei muss nicht einmal die Tasche selbst auf dem Bild sein, es reicht bereits der Schatten der Tasche.

*Aufnahme des Nadirbilds aus der Hand, Fisheye-Objektiv. Im Bild nicht nur die – unvermeidlichen – Füße des Fotografen, der korrekt darauf geachtet hat, dass sein eigener Schatten nicht im Bild ist, sondern auch der Kameragurt, die Füße des Assistenten, das entfernte Stativ und der Rollwagen mit der Fotoausrüstung samt Schatten. Beim Nadirbild aus der Hand kann man nicht durch den Sucher sehen, man muss solche Probleme also im Vorfeld berücksichtigen.*

- Ist ausreichend Platz auf der Speicherkarte, und sind die Akkus voll geladen? Ein Wechsel der Speicherkarte oder der Akkus mitten im Panorama kann dafür sorgen, dass eine Einstellung verschoben wird.

- Steht die Panoramaplatte waagerecht? Und, wichtiger, steht die Drehachse senkrecht? Es ist unerheblich, ob Ihre Kamera etwas schief steht, das kann der Stitcher ausgleichen. Aber die Drehachse des Panoramatellers muss definitiv senkrecht stehen. Das prüfen Sie am besten dadurch, dass Sie probeweise einen 360°-Schwenk des Panoramaadapters vollführen und dabei beobachten, ob die Wasserwaage des Tellers dabei außer Tritt kommt.
- Stellen Sie Ihre Kamera auf die zu Brennweite und Blende passende Hyperfokaldistanz ein. Wenn Sie es genau haben wollen, messen Sie per Gliedermaßstab einen entsprechenden Punkt in Ihrer Umgebung aus und stellen auf diesen scharf. Dann stellen Sie den Autofokus ab.
- Stellen Sie die Kamera auf manuellen Modus und stellen Sie die erste Ihrer ausgemessenen Belichtungsstufe ein.
- Sichern Sie Ihren Kameragurt oder montieren Sie ihn ganz ab.
- Stellen Sie Ihren Panoramaadapter auf 0° und stellen Sie, falls Sie haben, eine entsprechende Rastung ein. Um wie viel Grad Sie drehen müssen oder wie viele Bilder Sie pro 360° benötigen, können Sie der oben stehenden Tabelle entnehmen.
- Fotografieren Sie immer im Uhrzeigersinn. Sie haben dann später in Ihrer Bilderverwaltung alle Bilder bereits in der richtigen Reihenfolge vorliegen. Moderne Stitch-Software verarbeitet Bilder aber unabhängig von ihrer Aufnahmereihenfolge.
- Wenn Sie einen Fernauslöser besitzen, benutzen Sie ihn auch.

Es wurde oben schon angesprochen: HDR-Panoramen werden blind geschossen. Sie kontrollieren nicht bei jedem Bild vorher durch den Sucher den Bildausschnitt, und Sie kontrollieren auch nicht jede Aufnahme hinterher auf dem Display. Ersteres ist verständlich: Die Verwacklungsgefahr ist zu groß. Aber auch die Kontrolle des Displays kann bis auf einen kurzen Blick unterbleiben. Eine Manipulation an der Kamera – etwa ein Zoom ins Bild – verbietet sich von selbst, und bei den falsch – zu dunkel – belichteten Bildern ist es am Display sowieso schwierig, etwas zu erkennen.

Sinnvoller und für das Endergebnis wichtiger ist, dass Sie schnell und planmäßig arbeiten. Wenn Sie vorher alles korrekt eingestellt und kontrolliert haben, müssen Sie während des Panoramashoots nicht mehr durch den Sucher schauen. Bleiben Sie aber trotzdem konzentriert. Eine einzige vergessene Belichtung kann Ihr gesamtes Panorama ruinieren.

## Einfache 180°-Panoramen

Das folgende Panorama wurde am Hauptbahnhof Fürth in Franken geschossen, verwendet wurde ein Nodal Ninja 3-Panoramaadapter und ein 28-mm-Objektiv sowie ISO 100 und Blende 7,1, damit die Schärfentiefe ausreicht. Die Kamera hatte einen FT-Sensor, sodass eine äquivalente Schärfentiefe zu Blende 14, Kleinbild, erzielt werden konnte. Speziell wenn es um große Schärfentiefen geht, haben die kleineren Sensoren einen deutlichen Vorteil.

Das Panorama besteht aus 21 JPEG-Einzelbildern, ursprünglich sogar aus 34 Bildern, davon wurden jedoch die Bilder mit 1 EV Belichtungsunterschied gelöscht. Beim ersten Bild der Reihe, dem linken Rand, wurde noch dazu ein Bild zu wenig geschossen, dort fehlt die hellste Belichtung mit 1/6 Sekunde.

Die Bilder wurden mit Photomatix Pro im Batchmodus in HDR-Dateien zusammengerechnet. Dabei wurde die verschiebungsbasierte Methode angewandt, da die Bilder vom Stativ waren. Es wurde versucht, bewegte Objekte zu entfernen, weil die Passanten im Bahnhof natürlich nicht ruhig stehen blieben. Hier abgebildet sind bereits die fertig gemappten Bilder, die aber für das Panorama nicht verwendet wurden, da direkt mit den HDR-Dateien weitergearbeitet wurde.

Die diesen gemappten Bildern zugrunde liegenden HDR-Dateien wurden nun in Adobe Photoshop mit der Funktion *Datei/Automatisieren/Photomerge* zu einem zylindrischen Panorama zusammengebaut.

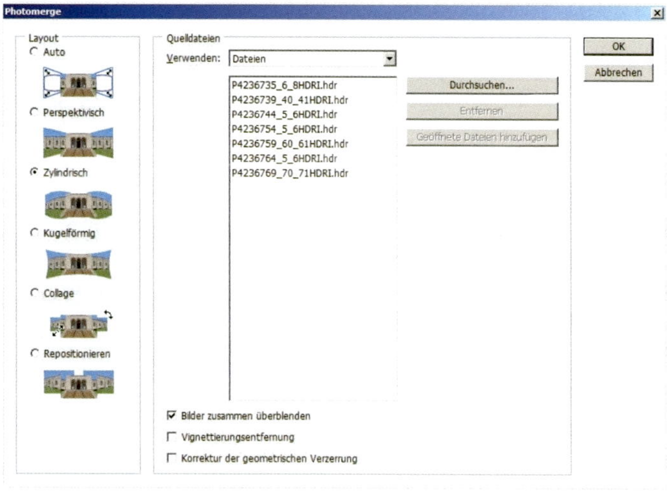


*Die gemappten Bilder in Photomerge.*

Das funktioniert bei einer entsprechenden PC-Ausstattung sehr flott, aber wenn Sie HDR-Panoramen erzeugen wollen, sollten Sie sowieso weder am Hauptspeicher noch an der Festplatte sparen.

Das resultierende Bild ist natürlich linear und noch nicht gammakorrigiert. Deutlich sieht man die überlappenden Bereiche und die Wellenform am oberen und unteren Bildrand, da die auskorrigierten Weitwinkelbilder quasi wieder in die eigentlich perspektivisch richtigere Tonnenform zurückgerechnet werden.

Das hier verwendete ZUIKO Digital 14-54 mm hat bei 14 mm (28 mm Kleinbild) keine wahrnehmbare Tonnenverzerrung, viele andere Objektive, vor allem im Weitwinkelbereich, sind aber nicht so perfekt auskorrigiert. Es ist dennoch kontraproduktiv, die Tonnenverzerrung vor dem Stitchen per Software herauszurechnen. Jeder digitale Korrekturvorgang ist mit Datenverlust verbunden, und aus diesem Grund sollten Sie die Daten so wenig wie möglich bearbeiten. Der erste manuelle Bearbeitungsschritt ist erst nach dem Erstellen des HDR-Panoramas sinnvoll.

i

## GENEHMIGUNG EINHOLEN

**Aufnahmen von und auf Bahnanlagen erfordern übrigens eine Genehmigung der Deutschen Bahn. Werden die Bilder aber nur und ausschließlich für Hobbyzwecke verwendet, also etwa auf der eigenen Homepage, ist das Fotografieren auch ohne Genehmigung möglich. Es gibt dafür eine entsprechende allgemeingültige Erlaubnis, die von der Bahn-Website heruntergeladen werden kann. Die Fotos dürfen jedoch nicht auf kommerzielle Portale wie etwa Flickr hochgeladen werden.**

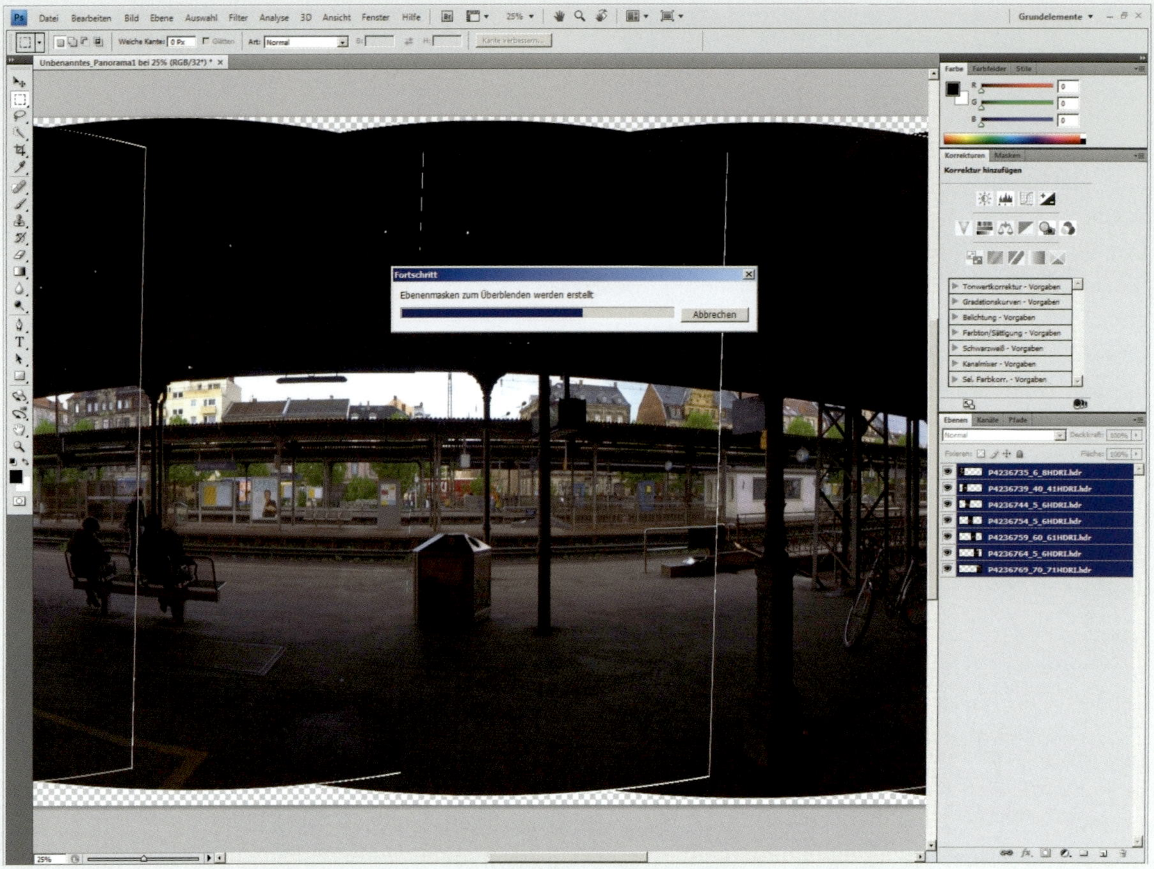

*Oben:* Das Resultat nach dem Zusammenbau.

*Unten:* Dieser erste manuelle Schritt ist das Beschneiden des Panoramas, um die Wellen oben und unten loszuwerden.

In diesem Fall wurden die zugrunde liegenden HDRs im 32-Bit-Modus gestitcht, das Mapping kommt erst später. Warum nun dieser Aufwand? Bereits zwei Schritte vorher waren die gemappten JPEG-Einzelbilder vorhanden, die auch ein ganz ansehnliches Panorama ergeben hätten. Wenn man den Verlust beim Stitchen in 8-Bit-JPEG vermeiden will, könnte man ja die gemappten Bilder auch in 16-Bit-TIFF speichern. Prinzipiell gibt es mehrere Wege, ein HDR-Panorama zu erstellen:

- Einzelbilder zum HDR zusammenrechnen, die HDR-Bilder stitchen und dann das Panorama mappen.
- Einzelbilder zum HDR zusammenrechnen, mappen und dann die gemappten Bilder stitchen.
- Einzelbilder jeweils für jede Belichtungsreihe stitchen und dann die fertigen Panoramen zum HDR zusammenfügen mit anschließendem Tone Mapping.

Von diesen drei Wegen gibt es nur einen guten Weg: Nummer 1.

Nachteil von Nummer 2: Hat das eine Bild einen größeren Kontrastumfang als das danebenliegende, ist das Tone Mapping zwischen den Bildern nicht gleichmäßig. Man bekommt sehr schnell Farb- und Helligkeitsunterschiede, die beim Stitchen auffallen und mühsam per Hand korrigiert werden müssen.

Nachteil von Nummer 3: Diese Version funktioniert nur dann, wenn man eine Belichtungsreihe hat, die einwandfrei zu stitchen ist. Dazu muss das Programm diesen Stitch-Vorgang als solchen abspeichern und anschließend auf ein anderes Set von Bildern anwenden können - und diese dürfen keine Verschiebungen gegenüber dem Masterset beinhalten. Hugin und PTGui können das beispielsweise, beide können HDRs aber auch direkt stitchen. Es gibt für die Verfahren 2 oder 3 also nur einen einzigen Grund: Sie müssen Einzelbilder vor dem Stitchen bearbeiten und haben kein Photoshop CS5 und kein CinePaint, also keine Möglichkeit, 32-Bit-Dateien direkt zu bearbeiten.

Nachdem das HDR-Panorama fertig und abgespeichert ist, kann man damit beginnen, das Panorama zu mappen. Dafür bietet auch Adobe Photoshop CS5 ein recht mächtiges Werkzeug, den Dialog *HDR-Tonung*.

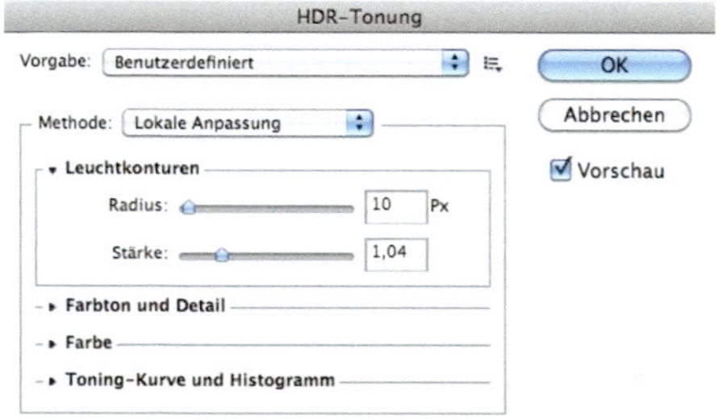


*Die Methode* Lokale Anpassung *ist dem* Details Enhancer *von* Photomatix Pro *noch am ähnlichsten, ist aber mit Vorsicht zu genießen. Die dabei entstehenden Effekte wirken schnell übertrieben, wenn aber genau das beabsichtigt ist, ist Photoshop extrem leistungsfähig.*

Das resultierende Bild wirkt in diesem Fall kulissenartig überzeichnet, die Helligkeiten sind invertiert. Es irritiert den Betrachter, da es einerseits einen Negativeffekt hat, andererseits die Farben zwar übersättigt, aber nicht falsch sind.

*Das fertige Panorama.*

*Das Photomatix Pro-Mapping der gleichen Szene mit einer geringfügig angepassten Vorgabe* Natürlich *sieht deutlich echter aus.*

Photomatix Pro kann einen solchen Effekt nicht produzieren, dafür ist es mit Photomatix wesentlich einfacher, natürlich wirkende HDR-Mappings zu erstellen, denen man die Herkunft aus dem Computer nicht ansieht.

## Multi-Row-Panoramen

Für ein Multi-Row-Panorama benötigen Sie einen Multi-Row-fähigen Panoramaadapter. Die gelegentlich verwendeten Panowinkel sind dafür nicht geeignet. Auch die selbst gebauten Flacheisenwinkel kommen bei Multi-Row-Panoramen an ihre Grenzen. Für diese Fotos sind exakt einstellbare Ausleger mit Gradbemaßung zwingend erforderlich.

Auch hier ist wieder die Planung das A und O des Panoramas. Zuerst müssen Sie vor Ort abklären, mit welcher Brennweite Sie arbeiten wollen, und dann den Anfangswinkel am Adapter einstellen. Meistens fängt man mit nach oben gerichteter Kamera an, da der Himmel die kritischste Stelle ist.

Das im Folgenden vorgestellte 360°-Multi-Row-Panorama einer Burgruine wurde mit 34 mm Brennweite (Kleinbild) gemacht und besteht aus insgesamt 72 Bildern mit je 2 EV Abstand, also zwei Reihen mit je 12 HDR-Bildern. Dabei wurde keine waagerechte Horizontlinie geschossen, sondern bereits die erste Reihe mit 15° nach oben versetzt, die zweite Reihe mit 15° nach unten. Dadurch konnte das ganze HDR-Panorama innerhalb von 9 Minuten durchgeschossen werden. Das Panorama wurde Anfang April an einem Vormittag gemacht, da später im Jahr das Laub der Bäume die Burg verdeckt hätte. Die Sonne stand also noch tief, der Stativstandpunkt lag im Schatten, sodass man keine Probleme mit eigenen Schatten hatte. Das Problem der wandernden Schatten auf dem Boden wurde durch die Umgehung der waagerechten Reihe gelöst. Die erste Belichtungsreihe, die 15° nach oben versetzt war, sparte den kompletten Boden aus, sodass die kritischen Bodenschatten nur auf der zweiten Reihe auftauchten und dort keinen Ärger verursachten. Eine horizontale Belichtungsreihe hätte in diesem Fall das Schlechteste aus beiden Welten vereint, sodass schließlich der Lichteinfall vom Bergfried bis zum Lagerfeuer zweimal die Richtung gewechselt hätte.

Die obere Reihe wurde zuerst geschossen, da man damit noch eine Kontrolle über den Sonnenstand und eventuelle Wolken behält. Je später man den Himmel „erledigt", desto unkontrollierbarer wird er. In diesem Fall wurde die obere Reihe des Panoramas im Uhrzeigersinn gemacht, die untere Reihe gegenläufig. Dadurch wurden mögliche Schattendifferenzen im bildwichtigen Teil, der Burg, minimiert, die Schattendifferenz im Gebüsch ist nicht so dramatisch, da das Gebüsch im Notfall abgeschnitten werden kann. Zudem herrschte zum Aufnahmezeitpunkt starker Wind, sodass abzusehen war, dass die Ergebnisse bei den schwankenden Ästen in diesem Bereich sowieso suboptimal werden würden.

Zuerst wurden die Original-JPEG-Bilder über eine Stapelverarbeitung in Photomatix Pro automatisch zu einem HDR verarbeitet. Die resultierenden 24 HDR-Dateien wurden dann parallel in Adobe Photoshop und Autopano Pro automatisch gestitcht. Während Autopano Pro den Stitch auch am linken und rechten Rand korrigiert, sodass das resultierende Panorama ohne Änderungen auch für ein interaktives 360°-Panorama verwendet werden kann, stellt Photoshop die Ränder links und rechts in Schrägprojektion dar. Das müsste erst von Hand angepasst werden. Auch die Qualität des Photoshop-Stitchs lässt zu wünschen übrig. Dunkle Stellen erhalten auf einmal einen leuchtenden Blaustich. In der Verarbeitungsgeschwindigkeit unterscheiden sich beide Programme allerdings nicht. Beide benötigten für den Stitch des Panoramas knapp unter eine Stunde auf einem Quad-Core-Rechner mit 8 GByte Hauptspeicher.

Die Software legt den Anfang des 360°-Panoramas an eine nicht immer ganz einsichtige Stelle. Bei Photoshop ist das einfacher. Dort beginnt das Panoramas mit dem ersten Bild. Bei 360°-Panoramen will man aber meistens den Mittelpunkt selbst bestimmen. Dafür gibt es in Autopano Pro ein Werkzeug, mit dem man den Mittelpunkt des Panoramas problemlos ändern kann. Sobald man einen neuen Mittelpunkt definiert, wird das Pano entsprechend verschoben.

Beim Rendern sollte man, vor allem bei großen Projekten, wieder den Hauptspeicher im Auge behalten – auch wenn Sie andere Projekte mit größerem Cache erfolgreich hinter sich gebracht haben. Es kann vorkommen, dass ein vorher geladenes Programm den Hauptspeicher zerstückelt bzw. fragmentiert hinterlassen hat und Autopano Pro nun nur noch mit winzigen Speicherstückchen arbeiten kann. Vor allem wenn Sie vorher sehr große Projekte in Photoshop bearbeitet haben, ist ein Neustart des Computers unter Umständen empfehlenswert. Wohlgemerkt:

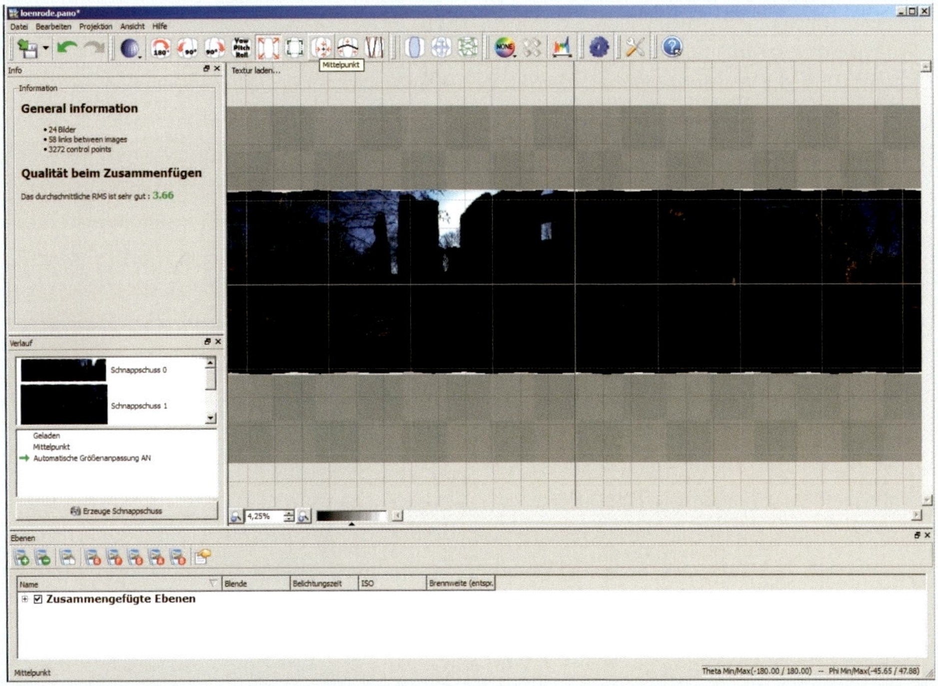


*Der Mittelpunkt wird vor dem Verschieben neu definiert.*

Die Programme, die den Hauptspeicher fragmentiert haben, können längst beendet sein, der Speicher ist aber immer noch nicht am Stück wieder freigegeben.
Das fertige HDR-Panorama wird nun mit dem *Photomatix Pro Details Enhancer* behandelt und mit der Voreinstellung *Malerisch* gemappt. Photomatix Pro weist beim Öffnen der Datei darauf hin, dass es sich hier um ein Bild mit 160 Megapixeln handelt, und fragt nach, ob man lediglich eine Vorschau öffnen wolle. Falls Sie einen PC Ihr Eigen nennen, mit dem Sie solche HDR-Dateien gestitcht haben, ist das Öffnen des fertigen Panos in Photomatix meistens weniger das Problem. Sie können die entsprechende Meldung in den Einstellungen von Photomatix ändern, die standardmäßig ab 30 Megapixel Alarm schlägt.

## HDR-Nachbearbeitung mit Photoshop

Es wurde bereits angesprochen: Die derzeitig auf dem Markt befindlichen Programme können fast alle aus Belichtungsreihen ein mehr oder weniger anständiges HDR-Bild bauen, und die meisten können das HDR anschließend auch wieder in ein LDR zurückverwandeln. Solange das HDR aber im 32-Bit-Zustand ist, sind die billigeren Programme machtlos. Manche Programme können das HDR noch beschneiden, aber das ist bereits das höchste der Gefühle. Sollen Fehler im HDR beseitigt oder Retuschen vorgenommen werden, gibt es nur die Möglichkeit, jedes LDR-Ausgangsbild identisch zu retuschieren. Man stelle sich nur vor, an der Nahtstelle zwischen vier Bildern eines Panoramas aus je fünf Belichtungen ist etwas zu retuschieren. Oder man nimmt sich das fertig gemappte Bild vor. Wenn man nun das HDR-Original nochmals mit anderen Einstellungen entwickeln will, muss man nochmals retuschieren.

Für das Bearbeiten einer echten 32-Bit-Datei gibt es derzeit nur zwei erschwingliche Programme auf dem Markt: Adobe Photoshop CS5 und CinePaint, ein 32-Bit-Ableger des freien GIMP, der leider bis heute lediglich 8-Bit-Dateien verarbeiten kann. CinePaint ist vollständig auf die Bedürfnisse der Filmindustrie zugeschnitten und in diesem Bereich nach Adobe Photoshop die Nummer zwei auf dem Markt. Es wird im Wesentlichen von Kreativen verwendet, die weniger Fotos als eben bewegte Bilder bearbeiten.
Es wurde im Buch schon mehrfach angesprochen: HDR-Dateien sind anders. Wie anders sie tatsächlich sind, merken Sie erst, wenn Sie versuchen, sie zu bearbeiten. Man rufe sich ins Gedächtnis zurück, wie HDR-Dateien entstehen. Sie werden durch das Zusammenrechnen von unterschiedlichen Belichtungen realisiert.
Wenn Sie nun ein HDR-Bild retuschieren wollen, müssen Sie im Hinterkopf behalten, dass Sie hier nicht einfach sichtbare Pixel durch andere austauschen, wie Sie es gewohnt sind, Sie arbeiten in einer Art

multidimensionalem Raum. Je größer der Kontrastumfang ist, desto unterschiedlicher kann ein Pixel sein. Die Frage ist auch hier: „Wer bin ich, und wenn ja, wie viele?"

Ein Beispiel dafür, wie komplex die Materie ist: Die Software Autopano Pro verrechnet sich in der Version 2.0 öfter bei der Erstellung von HDR-Panoramen, wenn die Farbkorrektur beim Überblenden durcheinanderkommt. Der Effekt sind schwarze oder auch farbige Flecken in der Nähe von starken Kontrasten. In einem normalen Bild wären diese Flecken das vollständige Aus des Bilds. Im HDR liegen sie aber über den Originaldaten, sie liegen also über der obersten Helligkeitsebene. Nun kann man in Adobe Photoshop die HDR-Datei öffnen, die 32-Bit-HDR-Vorschau so hoch aufdrehen, bis man nur noch die störenden Farbflecken sieht, und diese mit dem Kopierstempel oder einem der Pinsel-Werkzeuge löschen. Das Gemeine daran ist: Man sieht nicht, was man treibt, da man ja nur in der extremen Helligkeit arbeitet. Der Kopierstempel nimmt aber alle Eigenschaften der nebenliegenden Pixel mit. Wenn man nun einen Bereich erwischt, der heller ist als der augenblicklich bearbeitete Bereich, arbeitet man einen hellen Fleck ein. Hat man aber Glück oder sich vorher darüber informiert, wo dunkle Stellen liegen, verschwindet der störende Fleck. Zumindest kleinere Fehlstellen kann man so komfortabel retuschieren.

Wenn es sich nicht um solche Berechnungsartefakte handelt, ist das Arbeiten mit HDR-Daten kaum anders als das Arbeiten mit herkömmlichen Bilddaten – mit Ausnahme eben der Tatsache, dass Sie am Bildschirm nicht alles sehen können, was Sie machen. Wenn Sie zum Beispiel Linsenreflexe entfernen wollen, müssen Sie die Ansicht sehr hell drehen, bis Sie die Reflexe überhaupt sehen. Arbeiten Sie dann mit dem Kopierstempel, sehen Sie nicht, dass Sie eben auch in den dunkleren Tönen herumpfuschen. Das wiederum stellen Sie fest, wenn Sie die Belichtung wieder herunterdrehen.

Sehen Sie es sportlich: HDR steckt, obwohl das Konzept schon Jahrzehnte alt ist, immer noch in den Kinderschuhen. So mancher meint, HDR wäre die größte Umwälzung der Fotografie seit der Erfindung des Farbfilms. Angesichts der Möglichkeiten, die für HDR denkbar sind, mag das zutreffen, aber wir sind, zumindest in der „normalen" Fotografie, immer noch am Anfang.

# 8

# AUSRÜSTUNG UND KAMERAPFLEGE

8
LUMIX
HD
G2
AVCHD Lite

# Ausrüstung und Kamerapflege

# 8 Ausrüstung und Kamerapflege

*Ein ganzer Industriezweig lebt mittlerweile davon, mehr oder weniger sinnvolles Zubehör für Kameras anzubieten. Auch nur ein tabellarischer Marktüberblick ist in einem Buch schlicht nicht möglich, zudem kommen jeden Tag neue Innovationen heraus, die das Fotografieren noch einfacher und schöner machen sollen. Viele von den nachfolgend angesprochenen Gerätschaften werden Sie sicher schon besitzen, manche noch anschaffen wollen. Die Tipps und allgemeinen Hinweise dazu sollen Hilfestellung bei der Kaufentscheidung geben und auf gewisse Anforderungen der Praxis aufmerksam machen. Sie werden sicher bereits wissen, was ein Dreibein- oder ein Einbeinstativ ist – aber vielleicht kennen Sie das Vierbeinstativ von Novoflex noch nicht.*

## Stative

■ Berücksichtigen Sie bei der Anschaffung eines Stativs, dass es dafür gedacht ist, Ihre Kamera ruhig zu halten. Wenn Sie ein Stativ kaufen wollen, besuchen Sie am besten den Fachhändler Ihres Vertrauens mit Ihrer Kamera und dem schwersten Objektiv, das Sie verwenden wollen, bauen das Stativ auf, schrauben die Kamera oben drauf und versuchen, durch den Sucher zu schauen und an der Kamera herumzuwackeln. Wenn Sie sich bücken müssen, um in den Sucher zu schauen, kaufen Sie sich entweder einen Winkelsucher oder ein höheres Stativ. Wackelt die ausgezogene Mittelstütze merklich, wird sie das unterwegs ebenfalls tun. Viele billige Stative haben eine kurbelbare Mittelstütze. Die meisten dieser Mechaniken sind nicht dafür gedacht, eine schwere DSLR mit Objektiv hoch- und runterzukurbeln. Lassen Sie sich nicht von einem Stativ beeindrucken, solange weder Kopf noch Kamera darauf befestigt ist. Ein Stativ soll nicht nur sich selbst stabilisieren, sondern auch Ihre DSLR.

Untersuchen Sie die Klemmungen der Beine und die Stativfüße. Wenn da irgendetwas wackelt oder sich zu leicht löst, lassen Sie die Finger davon. Vor allem die Gummipuffer der Füße sind verlustgefährdet. Stative sind kein Verbrauchsmaterial. Ein gutes Stativ ist eine Anschaffung für die nächsten 20 Jahre. Hier zu sparen bedeutet sparen an der falschen Stelle.

Achten Sie auch auf das Gewicht des Stativs. So nett leichte Karbonstative sind: Ist eine schwere Kamera auf ihnen befestigt, können sie toplastig werden und unter Umständen kippen. Sie müssen einen Kompromiss finden zwischen zu hohem Gewicht, das sie nicht schleppen wollen, und zu geringem Gewicht, das Windempfindlichkeit und

*Links: Vom Fernauslöser bis zum Stativ, vom mobilen Datenspeicher bis zum Objektivfilter – man kann viel Geld für Zubehör ausgeben. Aber sinnvoll sollte es sein!*

*Oben: Die Entscheidung für ein bestimmtes Stativ hängt vom maximalen Gewicht der Kamera samt Objektiv ab. Je schwerer die Ausrüstung, desto stabiler muss das Stativ sein. Hier das Vierbein-Stativ von NOVOFLEX.*

**i**

STATIV-
HERSTELLER

**Suchen Sie im Internet nach einem Stativ für Einsteiger, werden Sie bei Walimex, Dörr und Cullmann fündig. Teurer und professioneller wird es mit Manfrotto, die eine sehr große Auswahl an Stativlösungen und Zubehör bieten. Die Manfrotto-Tochter Gitzo liefert äußerst hochwertige Stative, die gerade bei Naturfotografen sehr beliebt sind. Sollten Sie ein Holzstativ bevorzugen, finden Sie solche beim deutschen Hersteller Berlebach.**

Kippgefährdung bedeutet. Zudem sind Karbonbeine zwar sehr hoch auf Druck und Zug belastbar, aber empfindlich gegen Knickbeanspruchung. Oft wird geraten, einen Rucksack zwischen die Beine zu hängen, um das Stativ zu stabilisieren. Probieren Sie eventuell mal mit einem Leihstativ im Gelände aus, ob das für Sie praktikabel ist. Der Rucksack darf dabei nicht frei schwingen.

Eine oft unterschätzte Alternative sind hochwertige Holzstative. Sie sind leicht und stabil und vor allem bei strengem Frost deutlich angenehmer anzufassen als die eisigen Metallstative. Bei den Holzstativen hat Berlebach einen ausgezeichneten Ruf. Die Stative made in Germany sind auch mit eingebautem Kugelkopf zu haben und preislich absolut eine Alternative.

Neben den Dreibeinstativen gibt es auch Einbeine, die natürlich deutlich leichter sind und am besten mit eingeschaltetem Stabilisator benutzt werden. Einbeinstative dürfen auf keinen Fall zu klein sein, da sie bequem und ruhig vor dem Körper gehalten werden müssen. Sie sind für Langzeitbelichtungen unbrauchbar, können aber bei Belichtungszeiten unter einer Sekunde entscheidende Stabilität geben. Bei schwerem Equipment und langen Fototerminen kann man damit auch seine Armmuskeln entlasten, soll mit einer der neuen Video-DSLRs gearbeitet werden, kann ein Einbeinstativ sogar unentbehrlich sein.

Ein Exot ist das Vierbeinstativ von Manfrotto, das im Endeffekt aus einer Schraubfassung besteht, in die die Beine geschraubt werden. Da die Beine variable Längen haben, ist ein sicherer Stand kein Problem – und auch wenn das Stativ nicht sehr massiv aussieht: Sind die Beine eingefahren, ist es mit 70 kg belastbar.

Ein Stativ, das fast umsonst ist, in jede Hosentasche passt und nur wenige Gramm wiegt, ist ein Schnurstativ. Sie benötigen dazu etwa vier Meter lange, reckarme Schnur, also eine Schnur, die sich bei Zug nicht längt, beispielsweise gute Paketschnur. Dazu brauchen Sie eine Schraube für das Stativgewinde. Nehmen Sie auf keinen Fall eine Schraube aus der Grabbelkiste, sondern eine echte Stativschraube: 1/4 Zoll, 12 oder 25 mm Länge, eventuell auch mit Rändel aus dem Fotozubehörhandel, zu bekommen für ca. 2 Euro. Nun binden Sie die Schraube in die Mitte der Schnur. An die beiden Enden der Schnur binden Sie feste Schlaufen. Nun befestigen Sie die Stativschraube am Stativgewinde der Kamera, steigen mit Ihren Füßen in je eine der Schlaufen und ziehen an.

Wenn Sie sich jetzt etwas breitbeinig hinstellen, ist die Kamera besser stabilisiert als mit einem Einbein, da sie nur noch nach vorne oder hinten schwanken kann. Sind Ihnen die Schlaufen zu viel Gefummel, können Sie auch große Beilagscheiben an die Enden binden und einfach Ihren Fuß darauf stellen. Wenn Sie Bergschuhe haben, können Sie kleine Schlaufen binden und diese an den Schnürsenkelhaken einhängen.

Mit etwas mehr Aufwand verbunden ist ein Bohnensäckchen. Außer Bohnen haben sich auch getrocknete Erbsen und Kirschkerne bewährt. Gern verwendet wird das Bohnensäckchen, um die Autotür in ein Behelfsstativ zu verwandeln oder um die Kamera im richtigen Winkel auf der Kirchenbank zu platzieren.

## Stativköpfe

Ein eigenes Thema sind Stativköpfe. Viele billige Stative sind bereits mit fest montierten Köpfen ausgerüstet. Abgesehen davon, dass die Haltbarkeit der Köpfe oft nicht überragend ist, sollten Sie per Hand testen, ob sich der Kopf in alle benötigten

Richtungen verstellen lässt und auch in den jeweiligen Stellungen spielfrei arretiert werden kann. Verblüffend viele Köpfe sind so konstruiert, dass bestimmte Winkel nicht eingestellt werden können, weil dann die Bedienungshebel nicht mehr festgedreht werden können oder sich durch die Mechanik gegenseitig blockieren.

Achten Sie auch unbedingt darauf, dass sich der Kopf auf keinen Fall plötzlich lockern kann. Wenn etwa bei einem Kugelkopf der Unterschied zwischen „fest" und „lose" nur sehr gering ist, kann man darauf warten, dass die Kamera irgendwann kippt. Und wenn man Pech hat, reißt sie dabei das ganze Stativ mit. Auch hier: Probieren Sie das mit Ihrer schwersten Kamera aus. Nur wenn die Bewegung sauber, aber trotzdem gedämpft funktioniert, ist der Kopf sicher. Berlebach hat das Kippproblem dadurch beseitigt, dass es den Kippmechanismus seiner Neiger mit einer Feder dämpft.

Ob es ein Kugelkopf, ein Dreiwegeneiger oder gar ein 5D-Kopf sein soll, ist eine Sache der Anwendung und des persönlichen Geschmacks. Der Kugelkopf ist schneller, mit dem Dreiwegeneiger kann man dagegen auch mal vom Stativ einen sauberen Mitzieher machen. Der große Vorteil des 5D-Kopfs, der nichts anderes ist als ein Dreiwegeneiger mit montierter Panoramaplatte, liegt darin, dass das Stativ nahezu beliebig schief stehen kann, man aber trotzdem die Kamera in die Waage bekommt und auf dieser ebenen Plattform auch schwenken kann. Leider sind brauchbare 5D-Köpfe vergleichsweise teuer und schwer.

In einer anderen Liga spielen Stativköpfe für Fachkameras, wie sie von Arca Swiss hergestellt werden. Der Cube1 etwa besticht durch edelste Feinmechanik, einem Gewicht von über einem Kilo, einem Preis von über 2.000 Euro, und eigentlich ist er auch kein

*Beispiel eines 5D-Kopfs mit montierter Panoramaplatte.*

*Arca-Swiss-Getriebeneiger Cube1.*

herkömmlicher Stativkopf, sondern ein Getriebeneiger. Natürlich ist ein solcher Neiger mit einer herkömmlichen DSLR unterfordert, für Architekturfotografen, die auf genaueste Flucht der Linien und exakte Entzerrung angewiesen sind, ist dieses Werkzeug aber fast unentbehrlich.

Achten Sie auch unbedingt auf die Stativwechselplatten. Weit verbreitet sind Systeme von Manfrotto sowie das Arca-Swiss-Schienensystem. Vor allem Letzteres ist durch die hohe Flexibilität und die weite Verbreitung im professionellen Bereich beliebt. Auch wenn die Anfangsinvestitionen in das System hoch erscheinen mögen, durch die einfache Erweiterbarkeit ist es auf lange Sicht die preiswerteste Lösung.

*Novoflex-VR-Pro-Adapter. (Foto: Novoflex)*

Abzuraten ist auf jeden Fall von Manfrotto-Nachbauten aus Fernost. Schon die Original-Manfrotto-Wechselplatten glänzen nicht durch unendliche Lebensdauer. Die Nachbauten geben meist schon nach einem halben Dutzend Schraubungen den Geist auf. Auch der Sitz der Wechselplatten in der Fassung muss hundertprozentig sein. Wenn die Kamera in der Wechselplattenfassung wackelt, hilft das ganze Stativ nichts. Hier sollten Sie auf die Belastbarkeit des Kopfs laut Herstellerangabe achten und am besten 50 % abziehen.

## Multi-Row-fähige Nodalpunktadapter

Panoramaköpfe sind Köpfe, die eine Platte mit Gradeinteilung aufweisen, auf der der Kopf gedreht werden kann. Neiger können meistens auf der Grundplatte drehen. Um Panoramen aufzunehmen, bei denen Sie sich um einen Parallaxenfehler kümmern müssen, benötigen Sie zusätzlich noch einen Panowinkel, an dem die Kamera hochkant befestigt wird und man den Nodalpunkt des Objektivs einstellen kann.

Anspruchsvollere Panoramen, die aus mehreren Reihen übereinander bestehen, benötigen einen Multi-Row-fähigen Nodalpunktadapter, also eine Mechanik, mit deren Hilfe die Kamera nicht nur um den Nodalpunkt geschwenkt, sondern auch noch gekippt wird.

Der preiswerteste Multi-Row-Adapter ist der Nodal Ninja 3, der mittelschwere Kameras ohne Batteriegriff tragen kann. Leider ist er oftmals zu kurz, um Nodalpunkte jenseits von 110 mm einstellen zu können. Etwa für den doppelten Preis gibt es auch Panoadapter von Manfrotto, und für ca. 700 Euro ist das Novoflex-VR-Pro-System, das bis 125 mm verstellbar ist und damit auch für das 7-14 bis 9 mm reicht, in der

Spitzenklasse angesiedelt. Der Manfrotto-Adapter hat den Vorteil, dass er an der Nodalpunktverstellung über ein Schneckengetriebe verfügt und die Einstellung so genauer möglich ist.

Für ein gelegentliches Panorama ist der Nodal Ninja äußerst brauchbar. Er findet zusammengeklappt in der Fototasche Platz, und wenn man mit der etwas diffizilen Einstellung zurechtkommt, arbeitet er auch zufriedenstellend. Erstellt man jedoch professionell Panoramen, ist der Manfrotto- oder Novoflex-Adapter die bessere Wahl - die Arbeit geht schneller, leichter und exakter von der Hand. Der Novoflex-Adapter kann viele Systemkameras auch mit angeschraubtem Batteriegriff aufnehmen. Obwohl die Panoramaadapter selbst bereits eine Wasserwaage eingebaut haben, ist es dringend zu empfehlen, auf den Blitzschuh noch eine Wasserwaage zu montieren, damit man die Kamera waagerecht am Balken ausrichten kann. Die Stativschraube ist leider nur ein einziger Punkt ohne mechanische Drehkontrolle.

Neben den Platzhirschen Manfrotto und Novoflex gibt es eine fast unüberschaubare Anzahl an Nodalpunktadaptern - bis hin zu Bastellösungen und Eigenentwicklungen von Enthusiasten. Einer der preiswerten und sehr brauchbaren unbekannteren Nodalpunktadapter ist der PanoMaxx, der in Deutschland gefertigt wird.

## Makroschlitten

Ein Makroschlitten ist nichts anderes als eine Schiene mit darauf befestigter Stativplatte, mit der man mittels Stellschrauben die Kamera ruckelfrei um Zehntel von Millimetern bewegen kann. Bei ernsthafter Makrofotografie ist er unerlässlich. Bei Schärfentiefen von Millimeterbruchteilen ist die Schärfeverteilung bei Freihandaufnahmen blanker Zufall. Auch hier gilt: lieber etwas mehr Geld in die Hand nehmen und dafür eine ruckelfreie, weiche Justage bekommen, als fürs Sparen am falschen Ende mit hakeligen Führungen bestraft zu werden. Man sollte berücksichtigen, dass eine DSLR mit Makro durchaus Gewicht darstellt und über die Mechanik ruckelfrei bewegt werden sollte. Idealerweise sollten Sie das wie immer mit der eigenen Kamera ausprobieren.

*Nodal Ninja 3 auf einem Manfrotto-Neiger vor der Zeppelintribüne in Nürnberg.*

## Fernauslöser

Ein Infrarot- oder Funkfernauslöser sollte eigentlich in keiner Fototasche fehlen. Gegenüber dem Kabelauslöser hat er den Vorteil, dass man ihn auch für ein Gruppenselbstbild verwenden kann. Über die Bulb-Funktion sind ebenfalls sehr schöne Langzeitbelichtungen möglich, ohne die ganze Zeit mit dem Finger am Drücker zu sein. Eine mitgeführte Ersatzbatterie ist unbedingt zu empfehlen. Wenn Sie lieber einen Kabelauslöser verwenden, zum Beispiel in der Makrofotografie, investieren Sie ein bisschen Geld und kaufen sich ein Originalteil des Herstellers oder informieren sich in Foren, ob das angepeilte Fernostteil zuverlässig funktioniert. Für exakte Langzeitbelichtungen ist der Kabelauslöser besser geeignet, da die Auslösung exakter vorgenommen werden kann als beim IR-Auslöser. Mittlerweile gibt es auch Fernauslöser mit Timer für Intervallaufnahmen und sogar mit Lichtschranke.

## Ferngesteuerte Blitzauslöser

Im Handel erhältlich sind Blitzauslöser auf Infrarotbasis oder mittels Funkfernsteuerung, sie benötigen allerdings Sichtkontakt zum Blitz. Dazu wird ein kleiner Sender an der Kamera - meistens am Blitzschuh - befestigt und jeweils ein Empfänger an der zu steuernden Blitzleuchte. Auch Kombinationen dieser Technik sind möglich, indem andere Blitze durch die angesteuerten ausgelöst werden.

Die meisten Funkauslöser haben mittlerweile auch eine Umschaltung zwischen verschiedenen Kanälen, damit sich mehrere Fotografen nicht ins Gehege kommen. Da die Funkauslöser fast alle lediglich über den Mittenkontakt des Blitzschuhs ausgelöst werden und keine Systemspezialitäten bieten, sind die Stückzahlen entsprechend hoch, und die Geräte sind mittlerweile ausgereift. Da kann man eigentlich wenig falsch machen.

Neuerdings haben einige Blitzhersteller Funkauslöser für ihre Studioblitze im Programm, die neben dem reinen Auslösen auch die Leistungssteuerung übernehmen. Dies bedeutet nicht, dass hier eine TTL-Steuerung vorgenommen wird, sondern dass die Blitze von der Kamera aus manuell geregelt werden können. Bei Multiblitz heißt diese Fernsteuerung TriggerHappy, die das Profilux Plus- und X-System ansteuern kann.

## Winkelsucher und Wasserwaage

Der Winkelsucher wurde mit der Erfindung des Live-View totgesagt, es gibt ihn aber immer noch, und er wird nach wie vor gern benutzt. Der Winkelsucher hat gegenüber dem Live-View den Vorteil, dass die Scharfstellung über den Phasen-AF geschieht und deswegen sehr viel schneller ist. Auch ist man mit Winkelsucher unabhängig, was die Außenbeleuchtung anbelangt. Bei sehr hellem Sonnenschein sind selbst schwenkbare Live-View-Monitore schlecht einzusehen.

Es gibt im Zubehörhandel Wasserwaagen für den Blitzschuh aus Acrylglas. Sie sollen dabei helfen, die Kamera auf dem Stativ waagerecht zu positionieren. Die Wasserwaagen gibt es in unterschiedlichen Preislagen, leider sind nicht alle von der wünschenswerten Genauigkeit. Die Kamera freihändig in der Waage zu halten und dabei gleichzeitig Sucher und Wasserwaage im Auge zu behalten, ist fast unmöglich, zudem werden viele schräge Bilder dadurch verursacht, dass die Kamera beim Auslösen verrissen wird.

*Winkelsucher VA-1 an der E-3 mit Wasserwaage im Einsatz am Stativ bei hellem Licht in San Gimignano.*

Sinnvoll ist die Wasserwaage für alle, die am Stativ selbst keine hinreichend genaue Wasserwaage besitzen. Vor allem für Aufnahmen in der Nacht ist die kleine Wasserwaage ein außerordentlich nützliches Werkzeug. Bei Panoramaaufnahmen kann sie die Wasserwaage des Panoramawinkels (oder Nodalpunktadapters) ergänzen.

## Sucherlupen und Okularverlängerung

Die angebotenen Sucherlupen bieten zumeist eine 1,2- bis 2-fache Vergrößerung des Sucherbilds. Sinn und Unsinn der Sucherlupe ist umstritten, da einige Fotografen einen beschränkten Einblick in den Sucher beklagen. Weil die Sucherlupen der Hersteller nicht billig sind, sollte man sie vor dem Kauf erst ausprobieren. Es gibt auch Sucherlupen von Fremdherstellern, die, teils mit etwas Bastelei, angepasst werden können. Die meisten Fotografen kommen aber auch ohne Sucherlupe zurecht.

Für Brillenträger gibt es vereinzelt Okularverlängerungen. Diese dienen dazu, das Sucherbild zu verkleinern, da manche Fotografen den Sucher nicht komplett überblicken können oder die am Rand eingeblendeten Informationen nicht zu sehen sind. Auch die Okularverlängerung ist Geschmackssache. Wer keine Probleme beim Suchereinblick hat, braucht auf jeden Fall keine.

## Speicherkarten

Systemkameras haben je nach Hersteller einen bis zwei Kartenslots - beispielsweise einen für SD-Karten und einen für CompactFlash-Karten (Typ I und II). Einen kurzen Überblick über die Standards finden Sie in der unten stehenden Tabelle.

SD-Karten nach dem SD-1.0-Standard hatten nur 1 GByte Kapazität, viele Kartenleser in Notebooks (z.B. Acer Extensa 5210) können lediglich SD 1.0 lesen und schreiben. Mit SD 1.1 können die DS-Karten 2 GByte Speicher haben.

Die Leistungsklassen wurden erst mit SDHC eingeführt, erfahrungsgemäß haben unmarkierte SD-1.0- oder SD-1.1-Karten maximal 1 MByte/s. Man sollte bei den Übertragungsraten aufpassen: Häufig werden sie in MBit/s angegeben, also Megabit pro Sekunde. Die entsprechende Angabe in MByte pro Sekunde erhält man, wenn man die Angabe durch 10 teilt. Das Ergebnis ist dann die ungefähre Angabe der Nutzdaten, die tatsächlich übertragen werden. Auf der IFA 2010 wurden die ersten SD-Karten mit Class 104 vorgestellt. Im Markt setzen sich derzeit langsam die Class-10-Karten durch.

*SDHC-Karte 8GB SanDisk, Extreme 30 MB/s.*

Bei den CF-Karten, die, soweit derzeit verbreitet, deutlich schneller sind, gibt es auch andere Geschwindigkeitsangaben. SanDisk gibt teilweise direkt die MByte/s an, z. B. ist die SanDisk Extreme III 30 MB/s eine 200x-Karte. Es gibt auch eine Angabe nach dem Interface: UDMA 66 oder UDMA 133, korrespondierend mit den Angaben 66x und 133x.

| | SD | SDHC | SDXC | CF |
|---|---|---|---|---|
| Kapazität | 8 MByte bis 2 GByte | 4 GByte bis 32 GByte | 32 GByte bis 2 TByte | bis144 PetaByte |
| Übertragungsraten | | | | |
| 2 MByte/s | | Class 2 | Class 2 | CF 2.0 |
| 4 MByte/s | | Class 4 | Class 4 | 32x |
| 6 MByte/s | | Class 6 | Class 6 | 40x |
| 10 MByte/s | | Class 10 | Class 10 | 66x |
| 20 MByte/s | | | | 133x |
| 30 MByte/s | | | | 200x |
| 40 MByte/s | | | | 266x |
| 104 MByte/s | | | Class 104 | 666x |
| Dateisystem | Fat16 | Fat32 | exFAT | FAT32 |
| Schreibvorgänge | 100.000 | 100.000 | 100.00 | 10.000-2 Mio. |

*SanDisk 16GB CompactFlash, Extreme 30 MB/s.*

Die allererste Regel bei Speicherkarten: Sparen Sie nicht bei der Anschaffung. Nehmen Sie die schnellsten Karten, die Sie sich leisten können – auch wenn Sie nie lange Serien schießen: Spätestens wenn Sie sich die geschossenen Bilder ansehen wollen, geht das mit einer schnellen Karte deutlich fixer als mit einer langsamen, ganz zu schweigen davon, dass es ein erheblicher Unterschied ist, ob Sie 4 GByte Bilddaten in zehn Minuten auf den Rechner kopieren oder dafür eine Stunde Däumchendrehen einkalkulieren müssen. Falls Sie unterwegs sind und die Daten auf ein batteriebetriebenes Notebook oder Imagetank kopieren müssen, sind Sie für jedes Quäntchen Geschwindigkeit dankbar.

Berücksichtigen Sie, dass Speicherkarten mittlerweile gern gefälscht werden. Kaufen Sie die Karten nur bei einem vertrauenswürdigen Händler, auch wenn sie dabei ein paar Euro mehr kosten. Das Geld ist gut angelegt. Gefälschte Karten sind nicht nur ein Markenproblem – oft erreichen sie weder die angegebene Geschwindigkeit noch die Kapazität oder die Lebensdauer. Es ist auch schon vorgekommen, dass gefälschte Karten dadurch, dass sie unsauber verarbeitet sind, die extrem feinen Kontaktstifte im CF-Kartenschacht verbogen haben. Da ist in Heimarbeit nichts mehr zu reparieren.

Denken Sie daran, Ihre Speicherkarten regelmäßig zu formatieren, durch häufiges Löschen und Wiederbespielen – und durch Hilfsprogramme des Computers, die eigene Dateien auf dem Speichermedium anlegen – kann die Dateistruktur auf der Karte instabil werden. Deshalb ist es besser, vorbeugend zu formatieren, bevor Sie Bilddaten verlieren. Zudem sollte eine Speicherkarte niemals im Computer formatiert werden. Das kann zur Folge haben, dass sie in der Kamera nicht mehr lesbar ist.

Lassen Sie No-Name-Karten liegen. Auch Markenkarten haben bisweilen Probleme, die Wahrscheinlichkeit für Ausfälle sind bei No-Names aber deutlich höher.

## Geeignete Kameragurte

Ein nicht zu vernachlässigendes Utensil ist der geeignete Kameragurt. Hier gilt das Sprichwort: „Durch Erfahrung wird man klug." Der Kameragurt ist in Deutschland der SunSniper, der an der Stativschraube befestigt wird und die Kamera schnell und komfortabel im Zugriff hält. Bei größeren und schwereren Teleobjektiven empfiehlt es sich, die Schraube an der Stativschelle des Objektivs zu befestigen, dadurch schwankt das Objektiv nicht hin und her, und lange Zooms senken sich nicht dauernd, der Schwerkraft folgend, gegen den Boden.

Es gibt bisher keine Meldungen über Stativschraubenausrisse oder sonstige Beschädigungen der Kameras. Neben dem Diagonalgurt für nur eine Kamera gibt es auch Schultergeschirr für mehrere Kameras, die sich dann nicht ins Gehege kommen und vor allem bei der Eventfotografie an der Bühne oder auch beim Sport extrem praktisch sind. Ebenfalls sehr zu empfehlen sind die mit der patentierten „Control Stretch"-Funktion

*SunSniper-Gurt an einer DSLR-Kamera.*

*Hier der OP/TECH Strap System Super Classic-Strap Pro Loop.*

ausgestatteten Kameragurte des Herstellers OP/TECH USA, die in Deutschland von Novoflex vertrieben werden. Die Kameragurte sind aus hochwertigsten Neoprenmaterialien gearbeitet und überaus strapazierfähig und belastbar. Auch bei langem Tragen schwerer Ausrüstungsgegenstände verhindern die Gurte Nacken- und Schulterschmerzen. Darüber hinaus sind sie mit einem universellen Connector-System (Schnellverschlüsse) ausgestattet.

## Akkus und Ladegeräte

Ohne Akkus keine Fotos. Nahezu alle heute üblichen Akkus sind Lithium-Ionen-Akkus, die wenigen Kameras, die man im Notfall noch mit Batterien oder NiCd-Akkus betreiben kann, kann man an einer Hand abzählen. Lithium-Ionen-Akkus sollten grundsätzlich nur bei Markenherstellern – entweder den Kameraherstellern selbst oder einem großen Markenhersteller – gekauft werden. Selbst wenn Ihre Kamera No-Name-Akkus akzeptiert – was nicht immer der Fall ist: Die Qualität der Akkus ist höchst wechselhaft. Hintergrund des Problems ist, dass Lithium-Ionen-Akkus nur eine begrenzte Lebensdauer haben. Selbst wenn sie nicht benutzt werden, fangen sie nach fünf Jahren an, deutlich an Kapazität zu verlieren.

Oft werden in No-Name-Akkus Zellen verbaut, die bereits älter und deshalb billiger zu haben sind. Das sieht man den Akkus jedoch nicht an, und das böse Erwachen kommt erst nach einem Jahr. Zudem wird bei No-Name-Akkus gern an den Schutzschaltungen gespart. Das kann böse enden, da Lithium-Ionen-Akkus auch bei Kurzschluss leicht anfangen zu brennen. Akkus, die sich bereits aufblähen, sollten sofort entsorgt werden.

Da der Akku immer dann leer zu werden pflegt, wenn man es gerade am wenigsten brauchen kann, geht der Trend seit Jahren zum Zweitakku. Der liegt jeweils geladen in der Fototasche bereit und wird beim ersten Aufleuchten des roten Warnsymbols gegen den leeren Akku ausgetauscht.

Es empfiehlt sich auf keinen Fall, den Akku vollständig zu entleeren. Es gibt Ladegeräte – vor allem der Twin-Lader von Hähnel ist dafür bekannt –, die Akkus in diesem Zustand als defekt ablehnen. Ein derart behandelter Akku kann allerdings zumeist über das mitgelieferte Ladegerät des Herstellers wieder reaktiviert werden. Da die meisten Kamerahersteller bereits ein Akkuladegerät mitliefern, sollte es auch bevorzugt verwendet werden. Einige Akkus lassen sich ohnehin nur mit dem herstellereigenen Ladegerät nutzen.

Lassen Sie auf keinen Fall Akkus ohne Kontaktschutz in Ihrer Fototasche herumfliegen. Wenn Sie keinen Originalschutz haben, verwenden Sie kleine Plastiktütchen oder die Verpackungen von Papiertaschentüchern.

Reinigen Sie regelmäßig die Kontakte der Akkus mit reinem Alkohol (Ethanol). Verwenden Sie kein Kontaktspray oder sonstige Spezialreiniger. Diese Reinigungsmittel enthalten Kohlenwasserstoffe, und die haben in Ihrer Kamera nichts verloren. Zudem kriecht Kontaktspray. Es kann also an Ecken gelangen, an denen es nur Schaden anrichtet. Da der meiste Schmutz an Akkukontakten aus Hautfett besteht, ist ein entfettendes Mittel wie reiner Alkohol optimal.

## Batteriehandgriffe

Für viele Kameramodelle gibt es besondere Batteriehandgriffe, die zumeist Platz für zwei Akkus und einen Hochformatgriff mit Auslöser bieten. Ob sich das Handling durch die Batteriegriffe verbessert, ist eine Frage des persönlichen Geschmacks. Manchen sind die Anbauteile zu klobig oder zu schwer, andere montieren die Batteriegriffe schon allein aus dem Grund, weil sich dann beim Kunden Diskussionen über die Kamera meist erübrigen: Eine Kamera mit Batteriegriff sieht einfach eindrucksvoller aus als ohne. Wenn große Optiken verwendet werden, empfehlen sich die Batteriegriffe aber auf jeden Fall – nicht nur weil damit die Gewichtsverteilung und das Handling der Kombination verbessert wird, die beiden Akkus im Batteriegriff sorgen bei manchen Kameras auch für ein konstanteres Spannungslevel unter der Belastung der Fokusmotoren. Es wurde sogar von einem geringfügig schnellere Autofokus berichtet.

*Nikon-Batteriehandgriff MB-E5700.*

Es gibt für fast alle Kameramodelle auch Batteriegriffe von Fremdherstellern – bekannt ist dafür die Firma Ownuser, die teils sehr komfortable Fernbedienungen am Griff integriert. Gelegentlich gibt es mit den Kabelanschlüssen Probleme, für Kameras, für die es keinen Batteriegriff vom Hersteller gibt, sind diese Zubehörteile aber eine gute Lösung.

## Netzadapter

Wenn Sie viel im Studio vom Stativ fotografieren und womöglich die Kamera auch noch ferngesteuert einsetzen, ist die Anschaffung eines passenden Netzadapters empfehlenswert. Wichtig ist das vor allem dann, wenn die Stativwechselplatte den Batterieschacht abdeckt und man deshalb auf dem Stativ den Akku nicht wechseln kann.

Auch bei Anwendungen mit timergesteuerten Serienaufnahmen ist ein Netzadapter unbedingt erforderlich. Es gibt Fotografen, die sogar zur Sensorreinigung ein Netzteil verwenden. Dies sollte man jedoch nur machen, wenn man sicher weiß, dass es in den nächsten Minuten zu keinem Stromausfall kommt. Ein voll geladener Akku ist da sicherer. Überprüfen Sie aber vorher, wie lange Ihr Akku den Verschluss der Kamera offen halten kann. Normalerweise kann er das mehr als eine Stunde. Ist die Zeit kürzer, kommen Sie meistens nicht um einen neuen Akku herum - der jedoch in der Regel billiger ist als ein Netzgerät.

## Klimatische Extreme

Bis auf wenige Ausnahmen sind die meisten Systemkameras weder staub- noch wasserdicht. Sie sind nicht als Expeditionskameras entwickelt worden und sollten laut Spezifikation besser nur bei 0 bis 40 °C eingesetzt werden. Die Luftfeuchte sollte zwischen 30 und 90 % liegen. Lassen Sie das langsam sacken - und dann gehen Sie fotografieren.

### Akkukiller: Kälte und Hitze

Der limitierende Faktor bei der Temperatur sind die Akkus. Bei -25 °C können die Elektrolyte der Akkus einfrieren - dann ist es vorbei. Lithium-Ionen-Akkus verlieren bereits unter 10 °C an Leistung, die ideale Arbeitstemperatur liegt zwischen 10 und 28 °C. Die beste Lagerung der Akkus erfolgt mit 50 % Ladung im Kühlschrank. Ein Kameraakku bringt bei -20 °C zwar noch 80 % der Kapazität, aber das heißt nicht, dass deshalb auch die benötigten Ströme geliefert werden.

Achten Sie also darauf, immer einen zweiten Akku in der Hosentasche zu haben - dort ist es am wärmsten -, und wechseln Sie ihn beim ersten Anzeichen eines schwachen Akkus. Wenn das Thermometer deutlich unter -20 °C sinkt, sollten Sie sich um eine Kameraheizung bemühen. Bei derart niedrigen Temperaturen drohen Kälterisse in der Elektronik. Lassen Sie deshalb in bitterkalten Nächten die Kamera nicht im Auto liegen.

Auch Hitze macht zuerst den Akkus zu schaffen. Die Kameras sind meistens schwarz und können deshalb in der Sonne schnell mal auf 70 °C aufheizen. Solange sie nicht durchglühen, ist das unproblematisch, achten Sie aber darauf, die Kamera nicht längere Zeit in praller Sonne liegen zu lassen. Die Elektronik dankt es Ihnen mit längerer Lebensdauer. Wenn Sie die Kamera im Sommer im Auto liegen lassen müssen, decken Sie sie mit einer Decke ab. Oder stecken Sie sie in den Kofferraum - was auch aus anderen Gründen eine gute Idee ist.

### Kritisch: Luftfeuchtigkeit

Ein weiteres Problem ist die Luftfeuchtigkeit. In einem Tropenhaus herrschen 100 % Luftfeuchtigkeit und über 30 °C - außen sind es vielleicht 10 °C mit 60 % Luftfeuchte. Sobald Sie also das Tropenhaus betreten, schlägt sich an allen glatten Flächen der Kamera Wasser nieder. Kritisch ist das vor allem für Sucher und Objektiv - auch weil mit solcherart Weichzeichner entstandene Fotos nur begrenzten Wert haben. Sie können nun mit Papiertaschentüchern, der

Krawatte, dem Unterhemd oder Optikputztüchern verzweifelt dem Übel zu Leibe rücken, aber im Endeffekt müssen Sie einfach warten, bis die Kamera die korrekte Temperatur angenommen hat.

Damit Sie nun nicht sorgenvoll an Ihrer tropfenden Kamera herumputzen müssen, hier der Tipp: Kaufen Sie im Haushaltswarenladen Ihres Vertrauens ZipLoc-Gefrierbeutel - die Dreiliterbeutel reichen für mittelgroße Kameras und kleinere Objektive aus. Packen Sie, bevor Sie das Tropenhaus betreten, Ihre Kamera ein, saugen Sie die Luft heraus und warten Sie im Tropenhaus gemütlich darauf, dass sich Ihre Kamera akklimatisiert hat. Dann auspacken, losfotografieren. Seien Sie aber nicht ungeduldig, die Akklimatisierung kann durchaus eine Viertelstunde dauern, abhängig davon, wie kalt die Kamera vorher war.

Nicht ganz so krass, aber noch lästiger sind Fototermine in überfüllten Kneipen und Diskotheken. Die Luftfeuchtigkeit ist dort ebenfalls sehr hoch, es kann sein, dass ein durchgekühltes Objektiv, das bei nächtlichen 8 °C bleibt, auch nach einer Stunde noch nicht schussbereit ist. In diesem Fall: Objektivdeckel drauf und in die Innentasche der Jacke stecken, bis sich das Objektiv handwarm anfühlt. Das ist meistens innerhalb von zehn Minuten erledigt.

Die ZipLoc-Tüten sind auch noch für eine andere kleine Bastelarbeit gut. Besorgen Sie sich einen 10-x-10-Zentimeter-Comfeel Plus. Das ist ein flexibler, selbstklebender Wundverband. Manchmal bekommt man die in Krankenhäusern, weil die Verbände nur eine bestimmte Zeit haltbar sind und dann entsorgt werden müssen. Dieses Pad kleben Sie auf die Seite des ZipLoc-Beutels, die den Aufdruck trägt. Dann verwenden Sie Ihre Gegenlichtblende als Schablone und schneiden ein Loch mitten in den Wundverband, sodass Ihr Objektiv gerade so durchpasst - idealerweise nur das Bajonett für die Blende. Nun stecken Sie die Kamera in den ZipLoc-Beutel, das Objektiv durchs Loch, dann kommt die Blende vorne drauf, ZipLoc zu - und nun kann da an Regen und Schnee kommen, was wolle.

*Wem die Bastelarbeit zu viele Umstände macht, der findet bei OP/TECH USA eine reichhaltige Auswahl an Schnee- und Regenschutzlösungen. Der Deutschlandvertrieb läuft über NOVOFLEX.*

Es gibt Spezialisten, die den Beutel mit Silikon noch zu einem eigens dafür montierten UV-Filter hin abdichten. Damit kann man sogar unter der Dusche fotografieren. Natürlich sind die Drei-Liter-ZipLocs nicht groß genug für ein großes Tele wie das 50-200. In dem Fall müssen Sie einfach das Loch größer machen, sodass sich das Comfeel weiter zur Kamera hin befindet. Sie müssen nur verhindern, dass das Wasser am Objektiv entlang in die Kamera läuft.

Einziges Problem dabei: Die Frontlinse wird nass! Die dadurch erzielbaren Effekte können zwar spektakulär sein – sind aber meistens unerwünscht. Wenn es eilt und das Wasser auf der Linse jeden Gedanken an ein Bild illusorisch macht, gibt es noch Plan B: alkoholfreies Deo, z. B. Nivea Pure, auf die Linse sprühen. Winzigste Mengen reichen bereits. Man kann auch einen leeren Zerstäuber nehmen und mit Wasser auffüllen. Die winzigen Restmengen in der Flasche reichen bereits. Die Inhaltsstoffe des Deos sorgen dafür, dass die Oberflächenspannung des Wassers aufgehoben wird und sich auf der Linse ein gleichmäßiger Wasserfilm bildet, der kaum noch stört.

Widerstehen Sie aber unbedingt der Versuchung, Hardcore-Methoden anzuwenden, wie Spülmittel auf der Frontlinse zu verreiben. Entspanntes Wasser kann auch leichter in Dichtungen kriechen, und Spülmittel hat im Objektiv rein gar nichts verloren. Sobald sich das Objektiv akklimatisiert hat oder Sie Ihr gewünschtes Foto im Kasten haben, reinigen Sie die Frontlinse wieder.

Unbrauchbar ist die Deomethode zumeist bei Ultraweitwinkelobjektiven und Fisheyes. Die im Fachhandel erhältlichen Regenhüllen für Kameras, etwa von Kata, sind in den allermeisten Fällen in der Handhabung und Dichtigkeit nicht besser, haben aber den Nachteil, dass man die Kamera von innerhalb der Hülle bedienen muss, was teilweise im Blindflug geschieht und bei kalten, nassen und eventuell schlammigen Händen den Sinn der Regenhülle infrage stellt. Wenn Sie die Hülle erst im Freien über die Kamera ziehen, bekommen Sie auch keine Probleme mit Kondenswasser im ZipLoc.

Achtung! Lassen Sie die Kamera niemals länger unter Luftabschluss liegen. Sämtliche Regenhüllen- und Plastiktütenlösungen dürfen nur wenige Stunden verwendet werden. Das trifft auch für spritzwassergeschützte Kameras zu. Anschließend müssen die Kameras gut durchlüften. Wenn sich Luftfeuchtigkeit in der Kamera festsetzt, korrodiert die Elektronik. Das bedeutet einen irreparablen Totalschaden. Achten Sie auch auf gute Lüftung, wenn Sie längere Zeit im Flieger unterwegs sind und Ihre Kamera im Gepäckraum ist.

***Ein Wort zu Silicagel (Kieselgel)***

Dieses Gel wird oft als Trocknungsmittel empfohlen: Man könnte ein Beutelchen, wie sie in diversen technischen Geräten zum Transport mitgeliefert werden, einfach einlegen, und die Kamera wäre geschützt. Silicagel nimmt zwar sehr viel Wasser auf, ist es aber einmal gesättigt, hilft es überhaupt nichts mehr – im Gegenteil, es gibt bei hoher Temperatur das Wasser sogar wieder ab. Ist Silicagel farblos, ist es gesättigt. Blaues Silicagel ist älter und mit dem krebserregenden Indikator Cobalt-II-Chlorid gefärbt. Das sollte unbedingt entsorgt werden. Unbedenkliches Silicagel ist im trockenen Zustand orange. Der Umkipppunkt liegt bei 6 % der Wasseraufnahme.

Wenn Sie Silicagel trocknen wollen, nehmen Sie es am besten aus der Verpackung und schütten es auf ein Backblech, das Sie bei 120 bis 150 °C im Backofen so lange erhitzen, bis es wieder Farbe hat. Lassen Sie es abkühlen und füllen Sie es in ein Schraubglas. Keine Angst: Das Silicagel nimmt erst Feuchtigkeit auf, wenn die Luftfeuchtigkeit deutlich über 90 % steigt.

Orangefarbenes Silicagel ist ungiftig. Man sollte es nicht einatmen, aber ansonsten ist es auch bei löffelweisem Verzehr unschädlich. Erst wenn große Mengen verspeist werden, kann der Stoff durch die Feuchtigkeitsaufnahme Probleme verursachen. Silicagel ist übrigens kein Wundermittel:

Zehn Gramm des trockenen Silicagels können drei Gramm Wasser aufnehmen – nicht mehr. Wenn Sie Silicagel unterwegs als Trocknungsmittel, etwa in einem PeliCase, verwenden wollen, nähen Sie sich kleine Säckchen, in denen Sie jeweils eine Handvoll trockenen Silicagels unterbringen, und diese wiederum verstauen Sie in ZipLocs. So haben Sie immer einen Beutel regeneriertes Silicagel bereit.

#### Tiefgefrorene Kamera auftauen

Kondenswasser kann auch außerhalb des Tropenhauses zu Problemen führen. Wenn Sie im Winter die Kamera über Nacht im Auto lassen, kann die Kamera auf -15 °C durchfrieren. Bringen Sie das Gerät dann in einen warmen Raum (21 °C, 70 % Luftfeuchte), findet sofort ein Luftaustausch innerhalb der Kamera statt. Die gesamten Innenteile, vom Sensor angefangen bis zum letzten ASIC, sind noch tiefgefroren. Daran schlägt sich binnen Sekundenbruchteilen die Luftfeuchte in Form von Reif nieder. Die Effekte können von erhöhtem Rauschen bis zum Totalausfall der Kamera gehen.

Wenn Sie also eine tiefgefrorene Kamera auftauen müssen, nehmen Sie einen ZipLoc-Beutel, packen die Kamera noch im Freien hinein und stecken sie eine halbe Stunde unter Ihren Pullover. Zur Sicherheit sollten Sie vorher den Akku herausnehmen und extra auftauen.

Grundsätzlich gilt: Mit Ausnahmen sind die meisten Systemkameras nicht für den dauernden, harten Einsatz bei Schlechtwetter, Sturm, Eis und Staub konstruiert. Bevor Sie in teure Kameraschutzausrüstung investieren, überlegen Sie sich vielleicht die Anschaffung einer für Schlechtwettereinsätze besser geeigneten Kamera.

## Unterwassergehäuse

Canon, Olympus, Nikon und andere Hersteller bieten eine umfangreiche Palette an Unterwassergehäusen an. Bei der Auswahl sollte nicht nur auf die angegebene Tauchtiefe geachtet werden, sondern auch auf Durchführungen für externe Blitze und den Suchereinblick, falls die Kamera nicht über einen Live-View verfügt. Ideal ist ein Gehäuse wie das UK Germany, das von Tauchern für die Olympus E-3 entwickelt wurde und die wichtigsten Bedienelemente auf einem für Rechts- und Linkshänder wechselbaren Satelliten anbietet.

Wichtig ist auf jeden Fall, dass es für das Gehäuse entsprechende Vorsätze für die wichtigsten Objektive gibt und dass diese sehr hochwertig und an das beabsichtigte Objektiv angepasst sind. Im schlimmsten Fall kann es zu starken Verzerrungen kommen. Glücklicherweise klappt der Erfahrungsaustausch unter UW-Fotografen sehr gut. Lassen Sie sich auf jeden Fall im Hinblick auf Ihre spezielle Kamera-Objektiv-Kombination von Kennern beraten, die damit auch konkrete Erfahrung haben. Hier kann buchstäblich extrem viel Geld versenkt werden.

## Kleine nützliche Dinge

- Das Fläschchen mit 90%igem Alkohol samt Mikrofasertuch zur Reinigung sollte immer dabei sein. Für Journalisten ist ein kleines Döschen mit Gehörschutzstöpseln oder Ohropax empfehlenswert. Das kann nicht nur bei Rockkonzerten sinnvoll sein, auf denen man sich als Fotograf oft unmittelbar an der Box aufhält, sondern auch bei Freiluftevents.

- Weiterhin nützlich ist eine kleine Taschenlampe für Nachtaufnahmen. Falls Sie schon einmal versucht haben, einen heruntergefallenen Objektivdeckel in stockfinsterer Nacht zu finden, wissen Sie, wozu. Zudem ist das Ablesen der Entfernungsskala an Objektiven mit etwas Licht deutlich einfacher.
- Ein Stapel Visitenkarten und gegebenenfalls die Handwerkskarte und der Presseausweis sollten selbstverständlich sein.
- Ein kleiner Gliedermaßstab ist ebenfalls von Zeit zu Zeit praktisch, außerdem, wenn man mit Nodalpunktadapter unterwegs ist, natürlich eine Tabelle der Nodalpunkte und eigentlich immer ein kleiner Zettel mit den wichtigsten Schärfentiefewerten und Hyperfokaldistanzen.
- Bei längeren Reisen ist ein Imagetank – eine Festplatte mit CF-Lesegerät – eine Überlegung wert. Verlassen Sie sich aber nicht zu sehr darauf, es wurde ein Fall bekannt, in dem zwei Conceptronic-Fotospeicher unabhängig voneinander innerhalb von fünf Wochen ihren Geist aufgaben – was in Datenverlust endete.
- Displayschutzfolien werden von vielen Fotografen als völlig überflüssiger Schnickschnack abgelehnt, da die meisten Displays außerordentlich robust sind. Sie sind jedoch weniger wegen einer zweifelhaften Schutzwirkung empfehlenswert als vielmehr als Hilfsmittel, um die Displays zu entspiegeln und damit die Ablesbarkeit zu verbessern. Man kann für wenig Geld eine entsprechende Handyfolie verwenden und selbst passend zuschneiden.
- Die Wasserwaage für den Blitzschuh sollte man nicht vergessen und – wenn Sie keine verlässliche Sensorreinigung haben – ein Reinigungsset für den Sensor.
- Empfehlenswert für die Anwendung im Freien und in hellem Umgebungslicht ist auch eine aufklappbare Displayschutzblende, die zugleich eine bessere Betrachtung des Kameramonitors erlaubt. Einige Modelle verfügen sogar noch über eine aufklappbare Lupe. Besonders nützlich ist diese Schutzblende bei Verwendung des Live-View, sofern Ihre Kamera mit dieser Funktion ausgestattet ist. Der Blick durch den Sucher ist bei aufgeklappter Blende allerdings nicht mehr möglich. Alternativ kann man breitkrempige Hüte oder Baseballkappen verwenden, die meist einen ausreichenden Schatten werfen.

## Kamerapflege

Kamerapflege bedeutet: Kamera reinigen. Kameras müssen nicht geschmiert werden, und man sollte auch nicht auf die Idee kommen, die Spiegelmechanik mit Nähmaschinenöl zu behandeln. Folgende Teile in der Kamera sollten grundsätzlich nicht berührt werden, egal ob mit Fingern oder Reinigungsmaterial:

- Schwingspiegel
- Mattscheibe
- Verschluss

Diese „Reinigungsmittel" haben bei der Kamerareinigung nichts verloren:

- Druckluftsprays. Viele handelsübliche Druckluftsprays enthalten Butan. Butan ist ein Kohlenwasserstoff, der nichts in der Kamera verloren hat. Zudem kann Druckluft Dreck ins Innere der Kamera pusten. Keine Kamera ist luftdicht abgeschlossen, da das Zoom in die Kamera entlüftet und von dort die Luft auch wieder herausmuss. Wo Luft herauskommt, kann auch Luft - und Dreck - rein, wenn er noch dazu mit Druck hineingepresst wird.

- Kompressoren. Luft aus Kompressoren enthält Öl und Kondenswasser. Einzige Ausnahme: medizinische Kompressoren und Tauchkompressoren. Trotzdem sollten Sie auf Kompressoren besser ganz verzichten.
- Kontaktsprays. Kontaktsprays kriechen und verdampfen. Selbst mit den netten Strohhalmen, die es zu WD40 dazugibt, ist das ein No-go. Keine Kontaktsprays, keine Öle. Nirgends.
- Spülmittel. Spülmittel entspannt Wasser, und entspanntes Wasser kann die Gehäusedichtungen überwinden.
- Silikonsprays. Abgesehen davon, dass es nicht lustig ist, eine silikonverseuchte Kamera in der Hand zu halten, kann das Silikon in der Kamera nur Schaden anrichten.
- Talkumpuder. Das ist in manchen neuen Gummiblasebalgen zur Gummipflege enthalten. Spülen Sie den Blasebalg vor Gebrauch gründlich aus.

*Achten Sie beim Objektivwechsel immer darauf, dass er in einer möglichst sauberen Umgebung stattfindet. Dennoch können sich im Lauf der Zeit Staub und Schmutzpartikel im Inneren der Kamera ablagern. Auf dem Sensor befindlicher Schmutz zeigt sich im Bild in Form von unscharfen, dunklen Flecken, die gerade bei gleichmäßigen Flächen sichtbar werden.*

i

## KRATZER ENTFERNEN

**Sollte der LCD-Monitor einmal verkratzt werden, erhalten Sie im Handel eine feine Paste, mit der die Oberfläche wieder poliert werden kann. Zu starker Druck oder Anschlagen an Kanten können den Monitor jedoch stark beschädigen oder sogar zerstören.**

### Außenreinigung

Staub und trockener Schmutz lassen sich mit einem leicht feuchten Lappen entfernen. Kontakte werden mit einem Tempotaschentuch und 90 % Ethanol gesäubert. Das große Problem bei Kameras ist nämlich mitnichten der Staub, sondern Hautfett. Und dem kommen Sie mit Alkohol am besten bei. Verfallen Sie aber nicht in den Fehler, die ganze Kamera mit Alkohol abzuwischen. Alkohol kann die Beschichtung der Kamera angreifen. Angelöstes Gummi fasst sich nicht mehr gut an.

Ein bekanntes Problem bei einigen Kameras ist, dass sich die gummierte Ummantelung im Lauf der Zeit teilweise von der Kamera ablösen kann. Einige Hersteller haben für diesen Fall Reparatursets herausgebracht, die aus selbstklebend beschichteten, passend zugeschnittenen Gummistücken bestehen. Selbsthilfe per Pattex ist nicht zu empfehlen, da sich die alten Gummistücke mit der Zeit gelängt haben - was auch der Grund dafür ist, dass sie sich ablösen - und sowieso wieder passend gemacht werden müssten. Zudem sind unter den Gummierungen meistens Gehäuseschrauben verborgen, an die ein Techniker im Fall des Falles heranmuss. Wenn diese durch Pattex verklebt sind, gibt es an dieser Stelle unnötige Schwierigkeiten. Also: Gibt es kein Reparaturset, ab damit in den Service.

### Kontakte reinigen

Gelegentlich sollten Sie die Kontakte am Objektivbajonett reinigen. Verwenden Sie dafür ausschließlich reinen Alkohol (90% Ethanol) aus der Apotheke, keinen Spiritus, keinen Kontaktreiniger, nichts anderes. Es gibt auch Isopropanolsprays, nehmen Sie jedoch keine Sprays! Der Alkohol darf ausschließlich auf die Kontakte und deren unmittelbare Umgebung kommen, nicht auf die Linsen. Die Linsen sind oberflächenvergütet, und nicht jede Vergütung hält die Behandlung mit Lösungsmitteln lange aus. Die Methode ist: Alkohol (Ethanol) auf ein Baumwolltuch geben, die Kontakte auf Kamera- und Objektivseite reinigen - fertig.

Ebenso sollten Sie regelmäßig auch alle Kontakte im Batteriefach sowie die Akkukontakte selbst reinigen. Die Akkus bekommen beim Akkuwechsel immer Hautfett ab, und das, was sich so auf der Haut an Chemie befindet, ruiniert auch den besten Kontakt mit der Zeit. Hier ist erneut 90%iges Ethanol das Mittel der Wahl.

### Linsenreinigung

Verwenden Sie destilliertes Wasser und ein sauberes Mikrofasertuch bzw. Linsenreinigungspapier. Reinigen Sie die Linsen niemals trocken. Für hartnäckige Fettflecken gibt es den Hama Lenspen. Im Normalfall bekommt man aber jeden Dreck mit Aqua destillata weg.

### Innenreinigung

Zur Reinigung des Inneren Ihrer Kamera sind zunächst besondere Vorsichtsmaßnahmen zu treffen. Ihre Umgebung sollte staub- und rauchfrei sein. Sorgen Sie für eine gute Beleuchtung und berühren Sie keine Teile im Inneren der Kamera.

Sorgen Sie zuerst dafür, den Staub aus dem Spiegelkasten loszuwerden. Dafür gibt es zwei Methoden: Scotch-Tape oder Rodico-Masse, eine Art Knetgummi aus der Uhrmacherwerkstatt. Damit wird der Spiegelkasten vorsichtig behandelt. Dazu stecken Sie etwas Rodico-Masse auf einen Holzspieß und tupfen den Spiegelkasten vorsichtig aus. Staub und Abrieb bleiben an der Masse kleben. Das Scotch-Tape wird vorsichtig auf die glatten Flächen des Spiegelkastens geklebt und abgezogen. Erst wenn aller sichtbarer Staub entfernt ist, kann man mit einem sauberen Blasebalg in den Spiegelkasten pusten, normalerweise ist das aber nicht notwendig. Die Pusterei kann Staub aufwirbeln oder Staub dorthin befördern, wo er nicht hingehört.

Druckluft ist aus dem gleichen Grund absolut tabu. Es gibt Leute, die ihren Staubsauger vorne mit einem Strohhalm versehen und damit das Kameragehäuse aussaugen. Sie bekommen damit nur groben und losen Staub weg und laufen Gefahr, sich an wichtigen Dingen festzusaugen. Rodico oder Scotch-Tape ist die bessere Lösung.

### Sensorreinigung

Aktuelle DSLR-Kameras verfügen mittlerweile über die Möglichkeit, Staubpartikel von der Oberfläche des Sensors durch Vibration abzuschütteln, oder sie bieten, wie die Olympus-Kameras, einen Ultraschallstaubschutz, das derzeit effektivste System für einen staubfreien Sensor. Die meisten Staubschutzsysteme nehmen die Reinigung des Sensors beim Ein- oder Ausschalten der Kamera automatisch vor. Um ein optimales Ergebnis zu erhalten, sollte die Kamera bei der Anwendung auf dem Kameraboden stehen und nicht bewegt werden. Das hat den Hintergrund, dass der Dreck, der abgeschüttelt wird, von Klebestreifen unterhalb des Sensors aufgenommen wird.

#### *Manuelle Sensorreinigung*

So wunderbar diese Selbstreinigungsfunktion auch ist, Staub, der sich im Gehäuseinneren befindet, wird sich immer wieder erneut auf dem Sensor absetzen. Klebende Schmutzpartikel lassen sich zudem nicht einfach abschütteln und müssen deshalb manuell entfernt werden.

Eine heikle Angelegenheit, die Sie vielleicht besser der Servicewerkstatt überlassen sollten. Um diese Arbeit dennoch selbst durchzuführen, benötigen Sie ein Netzteil oder einen vollständig geladenen Akku. Bei der Arbeit darf die Stromzuführung keinesfalls unterbrochen werden, da dadurch der Verschluss der Kamera sofort wieder geschlossen wird und dann durch eingeführte Gegenstände eine Beschädigung der Kamera zu erwarten ist.

Zunächst müssen Sie die Schmutzpartikel lokalisieren. Montieren Sie dafür ein Objektiv, stellen Sie es manuell auf unendlich, schließen Sie die Blende maximal (Blende 22), und dann fotografieren Sie ein gut beleuchtetes weißes Blatt Papier in zehn Zentimetern Abstand - verwackeln ausdrücklich erwünscht. Anschließend erhöhen Sie in der Bildverarbeitung den Kontrast auf Maximum.

*Sollten Sie Staub auf dem Sensor haben, sieht das so aus.*

Der Staub befindet sich natürlich nicht auf dem Sensor, sondern auf der Scheibe des Staubschutzes, der sich vor dem Sensor und dem Tiefpassfilter befindet. Bei Kameras ohne Staubschutz befindet sich der Dreck auf dem Tiefpassfilter selbst und ist meistens noch deutlich schärfer sichtbar. Beachten Sie bei der Lokalisation des Schmutzes, dass das Bild natürlich spiegelverkehrt ist und auf dem Kopf steht. Der Fleck links unten ist also beim Sensor rechts oben.

Wie kommt nun der Dreck auf den Filter? Einmal natürlich beim Objektivwechsel, aber selbst wenn Sie Ihr Zoom beim Kauf einmal montieren und dann nie mehr abnehmen, pusten Sie bei jedem Zoomvorgang Luft ins Gehäuse. Große Zoomobjektive wirken dabei wie Luftpumpen, die einen erheblichen Wind machen können. Die beim Zoomen angesaugte Luft wird beim Auszoomen samt dem darin enthaltenen Staub quer durch den Kamerabody geblasen.

Für eine Reinigung des Sensors gibt es mehrere Dutzend wunderbarer Mittelchen aus dem Fotohandel. Das verbreitetste und auch das einzige, das viele Hersteller empfehlen, sind „Sensor Swabs" mit einem Reinigungsmittel namens Eclipse. Dabei handelt es sich um ein Pad an einem Stiel genau in der Größe des Sensors, das mit der Flüssigkeit (reinem Methylalkohol) getränkt wird. Dann fährt man einmal über den Sensor und wirft das Swab anschließend weg. Für eine Reinigung benötigt man meistens drei Swabs. Neu ist eine Reinigungsflüssigkeit namens Eclipse E2T, die speziell für antistatisch beschichtete Sensoren entwickelt wurde.

Billiger geht es mit PecPads, die man um einen flachen Holzspatel wickelt und mit Methylalkohol aus der Apotheke beträufelt. Nicht zu viel, sonst läuft der Alkohol hinter den Tiefpassfilter. Auch hier: ein Wisch und weg damit. Die PecPads haben den großen Vorteil, dass man sie auch um kleinere Holzspatel wickeln und damit den Sensor punktgenauer säubern kann als mit den Swabs – vor allem in den Ecken ist die Reinigung mit den PecPads exakter.

Als Alternative zu reinem Methanol können Sie auch Ethanol verwenden. Ethanol bekommen Sie in einer 90-%-Lösung in der Apotheke. Der auch bisweilen erhältliche 96-%-Alkohol empfiehlt sich nicht – er verdunstet zu schnell. 70%iger Alkohol dagegen enthält zu viel Wasser und bildet beim Verdunsten Schlieren. Deshalb sollte der Alkohol auch nicht zu alt sein, weil der Alkoholgehalt mit der Zeit sinkt.

Es gibt im Internet in den entsprechenden Foren Tausende von Tipps zur Sensorreinigung: von Q-Tips mit Spiritus bis zur Trockenreinigung mit Eislöffel und Mikrofasertuch. Machen Sie das lieber nur dann, wenn Sie eine Ersatzkamera haben. Besser ist es, sich anzusehen, wie es die Profis der Hersteller machen. Nikon verwendet PecPads mit Holzspatel und ein Gemisch aus Testbenzin und Isopropylalkohol. Da sich dieses Gemisch aber mit der Zeit an der Luft zersetzt und deswegen nur sinnvoll ist, wenn größere Mengen verwendet werden, ist als Reinigungsflüssigkeit das schon angesprochene Ethanol besser geeignet.

*Sensorreinigung an einer PEN E-P1 mit 90 % Alkohol.*

Wenn eine Reinigung fällig ist, müssen Sie den Dreck erst gründlich mit Alkohol einweichen und dann wegwischen. Besitzen Sie einen Blasebalg, pusten Sie sofort nach dem Putzen leicht über den Sensor, der Alkohol verdunstet damit schneller, und die Gefahr von Schlierenbildung sinkt. Eventuell müssen Sie hinterher den losen Dreck, der sich während der Zeit der Reinigung in die Kamera verirrt hat, noch mit einem sauberen Mikrofasertuch aufnehmen.
Alles andere ist zum Scheitern verurteilt, und wenn Sie es gar mit einer Trockenreinigung versuchen, verschmieren Sie den Dreck nur. Im Kameragehäuse sammelt sich nämlich nicht nur trockener Staub, sondern auch Kohlenwasserstoff aus der Luft. Das klingt harmlos, aber Kohlenwasserstoffniederschläge sind eine ausgesprochen schmierige Angelegenheit. Kohlenwasserstoffe sind zum Beispiel Benzol, Paraffin, Toluol, Propan, Butan, Octan etc.
Wenn Sie beim Lesen dieser Beschreibung zur Putzerei ein mulmiges Gefühl bekommen: Schicken Sie die Kamera an den Hersteller oder geben Sie sie beim Fachhändler Ihres Vertrauens ab. Hektik und Nervosität beim Sensorreinigen sind nicht wirklich förderlich. Berücksichtigen Sie, dass Sie, um den Erfolg der Reinigung abschätzen zu können, auch ein paar Kontrollbilder machen müssen. Selbst mit einer speziellen Sensorlupe werden Sie nicht sämtlichen Dreck auf dem Sensor erkennen können.

i

## VORSICHT IM UMGANG MIT METHANOL

**Sowohl das Reinigungsmittel Eclipse als auch Methylalkohol (Methanol) sind stark giftig. Methanol wird im Körper zu Ameisensäure und Formaldehyd umgewandelt. Formaldehyd trifft vor allem das Auge, nach einigen Tagen kommt es zur Trübung der Sehschärfe. Daneben schädigt Formaldehyd auch innere Organe wie Leber, Herz und Nieren. Mengen ab 5g Methanol können durch den narkotisierenden Effekt tödlich sein. Eine Aufnahme von Methanol ist über die Haut, über die Atemwege oder oral möglich. Symptome einer Methanolvergiftung sind Bauchkrämpfe, Schwindel, Kopfschmerzen, Übelkeit und Schwächeanfälle, später treten Sehstörungen, Atemnot und Bewusstlosigkeit auf.**
**Therapie einer Methanolvergiftung ist die Gabe von Ethanol. Ethanol verhindert die Umwandlung von Methanol in Formaldehyd, da die Leber vorrangig mit dem Abbau des Ethanols beschäftigt ist. Dadurch kann das Methanol über die Niere ausgeschieden werden. Das Ethanol muss über mehrere Tage in ausreichender Menge verabreicht werden, idealerweise soll während dieser Zeit der Blutalkoholspiegel bei 1 Promille bleiben. Das Mittel der Wahl ist hier die regelmäßige und ausreichende Gabe von hochwertigen, 40%igen Alkoholika.**
**Die toxische Wirkung der Ameisensäure kann durch hohe Dosen Folsäure oder Natron (z.B. Bullrich-Salz) ausgeglichen werden. Beim Auftreten von Vergiftungssymptomen unbedingt einen Arzt konsultieren und auf die Methanolaufnahme hinweisen. Dass alle Methanolprodukte außerhalb der Reichweite von Kindern aufbewahrt werden müssen, ist selbstverständlich.**

## FEUCHTIGKEIT IN DER KAMERA

**Wenn Feuchtigkeit in die Kamera gelangt ist, entfernen Sie sofort die Akkus, öffnen sämtliche Klappen und lassen die Kamera bei Zimmertemperatur austrocknen. Haben Sie eine Lebensmittel-Vakuumpumpe, können Sie die Kamera dort hineinlegen und für etwas Vakuum sorgen. Bei geringerem Luftdruck verdampft das Wasser schneller. Und eine weitere Möglichkeit gibt es noch: Sie können die Kamera luftdicht verpacken und mehrere Säckchen Silicagel mit in den Beutel geben. Schneller geht die Trocknung auf jeden Fall, wenn Sie vor der Kamera einen simplen Ventilator aufstellen. Falls Sie es mit einem Föhn probieren, lassen Sie die Heizung des Föhns ausgeschaltet. Natürlich sollten Sie hinterher den Sensor reinigen…**

# 9

# TEST-VERFAHREN UND BERECHNUNGS-TABELLEN

© copyright by Klaus Kindermann
- all rights reserved -
M

# Testverfahren und Berechnungstabellen

*Im Original entspricht das Testchart einer Größe von DIN A3, die zu den hier beschriebenen Tests verwendet werden kann.*

# 9 Testverfahren und Berechnungs-tabellen

*Nachfolgend werden einige Vorgänge etwas vereinfacht dargestellt, da eine ausführliche Darstellung den Rahmen dieses Buchs sprengen und vertiefte mathematische und physikalische Kenntnisse voraussetzen würde, denn: „Die Gesetze der Optik sind komplex und widerwärtig." (GoodByte)*

## Testverfahren

■ Kameras und Objektive testen? Wenn Sie sich eine neue Kamera oder auch ein oder mehrere neue Objektive zugelegt haben, möchten Sie sicher wissen, ob die neuen Teile ihr Geld auch wert sind. Insbesondere bei Objektiven, die zumeist in großen Stückzahlen produziert werden, kann immer auch mal ein sogenanntes Montagsobjektiv dazwischen sein. Um sicherzugehen, dass Ihre Optik hält, was sie verspricht, kann das beiliegende Testchart zur Überprüfung des Schärfeverhaltens genutzt werden. Darüber hinaus besteht die Möglichkeit, mit dem Testchart typische Objektivfehler wie tonnen- oder kissenförmige Verzeichnungen sowie chromatische Aberrationen festzustellen und mittels entsprechender Korrekturmaßnahmen dann auch zu beseitigen. Erst die Ermittlung der optimalen Blendenöffnung ermöglicht es, die maximale Leistung eines Objektivs auch zu nutzen.

Die beiliegende Testkarte ermöglicht folgende Überprüfungen:

- Überprüfung des Bildschärfeverlaufs vom Zentrum bis zu den Bildrändern.
- Erkennen von Vignettierungen und Randabschattungen.
- Art und Stärke der Verzeichnung des Objektivs.
- Feststellen der chromatischen Aberration (Farbsäume speziell im Randbereich).
- Ermitteln von Kontrast-, Farb- und Rauschverhalten.

**⊡ DOWNLOAD**

**http://www.buch.cd**

Das Originaltestbild steht hier zum kostenlosen Download zur Verfügung und kann in einer Größe bis zu DIN A3 ausgedruckt werden.

### Testaufbau und Vorgehensweise

Entscheidend für eine sichere Überprüfung von Kamera und Objektiven ist der Aufbau. Das Testchart sollte auf einem dunklen Hintergrund, z. B. einem schwarzen Karton, befestigt und waagerecht ausgerichtet an einer Wand aufgehängt werden. Die Beleuchtung muss gleichmäßig und ohne Helligkeitsverlauf sein. Dazu eignen sich optimal zwei gleich starke Lampen, die rechts und links vom Testchart in einem Winkel von ca. 45° aufgestellt werden. Die Lampenhöhe sollte dabei der Bildmitte entsprechen. Um störende Einflüsse anderer Lichtquellen auszuschließen, sollten die Aufnahmen in einem leicht abgedunkelten Raum gemacht werden.

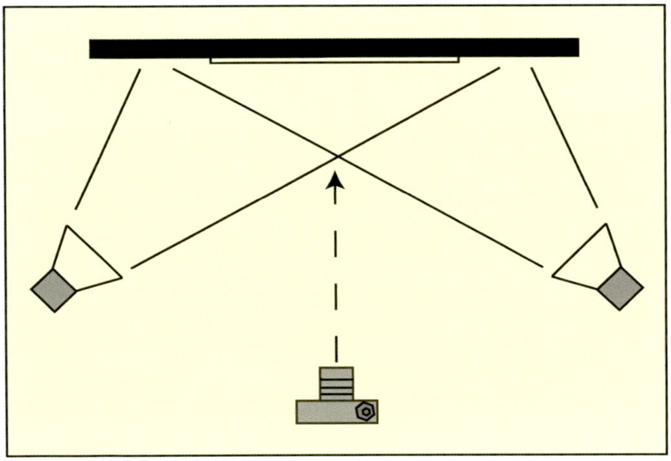

*Schematische Darstellung des Bildaufbaus mit zwei Leuchten.*

*Anordnung von Testchart und Kamera.*

Tageslicht ist für die Tests zumeist ungeeignet, da es sich ständig verändert, lediglich an Tagen mit bedecktem Himmel ist es möglicherweise nutzbar. Allerdings ist eine Wiederholung unter identischen Bedingungen damit nicht möglich. Bei allen verwendeten Arten von Beleuchtungen ist unbedingt darauf zu achten, während der Aufnahmereihe nichts zu verändern und das Testchart gleichmäßig ausgeleuchtet zu lassen.

Die Anordnung der Kamera erfolgt auf einem Stativ, dabei ist zunächst auf die Höhe zentral zum Mittelpunkt des Testcharts zu achten. Die Kamera muss sich parallel zur Aufnahmewand befinden. Um sie exakt auszurichten, kann eine spezielle Kamerawasserwaage im Zubehörschuh befestigt werden. Der Abstand wird durch das jeweils verwendete Objektiv und dessen Brennweite bestimmt. Dabei sollte das Testchart möglichst formatfüllend mit einem schmalen schwarzen Rand sichtbar sein. Die tatsächliche Distanz wird auch durch den Mindestabstand Ihres Objektivs bestimmt.

Zur präzisen Ausrichtung kann auch der Live-View-Modus Ihrer Kamera genutzt werden. Andernfalls benötigen Sie mehrere Probeaufnahmen. Das Testbild muss absolut gleichmäßig und bildmittig angeordnet sein. Kippt es in der Ansicht auf dem Bildschirm seitlich weg, sollte besser justiert werden.

***Kameraeinstellungen***

Um verlässliche Ergebnisse zu bekommen, ist auch die Art der Bildaufzeichnung von Bedeutung. Um eine maximale Qualität zu erhalten, ist eine Datenspeicherung im RAW-Modus sehr sinnvoll. Zur weiteren Bildbearbeitung und Bildausgabe ist dann ein zur jeweiligen Kamera kompatibler RAW-Konverter erforderlich. Je nach Konverter werden möglicherweise kamerainterne Vorgaben oder Vorgaben des Konverters beim Öffnen der Datei auf das Bild angewendet. Alle diese Vorgaben und Kameraautomatiken sollten Sie zunächst deaktivieren, um ein unbearbeitetes Bild zu erhalten.

So können Sie die Bilddatenweiterverarbeitung nach Ihren eigenen Vorstellungen zur Datenanpassung selbst bestimmen und in das gewünschte Ausgabeformat speichern.
Für die erste Testreihe stellen Sie an Ihrer Kamera Folgendes ein:
Bei der ISO-Empfindlichkeit stellen Sie den Basiswert ein (ISO 100 oder ISO 200). Die ISO-Automatik muss unbedingt abgeschaltet werden! Auch alle anderen Automatiken bezüglich der Bildschärfe, des Bildkontrasts, der Farbsättigung etc. sind ebenfalls zu deaktivieren.
Zur Belichtungsermittlung benutzen Sie die Zeitautomatik oder die manuelle Einstellung, als Belichtungsmessmethode die Matrixmessung. Die Belichtung sollte dabei um ca. +1 EV (Exposure Value = Lichtwert) korrigiert werden, da ansonsten des Papierweiß als zu grau erscheint.
Die Blendenwerte müssen stets manuell vorgegeben werden, da sie auch Einfluss auf die Abbildungsqualität haben. Für die Testreihe verwenden wir nur ganze Blendenstufen und beginnen zunächst mit der maximalen Blendenöffnung.
Bei Zoomobjektiven ist für die jeweilige Brennweite eine eigene Aufnahmereihe vorzunehmen, bei einem Objektiv mit 24 bis 70 mm mindestens mit 24 mm und 70 mm. Wenn Brennweiten dazwischen verwendet werden, sollte berücksichtigt werden, dass ein genaues Einstellen der Brennweite nicht kontrollierbar ist. Die Rückmeldung der Brennweite an die Kamera besitzt eine endliche Auflösung, sodass manche Brennweiten unter Umständen überhaupt nicht einstellbar sind.

### *Die Aufnahmen*

Zunächst muss der Weißabgleich durchgeführt werden. Um ungewollte Veränderungen auszuschließen, sollten Sie ihn manuell einstellen. Optimal ist ein manueller Weißabgleich mithilfe einer Weißabgleichskarte (Graukarte) vor Beginn der Aufnahmen. Alternativ kann auch ein vorgegebener Wert für Ihre Beleuchtungsart verwendet werden. Die Weißabgleichsautomatik ist jedoch ungeeignet, da sie während der Aufnahmereihe zumeist keine konstanten Werte liefert.
Verwenden Sie als Aufnahmeformat den RAW-Modus, ist eine präzise Weißabgleichseinstellung auch noch nachträglich möglich. Auch einige weitere Parameter können im jeweiligen RAW-Konverter mit maximaler Qualitätserhaltung angepasst werden. Andere Aufzeichnungsformate wie z. B. JPEG sollten Sie nur verwenden, wenn Sie sie auch ausschließlich zum Fotografieren nutzen. In diesem Fall ist es entscheidend, welche Voreinstellungen zur Bildoptimierung verwendet werden. Generell gilt, jedwede Art von Automatik sollte zuvor deaktiviert werden.
Nach der präzisen Justierung der Kamera vor dem Testchart folgt die Schärfeeinstellung. Dabei kann der Autofokus zunächst genutzt werden, das Objektiv oder die Kamera ist aber nach erfolgter Scharfstellung auf manuelle Fokussierung zu setzen. Die Entfernungseinstellung darf bis zum Abschluss der jeweiligen Testreihe nicht mehr verändert werden. Bei Zoomobjektiven sollten Sie darauf achten, dass sich die gerade verwendete Brennweite nicht versehentlich verändert.
Das Stativ muss bombenfest stehen und darf während einer Aufnahmereihe nicht verrutschen. Um bei längeren Belichtungszeiten verwacklungsfreie Aufnahmen zu erhalten, benötigen Sie einen Fernauslöser. Dazu sollte auch die Spiegelvorauslösung verwendet werden. Geringste Erschütterungen können Unschärfen erzeugen und den Test unbrauchbar machen. Decken Sie zudem den Sucher ab, um einen Lichteinfall auszuschließen.

Beginnen Sie bei der ersten Aufnahme mit der maximalen Blendenöffnung Ihres Objektivs und erstellen Sie dann weitere Aufnahmen, indem Sie die Blende jeweils um einen vollen Blendenwert schließen. Die Belichtungszeit wird dabei entsprechend um einen vollen Wert verlängert.
Blendenreihe: 1 - 1,4; 2 - 2,8 - 4 - 5,6 - 8 - 11 - 16 - 22 - 32 - 45.
Beispiel: Ihr Objektiv hat eine maximale Blendenöffnung von 3,5. Benutzen Sie diesen Wert für die erste Aufnahme. Die nächsten Stufen besitzen dann die Werte 4 - 5,6 - 8 etc. Zwischenangaben entsprechen je nach Kamera und Einstellung entweder 1/3 oder 1/2 Blendenstufe. Eine Verwendung und ein Vergleich auch dieser Einstellungen sind normalerweise jedoch nicht erforderlich.

***Die Auswertung***

Die Auswertung geschieht direkt auf dem Bildschirm. Dazu öffnen Sie die Bilder mit einem entsprechenden Programm. Dieses sollte die Bilder klein nebeneinander und auch einzeln als Vollformat anzeigen können. Eine Vergrößerungsfunktion ist dabei von Vorteil.
Für Kameras der Marke Nikon eignet sich sehr gut das kostenfrei mitgelieferte Programm ViewNX. In der Übersicht mit allen Aufnahmen der Testreihe sind die unterschiedlichen Vignettierungen und mögliche Verzeichnungen deutlich zu erkennen. Aber auch das mit Photoshop gelieferte Programm Adobe Bridge oder andere ähnlich aufgebaute Programme sind zur Voransicht sehr gut zu verwenden. Um die Kameraeinstellungen zu überprüfen, ist ein integrierter EXIF-Reader von Vorteil. EXIF-Daten werden bei der Aufnahme in jedes Bild eingebettet und geben Aufschluss über die jeweiligen Kameraeinstellungen.

In der Ansicht sollte bei richtigem Weißabgleich und richtiger Belichtungseinstellung jedes Bild in etwa dem Original entsprechen. Zunächst fallen Vignettierungen und Randabschattungen auf. Diese sind besonders gravierend bei maximaler Blendenöffnung. Je nach Objektiv werden auch Randverzeichnungen sowie Verzeichnungen in tonnen- oder kissenförmiger Form mehr oder weniger stark in Erscheinung treten.

***Schärfekontrolle***

Für die Kontrolle der Bildschärfe muss das Bild in einer Darstellung von mindestens 100 % angezeigt werden. Kleinere Abbildungen lassen sich bezüglich der Bildschärfe nicht beurteilen.
Je nach Objektiv und Brennweite ergeben sich möglicherweise im Randbereich deutliche Schärfeverluste. Diese sind üblicherweise bei der maximalen Blendenöffnung am stärksten und gleichen sich mit einer Reduzierung der Blendenöffnung zunehmend aus. Oftmals sind sie auch mit einer Randabdunklung (Vignettierung) verbunden. Diese lässt mit verkleinerter Blende ebenfalls deutlich nach.
Zunächst kontrollieren Sie, ob die Schärfeleistung in allen Ecken identisch ist. Sollte es hier (bei korrekter Ausrichtung der Kamera) zu stärkeren Abweichungen kommen, ist mit einem Defekt des Objektivs oder der Kamera zu rechnen. Ist der gleiche Fehler auch bei anderen Objektiven an derselben Kamera festzustellen, ist vermutlich die Objektivauflage (das Bajonett) an der Kamera dejustiert. In beiden Fällen sollte eine Überprüfung in einer Fachwerkstatt vorgenommen werden.
Gleichmäßige Abweichungen der Bildschärfe zwischen der Bildmitte und den Bildecken, insbesondere bei maximaler Blendenöffnung, sind konstruktionsbedingt und daher

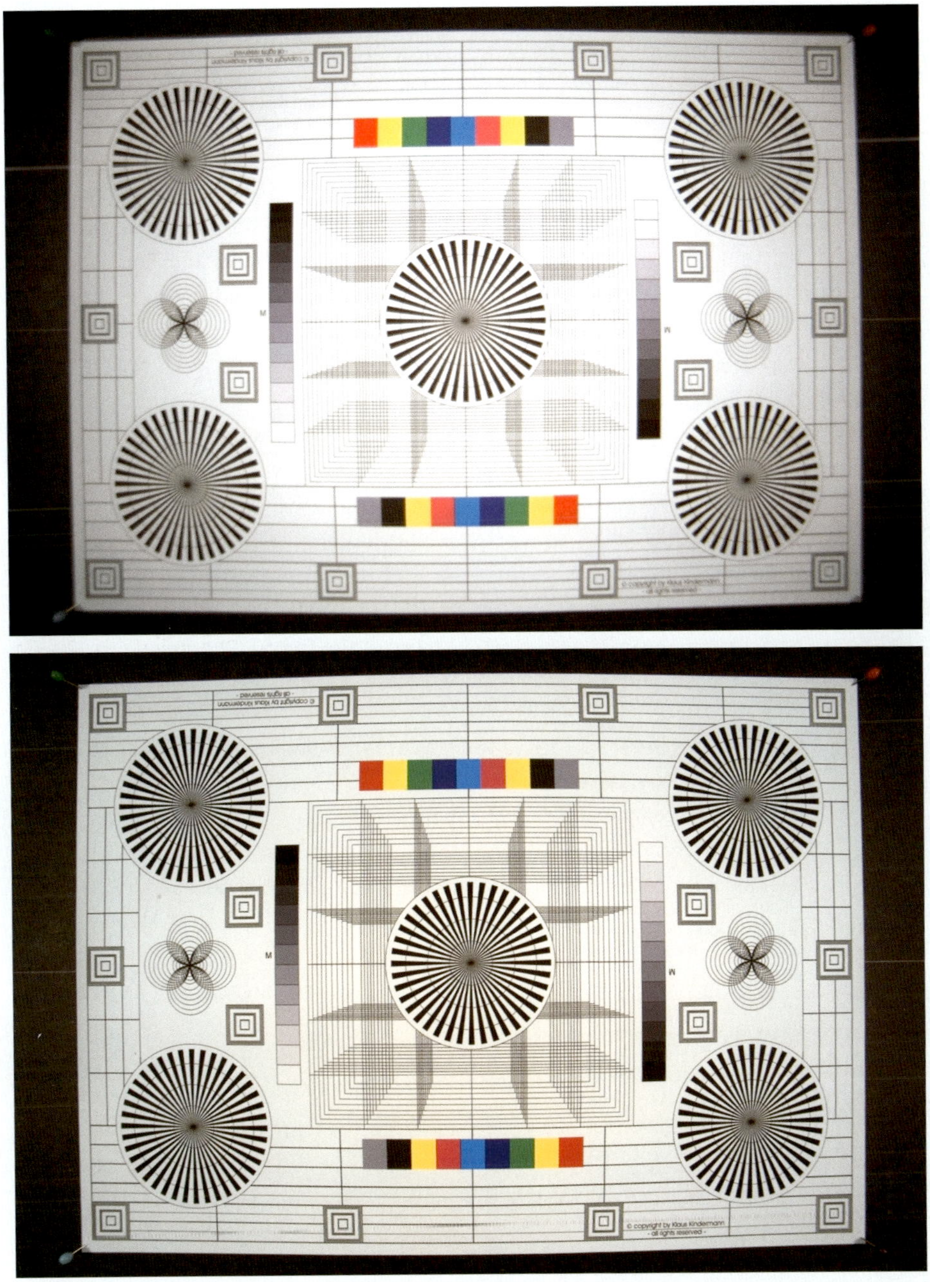


*Vergleich zweier Aufnahmen eines älteren Objektivs, Brennweite 17 mm, f/3,5. Das Objektiv zeigt eine starke tonnenförmige Verzeichnung und extreme Vignettierung – oben die Aufnahme mit der maximalen Blendenöffnung von f/3,5, unten mit einer Blendenöffnung von f/11. Der Vergleich zeigt sehr deutlich die geringe Schärfeleistung und den extremen Randabfall bei maximaler Blendenöffnung. Die beste Schärfeleistung erbringt dieses Objektiv bei Blende 11. Mit Blende 16 nimmt die Bildschärfe bereits wieder ab. Die starke Vignettierung ist auch bei kleinster Blende noch nicht vollständig entfernt.*

kein Reklamationsgrund. Sollte sich auch bei kleineren Blendenöffnungen keine einheitliche Bildschärfe ergeben, weist das auf ein Objektiv minderer Qualität hin.

## Berechnungstabellen

Fotografie hat sehr viel mit Optik zu tun und ist in weiten Bereichen durch Mathematik bestimmt. Anstatt nun dauernd den Taschenrechner zu zücken, kann man die wichtigsten Daten auch den vorbereiteten Tabellen entnehmen.

**Schärfentiefetabellen**

Diese Tabellen zeigen die wichtigsten Hyperfokaldistanzen der wichtigsten Sensorformate bei einer Auflösung von 12 Megapixeln und entsprechendem Zerstreuungskreisdurchmesser. Die Werte sind auf zwei Stellen gerundet. Die APS-Tabelle wurde mit den Brennweiten der Kleinbildtabelle gerechnet, da hier oft identische Objektive verwendet werden. Da der zulässige Zerstreuungskreis bei kleineren Sensoren sinkt, sinkt auch die Schärfentiefe bei gleicher Brennweite – nicht jedoch bei gleichem Bildwinkel.

**EV-WERTETABELLE**

| Blende | 4 | 2 | 1 | 1/2 | 1/4 | 1/8 | 1/15 | 1/30 | 1/60 | 1/125 | 1/250 | 1/500 | 1/1000 | 1/2000 |
|---|---|---|---|---|---|---|---|---|---|---|---|---|---|---|
| f/22 | 7 | 8 | 9 | 10 | 11 | 12 | 13 | 14 | 15 | 16 | 17 | 18 | 19 | 20 |
| f/16 | 6 | 7 | 8 | 9 | 10 | 11 | 12 | 13 | 14 | 15 | 16 | 17 | 18 | 19 |
| f/11 | 5 | 6 | 7 | 8 | 9 | 10 | 11 | 12 | 13 | 14 | 15 | 16 | 17 | 18 |
| f/8 | 4 | 5 | 6 | 7 | 8 | 9 | 10 | 11 | 12 | 13 | 14 | 15 | 16 | 17 |
| f/5,6 | 3 | 4 | 5 | 6 | 7 | 8 | 9 | 10 | 11 | 12 | 13 | 14 | 15 | 16 |
| f/4 | 2 | 3 | 4 | 5 | 6 | 7 | 8 | 9 | 10 | 11 | 12 | 13 | 14 | 15 |
| f/2,8 | 1 | 2 | 3 | 4 | 5 | 6 | 7 | 8 | 9 | 10 | 11 | 12 | 13 | 14 |
| f/2,0 | 0 | 1 | 2 | 3 | 4 | 5 | 6 | 7 | 8 | 9 | 10 | 11 | 12 | 13 |
| f/1,4 | -1 | 0 | 1 | 2 | 3 | 4 | 5 | 6 | 7 | 8 | 9 | 10 | 11 | 12 |

**HYPERFOKALDISTANZ IN METERN, KLEINBILDFORMAT, Z = 0,0175 MM**

| Brennweite/Blende | 2,0 | 2,8 | 4 | 5,6 | 8 | 11 | 16 |
|---|---|---|---|---|---|---|---|
| 14 mm | 5,6 | 4 | 2,8 | 2 | 1,4 | 1 | 0,7 |
| 18 mm | 9,2 | 6,6 | 4,6 | 3,3 | 2,3 | 1,7 | 1,2 |
| 28 mm | 22 | 16 | 11 | 8 | 5,6 | 4,1 | 2,8 |
| 35 mm | 35 | 25 | 17 | 12 | 8,8 | 6,4 | 4,4 |
| 50 mm | 71 | 51 | 36 | 26 | 18 | 13 | 9 |
| 70 mm | 140 | 100 | 70 | 50 | 35 | 25 | 17 |
| 100 mm | 290 | 200 | 140 | 100 | 71 | 52 | 36 |
| 150 mm | 640 | 460 | 320 | 230 | 160 | 120 | 80 |

| HYPERFOKALDISTANZ IN METERN, KLEINBILDFORMAT, Z = 0,0175 MM | | | | | | | |
|---|---|---|---|---|---|---|---|
| **Brennweite/Blende** | **2,0** | **2,8** | **4** | **5,6** | **8** | **11** | **16** |
| 200 mm | 1100 | 820 | 570 | 410 | 290 | 210 | 140 |
| 300 mm | 2600 | 1800 | 1300 | 920 | 640 | 470 | 320 |
| 400 mm | 4600 | 3300 | 2300 | 1600 | 1100 | 830 | 570 |

| HYPERFOKALDISTANZ IN METERN, APS, Z = 0,012 MM | | | | | | | |
|---|---|---|---|---|---|---|---|
| **Brennweite/Blende** | **2,0** | **2,8** | **4** | **5,6** | **8** | **11** | **16** |
| 10 mm | 4,2 | 3 | 2,1 | 1,5 | 1 | 0,76 | 0,52 |
| 18 mm | 13 | 9,6 | 6,8 | 4,8 | 3,4 | 2,5 | 1,7 |
| 28 mm | 33 | 23 | 16 | 12 | 8,2 | 5,9 | 4 |
| 35 mm | 51 | 36 | 26 | 18 | 13 | 9,3 | 6,4 |
| 50 mm | 100 | 74 | 52 | 37 | 26 | 19 | 13 |
| 70 mm | 200 | 150 | 100 | 73 | 51 | 37 | 25 |
| 100 mm | 420 | 300 | 210 | 150 | 100 | 76 | 52 |
| 150 mm | 940 | 670 | 470 | 330 | 230 | 170 | 120 |
| 200 mm | 1700 | 1200 | 830 | 600 | 420 | 300 | 210 |
| 300 mm | 3700 | 2700 | 1900 | 1300 | 940 | 690 | 470 |
| 400 mm | 6700 | 4800 | 3300 | 2400 | 1700 | 1200 | 830 |

| HYPERFOKALDISTANZ IN METERN, FOURTHIRDS, Z = 0,009 MM | | | | | | | |
|---|---|---|---|---|---|---|---|
| **Brennweite/Blende** | **2,0** | **2,8** | **4** | **5,6** | **8** | **11** | **16** |
| **7 mm** | 2,7 | 1,9 | 1,4 | 0,97 | 0,68 | 0,49 | 0,34 |
| **9 mm** | 4,5 | 3,2 | 2,3 | 1,6 | 1,1 | 0,82 | 0,56 |
| **11 mm** | 6,7 | 4,8 | 3,4 | 2,4 | 1,7 | 1,2 | 0,84 |
| **14 mm** | 11 | 7,8 | 5,4 | 3,9 | 2,72 | 2 | 1,4 |
| **18 mm** | 18 | 13 | 9 | 6,4 | 4,5 | 3,3 | 2,2 |
| **25 mm** | 35 | 25 | 17 | 12 | 8,7 | 6,3 | 4,3 |
| **35 mm** | 68 | 49 | 34 | 24 | 17 | 12 | 8,5 |
| **50 mm** | 14 | 99 | 69 | 50 | 35 | 25 | 17 |
| **60 mm** | 200 | 140 | 100 | 71 | 50 | 36 | 25 |
| **100 mm** | 550 | 400 | 29 | 200 | 14 | 100 | 69 |
| **200 mm** | 2200 | 1600 | 1100 | 800 | 560 | 400 | 280 |

Es folgen Schärfentiefetabellen für zwei wichtige Brennweiten und die wichtigsten Blenden. Ein Strich bedeutet, dass die Hyperfokaldistanz erreicht und deshalb alles bis zum Horizont scharf ist. Aufgeführt werden die Werte für Kleinbild, APS und FourThirds mit jeweils 12 Megapixeln.

| SCHÄRFENTIEFE IN METERN FÜR 7 M MOTIVABSTAND UND WEITWINKELBRENNWEITE | | | | | | | | |
|---|---|---|---|---|---|---|---|---|
| | 2,0 | 2,8 | 4,0 | 5,6 | 8 | 11 | 16 | 22 |
| **KB 28 mm** | 4,8 | 7,5 | 14 | 50 | - | - | - | - |
| **APS 18 mm** | 9,9 | 21 | - | - | - | - | - | - |
| **FT 14 mm** | 15 | 65 | - | - | - | - | - | - |

| SCHÄRFENTIEFE IN METERN FÜR 2 M MOTIVABSTAND UND PORTRÄTBRENNWEITE | | | | | | | | |
|---|---|---|---|---|---|---|---|---|
| | 2,0 | 2,8 | 4,0 | 5,6 | 8 | 11 | 16 | 22 |
| **KB 100 mm** | 0,026 | 0,037 | 0,053 | 0,075 | 0,107 | 0,147 | 0,213 | 0,294 |
| **APS 70 mm** | 0,038 | 0,053 | 0,076 | 0,106 | 0,152 | 0,209 | 0,305 | 0,42 |
| **FT 50 mm** | 0,056 | 0,079 | 0,113 | 0,158 | 0,225 | 0,31 | 0,455 | 0,633 |

| SCHÄRFENTIEFE IN METERN FÜR 20 M MOTIVABSTAND UND TELEBRENNWEITE | | | | | | | | |
|---|---|---|---|---|---|---|---|---|
| | 2,0 | 2,8 | 4,0 | 5,6 | 8 | 11 | 16 | 22 |
| **KB 400 mm** | 0,171 | 0,24 | 0,343 | 0,48 | 0,686 | 0,944 | 1,37 | 1,89 |
| **APS 300 mm** | 0,211 | 0,294 | 0,42 | 0,589 | 0,841 | 1,157 | 1,68 | 2,32 |
| **FT 200 mm** | 0,357 | 0,499 | 0,713 | 0,99 | 1,43 | 1,97 | 2,87 | 3,96 |

### Panoramatabelle für 360°-Panoramen

Diese Tabelle gilt für korrigierte Objektive, jedoch nicht für Fisheye-Objektive. Der angegebene Bildwinkel ist der jeweils gültige horizontale oder vertikale Bildwinkel, nicht der in der Objektivbeschreibung angegebene diagonale Bildwinkel. Die angegebenen Brennweiten sind Äquivalenzbrennweiten.

| BRENNWEITE | EINZELAUFNAHMEN QUERFORMAT | | EINZELAUFNAHMEN HOCHFORMAT | |
|---|---|---|---|---|
| | Schrittweite | Anzahl Bilder | Schrittweite | Anzahl Bilder |
| **14 mm** | 71° | 5 | 60° | 6 |
| **22 mm** | 53° | 7 | 43° | 9 |
| **24 mm** | 50° | 8 | 40° | 9 |
| **28 mm** | 44° | 9 | 35° | 11 |
| **36 mm** | 36° | 10 | 29° | 13 |
| **44 mm** | 30° | 12 | 23° | 16 |
| **50 mm** | 27° | 14 | 20° | 18 |
| **70 mm** | 19° | 19 | 15° | 25 |

**Brennweitentabelle für Häuser**

Mit dieser Tabelle können Sie feststellen, welche Brennweite Sie benötigen, um ein Gebäude vollständig abzulichten bzw. wie weit Sie bei gegebener Brennweite entfernt sein müssen. Dabei wird davon ausgegangen, dass Sie hohe Gebäude im Hochformat und breite Gebäude im Querformat fotografieren. Die Verhältnisse bei höheren Gebäuden bleiben dabei gleich. Wenn Sie den Eiffelturm mit seinen 300 Metern Höhe mit 46 mm Brennweite formatfüllend aufs Bild bringen wollen, müssen Sie 400 Meter weit weg sein. Bei der Tabelle wird berücksichtigt, dass Sie nicht von Bodenhöhe fotografieren. Die angegebenen Brennweiten sind Äquivalenzbrennweiten.

| ABSTAND ZUM GEBÄUDE | | | | | | | | | | HÖHE/ BREITE |
|---|---|---|---|---|---|---|---|---|---|---|
| 100 m | 90 m | 80 m | 70 m | 60 m | 50 m | 40 m | 30 m | 20 m | 10 m | |
| 280 mm | 240 mm | 200 mm | 190 mm | 180 mm | 160 mm | 130 mm | 94 mm | 70 mm | 36 mm | 10 m |
| 200 mm | 190 mm | 180 mm | 160 mm | 130 mm | 108 mm | 88 mm | 68 mm | 46 mm | 22 mm | 15 m |
| 170 mm | 140 mm | 130 mm | 112 mm | 94 mm | 84 mm | 68 mm | 52 mm | 36 mm | 22 mm | 20 m |
| 130 mm | 116 mm | 108 mm | 90 mm | 80 mm | 68 mm | 60 mm | 44 mm | 32 mm | 220 mm | 25 m |
| 114 mm | 100 mm | 88 mm | 80 mm | 68 mm | 56 mm | 46 mm | 38 mm | 28 mm | 18 mm | 30 m |
| 98 mm | 86 mm | 76 mm | 70 mm | 60 mm | 50 mm | 42 mm | 34 mm | 26 mm | 16 mm | 35 m |
| 90 mm | 74 mm | 70 mm | 62 mm | 50 mm | 46 mm | 38 mm | 32 mm | 24 mm | 16 mm | 40 m |

**Brennweitentabelle für Menschen**

Mit dieser Tabelle können Sie feststellen, wie weit jemand bei einer bestimmten Brennweite entfernt sein darf, damit er stehend im Querformat so abgebildet wird, dass er das Bild von oben nach unten gut ausfüllt.

| BRENNWEITE | ENTFERNUNG | BRENNWEITE | ENTFERNUNG | BRENNWEITE | ENTFERNUNG |
|---|---|---|---|---|---|
| 14 mm | 1 m | 84 mm | 4,9 m | 400 mm | 23 m |
| 18 mm | 1,2 m | 90 mm | 5,3 m | 500 mm | 29 m |
| 22 mm | 1,4 m | 100 mm | 5,9 m | 600 mm | 35 m |
| 28 mm | 1,7 m | 108 mm | 6,2 m | 800 mm | 46 m |
| 36 mm | 2,1 m | 120 mm | 7,1 m | 1000 mm | 57 m |
| 44 mm | 2,6 m | 180 mm | 10 m | 1200 mm | 72 m |
| 50 mm | 2,9 m | 200 mm | 12 m | | |
| 70 mm | 4,2 m | 300 mm | 17 m | | |

**Leitzahlentabelle**

Hier können Sie die notwendige Leitzahl bei ISO 100, gegebener Entfernung und gegebener Blende ablesen. Für höhere ISO-Werte muss einfach bei einer höheren Blende nachgesehen werden. Ein Strich (-) bedeutet, dass keine Systemblitze bekannt sind, die diese Leistung auch nur annähernd erreichen. Beachten Sie, dass die Systemblitze die maximalen Leitzahlen oft nur in Telestellung erreichen. Bei Normal- oder WW-Brennweiten sind die verfügbaren Leitzahlen meistens um den Faktor 2 niedriger. Genaueres finden Sie im Handbuch Ihres Systemblitzes.

| | 2 M | 4 M | 8 M | 10 M | 15 M | 20 M | 30 M | 40 M |
|---|---|---|---|---|---|---|---|---|
| F/22 | 44 | 88 | - | - | - | - | - | - |
| F/16 | 32 | 64 | - | - | - | - | - | - |
| F/11 | 22 | 44 | 88 | - | - | - | - | - |
| F/8 | 16 | 32 | 64 | - | - | - | - | - |
| F/5,6 | 11 | 22 | 45 | 56 | 84 | - | - | - |
| F/4 | 8 | 16 | 32 | 40 | 60 | 80 | - | - |
| F/2,8 | 6 | 11 | 24 | 28 | 42 | 56 | 84 | - |
| F/2 | 4 | 8 | 16 | 20 | 30 | 40 | 60 | 80 |
| F/1,4 | 3 | 6 | 11 | 14 | 21 | 28 | 42 | 56 |

### Druckauflösungen

Sobald Bilder im Druck ausgegeben werden müssen, sind Druckauflösungen ein Thema. Mithilfe der folgenden Tabelle können Sie ermitteln, wie viel Pixel Sie bei welcher Druckauflösung in welchem Format benötigen. Dabei werden die im Offset- und Digitaldruckbereich verwendeten Einheiten Linien pro Zentimeter, Linien pro Inch oder auch Punkt pro Zentimeter in die im PC-Bereich üblichen dpi (Punkte pro Inch) umgerechnet. Die Werte sind als grobe Richtwerte zu betrachten. Durch unterschiedliche Drucktechnologien und Raster kommt es zu Abweichungen. Klären Sie vorab im Einzelfall mit dem Dienstleister, welche Auflösungen exakt benötigt werden und welche Auflösungen mit dem geplanten Papier überhaupt erreichbar sind. Beachten Sie aber immer: Für ein Bild, das in optimalem Betrachtungsabstand (= Bilddiagonale) gesehen wird, reichen 6 Megapixel immer aus.

Die Einheit dpi wird dabei für Punkte in Druckfarben (Cyan, Magenta, Gelb) verwendet, ppi dagegen für einen Echtfarbenpunkt. Bei den Auflösungen handelt es sich lediglich um theoretische Auflösungen, die in der Praxis um bis zu 40 % unterschritten werden, entsprechend können größere Formate ohne Detailverlust gedruckt werden. Meist ist der Flaschenhals nicht die Auflösung des Sensors (Anzahl der Megapixel), sondern der tatsächliche Detailreichtum der Daten.

| VERWENDUNG | PUNKTAUFLÖSUNG DPI | ECHTFARB-AUFLÖSUNG PPI | 3.648 X 2.736 ERGIBT |
|---|---|---|---|
| Fotolabor | rasterfreies Verfahren | 200–400 ppi | 23 cm x 17 cm |
| Thermosublimationsdrucker | rasterfreies Verfahren | 300 ppi | 31 cm x 23 cm |
| Tintenstrahlfotodruck, 8 Tinten | 2.400 dpi | 240 ppi | 39 cm x 29 cm |
| Tintenstrahlfotodruck, 4 Tinten | 2.400 dpi | 200 ppi | 46 cm x 35 cm |
| Offsetdruck (Kunstdruck) | 2.400 dpi | 200 ppi | 46 cm x 35 cm |
| Colorlaserdruck | 1.200 dpi | 170 ppi | 55 cm x 41 cm |
| Offsetdruck (Buchdruck) | 2.400 dpi | 150 ppi | 61 cm x 46 cm |
| Fotobuch im Digitaldruck | 600 dpi | 150 ppi | 61 cm x 46 cm |
| Illustrierte | 1.200 dpi | 120 ppi | 77 cm x 58 cm |
| Zeitungsdruck | 1.200 dpi | 100 ppi | 93 cm x 70 cm |
| Computermonitor | 135 dpi | 96 ppi | - |
| Full-HD-Fernseher, 1-m-Bildschirm | 79 dpi | 56 ppi | - |
| PAL-Fernseher, 80-cm-Bildschirm | 41 dpi | 29 ppi | - |

## Rechtliches

Prinzipiell darf man in Deutschland alles fotografieren. Das Ablichten als solches ist nicht verboten. Schwierig wird es mit den daraus entstehenden Bildern. Die folgenden Zeilen sollen eine kurze Einführung in die Problematik von Bildveröffentlichungen geben. Für konkrete Fragen sollten Sie auf jeden Fall den Anwalt Ihres Vertrauens konsultieren. Durch das Fotografieren begründen Sie ein Urheberrecht an diesem Bild. Selbst bei simpelsten Produktfotos haben Gerichte bereits eine urheberrechtlich relevante Schöpfungshöhe erkannt. Die Urheberschaft und damit die Rechte daraus sind in Deutschland unveräußerbar (in den USA ist das etwas anders). Wenn Sie also die „Rechte an Ihrem Bild" verkaufen, verkaufen Sie nicht Ihr Urheberrecht, sondern Sie räumen dem Käufer ein „Nutzungsrecht" ein - meistens für einen bestimmten Zweck und zeitlich begrenzt.

Im Internet lassen sich viele Fotoplattformen ein räumlich und zeitlich unbeschränktes Recht einräumen, Bilder zu speichern, zu verbreiten und zu verändern. Diese Rundumkeule ist meistens der Tatsache geschuldet, dass genau dies notwendig ist, um Fotos auf einer Fotoplattform im Internet zu präsentieren. Trotzdem sollte man sich Nutzungsbedingungen von Fotoplattformen genau ansehen und sich im Zweifelsfall eine Plattform aussuchen, die weniger umfassende Einräumungen von Rechten vorsieht.

Wichtig ist immer, dass Sie das Eigentum an einem Bild nachweisen können. Gewöhnen Sie sich deshalb an, niemals JPEGs in Vollauflösung oder gar RAWs aus der Hand zu geben. Solange Sie das Original haben, können Sie jederzeit nachweisen, dass das Bild von Ihnen ist. Müssen Sie die Bilder aufgrund eines Auftrags in Vollauflösung abgeben, können Sie die Metadaten (EXIF) entfernen. Dadurch sind zwar alle Bilddaten vorhanden, es handelt sich jedoch nicht mehr um ein Original. Sie können anhand der EXIFs nachweisen, dass das Foto aller Wahrscheinlichkeit nach von Ihnen ist. EXIFs so zu fälschen, dass der Betrug auch spezieller Software nicht auffällt, ist nur ausgemachten Spezialisten möglich - und die klauen selten Bilder.

Eine weitere Möglichkeit des Schutzes der eigenen Bilder im Netz ist Steganografie. Dabei wird ein Wasserzeichen unsichtbar in das Bild gerechnet, sodass der Eigentümer mit einem speziellen Programm jederzeit sein Wasserzeichen im Bild wieder nachweisen kann. Das hat nichts mit den weit verbreiteten sichtbaren Wasserzeichen zu tun, die mit etwas Photoshop jederzeit entfernbar sind. Diese sind aus Werbezwecken aber trotzdem sinnvoll - und falls jemand sie in böser Absicht wegretuschiert, hat er ein urheberrechtlich geschütztes Werk nicht nur vervielfältigt, sondern auch noch verfälscht.

Der verbreitetste unsichtbare Bildschutz, Digimarc, ist in fast jedem Bildbearbeitungsprogramm als Demo enthalten. Die Demo fügt allerdings lediglich ein Copyright-Jahr ein. Der Digimarc-Schutz ist durch geeignete Programme auch wieder zu entfernen, aber teilweise nur mit viel Aufwand und unter Beschädigung des Bilds. Ist es doch mal so weit gekommen, dass jemand nachweislich Ihre Bilder geklaut und anderweitig verwendet hat, können Sie den Übeltäter freundlich darauf hinweisen, dass er das unterlassen soll, dass er die Quelle nennen soll, dass er Ihnen x Euro überweisen möge - oder Sie können einen entsprechenden Fachanwalt auf ihn hetzen, der das dann für Sie erledigt.

**Recht am eigenen Bild**

Andersherum kann es allerdings auch passieren. Sie veröffentlichen ein wirklich nettes Foto, und auf einmal bekommen Sie Post vom Anwalt mit einer freundlichen Rechnung darin, da Sie das Recht am eigenen Bild verletzt haben. Das Recht am eigenen Bild bedeutet, dass jeder das Recht hat, über Ablichtungen seiner selbst zu bestimmen. Da das aber bedeutete, dass unsere Zeitungen ziemlich bild- und farblos erscheinen würden, gibt es Ausnahmen.

Personen der Zeitgeschichte dürfen ohne Einwilligung der jeweiligen Person fotografiert und das Bild darf veröffentlicht werden. Personen, die „Beiwerk" auf dem Bild sind, und Personen, die ihre Einwilligung zu einer Veröffentlichung entweder explizit oder implizit gegeben haben, können sich ebenfalls nicht gegen eine Veröffentlichung wehren. Personen der Zeitgeschichte sind natürlich Politiker, Stars und Sternchen – allerdings nur in ihrer Funktion als solche. Wenn der/die Bundeskanzler/-in zu Hause vor dem Fernseher sitzt, ist er/sie privat und damit keine Person der Zeitgeschichte. Eine Veröffentlichung eines entsprechenden Fotos ohne Einwilligung ist mithin nicht statthaft. Sobald er/sie jedoch in der Öffentlichkeit als Amtsträger/-in auftritt, sind auch ausgesprochen peinliche Bilder mit wilden Grimassen vom Gesetz gedeckt – soweit sie nicht die Menschenwürde verletzen.

Neben sogenannten Promis können auch Otto Normalverbraucher kurzfristig zu Personen der Zeitgeschichte werden. Ob Sie an einer Schulaufführung teilnehmen, das entscheidende Tor in der Kreisliga geschossen haben oder für 40 Jahre Mitgliedschaft im Kegelclub geehrt werden – es ist für Lokalzeitungen von Interesse, und damit dürfen Sie fotografiert werden. (Was in den allermeisten Fällen von den Abgelichteten ja auch so beabsichtigt ist.) Sobald das Fußballspiel oder die Aufführung vorbei ist, sind die Leute allerdings wieder privat und damit vor Fotografen geschützt. Interessant ist dabei, dass das Recht zur Veröffentlichung nur so lange bejaht wird, solange es ein öffentliches Interesse an dieser Person gibt. Wenn das Kreisligaspiel wieder vergessen ist, erlischt auch das Recht zur Veröffentlichung eines Bilds des Torschützen.

Unterschieden werden muss ebenfalls zwischen einer redaktionellen Verwendung im Rahmen einer Berichterstattung und einer werblichen Verwendung – was eine Verwendung außerhalb der notwendigen Information der Öffentlichkeit bedeutet.

Personen, die explizit ihre Einwilligung zur Veröffentlichung gegeben haben, sind meistens Models, die ein sogenanntes Model-Release unterschrieben haben. Hier ist die rechtliche Situation unproblematisch. Interessant wird es bei implizitem Einverständnis. Ein solches wird angenommen, wenn die fotografierte Person eine Entlohnung für das Bild erhalten hat. Die Höhe der Entlohnung ist allerdings nicht festgelegt. Ein solches wird auch angenommen, wenn die fotografierte Person deutlich für das Foto posiert hat und darüber informiert wurde, dass der Fotograf seine Bilder veröffentlicht. Das ist vor allem bei Party- und Zeitungsbildern regelmäßig der Fall.

Die letzte Gruppe, das Beiwerk, ist sehr diffizil. Regelmäßig wird davon ausgegangen, dass eine Person Beiwerk ist, wenn sie deutlich nicht das Motiv des Bilds darstellt. Beim Foto einer Demonstration kann jeder einzelne Demonstrant erkennbar sein, die Veröffentlichung ist trotzdem erlaubt, da das Motiv nicht die einzelne Person, sondern die Versammlung an sich war. Beiwerk kann auch eine einzelne Person sein, wenn sie zum Beispiel vor einem Bauwerk sitzt und das Bauwerk das Hauptmotiv ist. Wird jedoch auf die Person fokussiert und das Bauwerk tritt in den Hintergrund, wird das Bauwerk das Beiwerk – eine Veröffentlichung ist dann nicht gestattet. Ist die Person aber nicht zu erkennen, darf das Bild wieder veröffentlicht werden.

Ähnlich ist es mit Marken und urheberrechtlich geschützten Werken. Sie dürfen jederzeit ein Foto einer geschützten Marke oder eines Warenzeichens veröffentlichen, wenn es nicht das Hauptmotiv des Bilds ist, wenn es also, ohne die Aussage des Bilds zu ändern, durch eine andere Marke zu ersetzen ist.

In Teilen der EU gilt Panoramafreiheit. Das bedeutet, Sie dürfen von öffentlich zugänglichen Straßen und Plätzen alles fotografieren, was Sie wollen. Ausnahmen gibt es für urheberrechtlich geschützte Werke, deren Aufstellung im öffentlichen Raum nicht auf Dauer ausgelegt ist. Ein nur vorübergehend aufgestelltes Kunstwerk dürfen Sie zwar fotografieren, ohne Einwilligung des Rechteinhabers dürfen Sie das Foto aber nicht veröffentlichen. Ist das Kunstwerk allerdings nur Beiwerk, ist die Veröffentlichung wieder erlaubt. Der Knackpunkt ist der Passus „öffentlich zugänglich". Wenn Sie von Ihrem Wohnzimmerfenster aus einen wundervollen Blick auf die Penthouse-Terrasse eines Topmodels haben, dürfen Sie deswegen dort noch lange nicht hinfotografieren. Sie befinden sich nicht in einem „öffentlich zugänglichen" Raum. Sobald Sie sich auf Privatgrund aufhalten, dürfen Sie von dort nicht mehr ohne Weiteres auf die Straße fotografieren und dürfen auch innerhalb des Privatgrunds nur mit Erlaubnis (stillschweigend oder explizit) des Grundstücksbesitzers knipsen.

In Italien gilt diese Panoramafreiheit nicht. Dort kann Ihnen jeder verbieten, sein Haus zu fotografieren, es empfiehlt sich also, ein unwilliges „no foto" eines Ladenbesitzers in Siena zu respektieren.

### Model-Release

Ein „Model-Release" ist ein Vertrag mit einem Fotomodell, der dem Fotografen die Rechte zur Nutzung der Fotos einräumt. Solche Verträge sind grundsätzlich Verhandlungssache – und damit ist auch immer davon abhängig, wer seinen Standpunkt durchsetzt. Ein Model-Release sollten Sie übrigens auch dann abschließen, wenn Sie lediglich TFP vereinbart haben. TFP ist die Abkürzung für „Time for Prints" und bedeutet, dass Model und Fotografen ihre jeweilige Zeit investieren und das Model hinterher Abzüge der Bilder bekommt. Mittlerweile müsste es eigentlich „TFCD" heißen, weil meistens nur noch die entsprechenden Daten weitergegeben werden. TFP wird in der Regel dann vereinbart, wenn beide Seiten neue Ausdrucksformen ausprobieren wollen, für die es noch keinen Auftraggeber gibt, aber mit deren Ergebnissen man hofft, sich für neue Aufträge bewerben zu können.

### Fotograf, Fotojournalist oder Fotodesigner

In Deutschland ist Fotografie ein Handwerk, Fotojournalist und Fotodesigner sind freie Berufe. Der Unterschied besteht vor allem darin, dass Sie als Fotograf Handwerker sind und damit dem Kammerzwang unterliegen. Sie müssen also Mitglied der zuständigen Handwerkskammer werden. Das kostet erst mal Geld, bringt Ihnen aber auch den Zugriff auf unabhängige Ansprechpartner, die Sie zu allen möglichen geschäftlichen Dingen fragen können. Fotograf sind Sie dann, wenn Sie typische handwerkliche Tätigkeiten ausüben: Produktfotografie, Auftragsporträts,

Eventdokumentation. Immer dann, wenn Sie im Auftrag ein bezahltes Foto machen, das nicht für journalistische Zwecke gedacht ist, sind Sie Fotograf. Fotografieren Sie für die Zeitung oder fürs Web, sind Sie Fotojournalist. Und fotografieren Sie erst und versuchen hinterher, jemanden zu finden, der die Bilder haben will (wenn Sie Ihre Bilder etwa über Stockphoto-Agenturen vertreiben), sind Sie Fotodesigner. Eine Ausbildung brauchen Sie bei keinem der drei Berufe nachzuweisen.

### *Handwerkskarte, Presseausweis*

Als Fotograf bekommen Sie eine Handwerkskarte, die ihren Platz in der Fototasche hat. Die Handwerkskarte ist der Nachweis nach §10 Handwerksordnung, dass Sie ordnungsgemäß in der Handwerksrolle eingetragen sind. Bei einer Kontrolle erspart sie lästige Fragen und Umstände. Anders sieht es mit dem Presseausweis aus. Presseausweise kann prinzipiell jeder ausstellen. Presseausweise sind nicht amtliche Papiere, die von niemandem anerkannt werden müssen. Von Messeveranstaltern werden teilweise die Ausweise vom Deutschen Journalisten-Verband, vom Deutschen Fachjournalisten-Verband, von ver.di, vom Bundesverband Deutscher Zeitungsverleger e. V. und vom Verband Deutscher Zeitschriftenverleger e. V. sowie von FreeLens akzeptiert. Grundsätzlich ist aber eine saubere Akkreditierung und die Angabe der Publikation, für die man arbeitet, wichtiger als jeder Ausweis.

### *Künstlersozialkasse*

Wenn Sie Fotojournalist oder Fotodesigner sind, sind Sie künstlerisch und/oder publizistisch freiberuflich tätig. Sie sollten sich also Gedanken um Ihre Kranken- und Rentenversicherung machen. Sind Sie hauptberuflich als Künstler oder Publizist tätig, können Sie auf Antrag in die Künstlersozialkasse aufgenommen werden. Das ist vor allem dann interessant, wenn Sie erst am Anfang Ihrer Karriere sind und sich weder die Mindestsätze der freiwilligen Pflichtversicherung noch eine private Krankenversicherung leisten können. Die Künstlersozialkasse zahlt den Arbeitgeberanteil, den Sie normalerweise als Selbstständiger selbst tragen müssten, und bemisst den Beitrag nach Ihrem tatsächlichen Einkommen – und nicht etwa auf Basis des gesetzlich festgelegten fiktiven Mindesteinkommens von Selbstständigen. Versichert sind Sie weiterhin bei Ihrer alten Krankenkasse, die Beiträge führen Sie aber an die Künstlersozialkasse ab. Um aufgenommen zu werden, müssen Sie nachweisen, dass Sie bereits künstlerisch/publizistisch tätig sind, idealerweise unter Beifügung von bisherigen Veröffentlichungen.

### *Fotografenhaftpflicht*

Auch als Fotograf können Sie haftpflichtig werden. Ein Model könnte in Ihrem Studio einen Kreislaufkollaps erleiden (besonders peinlich ist das während eines Aktshootings – sorgen Sie deshalb dafür, dass Ihre Models ausreichend verpflegt werden und vor allem genug trinken). Sie können beim Kunden mit der Fototasche eine kostbare Ming-Vase vom Regal fegen oder mit dem Stativ dem teuren, nachempfundenen Matisse ein Lochmuster verpassen. Für diese Zwecke gibt es Fotografenhaftpflichtversicherungen.

# INDEX

## Symbole



## A



## B

# INDEX

## G



## H



## I



## J



## K

# INDEX

## N



## O



## P

# INDEX

# INDEX

# Bildnachweis

**Kapitel 1**
Shutterstock
Dr. Oliver Waletzko,
  mit freundlicher Genehmigung
  von Olympus Tokio
Nikon Deutschland
Canon Deutschland
Foveon
Reinhard Wagner

**Kapitel 2**
Shutterstock
Reinhard Wagner
Canon Deutschland
Olympus Deutschland
Nikon Deutschland

**Kapitel 3**
MEV Verlag
Reinhard Wagner
Christian Haasz

**Kapitel 4**
Shutterstock
Reinhard Wagner

**Kapitel 5**
Shutterstock
Reinhard Wagner
Christian Haasz
Volkmar Gronau
Norbert Meidel
Heinz Breilmann

**Kapitel 6**
Shutterstock
Reinhard Wagner
Olympus Deutschland
Christian Haasz
NOVOFLEX

**Kapitel 7**
Fotolia
Reinhard Wagner
Susanne Wagner

**Kapitel 8**
iStock
Christian Haasz
NOVOFLEX
Reinhard Wagner
SanDisk Corporation
OP/TECH USA
Nikon Deutschland
Panasonic Deutschland

**Kapitel 9**
MEV Verlag
Klaus Kindermann